TRIBUTAÇÃO DO AGRONEGÓCIO NO BRASIL:

TEMAS ATUAIS

CIP-BRASIL. CATALOGAÇÃO NA PUBLICAÇÃO
SINDICATO NACIONAL DOS EDITORES DE LIVROS, RJ

P948t

PricewaterhouseCoopers (Brasil)
Tributação do agronegócio no Brasil: temas atuais / PwC ; coordenação Alessandra Okuma, Mayra de Christo Theis, Sarah Noronha Gonçalves Maia. - 1. ed. - São Paulo : Noeses, 2025.

546 p. ; 23 cm.
Inclui bibliografia
ISBN 9788583102489

1. Agricultura - Impostos - Legislação - Brasil. 2. Agroindústria - Impostos - Legislação - Brasil. I. Maia, Sarah Noronha Gonçalves. II. Okuma, Alessandra. III. Theis, Mayra de Christo. IV. Título.

25-96251 CDU-351.713:63(81)

Gabriela Faray Ferreira Lopes - Bibliotecária - CRB-7/6643

COORDENAÇÃO
Alessandra Okuma
Mayra de Christo Theis
Sarah Noronha Gonçalves Maia

TRIBUTAÇÃO DO AGRONEGÓCIO NO BRASIL:

TEMAS ATUAIS

2025

editora e livraria
NOESES

Copyright © Editora Noeses 2025
Fundador e Editor-chefe: Paulo de Barros Carvalho
Gerente de Produção Editorial: Rosangela Santos
Arte e Diagramação: Renato Castro
Revisão: Georgia Evelyn Franco
Pesquisadora: Tamara Vieira Lima Dias
Designer de Capa: Aliá3 - Marcos Duarte

editora e livraria
NOESES

Editora Noeses Ltda.
Tel/fax: 55 11 3666 6055
www.editoranoeses.com.br

COORDENADORAS

Alessandra Okuma

Doutora e Mestre em Direito Tributário pela PUC/SP, professora do IBDT, do IBET, da ABDF e da APET, sócia de Okuma Law e Presidente da Tax & Women.

Mayra de Christo Theis

Sócia da consultoria tributária da PwC e líder da indústria de Agribusiness e do escritório de Ribeirão Preto para a prática tributária. Ampla experiência em consultoria tributária e societária, com mais de 26 anos de atuação sendo 20 anos na PwC Brasil com foco no agronegócio.

Graduada em Ciências Contábeis pela PUC São Paulo, em Direito pela Universidade de Ribeirão Preto (UNAERP) e Pós-graduada em Direito Tributário pela Faculdade de Direito da Universidade de São Paulo - USP/Ribeirão Preto.

Sarah Noronha Gonçalves Maia

Graduada em Direito e em Ciências Contábeis pela UFMG e Universidade FUMEC, respectivamente, com MBA Executivo pela Fundação Dom Cabral.

PREFÁCIO

Esta obra, "Tributação do Agronegócio no Brasil: Temas Atuais", é um convite ao debate necessário e construtivo sobre a tributação do agronegócio em nosso país. Nela, você encontrará uma coletânea de artigos que enfrenta, com muito pragmatismo, objetividade e profundidade jurídica, as questões tributárias mais complexas e atuais envolvendo este setor, que desempenha um papel extraordinário no desenvolvimento e sustentabilidade da economia do Brasil, viabilizando parte substancial de seu protagonismo no cenário econômico mundial.

O agronegócio responde por 21% do Produto Interno Bruto brasileiro, gerando cerca de 19 milhões de empregos. Além disso, apresenta indicadores de qualidade e produtividade que posicionam competitivamente a produção agrícola, agropecuária e agroindustrial nacional nas principais cadeias de valor globais. Isso é resultado dos crescentes investimentos em inovação tecnológica, que vêm diferenciando cada vez mais este setor, abrangendo desde elevados índices de automação e digitização de suas operações, até a transição energética e a descarbonização de sua cadeia produtiva, contribuindo para crescimento econômico de forma sustentável.

No entanto, o setor também enfrenta desafios estruturais, conjunturais e sistêmicos de um mercado emergente como o Brasil. Entre tais desafios, destaca-se a atual sujeição do agronegócio nacional a uma vasta e trabalhosa gama de regimes de incidência tributária, que contribuem para a complexidade e onerosidade dos encargos principais e acessórios que maculam o nosso Sistema Tributário Nacional. Isso ocorre às vésperas da implementação da Reforma Tributária sobre o consumo no país, que, durante o período de transição nela previsto, imporá aos contribuintes corporativos brasileiros o desafio de conviverem com dois sistemas de tributação distintos, existindo paralelamente ao longo de sete anos.

Daí a pertinência e atualidade desta obra. Nesse ambiente tributário altamente complexo, anacrônico e irracional, o objetivo é propor reflexões sobre o Direito Tributário aplicável às operações e transações típicas do agronegócio brasileiro de forma pragmática, objetiva e simples. Por essa razão, convidamos autores com vasto conhecimento na área, dispostos a compartilhar não apenas seus conhecimentos teórico-acadêmicos, mas também suas visões e experiências profissionais do dia a dia.

Dessa forma, este livro é principalmente uma obra de aplicação prática, que, a partir de discussões sobre diversos assuntos de tributação do agronegócio, contribui com a produção de conhecimento para o setor. Trata-se de uma referência para profissionais que, em seu dia a dia, lidam com os desafios da gestão da área tributária, explorando desde a adequada aplicação da norma às peculiaridades de suas operações mais complexas, até a melhor interpretação e aplicação dos mais recentes julgados dos tribunais, bem como suas repercussões sobre as operações do setor. É também uma obra de importante utilização acadêmica, principalmente pelos fundamentos e embasamentos jurídicos que suportam as considerações a que chegam os seus coautores.

A variedade e atualidade dos temas abordados nos 21 artigos do livro proporcionam ao leitor uma viagem estimulante pelo que há de mais abrangente em relação às questões envolvendo a tributação do agronegócio, não apenas no âmbito doméstico, mas também no contexto da tributação internacional.

Estamos muito orgulhosos da nossa qualificada e notável base de autores. Nestas páginas, é possível celebrar a maturidade e expertise diferenciada de relevantes profissionais de empresas do setor, juristas, bem como de um grupo dos nossos sócios e solvers da PwC que, em coautoria, lograram o desafio de nos favorecer com suas contribuições decisivas para a melhor compreensão e elucidação jurídico-tributária de temas relevantes e atuais envolvendo a tributação deste setor.

Para nós, sócios e profissionais da consultoria tributária da PwC Brasil, especialistas no setor do agronegócio, foi uma honra e motivo de grande satisfação conceber esta obra em coautoria com seletos profissionais dedicados à gestão tributária de relevantes empresas e acadêmicos, a quem aqui rendemos nossas melhores homenagens.

Da mesma forma, nos orgulhamos em poder contribuir com a sociedade em geral, por meio da produção de conhecimento que, no caso específico, esperamos poder trazer luzes sobre a complexa sistemática de tributação do agronegócio brasileiro, contribuindo para a sua racionalidade e evolução. Esperamos que essa evolução possa ser de fato alcançada com uma adequada e coerente implementação da Reforma Tributária sobre o consumo, contribuindo para a substancial melhoria do ambiente de negócios do país.

Boa leitura!

Durval Portela

Sócio e líder da área de Consultoria Tributária e Societária e membro do Comitê Executivo da PwC Brasil.

Possui experiência profissional em consultoria tributária e societária, com foco em reestruturações societárias nacionais e internacionais, envolvendo empresas multinacionais brasileiras e estrangeiras em vários setores da indústria.

Advogado e Contador, com Mestrado em Direito Econômico pela Universidade Federal da Bahia (UFBA) e Especialização em Direito Tributário pela Pontifícia Universidade Católica de São Paulo (PUC-SP). Como parte de suas atividades profissionais, é Coordenador do Grupo de Eficiência Tributária da AMCHAM (Câmara Americana de Comércio); membro do Instituto Brasileiro de Direito Tributário (IBDT); da Associação Brasileira de Direito Financeiro (ABDF); do Núcleo Paulista de Estudos Tributários (NUPET) e do Conselho Consultivo do GETAP - Grupo de Estudos Tributários Aplicados.

É palestrante regular em conferências e seminários sobre assuntos tributários e foi classificado como "Recommended" Tax Lawyer in Brazil, pela "PLC Which Lawyer" (2007), bem como "Highly Regarded Tax Controversy Advisor" (2013 a 2021) e "Highly Regarded Practitioner" (2024) pela "World Tax /International Tax Review – ITR".

Mayra de Christo Theis

Sócia da consultoria tributária da PwC e líder da indústria de Agribusiness e do escritório de Ribeirão Preto para a prática tributária. Ampla experiência em consultoria tributária e societária, com mais de 26 anos de atuação sendo 20 anos na PwC Brasil com foco no agronegócio.

Graduada em Ciências Contábeis pela PUC São Paulo, em Direito pela Universidade de Ribeirão Preto (UNAERP) e Pós-graduada em Direito Tributário pela Faculdade de Direito da Universidade de São Paulo - USP/Ribeirão Preto.

SUMÁRIO

ASPECTOS TRIBUTÁRIOS DA CLÁUSULA DE "WASH OUT"

Nereida Horta[1]

1. Introdução

O presente artigo versa sobre a tributação de valores recebidos em razão da denominada Cláusula de "Wash Out". A compreensão de sua tributação é importante por ser muito utilizada em contratos de compra e venda de *commodities* agrícolas para entrega futura como um mecanismo que muito bem calcula os riscos inerentes à cadeia produtiva do setor. O seu estrangeirismo e forma de aplicação tem sido objeto de controvérsias sob o ponto de vista de obrigações e direitos das partes, bem como sua natureza para definição dos desdobramentos em função da cobrança em execução. Esse debate passa também pelos seus aspectos tributários, que é o que será analisado.

---

1. Mestre em Direito Tributário Internacional e Comparado pelo Instituto Brasileiro de Direito Tributário – IBDT. MBA Executivo em Finanças pelo IBMEC/São Paulo. Coordenadora do Núcleo de Pesquisas do Mestrado - NUPEM do IBDT. Ex-Conselheira do CARF. Advogada e Professora de Direito Tributário.

Para definir a natureza jurídica da Cláusula de "Wash Out" é preciso entender o contrato como um todo, o que está sendo contratado, como foram descritas suas cláusulas e a legislação aplicável. Após entendermos qual foi o acordo das partes, os direitos e obrigações a ele vinculados, podemos tratar da sua tributação. Examinaremos as estruturas contratuais para convenção do que tem sido comumente denominada como Cláusula de "Wash-Out" a partir dos relatos em sentenças de julgamento dos tribunais, inclusive estrangeiras. Em seguida, navegaremos pelas decisões de julgamento específicas sobre tributação desses montantes devidos. Tecidas essas análises, trataremos da tributação.

2. Importância da cláusula de "wash out" para o agronegócio

A cadeia produtiva do agronegócio representa um intricado conjunto de processos e atividades que abrangem múltiplas etapas, contando com a participação de diversos agentes interligados. Inicia-se no fornecimento de insumos (sementes, fertilizantes, adubo, equipamentos, máquinas agrícolas, tecnologias, ração, medicamentos veterinários, dentre outros) para a produção no campo e finaliza com a entrega do produto ao consumidor final. Pode também se deslocar para a fase de industrialização ou ser encaminhada a um estabelecimento que irá entregar ao consumidor final.

Uma das preocupações do produtor rural na aquisição dos insumos é pagar um valor maior que o preço de venda de sua produção ou os receber com atraso. A não administração desses riscos pode lhe acarretar prejuízos que certamente impactará a quitação do débito com esses fornecedores, por exemplo. Assim, nos contratos celebrados entre eles (produtor e fornecedor de insumos) são inseridas cláusulas que delimitam esses riscos para que as obrigações sejam cumpridas e os direitos assegurados, sem resultado negativo para as partes.

Durante a produção, o clima extremo e as pragas são os riscos importantes que preocupam o produtor rural no plantio agrícola, mas não são únicos, mantém-se o risco de o preço de venda ser menor que o custo suportado, sacrificando sua margem de lucro, pela própria volatilidade do valor de mercado. Para mitigar esse risco nessa fase, é muito comum que a produção já seja vendida para o consumidor final, indústrias ou para as *tradings*, que as revendem normalmente ao seu cliente ou no mercado internacional ou em bolsas de mercadorias. Aliás, a comercialização da produção pode ocorrer até mesmo antes do início do plantio agrícola ou produção.

A administração da margem de lucro e o risco de oscilações negativas nos preços também é uma tarefa do comprador (*trading*, distribuidor ou consumidor final) por ter que certificar que a quantidade e a qualidade de produto que precisa para atender sua demanda com clientes ou operações realizadas em bolsa (com finalidade de *hedge*) já está adquirida. Assim, também administra seus lucros em razão da volatilidade dos preços de mercado antecipando a compra.

Como essa negociação se dá num cenário em que a *commodity* ainda não existe ou não está disponível, é celebrado um contrato de compra e venda futura de produção agrícola, que prevê a entrega de uma certa quantidade e qualidade de produto numa determinada data no futuro, por um preço fixo ou a fixar também em data futura, de acordo com o preço de mercado. Essa é a dinâmica do setor em que as partes aproveitam as oportunidades e mitigam seus riscos. Contudo, como a obrigação da entrega ocorre num momento subsequente, o potencial prejuízo de não entrega e as sanções decorrentes são convencionados entre as partes.

O risco de não entrega é premente dado que o plantio agrícola está sujeito a intempéries da natureza e da oscilação de preços de mercados internacionais, assim, o ideal é o produtor, quando suspeitar que não irá cumprir com as condições contratadas ou com a entrega do produto, já adiantar à compradora, por exemplo uma *trading*, suas dificuldades. Da mesma forma, a compradora quando vislumbrar algum desinteresse em não seguir com o contratado deve sinalizar ao produtor rural. Evidente que, quanto mais cedo as partes souberem do não cumprimento do contrato, melhor, pois terão mais tempo disponível para adquirir novos produtos ou negociar novas vendas com mais liberdade e mais chances de não se sujeitarem ao risco de volatilidade de preços de mercado da *commodities*.

Como a oscilação dos preços de mercado é um fator intrínseco do setor do agronegócio, entregando ou não a produção, a avaliação das transações está sempre nele embasada. Por esse motivo, não há outro fator que não o preço de mercado para referenciar o não cumprimento do contrato celebrado a fim de bem expressar o prejuízo ou o ganho envolvidos.

No caso das *tradings* ou empresas exportadoras, a referência em preço de mercado é vital, tendo em vista que a venda pode ser para o exterior quando comprometidas com algum importador. Portanto, como essas empresas terão que adquirir de outrem o produto para satisfazer as condições do contrato celebrado com seu cliente no exterior ou mesmo neutralizar as perdas com negociações com a bolsa estrangeira, caso não tenha alocado o risco da não entrega pelo preço de mercado, terá que suportar a perda que incorrerá na nova aquisição de produtos para atender à sua demanda. Essa perda para as compradoras, lembramos, pode acontecer tanto no mercado de liquidação futura como na compra de novos produtos para abastecer seu cliente, importador.

É de se notar que, da mesma forma que a compradora, negocia com o produtor rural risco de inadimplemento do contrato de compra e venda para entrega futura, o importador ou cliente no mercado doméstico também convenciona com a vendedora (*trading* ou exportadora) esses mesmos riscos pelo mecanismo denominado “Wash Out”.

É uma denominação importada que deve ser observada quando do não cumprimento de uma das cláusulas do contrato. É devida à parte prejudicada em razão de uma situação indesejada. No setor, é comum que o disparo ocorra por parte do produtor que não cumpre com a entrega do produto ou pela quebra de sua produção ou por vislumbrar negócios em melhores condições, então, arca com a obrigação de pagar a compradora[2] pelo prejuízo causado.

O cálculo tem como base os parâmetros de negociações dos preços de mercado de modo a quantificar objetivamente o tamanho da perda suportada pela parte lesada. Por esse mecanismo, a parte que desfez o contrato deve à outra parte um montante equivalente à diferença entre o preço de mercado da quantidade negociada na data do descumprimento e o preço convencionado em contrato.

Na prática, a função dessa cláusula é obrigar a parte que descumpriu o contrato a pagar o valor de mercado subtraído do valor negociado de maneira que ela não detenha os mesmos recursos que teria se o contrato fosse regularmente desempenhado. Em sendo o produtor que não cumpriu com a entrega do produto contratada, por exemplo, ele terá que pagar à compradora montante que equivalha ao valor de mercado de produto não entregue considerando que teria adquirido um produto pelo preço disposto no contrato. O valor de mercado é o patamar utilizado para as transações de produtos agrícolas menos o valor contratado – o qual era a expectativa de recebimento naquela data. Dessa forma, a compradora poderá cumprir com o que foi acordado com o seu cliente ou o importador ou mesmo com

2. PERIM, Paula Abi-Chahine Yunes; YAMASHITA, Hugo Tubone; FREITAS, Pedro Maués de. Cláusulas de wash-out em contratos: prática dos tribunais e riscos. *CONJUR*, 17 abr. 2023. Disponível em: https://www.conjur.com.br/2023-abr-17/opiniao-clausulas-wash-out-pratica-riscos/.

a bolsa, dado que o contrato de venda ou de exportação também contém essa cláusula.

A motivação do mercado para usar da cláusula de "Wash Out" foi muito bem explicada nessa sentença de Apelação Cível do TJ-PR, *in verbis*:

> A previsão de "washout" pode beneficiar ambas as partes, pois o comprador se utiliza dela para se resguardar como uma forma de recompor eventuais prejuízos advindos da quebra do contrato. Já o vendedor, na hipótese de vislumbrar um negócio mais benéfico, tem a possibilidade de desfazer o contrato e pagar o valor combinado à título de indenização.[3]

Ou seja, a compradora pode optar em desfazer o negócio por melhores oportunidades, que foi o que ocorreu em 2020, quando os chineses optaram por desfazer as aquisições de produtos brasileiros e argentinos, tendo em vista que poderiam comprar esses mesmos produtos por preços bem menores nos Estados Unidos da América ou no Mar Negro. Nesse caso, a compradora chinesa teve que pagar ao vendedor a diferença entre o preço negociado e o preço de mercado.[4] Como se pode depreender, o valor de mercado

---

3. BRASIL. TJ-PR. *Apelação Cível n. 0002707-11.2012.8.16.0159*. 3ª Câmara Cível. Relator: Des. Marcos Sergio Galliano Daros, 12 ago. 2022. Disponível em: https://portal.tjpr.jus.br/jurisprudencia/j/4100000021068831/Ac%C3%B3rd%C3%A3o-0002707-11.2012.8.16.0159. Nessa mesma linha, Grain Trade Australia se pronuncia no artigo *A Guide to a Contract 'Washout'*, alertando que o "Wash Out" é um instrumento para recompor um contrato de compra e venda de grãos antes do seu não cumprimento, a fim de evitar contencioso ou arbitragem. Extraído do original: *"A 'washout' is a way settling your obligations under a contract without reference to a Court or arbitration, and usually before the time for performance of your obligation falls due"*. Traz ainda que ingressar num contrato de compra e venda de grãos requer cuidado pela exposição que se tem a problemas na produção, o qual impacta todas as partes envolvidas no contrato: *"Entering into a grain contract requires careful consideration. Exposure to production failure impacts on both parties associated with a grain contract"*. (GRAIN TRADE AUSTRALIA. *A Guide to a Contract 'Washout'*, Sydney, n. 14, jul. 2019. Disponível em: https://www.graintrade.org.au/sites/default/files/Publications/014%20Grain%20Contracts%20-%20Contract%20'Washout'%2017July2019.pdf).

4. PRESSIONOTT, Fernanda. China faz "wash out" com óleo de soja argentino. *Valor Econômico*, São Paulo, 13 ago. 2020. Disponível em: https://valor.globo.com/

é a melhor forma de aferir o prejuízo tanto que é utilizado globalmente.

O contencioso cível dessa Cláusula de "Wash Out", no passado, ateve-se à sua desconsideração ou sua suspensão, pois o devedor alegava sua origem inglesa e falta de respaldo legal no nosso ordenamento jurídico, mas não foi vencedora e a jurisprudência reconhece que é uma cláusula plenamente válida e muito comum nos contratos de compra e venda para entrega futura de *commodities* agrícola.[5] Outros pontos que são levantados pelo devedor se referem à falta de clareza na sua fórmula do cálculo e à cumulação com juros e outras multas, dependendo das disposições contratuais e especificidades das situações o que examinaremos a seguir.

3. Conceito da cláusula de "wash out"

Adentrando nos termos do que é convencionado entre as partes, vemos que a Cláusula "Wash Out" é uma cláusula inserida numa cadeia sujeita à volatilidade de preço de mercado de *commodities*, portanto, a administração dos riscos decorrentes é importante para proteção e segurança das partes, como já dissemos. Com a Cláusula de "Wash Out", o produtor rural já sabe quanto custará romper um contrato e sua contraparte, a compradora das *commodities*, estará protegida do movimento dos preços da *commodity* não entregue.

---

agronegocios/noticia/2020/08/13/china-faz-wash-out-com-oleo-de-soja-argentino.ghtml. LOPES, Fernando et al. China troca soja brasileira pela dos EUA. *Valor Econômico*, São Paulo, 13 ago. 2020. Disponível em: https://valor.globo.com/impresso/noticia/2020/08/13/chines-troca-soja-brasileira-pela-dos-eua.ghtml.

5. Como exemplo, vide TJ-SP – Agravo de Instrumento n. 2146471-82.2022.8.26.0000 que expressa claramente a validade ou legalidade dessa cláusula (BRASIL. TJ-SP. *Agravo de Instrumento n. 2146471-82.2022.8.26.0000*. Relator: Des. Virgilio de Oliveira Junior, 7 dez. 2022. Disponível em: https://esaj.tjsp.jus.br/cjsg/getArquivo.do?cdAcordao=16312139&cdForo=0.

De maneira simplória, a Cláusula de "Wash Out" vem satisfazer ou reparar a parte prejudicada pelo rompimento do contrato. Esse montante tem sido considerado como ressarcimento, recomposição, indenização, sanção ou mesmo contratação de recompra e revenda. Para definir sua natureza jurídica, porém, somente é possível pelo estudo aprofundado, um exame cuidadoso das especificidades do contrato assinado entre as partes e do caso concreto. O contrato, com fundamento legítimo, é um acordo de vontade entre as partes que faz nascer uma norma individual e concreta, não se trata de aplicação do direito abstrato como uma norma ou lei, pois não se aplica a um número indeterminado de sujeitos, mas apenas às partes envolvidas. Nas palavras de Orlando Gomes:

> Ao analisar especificamente o contrato do ponto de vista da teoria pura do Direito, Kelsen observa que a definição tradicional que o tem como **um acordo de vontades de dois ou mais sujeitos tendente a criar ou extinguir uma obrigação e o direito subjetivo correlato passa por alto uma de suas funções mais importantes, que é a *função criadora de direito*. Ao celebrar um contrato, as partes** não se limitariam a aplicar o direito abstrato que o rege, mas **estariam criando também normas individuais. Essas normas individuais, que compõem o conteúdo do contrato e exigem determinada conduta dos contratantes, teriam a mesma substância normativa da regra *pacta sunt servanda*, que aplicam ao celebrar o contrato.** Desse modo, o produto jurídico do contrato, ou seja, a consequência que lhe atribui o ordenamento jurídico, é a **norma que cria, individual e concreta porque não obriga a número indeterminado de indivíduos nem se aplica a número indeterminado de casos, tal como sucede com a norma ou lei.** [6] (grifos nossos)

Ou seja, a vontade das partes estampada no contrato cria direitos e obrigações entre elas, como uma norma individual e concreta. Logo, não há como conhecer a natureza

6. GOMES, Orlando. *Contratos* - Revista, Atualizada e Aumentada de acordo com o Código Civil de 2002. Coordenação: Edvaldo Brito. Atualização: Antônio J. Azevedo e Francisco P. C. Marino. Rio de Janeiro: Editora Forense, 2009. p. 15-16.

dos valores envolvidos, que serão, por exemplo, retratados nas demonstrações financeiras de uma empresa ou estarão registrados na declaração de imposto de renda de uma pessoa física, sem debruçarmos nos contratos e nos fatos. Esse passo é importante para decifrarmos e, somente após, saberemos os impactos tributários decorrentes.

4. Análise das estruturas contratuais pela jurisprudência

Pelas decisões de Tribunais, levantamos os desenhos possíveis do que foi convencionado entre as partes e das controvérsias que emergem a partir da denominada Cláusula de "Wash Out". Veremos que é evidente a diversidade de cenários dos contratos e da Cláusula de "Wash Out", refletindo, por conseguinte, uma gama de relações contratuais que podem ser estabelecidas entre as partes.

Na Apelação Cível n. 0006113-14.2019.8.16.0056,[7] as partes celebraram um contrato de compra e venda de soja em grãos, tendo ficado convencionado no contrato que: i) no caso de não entrega total ou parcial, o produtor rural estaria sujeito à multa de 10%, juros de 1% ao mês e correção monetária pelo INPC/IBGE; e, ii) a compradora, a seu exclusivo critério, poderia rescindir o negócio ou concordar com o recebimento do produto não entregue em nova data quando o valor do negócio será readequado nos mesmos termos do custo de rolagem dos contratos transacionados na bolsa no exterior (CBOT – *Chicago Board of Trade*[8]), com valor menor de prêmio e/ou frete na data efetiva da entrega.

---

7. BRASIL. TJ-PR. *Apelação Cível n. 0006113-14.2019.8.16.0056.* 1ª Câmara Cível. Relator: Des. Guilherme Luiz Gomes, 10 fev. 2023. Disponível em: https://portal.tjpr.jus.br/jurisprudencia/j/4100000022886221/Ac%C3%B3rd%C3%A3o-0006113-14.2019.8.16.0056.

8. Bolsa de Valores de Chicago.

Não constou expressamente, pelo disposto na sentença, que as partes convencionaram um cálculo para mensurar a perda que deveria ser compensada pelo não cumprimento da entrega do produto. Logo, a não entrega poderia implicar pagamento das penalidades (multa, correção monetária e juros) ou a compradora poderia rescindir ou aceitar a mercadoria pagando um outro preço, um custo menor, como pode ser verificado pelo relatório. Dessa forma, o convencionado entre as partes é o pagamento de penalidades ou uma mera compra e venda.

Na Apelação Cível n. 0002707-11.2012.8.16.0159,[9] as partes celebraram um contrato de compra e venda de grãos para entrega em data futura. Entretanto, antes da data de entrega acordada, as partes celebraram outro contrato de recompra e revenda da mercadoria outrora transacionada, pelo mesmo preço inicialmente negociado. Além disso, acordaram sobre o pagamento de um valor adicional a pagar correspondente à diferença entre o preço de mercado no momento da recompra e revenda e o preço contratado a fim de restabelecer a perda causada por quem desfez o contrato, o qual foi denominado de "Wash Out". Pelo descrito na sentença, como estipulou-se o pagamento da diferença entre o valor de mercado e o contratado, estamos diante de uma Cláusula de "Wash Out" e, conforme o contrato, o pagamento se deu para "recompor os prejuízos suportados pelo comprador, que não terá a mercadoria adquirida entregue".[10]

Ainda, observamos que, no seu voto, o magistrado descreveu outras possíveis estruturas contratuais para celebração da denominada Cláusula "Wash Out" - acordo devido pelo rompimento do contrato:

---

9. BRASIL. TJ-PR. *Apelação Cível n. 0002707-11.2012.8.16.0159*. 3ª Câmara Cível. Relator: Des. Marcos Sergio Galliano Daros, 12 ago. 2022. Disponível em: https://portal.tjpr.jus.br/jurisprudencia/j/4100000021068831/Ac%C3%B3rd%C3%A3o-0002707-11.2012.8.16.0159.

10. Ibidem.

> Neste ponto, importa registrar que a pactuação de 'washout" é prática comum no mercado de grãos. Trata-se de acordo no caso de rompimento do contrato, com a estipulação de cláusula, denominada "washout", de **previsão de pagamento da diferença entre o valor negociado pela mercadoria no momento de celebração do negócio jurídico** e no momento da **recompra**. Há, ainda, casos em que as partes celebram um segundo contrato, também denominado "washout", **no qual o valor da recompra é o mesmo da compra da mercadoria, porém, é estabelecida uma importância a ser paga pela parte que desfez o negócio jurídico.** Essa última hipótese é o que ocorreu no caso dos autos.[11] (grifos nossos)

Por essa explicação, verifica-se que pode haver contrato de recompra e revenda de um mesmo produto pelo preço de mercado na data da nova negociação. Ou seja, a compradora revende ao produtor rural, quem readquire a mesma mercadoria por um novo preço de mercado do dia, não se fundamentando em qualquer dano ou perda causada. Logo, quem desfez o contrato não ressarcirá a perda ou recomporá o patrimônio da vendedora ou a indenizará, mas contratará uma nova compra gerando receita de vendas à contraparte, dado que há um novo contrato de compra e venda da mesma mercadoria com determinado preço designado. Em sendo assim, outras obrigações instrumentais de compra e venda de mercadoria devem ser também observadas, dentro da legislação aplicável, para refletir o sentido completo do que foi contratado.

Outro tipo de acordo é aquele que estipula o cálculo esclarecendo que o valor da diferença entre o preço de mercado e o contratado é devido como multa, juros e correção monetária, em sendo assim, o valor recebido é considerado penalidade contratual, nos termos do art. 413, do Código Civil. Ainda, há contratos em que as partes concordam expressamente que o valor devido serve única e exclusivamente para compensar o prejuízo causado e, normalmente, adicionam também uma cláusula de multa, juros e correção

11. Ibidem.

monetária (penalidade) pelo não cumprimento. Nesse caso, o valor pago, pode representar ressarcimento, recomposição de patrimônio ou indenização por dano incorrido, além de penalidade. Para tanto, a parte prejudicada deve demonstrar o prejuízo causado dentre outras especificidades inseridas no contrato.

A importância das provas ficou consignada na decisão do julgamento dessa mesma Apelação, ao concluir o magistrado que o valor devido tem natureza indenizatória pois foi acordado que seria devido para compensar a parte prejudicada de sua perda, e não punitiva, consoante o art. 408, do Código Civil.[12] Além disso, esclarece que, em sendo uma compensação à parte, na medida do prejuízo suportado, não se deve olvidar da necessidade de comprovação desse (prejuízo) pela parte prejudicada.

Nessa mesma linha, temos a sentença da Apelação Cível nº 1036450-23.2017.8.26.0100,[13] que concluiu que o "Wash Out" corresponde à indenização para reposição da mercadoria não entregue, todavia, deve ficar comprovado o efetivo prejuízo experimentado pela compradora. No caso dos autos, como não ficou comprovado, o produtor rural ficou dispensado do pagamento da indenização.

Outrossim, inexiste alegação, consequentemente, comprovação de que a apelada sofreu qualquer prejuízo em razão do propalado inadimplemento, também não há como se acolher a pretensão do recebimento da indenização. Vale dizer, a apelante não se desincumbiu do ônus de demonstrar o direito que alega ter, sendo certo que não há como se remeter a comprovação do "an debeatur" para

---

12. Art. 408. Incorre de pleno direito o devedor na cláusula penal, desde que, culposamente, deixe de cumprir a obrigação ou se constitua em mora.

13. BRASIL. TJ-SP. *Apelação Cível nº 1036450-23.2017.8.26.0100.* 32ª Câmara de Direito Privado, Relatora: Des. Maria Cláudia Bedotti, 06 fev. 2020. Disponível em: https://esaj.tjsp.jus.br/cjsg/getArquivo.do?cdAcordao=13296196&cdForo=0.

liquidação da sentença, fase em que apenas se apura o "quantum" devido.

Quanto à cobrança cumulada de penalidades e "Wash Out", observa-se que, na Apelação Cível nº 0038839-65.2022.8.16.0014,[14] ficou consignado que o produtor rural estaria obrigado a pagar (i) o valor decorrente da Cláusula de "Wash Out" correspondente à apuração de perdas e danos causados pela falta de entrega, uma recomposição do prejuízo suportado pela compradora; e, (ii) valor devido em decorrência da simples falta de entrega do produto. Esclareceu-se que não há óbice algum em cobrar valores por execuções distintas (recomposição e penalidade) tendo em vista que são montantes diferentes, independentes e autônomos. Da mesma forma, foi a decisão no Agravo de Instrumento n. 2146471-82.2022.8.36.000,[15] concordando que são legítimas as previsões de multa pelo desfazimento do negócio e de compensação pela diferença monetária decorrente do inadimplemento.

Essas sentenças explicam que pode haver cobrança cumulativa, porém, em relação a multas e penalidades, deve se levar em consideração o grau de culpa do devedor, sua situação econômica e o prejuízo sofrido à contraparte. Ou seja, há limite para multa em busca de evitar que seja cobrada em patamar elevado que comprometa a continuidade dos negócios, consoante o art. 413, do Código Civil,[16]

14. BRASIL. TJ-PR. *Apelação Cível nº* 0038839-65.2022.8.16.0014. 15ª Câmara de Cível, Relator: Des. Substituto Davi Pinto de Almeida, 28 jul. 2023. Disponível em: https://portal.tjpr.jus.br/jurisprudencia/j/4100000025146451/Ac%C3%B3rd%C3%A3o-0038839-65.2022.8.16.0014.

15. BRASIL. TJ-SP. *Agravo de Instrumento n. 2146471-82.2022.8.36.000.* 23ª Câmara de Direito Privado. Relator: Des. Vírgilio de Oliveira Junior, 7 dez. 2022. Disponível em: https://esaj.tjsp.jus.br/cjsg/getArquivo.do?cdAcordao=16312139&cdForo=0.

16. Art. 413. A penalidade deve ser reduzida equitativamente pelo juiz se a obrigação principal tiver sido cumprida em parte, ou se o montante da penalidade for manifestamente excessivo, tendo-se em vista a natureza e a finalidade do negócio.

o que não se aplica à recomposição ou compensação, que comumente é chamada de "Wash Out".

Com base na leitura dessas sentenças, confirmamos a introdução desse tópico, isto é, que os contratos podem ser estruturados de várias formas para cobrar o montante devido pela parte que rompe o contrato de compra e venda de grãos para entrega futura a título de penalidades ou "Wash Out". Como as partes são livres para pactuar direitos e obrigações contratuais, bem como alterá-las, pelo Princípio do Pacta Sunt Servanda, é a partir desse que se tem os desdobramentos na cobrança ou execução da dívida, como vimos nas decisões dos Tribunais. Ou seja, se caracterizada realização de recompra e revenda, novo preço do produto está sendo acordado; se caracterizada multa, sua cobrança poderá ser limitada a determinado patamar; se convencionado ressarcimento, recomposição ou outra modalidade como a indenização, é importante que demonstre o prejuízo incorrido a fim de comprovar a perda ou o dano sofrido pelo patrimônio. Desse modo, a falta de avaliação ou análise aprofundada do caso concreto resulta em falha na conceituação da natureza do pagamento que está sendo feito, do que ficou convencionado entre as partes, enquanto norma individual e concreta.

As disputas relativas à Cláusula de "Wash Out" também são objeto de discussão no exterior dentro de contrato de comércio internacional. De acordo com o modelo de Cláusula de "Wash Out" de transação comercial, sujeito às regras no formulário contratual n. 81 da FOSFA,[17] a seguir traduzido:

> Wash Out significa que o Comprador vende o produto de volta ao Vendedor com base em um preço justo acordado. O período

17. FOSFA - *Federation of Oils, Seeds and Fats Associations* (Federação das Associações de Óleos, Sementes e Gorduras) é uma organização de comércio internacional que facilita e apoia o comércio e transporte global de óleos e gorduras vegetais e animais, oleaginosas e seus derivados (Disponível em: https://www.fosfa.org/.

de Wash Out inicia imediatamente após a entrega do último carregamento, que tenha sido designado e aceito nos termos deste Acordo.[18] (tradução nossa)

Pelos termos acordados, a compradora revende o produto de volta à vendedora, isto é, as partes celebram contrato de recompra e revenda. Assim, apesar de não haver transferência física de mercadoria, devem ser observadas as obrigações instrumentais como emissão de *invoices* ou algo similar, pois se trata de uma outra compra e venda. Além do que, como o comprador está readquirindo o produto, o risco de perda, roubo ou quebra desse é seu, pois está sob sua responsabilidade. Portanto, estamos diante de receitas de vendas e custos de aquisição pelo novo preço da mercadoria e na data estipulada.

Em termos de comércio internacional, essa é a estrutura mais comum da Cláusula de "Wash Out", em que comprador recompra o produto outrora vendido ao vendedor, quem a revende, como se fosse uma "nova" compra e venda do mesmo produto. Esse entendimento de que se trata de outro contrato, podemos extrair de julgamento de dezembro de 2021, envolvendo uma transação internacional entre a vendedora LLC Agronefteprodukt, empresa russa, e a compradora Ameropa AG, empresa suiça, de trigo. A conclusão do Tribunal Superior da Inglaterra e do País de Gales foi que os Contratos de "Wash Out" celebrados são contratos independentes dos Contratos de Compra e Venda iniciais.[19]

---

18. No original: *"Wash out" means that Buyer sells product back to Seller based on a fair price agreed price as per the above. The wash out period shall commence immediately following the delivery of the last shipment, which has been nominated and accepted under the provisions of this Agreement"*. Contrato listado no *"Item 16 Exhibits and Financial Statement Schedules"*, da Alteração n. 4, do Registro na *United States SEC - Securities and Exchange Commission* ao *Form S-1 Registration Statement* (Disponível em: https://www.sec.gov/Archives/edgar/data/1381697/000119312507121562/dex1012.htm; https://www.sec.gov/Archives/edgar/data/1381697/000119312507200320/ds1a.htm).

19. INGLATERRA E PAÍS DE GALES. England and Wales High Court of Justice. *[2021] EWHC 3474 (Comm)*. LLC Agronefteprodukt vs. Ameropa AG. Londres,

No caso em exame, a vendedora não honrou a entrega do trigo, assim, a compradora, seguindo o disposto no contrato, iniciou procedimento de arbitragem de acordo com as regras do GAFTA[20]. Porém, antes do prosseguimento da arbitragem, a compradora contatou a vendedora para entrarem num acordo de modo a evitá-la (arbitragem) o que resultou na assinatura de Contratos de "Wash Out", que também fazia referência às mesmas regras de arbitragem do GAFTA. Como a vendedora não honrou também esses Contratos, consequentemente, a compradora continuou a arbitragem, solicitando que fossem analisados todos os contratos de forma consolidada.

Por fim, a vendedora, não concordando com a consolidação, ingressou em juízo solicitando que deveriam ser iniciadas duas arbitragens separadas por se tratar de dois contratos (Contrato de Compra e Venda e o Contrato de "Wash Out"), não sendo possível juntar todos os contratos numa só. Não obteve sucesso porque a compradora, concordando que se tratava de dois contratos, requereu, de forma clara e expressa, que fosse feita a consolidação, e a vendedora não se manifestou tempestivamente, o que configurou sua renúncia ao direito de se opor.

A existência de dois contratos é verificada também na decisão do Tribunal Superior de Cingapura, Suit n. 362, de 2017, entre BASF Intertrade AG Singapore Branch e H&C Holdings Pte Ltd. Pelos fatos relatados, a questão se tratava de arbitragem dos Contratos de "Wash Out" e "Circle Out",[21] que não tinha nada a ver com os direitos e obrigações

---

Judge: William Blair Sitting, 21 dez. 2021. Disponível em: https://www.bailii.org/ew/cases/EWHC/Comm/2021/3474.html.

20. Grain and Feed Trade Association (GAFTA) é uma Associação de Comércio Internacional que protege os interesses dos associados, agentes do setor, provendo apoio em relação aos contratos e arbitragem. Para mais informações, acessar o endereço eletrônico: https://www.gafta.com/.

21. Pela cláusula n. 20, do Contrato n. 49, do Gafta, *Circle Out* é quando os vendedores recompram dos compradores ou por algum comprador subsequente os mesmos bens ou parted eles, é considerada a existência de um círculo em relação aos

das partes nos Contratos de Compra e Venda subjacentes. Continuando, descreve[22] que a intenção das partes, ao celebrarem esses segundos contratos, era extinguir direitos e obrigações, por exemplo, relacionado à entrega dos produtos, mas não da diferença de preço acordada.

Essa intenção ficou evidenciada pela cláusula que dispõe que, após a aceitação do Contrato de "Wash Out"", as partes se isentam de todas as responsabilidades, reinvindicações e demandas decorrentes dos contratos originais, exceto o acerto da diferença líquida de preço. Assim, ao celebrarem os Contratos de "Wash Out" e "Circle Out", os Contratos de Compra e Venda se mantiveram inativos e não mais operantes. A conclusão, então, foi que a cláusula de arbitragem de um não se estendia a outro, pois eram contratos distintos.

Feitas as considerações sobre as possíveis estruturas contratuais, passamos a comentar sobre os aspectos tributários decorrentes de cada uma delas. Porém, antes de adentrarmos na tributação propriamente dita, analisaremos a jurisprudência existente.

---

produtos recomprados: "*Where Sellers re-purchase from their Buyers or from any subsequent Buyer the same goods or part thereof, a circle shall be considered to exist as regards the particular goods so re-purchased*" (GAFTA. *Contract No. 49*. 01 jan. 2022. Disponível em: https://www.gafta.com/write/MediaUploads/Contracts/2022/49_2022.pdf).

22. Da decisão, parágrafo 78: "*the intention of the parties when they entered into the Category 1 Agreements was to extinguish all the rights and obligations such as the delivery under the Sale and Purchase Contracts save for the difference in price which parties had agreed to under the Category 1 Agreements. This intention is evidenced by the Release clause which clearly states that upon acceptance of the Wash-Out Agreement, parties "release each other from all liabilities, claims and demands arising out of the original contracts except settlement of net price difference based on washout conditions". Therefore, once the parties had entered into the Category 1 Agreements, the Sale and Purchase Contracts were "dead" and no longer operative*". (SINGAPURA. High Court of The Republic of Singapore. *Suit No 362 of 2017 - SGHCR 10*. BASF Intertrade AG Singapore Branch vs. H&C S Holdings PTE LTD. Singapura, Assistant Registrar: Tan Teck Ping Karen, 2017. Disponível em: https://www.elitigation.sg/gd/s/2017_SGHCR_10).

5. Aspectos tributários

No CARF,[23] a tributação da Cláusula de "Wash Out" foi objeto de discussão na 1ª Turma Ordinária da 4ª Câmara da 3ª Seção, como consta da decisão de julgamento do Acórdão n. 3401-008.979, sessão de 28 de abril de 2021, em que foi analisada a incidência da contribuição para o PIS e da COFINS e sua natureza jurídica, assim ementado:

> CLÁUSULA DE "WASH OUT". INDENIZAÇÃO POR LUCROS CESSANTES. BASE DE CÁLCULO DA COFINS NÃO CUMULATIVA. A natureza jurídica da cláusula de "wash out" é de indenização por lucros cessantes, representando ingresso de receita nova. Nos termos da legislação de regência, a Cofins incide sobre o total das receitas auferidas no mês pela pessoa jurídica, independentemente de sua denominação ou classificação contábil, compreendendo a receita bruta de que trata o art. 12 do Decreto-Lei nº 1.598/77 e todas as demais receitas auferidas pela pessoa jurídica. O Superior Tribunal de Justiça definiu, tanto em relação aos juros de mora pagos em decorrência de sentenças judiciais, quanto aos juros contratuais, que, muito embora se tratem de verbas indenizatórias, possuem a natureza jurídica de lucros cessantes, consubstanciando-se em evidente acréscimo patrimonial, tributável pela Cofins não cumulativa.

Por voto de qualidade, considerou-se sujeito à tributação por essas contribuições o montante recebimento a título de "Wash Out", por ter natureza de indenização por lucros cessantes que ficou fundamentada por decisões do Superior Tribunal de Justiça, bem como pesquisa realizada em sítios da internet (denominada pelo relator do voto vencedor como "doutrina").

Pela jurisprudência levantada no tópico anterior, em que se examinou a dívida cobrada e as formas de contratar,

---

23. BRASIL. CARF. *Acórdão nº 3401-008.979*. Processo nº 10675.721146/2017-60. 3ª Seção de Julgamento. 4ª Câmara. 1ª Turma Ordinária. Relator: Lázaro Antônio Souza Soares, 28 abr. 2021. Disponível em: https://acordaos.economia.gov.br/acordaos2/pdfs/processados/10675721146201760_6404649.pdf.

vimos que há várias formas de estruturar a cobrança do "Wash Out". Em sendo assim, concordamos que o que ficou contratado, suas especificidades e os fatos devem ser averiguados para bem delimitar seus aspectos tributários.

Na pesquisa em sítios da internet levantada pelo relator do voto vencedor, há explicações dizendo que o "Wash Out" configura indenização, porém, nenhuma delas os qualifica como dano emergente ou lucro cessante. Dispõem ainda que se trata de cobrança equivalente à diferença entre o preço do contrato e a cotação da *commodity* vigente à época para indenizar ou ressarcir um possível dano ou prejuízo sofrido em razão da inadimplência. Uma delas, inclusive, menciona que poderia ser sugerido pela parte a contratação de novo instrumento, o de "Wash Out", *"em que pactua-se as indenizações, multas e penas advindas do inadimplemento, estabelecendo, por vezes, novo prazo para pagamento, entrega do produto ou inserindo novas garantias contratuais."*[24] Ou seja, ampliou o alcance dos valores devidos como "Wash Out" para além da diferença entre o preço de mercado e o preço contratado, somando-se a ele as multas e os juros, isto é, penalidades.

Nas jurisprudências elencadas pelo mesmo relator, a Apelação Cível nº 1036450-23.2017.8.26.0100,[25] que foi submetida à apreciação no STJ[26] pelo Agravo em Recurso Especial n. 1.798.992-SP,[27] que também não tratou da natureza jurídica

---

24. Ibidem.

25. BRASIL. TJ-SP. *Apelação Cível nº 1036450-23.2017.8.26.0100* (registro 2020.0000077529). 32ª Câmara de Direito Privado. Relatora: Des. Maria Cláudia Bedotti, 06 fev. 2020. Disponível em: https://esaj.tjsp.jus.br/cjsg/getArquivo.do?cdAcordao=13296196&cdForo=0.

26. BRASIL. STJ. *Agravo em Recurso Especial n. 1.798.992-SP*. 3ª Turma. Relator: Min. Moura Ribeiro, 04 dez. 2020. Disponível em: https://processo.stj.jus.br/processo/pesquisa/?src=1.1.3&aplicacao=processos.ea&tipoPesquisa=tipoPesquisaGenerica&num_registro=202003177515.

27. Ibidem.

do "Wash Out", somente da cobrança da dívida, representada por cumulação de multa e "Wash Out", sendo esse último caracterizado como indenização apenas, sem nenhuma classificação (se lucros cessantes ou danos emergentes[28]).

Da mesma forma, na decisão dos Embargos de Declaração no Recurso Especial n. 1.685.979 - também citada pelo mesmo relator, em que se discutiu a cobrança do valor da dívida. Nesse caso, a parte devedora alegou a incerteza quanto ao título - Nota Promissória, em que a considerou como garantia da dívida novada. A decisão final foi no sentido de não dar efeitos modificativos à sentença, pois seria preciso o reexame das provas o que é inviável em sede de Recurso Especial. Da mesma maneira, não houve análise da natureza da Cláusula de "Wash Out", mas apenas da cobrança da dívida.

Por fim, o relator, com base no levantamento feito pela internet ou da jurisprudência (mencionada anteriormente), afirmou que "a doutrina e jurisprudência concordam que a natureza jurídica da Cláusula 'wash out' é de indenização por lucros cessantes".[29] Ora, nem a doutrina (levantamento feito na internet) nem a jurisprudência apontadas

28. A discussão se ateve à cobrança da dívida, que, pela última decisão do STJ, o credor não poderia ter cobrado multa no patamar requerido e para o pagamento do "Wash Out" deveria ter comprovado o prejuízo sofrido, como noticiado que foi objeto de notícia no jornal VALOR ECONÔMICO. (POMBO, Bárbara. STJ barra cobrança milionária por venda de safra. *Valor Econômico*, Brasília, 07 ago. 2023. Disponível em: https://valor.globo.com/legislacao/noticia/2023/08/07/stj-barra-cobranca-milionaria-por-venda-de-safra.ghtml).

29. "*A doutrina exemplifica alguns modelos jurídicos de cláusula de wash out, mas em nenhum momento a classifica como indenização por lucros cessantes, até porque não necessariamente a cláusula wash out representará um novo e permanente acréscimo patrimonial.*" Em relação à jurisprudência citada no Acórdão: "*são inconclusivas, pois aplicam o enunciado da Súmula 7 e portanto não reanalisaram os fatos e provas para indicar que naqueles casos específicos a cláusula de washout possuía natureza jurídica de indenização por lucros cessantes.*" (FALEK, Thales; HERCOS, Gabriel. A análise tributária da cláusula de wash out pelo Carf. *JOTA*, Coluna Carf, 26 out. 2021. Disponível em: https://www.jota.info/opiniao-e-analise/colunas/co-luna-do-carf/washout-carf-agronegocio-26102021).

determinou a natureza do valor correspondente ao "Wash Out" e, se a natureza não é bem delimitada, repisamos, seus aspectos tributários poderão não ser adequados também, que é o que nos parece ter acontecido nessa decisão de julgamento.

Ainda, o relator descreveu que a DRJ entendeu pela incidência dessas contribuições, pois, pela contabilidade, verificou-se que houve reversão de provisão e outro registro como "Wash Out", mostrando que teria natureza de receita nova. A contabilização por si só não pode definir a natureza do valor recebido e de modo algum pode respaldar a tributação, deve-se respeitar os princípios e regras próprios do Direito Tributário.

Esse foi o entendimento da Suprema Corte exarado no Recurso Extraordinário n. 606.107 - RS, sob o rito de repercussão geral. Nessa decisão, ficou claro que o conceito de receita não se confunde com o conceito contábil, apesar da contabilidade servir para informação das demonstrações financeiras e como ponto de partida para determinação das bases de cálculo dos tributos sobre receita. Portanto, a DRJ também não avaliou o que foi contratado entre as partes, poderia ter chegado a alguma conclusão juridicamente adequada se tivesse sido contemplado o acordo das partes.

No voto vencido, os fatos foram assim descritos citando que seria a explicação da contribuinte:

> (...) a mera recuperação de custo em razão de inadimplemento contratual de fornecimento de produto já pago, o que implicou na necessidade da recorrente em realizar aquisição destes no mercado, sendo reembolsada pela fornecedora inadimplente com a restituição do valor pago acrescido do montante adicional à título de wash out.

Pelo relatório ou pelo voto vencido ou vencedor, não se identifica o que ficou acordado entre as partes para se considerar como recomposição ou ressarcimento ou mesmo indenização por lucros cessantes. Era imprescindível demonstrar quanto a contribuinte deixou de ganhar, para ser lucro cessante; ou quanto teria sido seu efetivo prejuízo, para ter recebido o reembolso, ressarcimento, recomposição ou indenização.[30]

Na Apelação Cível objeto de Recurso Especial n. 1.798.992-SP, que o relator se baseou, o magistrado concluiu que, para que o valor de "Wash Out" fosse devido como indenização por recomposição do patrimônio, deveria ficar comprovada a perda ou demonstrar o valor que está sendo reposto. Ou seja, a sentença que utilizou para embasar seu voto lhe deu o caminho, mas não se cogitou a investigação dessa comprovação. Além disso, numa passagem do Acórdão de decisão de julgamento do CARF, foi citada a "recompra", o que teria que estar acordado no contrato mostrando a vontade das partes em realizar uma recompra e revenda, o que também não foi explorado.

Outra fonte que trazemos para análise da tributação do "Wash Out", é resposta à consulta formal (*Application of an Advanced Ruling* – GSTARA[31]) da autoridade fiscal estadual de Bathinda, Índia,[32] datada de 2018. No caso, discutia-se a incidência da tributação do consumo, o imposto sobre bens e serviços (*Goods and Services Tax* - GST) da Índia. A autoridade fiscal estadual indiana concluiu que sobre o diferencial de preço recebido em decorrência de evento de liquidação (*settlement*), "Wash Out" ou conclusão de contrato (*closure*)[33] incide GST (imposto sobre bens e

---

30. PEREIRA, Caio Mário da Silva. *Responsabilidade Civil*. 12. ed. Rio de Janeiro: Forense, 2018, § 249.

31. TAX GURU. *GST on Differential Payment on Settlement, Washout or Closures of Cotton Purchase/Sale Contract*. Goods and Service Tax. 28 set. 2018. Disponível em: https://taxguru.in/goods-and-service-tax/gst-differential-payment-settlement-wash-out-closure-cotton-purchase-sale-contract.html#google_vignette.

32. *Assistant Commissioner of State Taxes*, Bathinda

33. O contrato como descrito na Solução de Consulta tem preço definido em moeda Indiana – rúpias, logo, trata-se de entre residentes no País. A Cláusula do contrato a que se refere esse diferencial está assim redigida:

serviços) por se tratar de serviços conforme definição do *Central GST Act de 2017* ou CGST Act (legislação indiana do GST). Apesar de, atualmente,[34] não haver um só tributo sobre bens e serviços no Brasil, mas, pelo menos quatro (ICMS, ISS, PIS e COFINS) com entes tributantes distintos, os argumentos utilizados pelo fisco e contribuinte servem para melhor entendermos a Cláusula de "Wash Out".

De acordo com a legislação indiana, serviço significa "qualquer coisa que não sejam bens, moeda ou valor mobiliário, mas inclui atividades relacionadas ao uso de dinheiro ou sua conversão em dinheiro ou por qualquer outro meio, de uma forma, moeda ou denominação para outra forma, moeda ou denominação para o que é cobrado em montante em separado.[35] E também é considerado serviço: "concordar com a obrigação de se abster de um ato ou tolerar um ato ou situação, ou realizar um ato".[36]

"*In case of non-delivery or failure to fulfill the contrat by Suppliers per Specification (Clause F of the contract), the contract will be settled as per CAI Rules and By-Laws.…For settlement/non-delivery, average bale weight of 162 kg… shall be considered. MCX price for forward contracted month/CAI spot price or mutually agreed price to be used for establishing mark to market differential for mutual agreement.*" (Ibidem).

34, Com a aprovação da Reforma Tributária do Consumo pela Emenda Constitucional nº 132/2023 (EC Nº 132/2023), o fornecimento de bens e serviços, inclusive direitos, passará a ser tributado: (i) a partir de 2027, pela CBS (Contribuição sobre Bens e Serviços), de competência da União Federal, substituindo as contribuições ao Programa de Integração Social (PIS) e Contribuição ao Financiamento da Seguridade Social (COFINS); e, a partir de 2033, pelo IBS (Imposto sobre Bens e Serviços), de competência compartilhada entre Estados, Distrito Federal e Municípios, substituindo o Imposto sobre Operações relativas à Circulação de Mercadorias e sobre Prestações de Serviços de Transporte Interestadual e Intermunicipal e de Comunicação (ICMS) e Imposto sobre Serviços de Qualquer Natureza (ISS). Esses dois tributos incidirão sobre as mesmas bases de cálculo, às mesmas alíquotas e com mesmos fatos geradores, diferenciando-se apenas pelos entes arrecadadores. A EC nº 132/2023 foi regulamentada pela Lei Complementar nº 214/2025.

35. Da Solução de Consulta: "*Services means anything other than goods, money and securities but includes activities relating to the use of money or its conversion by cash or by any other mode, from one form, currency or denomination to another form, currency or denomination for which a separate consideration is charged.*" (Ibidem).

36. Do original, é considerado serviço: "*Agreeing to the obligation to refrain from an act or to tolerate an act or situation or to do an act*". A combinação de dois desses

No caso, a compradora indiana fez o questionamento e se manifestou no sentido de que, no seu entendimento, a diferença a pagar, acordada no contrato a termo de compra de *commodity*[37], deveria ser considerada como atividades relacionadas ao uso de moeda (*'activities relating to the use of money'*) ou valor mobiliário (*'securities'*), que estão excluídas da incidência de GST. Essa conclusão teve como base a definição de valor mobiliário, que, pelo CGST Act, é mesma do regulamento de *Securities Contracts Act*, o qual lista os contratos de derivativos. Porém, conforme pontuou a autoridade fiscal estadual, derivativos seriam somente os contratos a termo registrados em bolsa de valores reconhecidas ou entre partes, mas desde que passível de notificação pelo governo central através do diário oficial (Official Gazette), que não era o caso, pois se tratava de um contrato celebrado entre partes sem qualquer registro, um contrato privado.

Além disso, a autoridade fiscal apontou que o "Wash Out" acordado determina que as partes poderiam efetuar o cálculo com base numa taxa fixada diferente do preço de mercado da *commodity* na data de pagamento, o que também não se aplica a derivativos, que somente aceita o preço de mercado. Dessa forma, concluiu-se que não se trata de valor mobiliário, mas de um valor pago para evitar uma arbitragem, isto é, montante pago para que uma das partes realize um ato de concordar com um não desempenho do contrato ou por tolerar o rompimento, portanto, um serviço na definição da legislação do GST indiano.

---

atos seria considerada serviços. (Ibidem).

37. Eduardo Fortuna explica que, no Contrato a termo, uma parte assume a posição de compra em data específica e por preço certo e ajustado, e a contraparte assume sua posição de venda nas mesmas condições. Assim sendo, é um contrato entre duas partes para comprar ou vender um ativo em uma data no futuro a um preço acordado hoje para pagamento no futuro. (FORTUNA, Eduardo. *Mercado Financeiro*: produtos e serviços. 16. ed. Rio de Janeiro. Qualitymark Editora, 2005).

Para confirmar que se tratava de serviço, a autoridade fiscal estadual indiana disse, sobre a fixação do valor ("Wash Out"), que era vinculativa, sagrada, sem espaço para negociações, então, o seu não cumprimento resulta em violação dos termos contratuais com potencial para resultar em procedimentos de arbitragem. A opção pela Cláusula de "Wash Out", que está inserida no Contrato, é uma forma de liquidar sua obrigação, ou seja, é uma ação já convencionada e pré-decidida entre as partes para evitar a arbitragem. Também fez analogia com o valor devido em razão da Cláusula de Não Competição ('non-compete'), em que uma das partes está impedida de vender determinado produto/serviço ou atuar numa determinada região, por exemplo, para que não haja competição. O ato de "não competir" é uma atividade de uma parte em se abster de fazer algo que é o mesmo que ocorreu no "Wash Out", o que é considerado serviço.

Sob uma outra vertente, trazemos as ponderações de MS Venu Gopal,[38] quem entende que, para que fosse considerado serviço deveria haver uma cláusula expressa no contrato em que as partes acordam em tolerar determinada situação de rompimento do contrato, o que não tinha. Segundo o autor, o valor devido como "Wash Out" advém de um acordo entre as partes sobre um montante a ser pago decorrente de um fato não intencional, pois ambas as partes não querem que ocorra.

O autor[39] elenca ainda outros fatores para demonstrar que não se trata de serviço, a saber: o "Wash Out" é incluído no contrato para forçar o seu cumprimento ou assegurar que haja um bom desempenho, nunca para aceitar seu não cumprimento; é devido pela não satisfação ou por um desempenho insatisfatório ou rompimento do contrato; o

38. GOPAL, M S Venu. Washout charges liquidated damages in GST. *Tax Guru*, Goods and Service Tax, 17 set. 2022. Disponível em: https://taxguru.in/goods-and-service-tax/washout-charges-liquidated-damages-gst.html.

39. Ibidem.

"Wash Out" não se trata de um resultado desejado pelas partes, ou mesmo é uma forma de obter receita pela parte prejudicada, mas uma compensação pela perda incorrida devido a um acontecimento não intencional, fora do controle das partes; é uma remuneração devida numa situação de prejuízo; e não pode ser considerado receita, pois um contrato nunca pode ser entendido como um acordo para se romper o convencionado.

Em conclusão, o autor[40] entende ser reparação de danos ou indenização de prejuízos, remetendo à decisão da Corte Superior da Índia que determinou que não incide o imposto sobre bens e serviços (GST) sobre tais valores, desde que legalmente protegidos. Ou seja, sobre os danos ou prejuízos que podem ser reparados ou compensados, como disposto na legislação (CBIC Circular n. 178/10/2022-GST).[41] Observou ainda que não deveria incidir o GST se não há reciprocidade entre as partes em relação ao fornecimento do serviço ou tradição do bem. Conclui também que a autoridade fiscal estadual deveria ter analisado se as partes buscavam essa relação de prestação de serviços, fato esse que não foi investigado.

Podemos depreender, assim, tanto da decisão de julgamento do CARF como na resposta à consulta da autoridade fiscal estadual indiana, conforme ponderações descritas, que não há legislação tributária que trate especificamente dos valores pagos ou recebidos a esse título. No julgamento

40. Ibidem.

41. Segundo o autor, em tradução livre: "No que diz respeito à tributação de danos liquidados, a CBIC esclareceu que, quando o valor pago como "danos liquidados" é um valor pago apenas para compensar a lesão, perda ou dano sofrido pela parte prejudicada devido à quebra do contrato e não há acordo, expresso ou implícito, pela parte prejudicada que recebe os danos liquidados, de se abster ou tolerar um ato ou fazer algo para a parte que paga os danos liquidados, **nesses casos os danos liquidados são apenas um fluxo de dinheiro devido a tal quebra**. Tais pagamentos não constituem consideração por um fornecimento e não são tributáveis." Vide parágrafos 7.1 a 7.6 da mencionada Circular da CBIC.

do CARF, por voto de qualidade, concluiu-se tratar de indenização por lucros cessantes; e, na resposta à consulta da autoridade fiscal estadual indiana, que se tratava de serviço pelo fato da parte se abster de realizar algo ou tolerar o não cumprimento, sendo considerado pelo autor uma reparação por perdas e danos. Porém, como vimos, não há um único padrão contratual para o acordo do que tem sido denominado Cláusula de "Wash Out" e a investigação do que ficou contratado é imprescindível.

Assim, é necessário se avaliar o documento contratual, o que ficou efetivamente convencionado entre as partes e os riscos e benefícios a que estão sendo [42]submetidos, suas implicações ou desdobramentos, bem como os lançamentos contábeis para a elaboração das demonstrações financeiras.

6. Considerações finais

Por todo o exposto, as conclusões são:

i) Há várias estruturas contratuais disponíveis para que as partes, que celebraram um contrato de compra e venda para entrega futura de *commodities*, possam convencionar a obrigação de pagar um valor correspondente à diferença do preço de mercado e o preço contratado em caso de rompimento

42. Nesse sentido, Pedro Guilherme Gonçalves de Souza esclarece que, para afastar a alegação de indenização por lucros cessantes, a receita de venda no mercado interno ou internacional, deve permanecer intacta demonstrando assim que foi o prejuízo que foi reparado. A saber: "i) o contribuinte deverá demonstrar, documentalmente, que a receita efetiva obtida decorre da venda efetivada ao exterior (imune ao PIS e à Cofins) ou ao mercado doméstico restou intocada, apesar do inadimplemento do vendedor; ii) em tal hipótese, será possível sustentar, à luz do art. 402 do Código Civil, que o wash-out não tem natureza jurídica de recomposição de lucro cessante, mas sim de dano emergente". (GONÇALVES DE SOUZA, Pedro Guilherme. A Cláusula de Wash-out no Comércio de Grãos e a não Incidência do PIS e da Cofins: Uma Análise Jurisprudencial. *Revista Direito Tributário Atual*, n. 52, p. 283–302, 3° Quarter. 2022. Disponível em: https://doi.org/10.46801/2595-6280.52.11.2022.2131. p. 292).

devido à parte prejudicada. No Brasil, a ruptura contratual mais comum é a não entrega do produto pelo produtor rural.

ii) Pela jurisprudência colacionada, a Cláusula de "Wash Out" pode ser convencionada como reembolso, recomposição do patrimônio ou indenização por perdas e danos, ou recompra e revenda, ou até como penalidade contratual. A jurisprudência do CARF a classificou como indenização por lucros cessantes. No entanto, como constatamos, a identificação da natureza jurídica da Cláusula "Wash Out", para não escapar às críticas, requer a análise aprofundada do contrato. É mister compreender o que é a dívida, como será paga, qual a documentação ou procedimentos são necessários, dentre outros desdobramentos.

iii) Em sendo recomposição, ressarcimento, indenização ou reembolso do prejuízo ou danos a fim de compensar a lesão causada ao patrimônio da parte prejudicada, para que fique reparada, esse valor recebido pela pessoa jurídica é tributado da seguinte forma:

a. IRPJ e CSLL à alíquota combinada de 34%:

i. Lucro Real: incidência no caso da apuração pelo regime do lucro real, à medida que neutraliza o valor da despesa ou custo (obrigação);

ii. Lucro Presumido, por se tratar de recuperação de custo ou despesa[43], não há incidência.

b. Contribuições para o PIS e COFINS: não incidência sobre o valor recebido, tanto pelo regime não

43. Saliente-se que, se a despesa ou custo correspondente à perda ou dano tiver sido deduzida em anos anteriores, deve-se incluir na apuração do IRPJ e CSLL pelo lucro presumido, consoante Solução de Consulta COSIT nº 172, de 1º de outubro de 2021.

cumulativo (à alíquota total de 9,25%) como cumulativo (à alíquota total de 3,65%), por não se tratar de receita nova ou ganho novo, consoante decisão do STF nos RE n. 606.107 e 574.506,[44] bem como Solução de Consulta Cosit nº 8/2012 e na Solução de Divergência Cosit nº 23/2013. Em relação ao direito ao crédito no regime não cumulativo, é vedado, segundo o art. 3º, § 2º, II, das Leis n. 10.637/2002 e 10.833/2003, por não ter sido tributada na etapa anterior.

c. Imposto de Renda Retido na Fonte (IRRF): no caso pagamento, remessa, crédito, entrega ou emprego a residente no exterior, por ser recomposição do dano, não há que se falar em renda, assim, a nosso ver, não poderia haveria incidência como dispõe a Solução de Consulta COSIT nº 378/2017.

d. Com a publicação de parte da regulamentação da Reforma Tributária do Consumo pela Lei Complementar n. 214/2025, verifica-se que sobre o reembolso, dispõe o art. 12, § 2º, IV, que não integram a base de cálculo da Contribuição sobre Bens e Serviços (CBS) e do Imposto sobre Bens e Serviços (IBS) os reembolsos ou ressarcimento recebidos por valor pagos relativos a operações por conta e ordem ou em nome de terceiros, desde que a documentação fiscal relativa a essas operações seja emitida em nome do terceiro. Não há especificação sobre o reembolso ou recomposição ou reparação do patrimônio que é o caso em análise, porém, há de se concluir pela não incidência pois também não representa fornecimento de bens ou serviços, inclusive direitos.

iv) Em se tratando de reaquisição do mesmo produto, isto é, recompra e revenda:

44. Vide também Soluções de Consulta DISIT nº 159/2012 e 77/2012, bem como Solução de Consulta COSIT nº 378/2017.

a. IRPJ e CSLL: incidência tanto no regime do lucro real como presumido;

b. Contribuições para o PIS e COFINS (regime não cumulativo ou cumulativo): incidência, mesmo na revenda no mercado internacional pois não se caracteriza exportação se não há transferência física de mercadoria (Solução de Consulta COSIT nº 306/2017). No regime não cumulativo, há direito ao creditamento, observadas as disposições do art. 3º das Leis nº 10.637/2002 e 10.833/2003;

c. IRRF: remessa, entrega, emprego, crédito ou pagamento a empresa no exterior não está sujeita por se tratar de recompra e revenda de produto, pagamento do principal.

d. ICMS: incidência sobre a circulação de mercadorias dependendo da legislação estadual aplicável.

e. Consoante os arts. 3º, III e 4º da Lei Complementar n. 214/2025, o IBS e a CBS incidem sobre operações onerosas com bens e serviços, fornecidas por pessoa física ou jurídica, residente ou domiciliada no País ou no exterior. Além disso, é importante observar que o art. 12, § 1º, II estabelece que o valor da operação, base de cálculo do IBS e da CBS, compreende o valor integral cobrado pelo fornecedor a título juros, multas, acréscimos e encargos.

v) Em sendo, penalidade ou multa contratual:

a. IRPJ e CSLL: incidência tanto no regime de lucro real como lucro presumido;

b. Contribuições para o PIS e COFINS (regime cumulativo ou não cumulativo): incidência, como dispõe a Solução de Consulta DISIT nº 147/2012. O creditamento, no caso do não cumulativo, não tem respaldo legal;

c. IRRF: remessa, entrega, emprego, crédito ou pagamento a empresa no exterior está sujeita ao IRRF à alíquota de 15%, consoante art. 740 do RIR/1208.

d. A penalidade ou multa contratual, por si só, não está prevista na legislação aplicável e não integra também a base de cálculo do IBS e da CBS pois não se trata de fornecimento de bens e serviços, inclusive direitos. No entanto, conforme os arts. 3º, III e 4º da Lei Complementar nº 214/2025, esses tributos incidem sobre operações onerosas envolvendo bens e serviços, realizadas por pessoa física ou jurídica, residente ou domiciliada no Brasil ou no exterior. Além disso, o art. 12, § 1º, II da mesma lei determina que a base de cálculo do IBS e da CBS inclui o valor total cobrado pelo fornecedor, abrangendo juros, multas, acréscimos e demais encargos. Portanto, se a penalidade ou multa contratual estiver atrelada ao valor da commoditiy objeto de compra e venda, ou recompra e revenda, poderá haver incidência desses tributos.

Referências

BRASIL. Conselho Administrativo de Recursos Fiscais (CARF). *Acórdão nº 3401-008.979*. Processo nº 10675.721146/2017-60. 3ª Seção de Julgamento. 4ª Câmara. 1ª Turma Ordinária. Relator: Lázaro Antônio Souza Soares, 28 abr. 2021. Disponível em: https://acordaos.economia.gov.br/acordaos2/pdfs/processados/10675721146201760_6404649.pdf.

______. Superior Tribunal de Justiça (STJ). *Agravo em Recurso Especial nº 1.798.992-SP*. 3ª Turma, Relator: Min. Moura Ribeiro, 04 dez. 2020. Disponível em: https://processo.stj.jus.br/processo/pesquisa/?src=1.1.3&aplicacao=processos.ea&tipoPesquisa=tipoPesquisaGenerica&num_registro=202003177515.

_____. Tribunal de Justiça do Estado do Paraná (TJ-PR). *Apelação Cível nº 0002707-11.2012.8.16.0159*. 3ª Câmara Cível. Relator: Des. Marcos Sergio Galliano Daros, 12 ago. 2022. Disponível em: https://portal.tjpr.jus.br/jurisprudencia/j/4100000021068831/Ac%C3%B3rd%C3%A3o-0002707-11.2012.8.16.0159.

_____. Tribunal de Justiça do Estado do Paraná (TJ-PR). *Apelação Cível nº 0006113-14.2019.8.16.0056*. 1ª Câmara Cível, Relator: Des. Guilherme Luiz Gomes, 10 fev. 2023. Disponível em: https://portal.tjpr.jus.br/jurisprudencia/j/4100000022886221/Ac%C3%B3rd%C3%A3o-0006113-14.2019.8.16.0056.

_____. Tribunal de Justiça do Estado do Paraná (TJ-PR). *Apelação Cível nº 0038839-65.2022.8.16.0014*. 15ª Câmara de Cível, Relator: Des. Substituto Davi Pinto de Almeida, 28 jul. 2023. Disponível em: https://portal.tjpr.jus.br/jurisprudencia/j/4100000025146451/Ac%C3%B3rd%C3%A3o-0038839-65.2022.8.16.0014.

_____. Tribunal de Justiça do Estado de São Paulo (TJ-SP). *Agravo de Intrumento nº 2146471-82.2022.8.36.000*. 23ª Câmara de Direito Privado. Relator: Des. Vírgilio de Oliveira Junior, 7 dez. 2022. Disponível em: https://esaj.tjsp.jus.br/cjsg/getArquivo.do?cdAcordao=16312139&cdForo=0.

_____. Tribunal de Justiça do Estado de São Paulo (TJ-SP). *Apelação Cível nº 1036450-23.2017.8.26.0100*. 32ª Câmara de Direito Privado. Relatora: Des. Maria Cláudia Bedotti, 06 fev. 2020. Disponível em: https://esaj.tjsp.jus.br/cjsg/getArquivo.do?cdAcordao=13296196&cdForo=0.

FALEK, Thales; HERCOS, Gabriel. A análise tributária da cláusula de washout pelo Carf. *JOTA*, *Coluna CARF*, 26 out. 2021. Disponível em: https://www.jota.info/opiniao-e-analise/colunas/co-luna-do-carf/washout-carf-agronegocio-26102021.

FEDERATION OF OILS, SEEDS AND FATS ASSOCIATION (FOSFA). Disponível em: https://www.fosfa.org/.

FORTUNA, Eduardo. *Mercado Financeiro*: produtos e serviços. 16. ed. Rio de Janeiro. Qualitymark Editora, 2005.

INGLATERRA E PAÍS DE GALES. England and Wales High Court. *[2021] EWHC 3474 (Comm).* LLC Agronefteprodukt vs. Ameropa AG. London. High Court of Justice. Judge: William Blair Sitting Londres, 21 dez. 2021. Disponível em: https://www.bailii.org/ew/cases/EWHC/Comm/2021/3474.html.

GOMES, Orlando. *Contratos.* Revista, Atualizada e Aumentada de acordo com o Código Civil de 2002. Coordenação: Edvaldo Brito. Atualização: Antônio J. Azevedo e Francisco P. C. Marino. 26. ed. Rio de Janeiro: Editora Forense, 2009.

GONÇALVES DE SOUZA, Pedro Guilherme. A Cláusula de Wash-out no Comércio de Grãos e a não Incidência do PIS e da Cofins: Uma Análise Jurisprudencial. *Revista Direito Tributário Atual*, n. 52, p. 283–302, 3° Quarter. 2022. Disponível em: https://doi.org/10.46801/2595-6280.52.11.2022.2131.

GOPAL, M S Venu. Washout charges liquidated damages in GST. *Tax Guru*, Goods and Service Tax, 17 set. 2022. Disponível em: https://taxguru.in/goods-and-service-tax/washout-charges-liquidated-damages-gst.html.

GRAIN AND FEED TRADE ASSOCIATION (GAFTA). *Contract n. 49*. 01 jan. 2022. Disponível em: https://www.gafta.com/write/MediaUploads/Contracts/2022/49_2022.pdf.

GRAIN TRADE AUSTRALIA. *A Guide to a Contract 'Washout',* Sydney, n. 14, jul. 2019. Disponível em: https://www.graintrade.org.au/sites/default/files/Publications/014%20Grain%20Contracts%20-%20Contract%20'Washout'%2017July2019.pdf.

LOPES, Fernando et al. China troca soja brasileira pela dos EUA. *Valor Econômico,* São Paulo, 13 ago. 2020. Disponível em: https://valor.globo.com/impresso/noticia/2020/08/13/chines-troca-soja-brasileira-pela-dos-eua.ghtml.

PEREIRA, Caio Mário da Silva. *Responsabilidade Civil.* 12. ed. Rio de Janeiro: Forense, 2018.

PERIM, Paula Abi-Chahine Yunes; YAMASHITA, Hugo Tubone; FREITAS, Pedro Maués de. Cláusulas de wash-out em contratos: prática dos tribunais e riscos. *CONJUR*, 17 abr. 2023. Disponível em: https://www.conjur.com.br/2023-abr-17/opiniao-clausulas-wash-out-pratica-riscos/.

POMBO, Bárbara. STJ barra cobrança milionária por venda de safra. *Valor Econômico*, Brasília, 07 ago. 2023. Disponível em: https://valor.globo.com/legislacao/noticia/2023/08/07/stj-barra-cobranca-milionaria-por-venda-de-safra.ghtml.

PRESSIONOTT, Fernanda. China faz "wash out" com óleo de soja argentino. *Valor Econômico,* São Paulo, 13 ago. 2020. Disponível em: https://valor.globo.com/agronegocios/noticia/2020/08/13/china-faz-wash-out-com-oleo-de-soja-argentino.ghtml.

SECURITIES AND EXCHANGE COMMISSION. Contract for the Supply of RBD Palm Olein. Disponível em: https://www.sec.gov/Archives/edgar/data/1381697/000119312507121562/dex1012.htm. In: *Amendment no. 4 Form S-1 Registration Statement,* n. 333-143192, item16, 13 set. 2007. Disponível em: https://www.sec.gov/Archives/edgar/data/1381697/000119312507200320/ds1a.htm.

SINGAPURA. High Court of The Republic of Singapore. *Suit No 362 of 2017 - SGHCR 10.* BASF Intertrade AG Singapore Branch vs. H&C S Holdings PTE LTD. Singapura. Assistant Registrar: Tan Teck Ping Karen, 2017. Disponível em: https://www.elitigation.sg/gd/s/2017_SGHCR_10.

TAX GURU. *GST on Differential Payment on Settlement, Washout or Closures of Cotton Purchase/Sale Contract.* Goods and Service Tax. 28 set. 2018. Disponível em: https://taxguru.in/goods-and-service-tax/gst-differential-payment-settlement-washout-closure-cotton-purchase-sale-contract.html#google_vignette.

______. *Advance Ruling for Unregistered Dealers (FORM GST ARA-01).* Goods and Service Tax. 22 out. 2020. Disponível em: https://taxguru.in/goods-and-service-tax/advance-ruling-unregistered-dealers-form-gst-ara-01.html.

BIOTECNOLOGIA E OS *ROYALTIES* PAGOS NO TERRITÓRIO NACIONAL ENTRE PARTES INDEPENDENTES: A INDEVIDA LIMITAÇÃO À DEDUTIBILIDADE DO IRPJ E DA CSLL

Manoa Steinberg Ostapenko[1]

Renata Amarante[2]

1. Introdução

Este artigo aborda a dedutibilidade de royalties no contexto tributário brasileiro, especificamente na hipótese do pagamento realizado entre entidades brasileiras não relacionadas, destacando a discrepância entre a legislação e a realidade do desenvolvimento biotecnológico não apenas

---

1. Advogada especialista em Direito Tributário pela Faculdade de Direito da USP e Diretora tributária em multinacional.

2. Advogada especialista em Direito Tributário pela FGV-SP e Sócia do BRATAX.

do país, mas global. A complexidade legal somada a interpretações questionáveis por parte das autoridades fiscais, cria um cenário de insegurança jurídica que representa barreira à inovação e ao investimento em setores estratégicos. O artigo explora o mosaico normativo que envolve os royalties desde a década de 1950 e argumenta que as alterações legislativas subsequentes, assim como as divergências interpretativas observadas nas decisões administrativas e judiciais, têm agravado a incerteza para as empresas que dependem do uso da tecnologia como parte essencial de seus modelos de negócios.

Além disso, o artigo reconhece a necessidade de se atualizar o regime tributário para rendimentos derivados de propriedade intelectual de um modo geral.[3] O setor de sementes é usado como um exemplo das complicações enfrentadas pelas empresas devido às interpretações incautas da legislação.

Diante dessas considerações, o artigo conclui enfatizando: 1) a importância dos recentes avanços obtidos nesse tema por meio de nova legislação, que revogou as limitações até então aplicáveis à dedutibilidade de royalties e 2) a necessidade do adequado tratamento às operações ocorridas antes da mudança legislativa, pela correta interpretação das normas vigentes. A adaptação da legislação tributária para o futuro, assim como a segurança jurídica conferida ao passado é um passo crucial para alinhar o ambiente de negócios às demandas de um contexto tecnológico dinâmico.

O presente tema ganha relevo e atualidade quando se constata que diversos multiplicadores de sementes sofreram autuações (que representam somas bilionárias)[4] por

3. Vale contextualizar o tema também à luz da Estratégia Nacional de Propriedade Intelectual (ENPI) 2021-2030. (Disponível em: https://www.gov.br/pt-br/propriedade-intelectual/estrategia-nacional-de-propriedade-intelectual. Acesso em: 18 set. 2023).

4. MENGARDO, Bárbara. Com 'jabuti' no PL do Carf, sementeiras tentam derrubar autuações bilionárias. Jota, 22 ago. 2023. Disponível em: https://www.jota.info/

parte da RFB, a partir do ano de 2020, e a maioria ainda aguarda julgamento em âmbito administrativo.

Portanto, a despeito da publicação da Lei nº 14.596/2023, que endereça o tema a partir de 01.01.2024, há exposição em relação ao passado. Trata-se de um estoque de contencioso que se encontra em fase inicial e que, caso não seja adequadamente apreciado, pode representar um passivo vultoso para os multiplicadores de sementes, colocando em risco atividade relevante, além de desencorajar o uso da tecnologia no campo – o que vai de encontro à tendência mundial pela cada vez mais ampla adoção da biotecnologia na agricultura.

2. O papel da biotecnologia no cenário econômico

A biotecnologia combina pesquisas de diferentes áreas do conhecimento e possui destacada aplicabilidade na agricultura. O avanço das pesquisas desenvolvidas no campo das ciências biológicas em conjunto com aspectos tecnológicos de diversas frente têm promovido uma verdadeira revolução biológica com impactos relevantes para a economia e a sociedade. Dentre os segmentos mais impactados, é possível destacar o agrícola, ao lado da saúde, bens de consumo e energia.

Estudo realizado pela McKinsey[5] indica que entre dez e vinte anos, o uso de produtos derivados de biotecnologia terá impacto direto de 2 a 4 trilhões de dólares na economia

opiniao-e-analise/colunas/coluna-barbara-mengardo/com-jabuti-no-pl-do-carf-se-menteiras-tentam-derrubar-autuacoes-bilionarias-22082023. Acesso em: 18 set. 2023.

5. CHUI, Michael et al. *The Bio Revolution. Innovations transforming economies, societies, and our lives*. McKinsey & Company, May 13, 2020. Disponível em: https://www.mckinsey.com/industries/life-sciences/our-insights/the-bio-revolution-innovations-transforming-economies-societies-and-our-lives. Acesso em: 18 set. 2023.

global anual – sendo as áreas de agricultura e alimentos responsáveis por 36% desse montante.

Referido estudo indica que, para agricultura e alimentos, a biotecnologia tem papel de destaque ao viabilizar a seleção artificial de *traits* desejáveis baseados em marcadores genéticos feitos em vegetais. Esse tipo de cultivo traz expressivo ganho de eficiência quando comparado a métodos tradicionais, permitindo maior aproveitamento de safras, o que traz consequências positivas que vão desde o favorecimento da balança comercial até a segurança alimentar global.

O modelo de *marker-assisted breeding* já é amplamente adotado no Brasil. Nesse modelo operacional, identifica-se uma empresa que atua fortemente na biotecnologia, com investimentos robustos em pesquisa e desenvolvimento, gerando sementes com os marcadores genéticos desejáveis.

E outras empresas (conhecidos como "multiplicadores" ou "sementeiras") que adquirem essas sementes geneticamente modificadas para plantio e produção em larga escala de sementes de soja, milho e trigo, por exemplo.

Os multiplicadores podem ser entendidos como aqueles que conectam as empresas dedicadas à biotecnologia aos agricultores; é o elo entre a inovação e o campo.

2.1 Modelo de negócio apoiado na biotecnologia: o mercado de sementes

Quando se vende uma semente biologicamente modificada não se está vendendo propriamente um bem tangível, mas sim, toda a tecnologia que está inserida naquela semente.

À semelhança de um *hardware*, a semente opera como veículo que acomoda um intangível. Não se trata de uma venda de mercadoria, pois a semente em si não possui um valor por si só, não é ela o objeto de mercancia.

O que se negocia nesse modelo operacional é um ativo intangível, uma tecnologia biológica constituída a partir de elevados investimentos em pesquisa e desenvolvimento, usualmente objeto de patentes.

Os multiplicadores, estes sim, vendem sementes em grande escala, apoiados na alta performance gerada pela tecnologia inserida nos *hardwares* que são algumas poucas sementes adquiridas.

Tratando-se de uma tecnologia patenteada, o detentor desse direito pode licenciá-lo a terceiros (no caso, os multiplicadores), como forma de potencializar o seu uso, além de atender a uma determinada demanda (no caso, por alimento, como soja e milho) e evitar uma verticalização da cadeia produtiva que nem sempre se traduz em eficiência.

Portanto, firmam-se contratos cujo objeto é a concessão de licença para uso da tecnologia que se encontra dentro da semente. Por meio do uso dessa tecnologia, o multiplicador de semente pode ter quase certeza de alta produtividade – mesmo com menor extensão de área plantada (o que favorece a sustentabilidade) -, pois se trata de *traits* ideais, aprimorados geneticamente para serem mais resistentes e de maior qualidade de um modo geral.

A remuneração típica para esses contratos de licença são os *royalties*.[6] Assim, os multiplicadores pagam periodicamente *royalties* às empresas detentoras da tecnologia biológica embutida nas sementes geneticamente modificadas.

Como mencionado, essa tecnologia viabiliza safras com altíssima performance, sendo, portanto, de fácil percepção que o dispêndio relativo ao pagamento de *royalties*, incorrido pelos multiplicadores, é absolutamente essencial[7] para

6. Artigo 22 da Lei nº 4.506/64.

7. (RIR/2018) - Art. 311. São operacionais as despesas não computadas nos custos, necessárias à atividade da empresa e à manutenção da fonte produtora. § 1º São

que o segmento apresente melhores resultados, algo desejável tanto da perspectiva econômica (balança econômica), como social (segurança alimentar). E não se trata de aspecto teórico, a agricultura brasileira já vem incorporando a biotecnologia com resultados muito significativos.[8]

Diante dessa notória essencialidade prática com relevantes impactos socioeconômicos, combinada com um contexto global de franca expansão da biotecnologia na agricultura, causa surpresa a interpretação que vem sendo adotada pela RFB no sentido de restringir a dedutibilidade dessa despesa pelos multiplicadores, tornando mais onerosa a sua operação; em outras palavras, desestimulando a inserção de biotecnologia na cadeia produtiva de sementes.

3. Histórico da legislação aplicável

O mosaico normativo que alcança a tributação de royalties no Brasil remonta às décadas de 1950 e 1960, em um contexto de desafios econômicos e políticos significativos. O país estava passando por mudanças estruturais e buscava consolidar sua economia em meio a um cenário de industrialização e desenvolvimento.

---

necessárias as despesas pagas ou incorridas para a realização das transações ou operações exigidas pela atividade da empresa. § 2º As despesas operacionais admitidas são as usuais ou normais no tipo de transações, operações ou atividades da empresa. § 3º O disposto neste artigo aplica-se também às gratificações pagas aos empregados, independentemente da designação que tiverem.

8. Tomando como exemplo a soja, nos últimos vinte anos, a produção saltou de 38 milhões de toneladas no período 2000/01 para 125 milhões de toneladas em 2021/22 (CONAB. *Soja:* Série História das Safras. Disponível em: https://www.conab.gov.br/info-agro/safras/serie-historica-das-safras/itemlist/category/911-soja b - Soja. Acesso em: 18 set. 2023).

O agronegócio confirma protagonismo crescente na balança comercial. No ano 2000, foi responsável por 37,4% das exportações e, em 2022, alcançou 47,5%. (MINISTÉRIO DA AGRICULTURA E PECUÁRIA. Estatísticas de Comércio Exterior. 11 jan. 2017. Disponível em: https://www.gov.br/agricultura/pt-br/assuntos/relacoes-internacionais/estatisticas-de-comercio-exterior. Acesso em: 18 set. 2023).

Nos anos 1950, o Brasil vivenciou um processo de industrialização acelerada, impulsionado por políticas econômicas que buscavam reduzir a dependência das exportações de produtos primários e diversificar a base produtiva. Nesse contexto, o governo estava empenhado em promover o crescimento da indústria nacional e fortalecer a capacidade de produção interna.

Reforçando essa proteção à produção nacional, à mesma época, uma série de medidas foram editadas para controlar a saída de divisas do país, visando a proteger as reservas cambiais e fortalecer a balança comercial. A limitação das remessas de *royalties* estava ligada a essas políticas de controle, pois o governo estava preocupado com a possibilidade de fuga de capitais e evasão de divisas através dos pagamentos de *royalties* para o exterior.

Combinada com as questões cambiais, a legislação de *royalties* refletia uma busca por autossuficiência tecnológica. Limitar a remessa de *royalties* poderia, em teoria, incentivar as empresas estrangeiras a estabelecerem parcerias ou subsidiárias no Brasil, transferindo conhecimento e tecnologia para o país.

Para além dessa conjuntura, naquele momento, a legislação do imposto de renda permitia que remessas de *royalties* fossem desoneradas de tal tributação, ao passo que remessas de lucros se sujeitavam a tal incidência.[9]

O modelo de tributação então vigente fez com que muitos contribuintes atribuíssem às suas remessas para partes relacionadas uma veste de *royalties*, quando na essência pretendiam distribuir lucros de maneira menos onerosa. Essa saída de divisas do Brasil sem a correspondente tributação levou ao endurecimento do tratamento tributário conferido aos *royalties*, como se passa a demonstrar.

9. Art. 100, do Decreto Lei nº 5.844/43.

A Lei nº 3.470/58, que alterou a legislação do imposto de renda,[10] assim disciplinou a dedutibilidade dos royalties:

> Art. 74. Para os fins da determinação do lucro real das pessoas jurídicas como o define a legislação do impôsto de renda, **sòmente poderão ser deduzidas** do lucro bruto a soma das quantias devidas a título de " **royalties** " **pela exploração de marcas de indústria e de comércio e patentes de invenção, por assistência técnica, científica, administrativa ou semelhantes até o limite máximo de 5% (cinco por cento) da receita bruta** do produto fabricado ou vendido.
>
> § 1º Serão estabelecidos e **revistos periòdicamente mediante ato do Ministro da Fazenda, os coeficientes percentuais admitidos para as deduções** de que trata êste artigo, considerados os tipos de produção ou atividades, reunidos em grupos, **segundo o grau de essencialidade.**
>
> § 2º Poderão ser também deduzidas do lucro real, observadas as disposições dêste artigo e do parágrafo anterior, as quotas destinadas à amortização do valor das patentes de invenção adquiridas e incorporadas ao ativo da pessoa jurídica.
>
> § 3º A **comprovação das despesas a que se refere êste artigo será feita mediante contrato de cessão ou licença de uso da marca ou invento privilegiado, regularmente registrado no país**, de acôrdo com as prescrições do Código da Propriedade Industrial (Decreto-lei nº 7.903, de 27 de agôsto de 1945), ou de assistência técnica, científica, administrativa ou semelhante, desde que efetivamente prestados tais serviços. (Grifos nossos)

Como se observa, o art. 74 da Lei nº 3.470/58 estabeleceu um limite objetivo de até 5% da receita bruta para fins de dedutibilidade dos *royalties* pagos em função de *(i)* exploração de marcas, *(ii)* exploração de patentes de invenção e *(iii)* assistência técnica, científica, administrativa ou semelhante, não restringindo tal regra a quaisquer particularidades das partes ou da operação em si (i.e. se há ou

10. A despeito das referências textuais ao Imposto de Renda, as conclusões da presente análise alcançam igualmente a Contribuição Social sobre o Lucro Líquido. Nesse particular, é oportuno mencionar a Instrução Normativa RFB nº 1.700/17, Anexo I, item A.186 e a Lei nº 8.981/95, art. 57.

não vínculo ou se está diante de remessa internacional ou pagamento local).

Posteriormente, foi editada a Lei nº 4.131/62, que versa especificamente sobre o capital estrangeiro e as remessas de valores para o exterior, estabelecendo o seguinte à época:

> Art. 12. As somas das quantias devidas a título de "royalties" pela exploração de patentes de invenção, ou uso da marcas de indústria e de comércio e por assistência técnica, científica, administrativa ou semelhante, poderão ser deduzidas, nas declarações de renda, para o efeito do art. 37 do Decreto nº 47.373 de 07/12/1959, até o limite máximo de cinco por cento (5%) da receita bruta do produto fabricado ou vendido. (...)
>
> § 2º As deduções de que este artigo trata, serão admitidas quando comprovadas as despesas de assistência técnica, científica, administrativa ou semelhantes, desde que efetivamente prestados tais serviços, bem como mediante o contrato de cessão ou licença de uso de marcas e de patentes de invenção, regularmente registrado no País, de acordo com as prescrições do Código de Propriedade Industrial.

> Art. 13. Serão consideradas, como lucros distribuídos e tributados, de acordo com os arts. 43 e 44, as quantias devidas a título de "royalties" pela exploração de patentes de invenção e por assistência de patentes de invenção e por assistência técnica, científica, administrativa ou semelhante, que não satisfizerem as condições ou excederem os limites previstos no artigo anterior.

> Art. 14. Não serão permitidas remessas para pagamentos de "royalties", pelo uso de patentes de invenção e de marcas de indústria ou de comércio, entre filial ou subsidiária de empresa estabelecida no Brasil e sua matriz com sede no exterior ou quando a maioria do capital da empresa no Brasil, pertença ao aos titulares do recebimento dos "royalties" no estrangeiro[11].
>
> Parágrafo único. Nos casos de que trata este artigo não é permitida a dedução prevista no art. 12 (doze).

11. Esse art. 14 foi revogado pela Lei nº 14.286/2021.

Como se constata da leitura do art. 12 acima transcrito, trata-se de conteúdo idêntico àquele do art. 74 da Lei nº 3.470/58, o que levou ao entendimento de que tal dispositivo da Lei nº 3.740/58 havia sido revogado, prevalecendo a nova disciplina da Lei nº 4.131/62.

Ocorre que a disciplina trazida pela Lei nº 4.131/62 não apenas incorporou integralmente o teor do art. 74 da Lei nº 3.470/58, como trouxe elementos adicionais, especificamente, a equiparação a lucros distribuídos dos *royalties* distribuídos para além dos limites ali definidos (relembrando, à época, os lucros distribuídos eram tributados pelo imposto de renda), bem como a vedação expressa de remessas dessa natureza ao exterior, caso o titular ali localizado fosse matriz de subsidiária brasileira.

Enfatize-se, todavia, que essa recepção integral do conteúdo do art. 74 da Lei nº 3.470/58, combinado com disciplina adicional de vedação de remessa e equiparações, não se deu no bojo de uma norma geral sobre imposto de renda, mas sim, de uma lei que se propôs a disciplinar a aplicação do capital estrangeiro e as remessas de valores ao exterior.

A ser assim, tomada a cronologia e conteúdo das Leis nº 3.470/58 e 4.131/62, seria adequado concluir que a segunda revogou tacitamente o art. 74 da primeira, sendo hipótese expressamente contemplada pela LINDB:[12]

> Art. 2º. Não se destinando à vigência temporária, a lei terá vigor até que outra a modifique ou revogue.
>
> § 1º. A lei posterior revoga a anterior quando expressamente o declare, quando seja com ela incompatível ou quando regule inteiramente a matéria de que tratava a lei anterior.

Idealmente, seria desejável a declaração expressa de revogação nas normas posteriores. Contudo, não se trata

12. Lei de Introdução às normas do Direito brasileiro - Decreto-lei nº 4.657/42.

de medida condizente com a realidade legislativa, que envolve um vasto arcabouço normativo, o que fez a própria LINDB admitir a possibilidade de revogação de forma tácita, em situação que se molda perfeitamente à situação enfrentada entre Leis nº 3.470/58 e 4.131/62. Contudo, esse entendimento não evoluiu de maneira convergente, de modo que se assumiu que não houve a revogação do art. 74 da Lei nº 3.470/58 por meio da Lei nº 4.131/62.

Em termos práticos, essa leitura fez com que se perpetuasse a imposição de restrições à dedutibilidade de *royalties* em toda e qualquer situação envolvendo pagamentos decorrentes das hipóteses ali indicadas e não apenas nas situações que compreendessem remessas ao exterior.

O mesmo racional (i.e. revogação tácita ou não) se aplicou a normas posteriores envolvendo o pagamento de *royalties*, cujo conteúdo claramente se sobrepôs às previsões contidas na Lei nº 3.470/58, evidenciando a necessária evolução da legislação sobre o tema. Contudo, a contínua interpretação indevida não permitiu que as normas posteriores alcançassem os efeitos pretendidos.

É o caso da Lei nº 4.506/64.[13] Seu art. 52 estabeleceu condições para a dedutibilidade de *royalties* pagos a pessoas jurídicas ou naturais domiciliadas no exterior.[14] Já o

---

13. Algumas decisões do Conselho de Contribuintes, especialmente até 2004, chegaram a reconhecer, acertadamente, a revogação do limite de dedutibilidade: acórdãos 101-88.802 (1995), 101-88.925 (1995), 101-90.036 (1996), Câmara Superior de Recursos Fiscais - CSRF: 01-04.046 (2002), 107-07.514 (2004), 105-14.640 (2004), 105-14.710 (2004). Outra decisão do Conselho de Contribuintes entendeu que, na hipótese de ser reconhecida a necessidade da despesa, não haveria limitação à dedutibilidade: acórdão 103-22.104 (2005), embora não tenha mencionado expressamente a suposta revogação. Contudo, tais entendimentos não prevaleceram nos anos seguintes.

14. (Lei nº 4.506/64) - Art. 52. As importâncias pagas a pessoas jurídicas ou naturais domiciliadas no exterior a título de assistência técnica, científica, administrativa ou semelhante, quer fixas quer como percentagens da receita ou do lucro, sòmente poderão ser deduzidas como despesas operacionais quando satisfizerem aos seguintes requisitos:
a) constarem de contrato por escrito registrado na Superintendência da Moeda e do Crédito;

seu art. 71 trouxe condições gerais para a dedutibilidade de royalties, inclusive para os pagamentos feitos entre partes independentes domiciliadas no Brasil, que corresponde à hipótese ora analisada:

> Art. 71. A **dedução de despesas com aluguéis ou "royalties"** para efeito de apuração de rendimento líquido ou do lucro real sujeito ao impôsto de renda, **será admitida**:
>
> a) **quando necessárias para que o contribuinte mantenha a posse, uso ou fruição do bem ou direito que produz o rendimento**; e
>
> b) se o aluguel não constituir aplicação de capital na aquisição do bem ou direito, nem distribuição disfarçada de lucros de pessoa jurídica.
>
> Parágrafo único. **Não são dedutíveis**:
>
> (...)
>
> c) as importâncias pagas a terceiros para adquirir os direitos de uso de um bem ou direito e os pagamentos para extensão ou modificação do contrato, que constituirão aplicação de capital amortizável durante o prazo do contrato;
>
> d) os "royalties" pagos a sócios ou dirigentes de emprêsas, e a seus parentes ou dependentes;
>
> e) os "royalties" pelo uso de patentes de invenção, processos e fórmulas de fabricação ou pelo uso de marcas de indústria ou de comércio, quando:
>
> 1) Pagos pela filial no Brasil de emprêsa com sede no exterior, em benefício da sua matriz;

---

b) corresponderem a serviços efetivamente prestados à emprêsa através de técnicos, desenhos ou instruções enviados ao país, estudos técnicos realizados no exterior por conta da emprêsa;
c) o montante anual dos pagamentos não exceder ao limite fixado por ato do Ministro da Fazenda, de conformidade com a legislação específica.
Parágrafo único. Não serão dedutíveis as despesas referidas neste artigo quando pagas ou creditadas:
a) pela filial de emprêsa com sede no exterior, em benefício da sua matriz;
b) pela sociedade com sede no Brasil a pessoa domiciliada no exterior que mantenha, direta ou indiretamente, o contrôle de seu capital com direito a voto.

> 2) Pagos pela sociedade com sede no Brasil a pessoa com domicílio no exterior que mantenha, direta ou indiretamente, contrôle do seu capital com direito a voto;
>
> f) os "royalties" pelo uso de patentes de invenção, processos e fórmulas de fabricação pagos ou creditados a beneficiário domiciliado no exterior:
>
> 1) Que não sejam objeto de contrato registrado na Superintendência da Moeda e do Crédito e que não estejam de acôrdo com o Código da Propriedade Industrial; ou
>
> 2) Cujos montantes excedam dos limites periòdicamente fixados pelo Ministro da Fazenda para cada grupo de atividades ou produtos, segundo o grau de sua essencialidade e em conformidade com o que dispõe a legislação específica sôbre remessa de valores para o exterior;
>
> g) os "royalties" pelo uso de marcas de indústria e comércio pagos ou creditados a beneficiário domiciliado no exterior:
>
> 1) Que não sejam objeto de contrato registrado na Superintendência da Moeda e do Crédito e que não estejam de acôrdo com o Código da Propriedade Industrial; ou
>
> 2) Cujos montantes excedem dos limites periòdicamente fixados pelo Ministro da Fazenda para cada grupo de atividade ou produtos, segundo o grau de sua essencialidade, de conformidade com a legislação específica sôbre remessas de valores para o exterior. (grifos nossos)

A simples literalidade do art. 71 da Lei nº 4.506/64 deixa evidente que a indedutibilidade dos *royalties* alcança, conforme o caso, pagamentos dessa natureza feitos ao exterior e/ou envolvendo sócios. Necessariamente, um desses dois requisitos deve existir para que se cogite dessa restrição.

A hipótese ora analisada não compreende qualquer desses requisitos, permanecendo na regra geral da alínea "a" do art. 71, que autoriza a dedutibilidade – diga-se, de modo irrestrito – quando necessária para que o contribuinte mantenha o uso do direito que produz o seu rendimento.

Trata-se rigorosamente da situação dos multiplicadores. A sua receita deriva da venda de sacas de sementes para agricultores. Essas sementes são produzidas com a tecnologia desenvolvida e detida pelas empresas de biotecnologia, o que justifica o pagamento de *royalties* pelos multiplicadores. Evidente, portanto, que a despesa com *royalties* incorrida pelas sementeiras é necessária à produção do seu rendimento.

A despeito da clareza do dispositivo transcrito, que não impõe qualquer restrição ao *royalty* pago localmente para terceiros independentes, manteve-se ao longo das últimas décadas entendimentos equivocados por parte do fisco federal, invocando o art. 74 da Lei nº 3.740/58 para justificar a observância de percentual ínfimo (5%) para fins de dedutibilidade de *royalties* pagos na hipótese ora analisada, o que certamente fomentou a litigiosidade sobre o tema.

Por décadas, o mencionado arcabouço normativo alcançou os pagamentos de *royalties* sem qualquer alteração. Ocorre que, ao longo desse caminho, a legislação do imposto de renda foi alterada e, dentre relevantes mudanças, passou-se a deixar de tributar as remessas de lucros, além da política cambial que também se modernizou. De modo inverso, a interpretação indevida e descontextualizada por parte da RFB foi reiterada.

Encerrando essa dissonância entre fisco e contribuintes, em 2023, editou-se a Lei nº 14.596, que revoga expressamente tanto o art. 74 da Lei nº 3.470/58 quanto os arts. 12 e 13 da Lei nº 4.131/62 e as alíneas "d", "e", "f" e "g" do art. 71 da Lei nº 4.506/64.

Todavia, a vigência da Lei nº 14.596/2023 para essas revogações se deu em 01.01.2024.[15] Assim, endereça a discussão para o futuro, tendo deixado o passado ao sabor da incerteza.

Para resolver o passado, em 20.09.2023, foi editada a Lei nº 14.689, que em seu art. 11 busca trazer segurança jurídica. Contudo, como se verá, para que tal segurança se

15. Alternativamente, a partir de 01.01.2023 para aqueles que expressamente assim optarem.

confirme, é necessário estar atento ao movimento fazendário e à forma como será acolhido junto aos tribunais.

4. Críticas à interpretação adotada pelas autoridades fiscais federais

O conceito de renda, conforme definido pelo art. 153 da CF/88 e o art. 43 do CTN, é crucial para determinar a base de cálculo do imposto de renda. Esse imposto incide sobre a aquisição da disponibilidade econômica ou jurídica de renda e proventos. O aumento patrimonial do contribuinte é a base do conceito de renda. Portanto, deduzir despesas é essencial para calcular o aumento patrimonial real e a base tributável do imposto de renda. Por sua vez, as despesas dedutíveis devem ser necessárias à atividade da empresa e à manutenção da fonte produtora. Isso implica que o fisco não pode restringir o direito à dedução de despesas, a menos que a necessidade específica de uma despesa em um caso individual seja contestada.

A imposição de limitações à dedutibilidade de *royalties* viola o conceito constitucional de renda, transformando despesas legítimas em lucros tributáveis.

Em relação às operações de remessa de *royalties* entre partes não relacionadas em território nacional, a situação se torna ainda mais gravosa, vez que a dedutibilidade é limitada para a sementeira, enquanto a renda auferida pelo licenciador da tecnologia é integralmente tributada pelo IRPJ e CSLL (efetiva dupla tributação, tão indesejável à sociedade quanto uma dupla não tributação).

Soma-se ainda o fato de o licenciamento de direitos de propriedade industrial ser uma condição legal para que terceiros explorem tecnologias protegidas. Por exemplo, a Lei de Propriedade Industrial[16] concede ao titular de uma

---

16. Lei nº 9.279/96.

patente o direito de impedir terceiros de usar, produzir ou importar o produto patenteado sem autorização. A legislação também reconhece o valor econômico desses direitos, permitindo indenizações por exploração indevida.

Ainda, o art. 170 da CF/88 estabelece a ordem econômica baseada na livre-iniciativa, proibindo interferências excessivas do Estado nas atividades privadas em um ambiente de livre mercado. A limitação da dedutibilidade de *royalties* viola esse princípio ao criar restrições que não condizem com o entendimento do Supremo Tribunal Federal (STF) de que a intervenção do Estado deve ocorrer somente em situações excepcionais.[17]

O cenário legal atual considera qualquer transação de licenciamento de tecnologia como motivo para intervenção do Estado, contrariando a abordagem de excepcionalidade defendida pelo STF. A limitação da dedutibilidade, embora não proíba os pagamentos de *royalties*, interfere indevidamente no mercado, prejudicando a livre-iniciativa. Isso tem sérios impactos tanto para o licenciado, que não pode deduzir custos necessários, quanto para o ambiente de propriedade intelectual, gerando imprevisibilidade.

Outrossim, as despesas com *royalties*, especificamente se tratando de licenciamento de biotecnologia são necessárias para o atingimento do objeto social da Política Agrícola prevista na CF/88,[18] já que estão intimamente vinculadas à produção rural.

---

17. BRASIL. STF. RE 422.941. Relator: Min. Carlos Veloso, 24 mar. 2006.

18. (CF/88) - Art. 187. A política agrícola será planejada e executada na forma da lei, com a participação efetiva do setor de produção, envolvendo produtores e trabalhadores rurais, bem como dos setores de comercialização, de armazenamento e de transportes, levando em conta, especialmente:
I - os instrumentos creditícios e fiscais;
II - os preços compatíveis com os custos de produção e a garantia de comercialização;
III - o incentivo à pesquisa e à tecnologia; (...)
§ 1º Incluem-se no planejamento agrícola as atividades agroindustriais, agropecuárias, pesqueiras e florestais.

Isso significa que a persistência da restrição à dedução vai de encontro à urgência de fortalecer a competitividade, a produtividade e a sustentabilidade do setor agroindustrial do Brasil. As leis fiscais deveriam encorajar, não dificultar, a disseminação e adoção de tecnologia.[19]

As Leis nº 4.131/62 e 4.506/64 tinham por alcance um tipo específico de operações: (i) remessas de royalties ao exterior, (ii) feitas a partes relacionadas. A relação objeto da presente análise compreende (i) pagamento de royalties em âmbito nacional, (ii) entre terceiros independentes.

O elemento essencial que deu origem a uma curva ascendente de remessas ao exterior a título de *royalties* - i.e. a então tributação das remessas de lucros – deixou de existir em 1996,[20] quando os pagamentos de lucros passaram a ser desonerados.

A motivação do limite à dedutibilidade das despesas incorridas com o pagamento de royalties demonstra um caráter de norma antielisiva, voltada aos contribuintes que buscavam remeter lucros sem a correspondente tributação então vigente.

Com a mudança desse cenário normativo, que resultou na extinção da incidência de imposto de renda nas remessas internacionais de lucros, a rigor, não haveria mais motivo para existir a restrição de dedutibilidade dos royalties naquele contexto, pois o que esse mecanismo visava a coibir já não subsistia.

Outrossim, de uma perspectiva socioeconômica, o Brasil passou a fomentar de maneira crescente a busca por inovação e tecnologia, nos mais diversos segmentos. Tal medida torna licença e sua respectiva remuneração (royalties) cada vez mais usuais e necessárias ao incremento tecnológico.

---

19. Trata-se de medida que confirma a diretriz estabelecida no art. 23, V, da CF/88.

20. Art. 10 da Lei nº 9.249/95.

A exposição de motivos da MP que antecedeu a Lei nº 14.596/2023[21] reitera que a política fiscal brasileira adotada na década de 1950 tinha por foco manter capital no território nacional, ao afirmar que *"as limitações introduzidas foram editadas num contexto de controle de capital de política cambial"*.

Ainda na exposição de motivos, é relembrado que, à época, havia tributação pelo imposto de renda por ocasião da distribuição de lucros: *"os limitadores relevantes de dedutibilidade foram estabelecidos pressupondo que as empresas se valiam da estruturação de contratos de transferência de tecnologia como forma de contornar a alta carga tributária incidente sobre a remessa de lucros e dividendos"*.

As duas afirmações constantes da exposição de motivos corroboram a conclusão a que se chega analisando as normas que impõem restrições à dedutibilidade até 31.12.2023: aplicam-se tão somente às situações de remessas de valores para o exterior e/ou nos pagamentos a sócios (dando uma roupagem diversa de uma efetiva distribuição de lucro pretendida).

Essas foram as situações nas quais se perceberam práticas questionáveis por alguns contribuintes, ensejando o limite da dedutibilidade. Mas em uma situação nacional e entre terceiros absolutamente independentes, na qual se materializa o princípio *arm's length*, não há motivo que justifique qualquer limitação à dedutibilidade de uma despesa necessária e usual.

Diga-se, nem mesmo a legislação com vigência mantida até 31.12.2023 apresenta tal justificativa. Como demonstrado, tanto a Lei nº 4.131/62 como a 4.506/64, em suas respectivas literalidades, que prescindem de exercício hermenêutico mais sofisticado, trazem segurança ao aplicador do Direito no sentido de afastar qualquer forma de

21. Medida Provisória nº 1.152/2022.

restrição à dedutibilidade de *royalties* nos pagamentos a beneficiário localizado no Brasil em operação entre partes independentes.

Contudo, a reiterada aplicação indevida das referidas leis a operações nacionais entre terceiros criou uma jurisprudência que, muito embora não encontre suporte nem na semântica nem no conteúdo intrínseco dessas normas, fez com que a RFB perpetuasse autuações sobre a matéria, culminando, a partir de 2020, em autuações de dezenas de milhões de reais contra multiplicadores.

A despeito de algumas decisões do então Conselho de Contribuintes terem reconhecido, corretamente, que o art. 71 da Lei nº 4.506/64 revogou o art. 74 da Lei nº 3.470/58,[22] a RFB emitiu soluções de consulta[23] pela legitimidade do limite de dedutibilidade, diante de seu entendimento de que não houve tal revogação. Decisões administrativas[24] e judiciais[25] acompanharam esse racional.

Diante desse reiterado – e equivocado – entendimento de que o art. 74 da Lei nº 3.470/58 se mantém vigente, o Conselho Administrativo de Recursos Fiscais ("CARF") passou a emitir decisões no sentido de que o limite de dedutibilidade aplicar-se-ia mesmo a contratos locais e não somente a remessas ao exterior.[26]

---

22. Nota 13.

23. Solução de Consulta Cosit 316/14, Solução de Consulta Cosit 310/17 e Solução de Consulta SRRF 08 20/11.

24. Acórdãos do Conselho de Contribuintes: 08-04.781 (1997), 103-20.277 (2000), 101-94.152 (2003), 105-16.140 (2006), 105-16.169 (2006), 101-95.609 (2006); e acórdãos do CARF: 1803-01.287 (2012), 9101-002.572 (2017), 1402-002.820 (2018).

25. STF - RE 104.368/SP (1992) e Decisão Monocrática no AI 671362 (2008) e STJ - REsp 378.575/RS (2006), REsp 260.513/RS (2005) e REsp 204.696/RJ (2005).

26. Por exemplo, os acórdãos 103-20.277 (2000), 1803-01.287 (2012), 9101-002.572 (2017), 1402-002.820 (2018).

No âmbito judicial, a decisão do STF no RE 104.368/SP (1992) e a decisão monocrática no AI 671362 (2008) também foram no sentido da aplicabilidade dos limites aos contratos e pagamentos locais, assim como as decisões do Superior Tribunal de Justiça (STJ) nos seguintes recursos especiais: REsp 378.575/RS (2006), REsp 260.513/RS (2005) e REsp 204.696/RJ (2005).

Em relação à aplicabilidade das normas acima aos pagamentos entre partes não relacionadas, a maioria dos precedentes sequer entra nessa discussão, o que já mostra o equívoco de premissa, pois ignora aspecto fático que impacta diretamente toda a *ratio* antielisiva que envolve a indedutibilidade. Apenas na Solução de Consulta Cosit nº 316/2014 há a expressa menção de se tratar de parte não relacionada, sem que isso interfira na conclusão adotada pelo Fisco (o que apenas ratifica os erros hermenêuticos que levaram o tema ganhar tamanha proporção).

A contemporaneidade das autuações sofridas pelos multiplicadores resulta dessa jurisprudência que foi se consolidando sobre premissas equivocadas. Mas resulta também da crescente inserção da biotecnologia no campo, permitindo o crescimento exponencial da atividade das sementeiras, o que lhes fez migrar do lucro presumido para o lucro real. Essa mudança é um termômetro do quanto o agro de maneira geral se beneficiou de uma agricultura mais tecnológica, o que é excelente para o país como um todo.

Contudo, em contrapartida a esse crescimento, fruto de uma aquisição elevada de biotecnologia por parte dos multiplicadores, o fisco federal os penaliza, impedindo que abatam, legitimamente, os dispêndios necessários à geração das receitas auferidas.[27]

---

27. Se migrarmos a discussão do agro para a saúde, a situação se torna ainda mais crítica. Tomando como exemplo vacinas, que também são produtos da biotecnologia. Se uma universidade brasileira desenvolve uma vacina e a licencia a uma pessoa jurídica para que a produza em larga escala, é natural que receba *royalties* de

Como a produção de efeitos da Lei nº 14.596/2023 teve início somente em 01.01.2024, intensificou-se o cenário de incertezas quanto àquilo que se pode esperar do julgamento das autuações materializadas em períodos anteriores (esses casos se encontram, em sua maioria, no início da discussão administrativa).

Especificamente em relação às recentes autuações realizadas pela RFB contra os multiplicadores, tem-se que resultaram do entendimento de que a dedutibilidade estaria limitada ao máximo de 5%, nos termos da Lei nº 3.470/58, art. 74, ao passo que os multiplicadores deduziram integralmente os dispêndios dessa natureza.

Porém, a publicação da Lei nº 14.596/2023, apesar de corretamente revogar a limitação de dedutibilidade de *royalties*, não apresentou solução para essas autuações milionárias sofridas por multiplicadores. Por esse motivo, houve um movimento para trazer previsibilidade para o passado, por meio de uma lei interpretativa.

Nesse sentido, atento ao conteúdo do art. 106 do CTN, o PL nº 2.384/2023, convertido na Lei nº 14.689/2023, trouxe de maneira expressa a sua natureza interpretativa, como forma de viabilizar o cancelamento das autuações:

> Art. 11. O art. 13 da Lei nº 9.249, de 26 de dezembro de 1995, passa a vigorar acrescido do seguinte §3º:
>
> Art. 13. (...)
>
> § 3º **Para fins de interpretação**, na forma do inciso I do caput do art. 106 da Lei nº 5.172, de 25 de outubro de 1966 (Código Tributário Nacional), e de apuração do lucro tributável da pessoa jurídica que atua na multiplicação de sementes, os limites de dedutibilidade previstos no art. 74 da Lei nº 3.470, de 28 de novembro de 1958,

---

tal empresa. Como assumir que seria razoável impedir essa pessoa jurídica de deduzir integralmente os valores pagos à universidade a título de *royalties*? A situação dos multiplicadores autuados é rigorosamente idêntica a esse esdrúxulo exemplo, o que bem ilustra o seu absurdo.

> e no art. 12 da Lei nº 4.131, de 3 de setembro de 1962, não se aplicam aos casos de pagamentos ou de repasses efetuados a pessoa jurídica não ligada, nos termos do § 3º do art. 60 do Decreto-Lei nº 1.598, de 26 de dezembro de 1977, domiciliada no País, pela exploração ou pelo uso de tecnologia de transgenia ou de licença de cultivares por terceiros, dispensada a exigência de registro dos contratos referentes a essas operações nos órgãos de fiscalização ou nas agências reguladoras para esse fim específico. (grifos nossos)

A literalidade pelo fim interpretativo, combinada com a referência ao art. 106, I, do CTN, revela a intenção do legislador para que esse conteúdo seja aplicado a situações pretéritas.[28] A leitura do CTN não deixa dúvida acerca da aplicação retroativa, com efeito imediato, sem ressalvas, sendo apta a pacificar divergências sobre o tema, em qualquer esfera que se encontrem.

Contudo, o viés puramente arrecadatório que muitas vezes prevalece dentre os representantes fazendários, pode fazer florescer uma criatividade interpretativa em prejuízo da hermenêutica conduzida com rigor técnico. Não se trata de hipótese teórica, mas de preocupação apoiada em situações semelhantes que sobrecarregaram o Judiciário de modo desnecessário.[29]

Por tal motivo, é necessário que o aplicador esteja atento ao conteúdo trazido pela Lei nº 14.689/2023, art. 11, combatendo quaisquer hipóteses desarrazoadas que não considerem seu evidente efeito a fatos e atos passados.

---

28. Por exemplo, fiscalizações em curso, processos administrativos ou judiciais que discutam a matéria etc.

29. A título ilustrativo, vale rememorar que, ao se discutir a constitucionalidade da CIDE sobre pagamento de licença de uso de software, sobreveio a Lei nº 11.452/2007, que por meio do art. 20, introduziu o § 1º-A ao art. 2º da Lei nº 10.168/2000 (de natureza interpretativa), indicando de modo explícito o seu efeito retroativo, tendo feita mera menção à data inicial de sua validade. Ocorre que o fisco ignorou a retroação provida pela mudança legislativa e seguiu exigindo a CIDE. Foi necessário o Judiciário ratificar que se tratava de norma interpretativa, retroagindo, portanto, como exemplificam as decisões TRF3, AC nº 2002.61.00.005062-1, j. 11.05.2012; AMS 00048862220014036100, DJ 27.012012; AC nº 2007.61.00.009037-9, DE 05.12.2011; AMS 2005.61.00.028245-4, DJ 15.12.2009.

Afinal, essa mudança legislativa confirma que o entendimento perpetuado pela RFB sempre foi equivocado, devendo agora ser imediatamente ajustado, com a aplicação na nova legislação interpretativa, o consequente cancelamento das autuações e cessação de novas lavraturas.

5. Cautelas com a elaboração e aplicação de novas normas

Como se constata de todo o exposto, considerável parcela da insegurança jurídica então existente para os multiplicadores decorreu de uma legislação antiquíssima, combinada com uma interpretação igualmente retrógrada, pautada pela premissa única da arrecadação, além de tecnicamente incorreta, pois, como esclarecido, a legislação invocada pela RFB não alcança as operações conduzidas em âmbito nacional por terceiros independentes.

Portanto, embora seja usual que o Direito caminhe em descompasso com o avanço das sociedades, quedando-se alguns passos atrás, é necessário registrar que novas regras que venham integrar nosso ordenamento jurídico, nasçam com um olhar contemporâneo, que demonstre a compreensão que, cada vez mais, os ativos mais valiosos se apresentam de forma intangível. Naturalmente, sua forma de remuneração e modelos de negócio fugirão ao tradicional modelo binário de mercadoria ou serviço, tão enraizado em nossa lógica tributária.

Abandonar esse modelo desconectado da realidade global é primordial para que o sistema tributário nacional não se imponha como óbice aos investimentos em inovação ou desincentive o uso de boas tecnologias no campo. É relevante, ainda, para que o sistema tributário se apresente de forma neutra e não como um fator de tomada de decisão negocial, pois isso poderia levar a uma concentração, entre poucos, do uso de tecnologias, verticalizando negócios, o que nem sempre se revela a opção mais eficiente do ponto de vista social ou econômico.

A reforma tributária que se encontra em curso, muito embora voltada à tributação do consumo, já sinaliza a necessidade de um olhar próprio para os ativos intangíveis, na medida em que passam a compor a base ampla de tributação, deixando-se de lado o binômio mercadoria/serviço.

Com a tributação da renda espera-se que ocorra o mesmo, no sentido de se conferir previsões que levem na devida conta os intangíveis, seus modelos de negócios e estruturas próprias de remuneração, sobretudo aqueles decorrentes de verdadeiras inovações, como as que vêm se materializando na biotecnologia.

A despeito de entendermos que a legislação até então vigente já seria suficiente para afastar as restrições impostas nos pagamentos locais a terceiros, a falta de razoabilidade identificada nas recentes decisões revela que a recente norma interpretativa (Lei nº 14.689/2023) é mais que desejável, esclarecendo, de forma definitiva, que as limitações e exigências para dedutibilidade previstas em lei foram instituídas para fins de operações internacionais e entre partes vinculadas, não abrangendo as operações locais entre partes não relacionadas.

Afinal, seja por meio da citada lei ou por uma mudança jurisprudencial que reexamine, com mais vagar, todo esse contexto, o que se busca é uma alternativa que menos fomente o contencioso e infindáveis anos de litígio; que reconheça o que já é evidente: os *royalties* pagos localmente compõem uma despesa essencial e necessária da operação do multiplicador e, portanto, não podem estar sujeitos a qualquer limitação de dedutibilidade, sob pena de haver uma interferência desmedida do Estado nas operações envolvendo direitos de propriedade industrial (colidindo com a verve global por uma economia fortemente apoiada em biotecnologia).

6. Conclusão

Felizmente, a Lei nº 14.596/2023 traz uma perspectiva positiva para o futuro, no sentido de fomentar a modernização da agricultura, enquanto a Lei 14.689/2023 resguarda o passado, trazendo a segurança jurídica tão desejada ao ambiente saudável de negócios. Assim, o estoque de contencioso que começa a caminhar para as primeiras decisões em âmbito administrativo precisa ser analisado com cautela e sobretudo clareza acerca da dinâmica do modelo de negócios no qual estão inseridos os multiplicadores.

Somado ao necessário entendimento desse modelo operacional, é primordial que se aplique corretamente legislação vigente (sobretudo aquelas publicadas em 2023), que confirmam como indevida a aplicação dos limites de dedutibilidade.

Lembrando que, embora das décadas de 1950 e 1960, no que se refere ao pagamento de royalties *(i)* no Brasil e *(ii)* entre empresas que não possuem qualquer relação, a legislação já autorizava a dedutibilidade integral das despesas para fins de IRPJ e CSLL.

A publicação da lei interpretativa apenas corrobora o racional que o correto deslinde da questão explorada ao longo da presente análise nunca esteve no âmbito de *lege ferenda*, mas na aplicação rigorosa e técnica, com observância estrita ao princípio da razoabilidade (diga-se, a positivação do bom senso) da legislação que já se encontra vigente há décadas.

A ausência do correto entendimento do modelo de negócio que se irá julgar, combinada com interpretações errôneas da legislação vigente, culminaria em um preocupante cenário de insegurança jurídica para os multiplicadores, com passivos tributários vultosos que não condizem com um contexto global de incentivo não só à biotecnologia, mas à modernização do campo como um todo. Trata-se de ônus tributário adicional e indevido, que apenas desencoraja investimentos para uma agricultura mais tecnológica e sustentável, restringindo as necessárias oportunidades de crescimento econômico para o país, com uma economia apoiada em pesquisa e desenvolvimento do conhecimento.

Referências

BRASIL. STF. *RE 422.941*. Relator: Min. Carlos Veloso, 24 mar. 2006.

CHUI, Michael et al. *The Bio Revolution. Innovations transforming economies, societies, and our lives*. McKinsey & Company, May 13, 2020. Disponível em: https://www.mckinsey.com/industries/life-sciences/our-insights/the-bio-revolution-innovations-transforming-economies-societies-and-our-lives. Acesso em: 18 set. 2023.

CONAB. *Soja:* Série História das Safras. Disponível em: https://www.conab.gov.br/info-agro/safras/serie-historica-das-safras/itemlist/category/911-soja b - Soja. Acesso em: 18 set. 2023).

ESTRATÉGIA NACIONAL DE PROPRIEDADE INTELECTUAL (ENPI). Disponível em: https://www.gov.br/pt-br/propriedade-intelectual/estrategia-nacional-de-propriedade-intelectual . Acesso em: 18 set. 2023.

MENGARDO, Bárbara. Com 'jabuti' no PL do Carf, sementeiras tentam derrubar autuações bilionárias. *Jota,* 22 ago. 2023. Disponível em: https://www.jota.info/opiniao-e-analise/colunas/coluna-barbara-mengardo/com-jabuti-no-pl-do-carf-sementeiras-tentam-derrubar-autuacoes-bilionarias-22082023. Acesso em: 18 set. 2023.

MINISTÉRIO DA AGRICULTURA E PECUÁRIA. Estatísticas de Comércio Exterior. 11 jan. 2017. Disponível em: https://www.gov.br/agricultura/pt-br/assuntos/relacoes-internacionais/estatisticas-de-comercio-exterior. Acesso em: 18 set. 2023).

ASPECTOS CONTROVERSOS E ATUAIS SOBRE A DEDUTIBILIDADE DAS PERDAS EM OPERAÇÕES DE HEDGE

Sarah Noronha Gonçalves Maia[1]

1. Introdução

Os participantes do mercado de commodities agrícolas expõem-se, recorrentemente, às oscilações de preço da commodity no mercado internacional, bem como das taxas de câmbio. Para se protegerem destas oscilações de preços ou de câmbio, e dos riscos inerentes ao setor agrícola, incluindo a sazonalidade dos produtos, os agentes deste mercado recorrem aos instrumentos derivativos, buscando, geralmente, conferir previsibilidade ao preço de compra e venda do produto em data futura.

Neste texto, abordaremos algumas questões controversas e atuais relacionadas à dedutibilidade das perdas nos contratos derivativos com finalidade de proteção (hedge)

1. Graduada em Direito e em Ciências Contábeis pela UFMG e Universidade FUMEC, respectivamente, com MBA Executivo pela Fundação Dom Cabral. Sócia da consultoria tributária da PwC.

contratados por produtores ou (re)vendedores de commodities agrícolas.

2. Das regras gerais sobre a dedutibilidade das perdas em operações com finalidade de hedge

Segundo a doutrina de Bessada, Barbedo e Araújo derivativo é:

> [...] em termos gerais, [...] um acordo de troca de pagamentos cujo valor deriva do valor de um ativo ou objeto referenciado em uma taxa ou índice.[2] (Grifamos)

Dessa forma, os contratos derivativos são acordos de execução futura com substrato em "ativos", cujo preço atual é passível de variação.[3] Segundo ainda os ilustres autores, os "ativos" podem ser financeiros e não financeiros:

> Dentre os financeiros, destacam-se os derivativos sobre taxas de juros, moedas, ações e índices. Os não-financeiros se compõem de petróleo e ativos agropecuários (boi gordo, bezerro, algodão, soja, açúcar, álcool, milho, café)[4]

A denominação desses acordos como contratos derivativos dá-se em razão de que os preços dos ativos ou instrumentos

2. BESSADA, Octavio; BARBEDO, Cláudio; Araújo, Gustavo. *Mercado de derivativos no Brasil*. Rio de Janeiro: Ed. Record, 2005, p. 20.

3. Para Ernesto Lozardo: "*Derivativo pode ser definido como sendo um título financeiro cujo preço deriva do preço de mercado de outro ativo real ou financeiro – preço da saca de café, preço da arroba da carne bovina, preço da ação, taxa de juro, taxa de câmbio, índices ou quaisquer instrumentos financeiros aceito para ser negociado nesse mercado. [...] No mercado de derivativo, negociam-se contratos com vencimento e negociação financeira e física numa data futura por um preço determinado. Ele difere do mercado à vista tanto pela sua característica de negociação quanto pelos objetivos que vendedores e compradores desses contratos desejam obter: minimizar riscos de mercado inerentes à atividade econômica. Esta pode estar diretamente relacionada à produção de bens industriais, agrícolas, de serviços, bem como ao setor financeiro*". (LOZARDO, Ernesto. *Derivativos no Brasil:* fundamentos e práticas. São Paulo: BM&F, 1998, p. 16-17).

4. BESSADA, Octavio; BARBEDO, Cláudio; Araújo, Gustavo. *Op. Cit.*, p. 21.

financeiros derivam (decorrem) de ativo ou instrumento subjacente, que justifica sua existência, ou seja, decorre da oscilação de valor em relação ao número de referência, segundo as ofertas e demandas dos mercados presente e futuro. Portanto, nesses contratos, aduz-se que os benefícios econômicos decorrem das oscilações de preços e outros indicadores dos "ativos" ao longo de sua existência. São objeto de negociações no mercado de derivativos, contratos atinentes a 4 (quatro) tipos de operações: swaps, opções, a termo e futuro.

Nesse passo, calha asseverar que um contrato derivativo pode ter finalidade de ganho específico em si próprio (especulativo), bem como pode ter finalidade exclusivamente protetiva contra eventuais perdas no ativo ou instrumento financeiro de referência.

É importante destacar que a classificação entre especulação e proteção reside na intenção do realizador da operação. As operações com derivativos que visam à proteção de bem ou dívida, presentes ou futuros são designadas de operações de hedge.

Do ponto de vista jurídico, o hedge não é um tipo contratual, eis que pode ser realizado por uma série de negócios jurídicos em diversos mercados. Em regra, podemos identificar três espécies ou instrumentos jurídicos utilizados como hedge: (i) o contrato de swap (troca), em suas diversas modalidades (índices, moedas, mercadorias etc.), (ii) NDF (*"non deliverable forward"*) e (iii) opções.

As operações de proteção são caracterizadas a partir de sua finalidade de reduzir ou eliminar os riscos inerentes às oscilações de índices econômicos (preços, moedas, taxas e juros), por meio da contratação, no mercado de liquidação futura, de uma operação em sentido inverso ao item patrimonial protegido no mercado à vista, a fim de que a perda incorrida em uma operação seja compensada, total ou parcialmente, com o ganho auferido na operação contraposta.

Assim, ao realizar uma operação com finalidade de hedge, o agente econômico utiliza uma estratégia financeira para neutralizar a sua posição (comprada ou vendida) em determinado item patrimonial, com o objetivo de reduzir ou limitar o impacto que as flutuações de índices econômicos podem causar nos resultados de sua atividade econômica.

Sob a ótica da legislação brasileira, segundo dispõe o § 1º, do art. 77, da Lei nº 8.981/95, para ser a operação considerada como hedge é necessário que: (i) esteja relacionada às atividades operacionais da empresa que a pratica, (ii) tenha como objetivo a proteção de direitos ou de obrigações da sociedade, conforme se observa do texto da norma em comento, abaixo reproduzido:

> Art. 77. [...]
>
> V - em operações de cobertura (hedge) realizadas em bolsa de valores, de mercadoria e de futuros ou no mercado de balcão.
>
> *§ 1º*. Para efeito do disposto no inciso V, **consideram-se de cobertura (hedge) as operações destinadas, exclusivamente, à proteção contra riscos inerentes às oscilações de preço ou de taxas, quando o objeto do contrato negociado**:
>
> a) **estiver relacionado com as atividades operacionais da pessoa jurídica**;
>
> b) **destinar-se à proteção de direitos ou obrigações da pessoa jurídica.** (Grifamos)

Para a caracterização de uma operação como sendo de proteção contra eventuais riscos (hedge), é essencial que não apenas haja intenção do contratante de realizar uma operação com derivativos com esse viés, mas, ainda, que a pessoa jurídica possa comprovar efetivamente, através de documentos hábeis e idôneos, que essas operações foram realizadas para cobrir riscos existentes ou futuros relacionados às suas atividades operacionais ou aos seus direitos e obrigações, garantindo que os critérios previstos na legislação tributária sejam preenchidos.

O art. 107 da Instrução Normativa RFB nº 1.700/2017 considerou que os requisitos para a caracterização da operação com finalidade de cobertura (hedge) são cumulativos, por meio da conjunção aditiva "E" entre os dois incisos, tornando-os cumulativos.[5] Veja-se:

> Art. 107. Consideram-se operações realizadas para fins de hedge as operações com derivativos destinadas, exclusivamente, à proteção contra riscos inerentes às oscilações de preço ou de taxas, quando o objeto do contrato negociado: (...)
>
> I - estiver relacionado com as atividades operacionais da pessoa jurídica; e
>
> II - destinar-se à proteção de direitos ou obrigações da pessoa jurídica. (Grifamos)

Na sequência, o art. 108 traz as condições que os derivativos destinados a hedge devem atender de forma que seja assegurada a dedutibilidade integral das perdas.

> Art. 108. Sem prejuízo do disposto no art. 107, as operações com instrumentos financeiros derivativos destinadas a hedge devem atender, cumulativamente, às seguintes condições
>
> I - ter comprovada a necessidade do hedge por meio de controles que mostrem os valores de exposição ao risco relativo aos bens, direitos, obrigações e outros itens objeto de hedge, destacados o processo de gerenciamento de risco e a metodologia utilizada na apuração desses valores; e
> II - ter demonstrada a adequação do hedge por meio de controles que comprovem a existência de correlação, na data da contratação da operação, entre as variações de preço do instrumento de hedge e os retornos esperados pelos bens, direitos, obrigações e outros itens objeto de hedge
>
> Parágrafo único. **No caso de não atendimento, a qualquer tempo, das exigências previstas no art. 107 ou na falta de comprovação da efetividade do hedge, a operação será tributada na forma prevista no art. 105 e a compensação de perdas na**

---

5. Essa conjunção "E" foi acrescentada nessa Instrução Normativa. As INs anteriores sobre a matéria (1.585/2015 e 1.022/2010) reproduziam o artigo da Lei (sem conjunção) e, antes disso, na IN nº 25/2001 foi usada a conjunção alternativa OU.

> **apuração do IRPJ e da CSLL fica limitada aos ganhos auferidos em outras operações de renda variável, conforme disposto no inciso II do caput do art. 106.** (Grifamos)

Havendo o cumprimento de tais condições ou requisitos para se configurar um derivativo com finalidade de hedge, as perdas apuradas em operações em bolsa podem ser dedutíveis sem limitações. Ausente a finalidade de hedge, as perdas apuradas, no Brasil, serão dedutíveis até o limite dos ganhos auferidos em operações da mesma natureza, nos termos do art. 72, § 4º, da Lei nº 8.981/95.

Por fim, é importante mencionar que, para fins tributários, os resultados positivos e negativos auferidos em mercados de liquidação futura devem ser reconhecidos apenas quando da liquidação do contrato, cessão ou encerramento da posição, nos termos do art. 32 da Lei nº 11.051/2004, conforme se observa do texto do artigo em comento:

> Art. 32. Para efeito de determinação da base de cálculo do imposto de renda das pessoas jurídicas e da contribuição social sobre o lucro líquido, da Contribuição para o Financiamento da Seguridade Social - Cofins e da Contribuição para o PIS/Pasep, os resultados positivos ou negativos incorridos nas operações realizadas em mercados de liquidação futura, inclusive os sujeitos a ajustes de posições, serão reconhecidos por ocasião da liquidação do contrato, cessão ou encerramento da posição.
>
> *§ 1º.* O resultado positivo ou negativo de que trata este artigo será constituído pela soma algébrica dos ajustes, no caso das operações a futuro sujeitas a essa especificação, e pelo rendimento, ganho ou perda, apurado na operação, nos demais casos.

3. Dos aspectos contábeis relativos aos contratos de hedge

A contabilização dos contratos de derivativos está normatizada pelo Pronunciamento CPC 48 – Instrumentos Financeiros. Atualmente, o Comitê de Pronunciamentos

Contábeis ("CPC") é o órgão encarregado de estudar, divulgar os princípios, normas e padrões de contabilidade, bem como efetuar a convergência dos padrões contábeis brasileiros às normas internacionais de contabilidade (*International Financial Reporting Standards* – "IFRS"). Destarte, uma vez que os Pronunciamentos, Orientações e Interpretações emanados pelo CPC sejam aprovados pelos órgãos e entidades incumbidos de ditar normas contábeis no Brasil (Conselho Federal de Contabilidade – "CFC", Banco Central do Brasil – "BACEN", Comissão de Valores Mobiliários – "CVM", etc.), elas tornam-se de observância obrigatória para as empresas constituídas no território nacional.

De acordo com o CPC 48 – Instrumentos Financeiros, em linhas gerais, os derivativos são reconhecidos pelo valor justo na data em que o contrato é celebrado e são, subsequentemente, remensurados ao seu valor justo. O ganho ou a perda resultante da (re)mensuração do valor justo é contabilizado no resultado do período, no grupo de resultado financeiro, ou em resultados abrangentes, no patrimônio líquido, se designado dentro de uma relação de *hedge accounting*.[6]

Releva ressaltar que, via de regra, para os derivativos destinados a hedge de valor justo, tanto a variação do item hedgeado (objeto de hegde) quanto do instrumento de hedge (derivativo) são reconhecidas no resultado no mesmo período contábil (regime de competência). Caso a relação entre o instrumento financeiro e o objeto de hedge estejam em linha com as condições definidas na norma contábil de *hedge accounting* de fluxo de caixa, a parcela "efetiva" das variações de valor justo dos instrumentos, citadas anteriormente, devem ser contabilizadas em outros resultados abrangentes no patrimônio líquido.

6. *Hedge accounting* é uma opção contábil permitida quando há a finalidade de proteção a um determinado risco no balanço da companhia.

A contabilização de *hedge accounting* tenta fazer com que haja uma simultaneidade entre o reconhecimento do lucro ou perda sobre o derivativo e o reconhecimento do item objeto de hedge, podendo ser aplicada, no entanto, somente quando a relação de hedge atender aos critérios determinados no CPC 48 (item 6.4.1), tais como: designação e documentação formal da relação de proteção, do objetivo e da estratégia de gerenciamento de risco da entidade, efetividade do hedge, equilíbrio entre as ponderações do item protegido e o instrumento de hedge etc.

Há três tipos de relações de proteção (hedge), a saber: (i) valor justo, que tem o intuito de mitigar flutuações de preço ou indicadores econômicos; (ii) fluxo de caixa, que tem o objetivo de proteger os fluxos de caixa futuros da sociedade; e (iii) hedge de investimento líquido em operação no exterior, por meio do qual se protege a exposição às variações de valor justo relativas a um investimento líquido no exterior.

Em relação aos hedges de valor justo, o Manual de Normas Internacionais de Contabilidade o conceitua da seguinte forma:

> um hedge de valor justo é definido pelo hedge da exposição a variações no valor justo de:
>
> - um ativo ou passivo reconhecido; ou
> - um firme compromisso previamente não reconhecido para comprar ou vender um ativo a preço fixo; ou
> - uma porção identificada desse ativo ou passivo ou firme compromisso, que seja atribuível a determinado risco e possa afetar o lucro ou perda divulgado.[7]

Já os hedges de fluxo de caixa visam a proteger a exposição relativa à variabilidade nos fluxos de caixa atribuíveis

---

7. FIPECAFI. *Manual de Normas Internacionais de Contabilidade*: IFRS versus Normas Brasileiras. São Paulo: Ed. Atlas, 2010, p. 302.

a riscos específicos associados a um ativo ou passivo reconhecido ou a um componente deles, ou a uma transação prevista altamente provável e que possa afetar o resultado.

Pode-se notar, portanto, que o ganho ou perda resultante da mensuração e remensuração do hegde a valor justo deve ser contabilizado no resultado do exercício (exceto os que são contabilizados no patrimônio líquido) e os hedges de fluxo de caixa, que atendam aos critérios de qualificação do item 6.4.1, no patrimônio líquido, pelo regime de competência (exceto em relação a parte inefetiva que deve ser reconhecida no resultado), conforme item 6.5.11 do CPC 48, de modo que os efeitos da mensuração dos instrumentos de hedge sejam apropriados ao resultado ao mesmo tempo em que são reconhecidos os resultados do item objeto de proteção.

O ganho ou perda sobre instrumento de hedge é reconhecida contabilmente durante toda a vigência do contrato, sendo que os resultados positivos ou negativos auferidos na liquidação das operações correspondem ao somatório dos ajustes a valor justo registrados nos resultados dos exercícios (ou nos resultados abrangentes) ocorridos entre a data da contratação e da liquidação do contrato.

Ainda com base na norma contábil, mesmo quando o ajuste a valor justo seja reconhecido em outros resultados abrangentes, na liquidação do objeto de hedge, o ganho ou a perda acumulada do derivativo, anteriormente reconhecido como outros resultados abrangentes, deve ser normalmente reconhecida no resultado do exercício.

Especificamente em relação ao hedge fluxo de caixa, se a transação protegida resultar subsequentemente no reconhecimento de ativo não financeiro ou passivo não financeiro, ou a transação prevista protegida para ativo não financeiro ou passivo não financeiro tornar-se um compromisso firme para o qual a contabilização de hedge do valor justo deve ser aplicada, a entidade deve transferir esse valor da reserva de hedge de fluxo de caixa, no patrimônio líquido, e deve incluí-la diretamente no custo inicial ou em outro valor contábil do ativo ou do passivo. Para os demais hedges de fluxo de caixa, que não os mencionados anteriormente, o valor reconhecido em outros resultados abrangentes deve ser reclassificado da reserva de hedge de fluxo de caixa para o resultado no mesmo período ou períodos durante os quais os fluxos de caixa futuros esperados protegidos afetam o resultado (por exemplo, nos períodos em que a despesa ou a receita de juros é reconhecida ou quando ocorre a venda prevista) (item 6.5.11 do CPC 48), demonstrando a busca pela sincronia no resultado do exercício entre o instrumento derivativo e o item objeto de proteção, atingindo-se, desse modo, o objetivo de proteger a variabilidade dos fluxos de caixa esperados.

4. Das operações de rolagem

Situação comum no segmento agrícola é a rolagem das operações de hedge. A operação de "rolagem de hedge" consiste no encerramento da posição no mercado futuro antes do vencimento, com a abertura simultânea de posição idêntica (comprada ou vendida) em contrato de vencimento posterior.

A "rolagem" de hedge normalmente ocorre porque, na busca pela proteção de transações prováveis com data futura, nem sempre há um contrato futuro com liquidez e vencimento em data posterior à de expiração da operação objeto do hedge, uma vez os contratos futuros terem vencimentos padronizados. Adicionalmente, contratos de hedge de maior prazo podem ter um custo financeiro mais elevado, levando a pessoa jurídica a optar por fragmentá-lo.

Nesses casos, a rolagem das operações de hedge caracteriza-se pela renovação dos contratos, ajustando a data de vencimento das operações de proteção às que estão sendo cobertas. Ocorre que, na prática, antes de assumir uma posição com novo vencimento, encerra-se o contrato anteriormente detido e, em seguida, assume-se a mesma posição com vencimento posterior. Todavia, do ponto de vista econômico, o encerramento e a contratação das novas posições assemelham-se à contratação de um contrato futuro de longo prazo[8].

De acordo com o entendimento das autoridades fiscais, no momento da rolagem, reconhece-se, para fins tributários, o resultado positivo (ganho) ou negativo (perda) incorrido no contrato para o qual houve encerramento da posição.

A Solução de Consulta SRRF08/Disit nº 143 (RFB), de 26 de junho de 2013, tratou extensivamente sobre o tema e foi assim ementada:

> SOLUÇÃO DE CONSULTA DISIT/SRRF08 Nº 143, DE 25 DE JUNHO DE 2013
>
> Assunto: Imposto sobre a Renda de Pessoa Jurídica IRPJ
>
> HEDGE. POSIÇÃO FÍSICA DE CAFÉ. MERCADO FUTURO. BOLSA. DOCUMENTAÇÃO COMPROBATÓRIA. (...) ROLAGEM. LIQUIDAÇÃO. *Quando da rolagem de posição no mercado futuro, assim definida como o encerramento de posição em um contrato futuro de determinado vencimento, com a abertura*

8. De acordo com a B3, "*As operações de rolagem, ou calendar spread, como também são conhecidas, são estruturas que permitem a negociação de dois vencimentos mutuamente, sequenciais ou não, de um determinado contrato futuro, através da apregoação da diferença de preço existente entre os vencimentos. Criadas com o objetivo de facilitar o dia a dia dos investidores, a operação estruturada não representa um novo contrato, mas sim um mecanismo que possibilita a execução de compra e venda de dois vencimentos ao mesmo tempo, mantendo assim as características dos contratos inalteradas. Esse tipo de estrutura reduz o risco operacional, quando comparado às operações feitas de maneira segregada em cada vencimento, proporcionando ao investidor maior segurança na negociação*". (BM&FBOVESPA. *Contratos Derivativos:* Operações de Rolagem. Disponível em: https://www.b3.com.br/data/files/96/A4/E3/EB/70B32510773C9C1592D828A8/Operacao-Estruturada-de-Rolagem.pdf. Acesso em 17/11/2023).

simultânea de posição idêntica (comprada ou vendida) em contrato de vencimento posterior, encontrasse caracterizada hipótese de necessidade de reconhecimento do resultado positivo ou negativo incorrido no contrato de vencimento mais próximo, para o qual houve encerramento de posição.

Dispositivos Legais: Art. 77 da Lei 8.981, de 20 de janeiro de 1995; Art. 17 da Lei nº 9.430, de 27 de dezembro de 1996; Art. 17 da Instrução Normativa nº 404, de 12 de março de 2004; Art. 32 da Lei nº 11.051, de 29 de dezembro de 2004.[9] (Frisamos)

Conforme se pode defluir da consulta retroindicada, sob a óptica fiscal, a operação de "rolagem" se consistiu em dois contratos diferentes, havendo a necessidade de reconhecimento, para fins fiscais, do resultado positivo ou negativo incorrido no contrato de vencimento mais próximo, para o qual teria havido sim, encerramento de posição.

Na Contabilidade, todavia, a substituição ou a rolagem do instrumento de hedge não acarreta, necessariamente, a descontinuidade do hedge, desde que essa substituição ou rolagem se mostre consistente com a política de gestão de riscos da entidade, conforme esclarece o item 6.5.6 do CPC:

> 6.5.6 A entidade deve descontinuar prospectivamente a contabilização de hedge somente quando a relação de proteção (ou parte da relação de proteção) deixar de atender aos critérios de qualificação (após levar em consideração qualquer reequilíbrio da relação de proteção, se aplicável). Isso inclui exemplos de quando o instrumento de hedge expirar ou for vendido, rescindido ou exercido. Para esse fim, a substituição ou rolagem do instrumento de hedge em outro instrumento de hedge não é expiração ou rescisão se essa substituição ou rolagem fizer parte do objetivo de gerenciamento de risco documentado da entidade, ou for consistente com esse objetivo.[10]

9. RECEITA FEDERAL DO BRASIL. *Solução de Consulta nº 143 - SRRF08/Disit.* Superintendência Regional da Receita Federal do Brasil da 8ª RF. Relator: Heitor de Souza Lima Junior, 26 jun. 2013. Disponível em: http://normas.receita.fazenda.gov.br/sijut2consulta/link.action?idAto=45185.

10. COMITÊ DE PRONUNCIAMENTOS CONTÁBEIS (CPC). *Pronunciamento Técnico CPC 48 - Instrumentos Financeiros.* Brasília, rev. 19, 04 nov. 2016. Disponível em: ht-

Desse modo, haveria um descasamento entre o reconhecimento dos ganhos e/ou perdas de hedge no resultado do exercício da empresa e o momento de sua tributação, que ocorreria no encerramento da posição original.

Lembrando que o art. 32 da Lei nº 11.051, citado anteriormente, condicionou a incidência do IRPJ e da CSLL à liquidação do contrato, cessão ou encerramento da posição, elegendo o regime de caixa para fins de tributação dos resultados de hedge. Isso porque adequadamente se compreendeu que, ainda que os ajustes diários estejam incorporados ao patrimônio do contribuinte (mediante reconhecimento contábil dos ganhos ou perdas) e sejam objeto de liquidação financeira, antes do encerramento definitivo da posição, não se pode afirmar, categoricamente, se houve ganho ou perda, em virtude das inevitáveis variações do mercado, tal como ocorre com as variações cambiais que são também tributadas quando da liquidação da operação (podendo, no entanto, por opção da pessoa jurídica, serem tributadas pelo regime de competência).

De forma semelhante, na rolagem, ainda que haja o reconhecimento de ganhos ou perdas intermediários, o ganho ou perda definitivos econômicos são apurados apenas quando o contrato físico e o de derivativo forem encerrados e as variações do valor justo do instrumento de hedge e do item objeto de hedge forem reconhecidos no resultado do exercício.

Por outro lado, na perspectiva fiscal, no encerramento da posição relativa ao contrato de vencimento mais próximo, há incorporação do ganho ou perda relativa àquela posição encerrada ao patrimônio da pessoa jurídica e, portanto, haveria disponibilidade jurídica dessa renda, nos termos do art. 43 do Código Tributário Nacional.

---

tps://www.cpc.org.br/CPC/Documentos-Emitidos/Pronunciamentos/Pronunciamento?Id=106.

A Lei nº 12.973/2014, editada com o objetivo de se disciplinar os efeitos fiscais decorrentes das novas normas contábeis, dentre elas as que regem a contabilização dos derivativos, poderia então ter, expressamente, previsto o diferimento da tributação dos ganhos ou perdas incorridos na rolagem de contratos derivativos inseridos em uma estratégia de proteção, de modo que o item protegido e os contratos de hedge fossem tratados como uma operação integrada, tal como previsto na norma contábil. Até porque, no mercado financeiro, a rolagem desempenha um caráter instrumental em relação ao contrato derivativo com finalidade de hedge, não representando efetivo encerramento da posição.

Contudo, não o fez, e na ausência de tal regra expressa que autorize o diferimento da tributação dos ganhos ou perdas na rolagem para o momento de eventual liquidação do contrato físico, os resultados dos contratos liquidados devem ser oferecidos à tributação, mesmo que contabilizados no patrimônio líquido, mediante ajuste de adição ou exclusão no cálculo do lucro real, conforme se trate de ganho ou perda, respectivamente, a despeito dos resultados terem sido contabilizados diretamente no patrimônio líquido.

5. Das operações de hedge efetuadas no exterior

O art. 17 da Lei nº 9.430 estabeleceu que devem ser computados na determinação do lucro real os resultados líquidos, positivos ou negativos, obtidos em operações de cobertura (hedge) realizadas em mercados de liquidação futura, diretamente pela empresa brasileira, em bolsas no exterior, *in litteris*:

> Art. 17. Serão computados na determinação do lucro real os resultados líquidos, positivos ou negativos, obtidos em operações de cobertura (hedge) realizadas em mercados de liquidação futura, **diretamente pela empresa brasileira, em bolsas no exterior.**

> Parágrafo único. A Secretaria da Receita Federal e o Banco Central do Brasil expedirão instruções para a apuração do resultado líquido, sobre a movimentação de divisas relacionadas com essas operações, e outras que se fizerem necessárias à execução do disposto neste artigo. (Incluído pela lei nº 11.033, de 2004) (Grifamos)

Esse artigo é reproduzido no art. 466 do Regulamento do Imposto de Renda (RIR), de 2018, que, em seu § 2º, acrescenta que, na hipótese de operações que não se caracterizem como de cobertura, para fins de apuração do lucro real, os lucros obtidos serão computados e os prejuízos não serão dedutíveis.

Essa redação do § 2º[11] tem como base legal o art. 25, § 5º da Lei nº 9.249/95 que determinou que prejuízos e perdas apurados no exterior não fossem compensados com resultados auferidos no Brasil.

Notem que o regime jurídico tributário acima exposto aplica-se aos resultados obtidos diretamente pela pessoa jurídica em bolsa no exterior, sendo menos clara a legislação em relação aos resultados obtidos por intermédio de terceiros ou realizados em outros mercados, mesmo que com finalidade de cobertura.[12]

No caso das operações realizadas fora de bolsa no exterior, há uma corrente que sustenta que, na falta de disposição específica, poderiam ser aplicadas as regras contidas nos §§ 4º e 5º do art. 76 da Lei nº 8.981/95 que limitam a dedução das perdas ao montante dos ganhos em cada período-base e permitem o carregamento do excesso

---

11. RIR/2018 (Decreto n. 9580) – Art. 466, §2º Na hipótese de operações que não se caracterizem como de cobertura, para fins de apuração do lucro real, os lucros obtidos serão computados e os prejuízos não serão dedutíveis (Lei nº 9.249, de 1995, art. 25, § 5º).

12. A extensão da aplicação da tributação dos resultados líquidos a outros mercados futuros, no exterior, além das bolsas, constante do art. 63 da Lei nº 8.383 e reproduzida § 1º do art. 396 do RIR/99 foi inclusive revogada pela Lei nº 11.033/2004.

(perdas que suplantam os ganhos) para compensação em anos seguintes, a despeito do fato da referida Lei nº 8.981 ser absolutamente omissa a respeito das operações realizadas no exterior e os parágrafos antes citados remeterem ao art. 72 que trata das operações realizadas nas bolsas de valores, de mercadorias, de futuros e assemelhadas.

Outra linha de interpretação, à qual se filiam as autoridades fiscais, defende que as perdas realizadas no exterior, em operações fora de bolsa, são integralmente indedutíveis (perdas indedutíveis e ganhos tributáveis), principalmente no caso em que não se qualifiquem como de cobertura, uma vez que segundo § 2º do art. 466 do RIR/2018, as perdas em operações especulativas, mesmo quando realizadas em bolsa, seriam indedutíveis. Seria um contrassenso considerar uma consequência mais benéfica para as operações realizadas fora de bolsa dos que as efetuadas em bolsa (ambiente regulado e formal).

Sobre a possibilidade de a operação de cobertura se dar no exterior, por intermédio de terceiros, importante citar discussão recente no CARF, envolvendo um grupo econômico multinacional que se dedicava à compra e venda de commodities agrícolas, mormente de soja, e centralizava a contratação das operações de hedge junto à Bolsa de Chicago, em uma empresa pertencente ao Grupo, localizada no exterior.

No Acórdão 1302-004.262 (de 21/01/20), a 2ª turma do CARF decidiu, por unanimidade, pela dedutibilidade das perdas em operações de *hedge* no exterior realizadas pela empresa brasileira por intermédio da empresa centralizadora fora do País.[13]

---

13. BRASIL. CARF. *Acórdão n. 1302-004.262*. Processo n. 15586.001638/2010-81. 1ª Seção de Julgamento. 3ª Câmara. 2ª Turma Ordinária. Relator: Gustavo Guimaraes da Fonseca, 21 jan. 2020. Disponível em: https://acordaos.economia.gov.br/acordaos2/pdfs/processados/15586001638201081_6146000.pdf.

No voto do relator, constou que inexistia vedação nas normas regulatórias acerca da utilização de intermediários (ex.: *hedge center* ou câmaras de compensação) para a realização de operações de cobertura no exterior.

Ademais, entendeu-se que a documentação trazida pelo contribuinte seria suficiente para demonstrar o caráter protetivo e a estratégia de gestão de riscos da entidade mediante a comprovação da coerência mantida entre os valores das operações que demandavam cobertura, com os montantes enviados ao exterior e, principalmente, com as variações dos preços das commodities comercializadas pela contribuinte, de modo que as perdas foram reputadas como dedutíveis.

6. Dos hedges de fluxo de caixa e hedges de valor justo relativos a compromissos futuros

Conforme mencionado anteriormente, as regras internacionais de contabilidade, baseadas no padrão IFRS, reconhecem a proteção de fluxos de caixa futuros oriundos de transações prováveis, bem como compromissos firmes previamente não reconhecidos para comprar ou vender um ativo a preço fixo.

Assim, de acordo com as normas contábeis atualmente vigentes, as transações futuras altamente prováveis podem ser passíveis de proteção por derivativos com finalidade de cobertura (hedge). Como exemplo, podemos citar a proteção de receitas de exportações futuras e planejadas contra as oscilações de moeda estrangeira por um “hedge de fluxo de caixa”:

> HEDGE DE FLUXO DE CAIXA DE EXPORTAÇÕES PLANEJADAS DE SUCO DE LARANJA. A exportadora A planeja vender seu estoque de suco de laranja para a Europa nos próximos quatro meses. A empresa poderia designar um hedge de fluxo de caixa contra as oscilações de moeda estrangeira sobre

> os recebíveis de exportações futuras para a Europa por meio de contratos derivativos futuros? Sim, este é um exemplo clássico de hedge de moeda estrangeira de fluxo de caixa. A Exportadora A deve garantir que as exportações planejadas sejam altamente prováveis com base nos históricos de vendas, orçamento e outras ferramentas de gestão financeira.[14]

Assim, os contribuintes podem realizar operações com contratos derivativos para proteger, além de direitos e obrigações existentes e reconhecidos na Contabilidade, itens ainda não reconhecidos no balanço patrimonial, mas sujeitos a riscos que podem afetar resultados futuros, variações no fluxo de caixa, transações projetadas e prováveis etc., que impactem, assim, a sua atividade econômica, desde que tais operações sejam planejadas e altamente prováveis.

Segundo art. 77, § 1º, da Lei nº 8.981/95, já reproduzido, o conceito jurídico de operação com finalidade de cobertura (hedge) compreende as operações destinadas à proteção do resultado da pessoa jurídica face aos riscos inerentes às oscilações de preços ou de taxas, nas hipóteses em que o objeto do contrato negociado: (i) estiver relacionado com as atividades operacionais da pessoa jurídica, (ii) destinar-se à proteção de seus direitos ou obrigações.

O item (i) alcança quaisquer contratos derivativos destinados à proteção de um risco (preço, taxa, índice, juros, moeda ou crédito) capaz de impactar a atividade operacional da pessoa jurídica. Assim, a legislação adota um critério simples, que consiste na relação entre o objeto da operação de cobertura e a atividade operacional da empresa. Por outro lado, o item (ii) trata da operação com finalidade de cobertura destinada à proteção de direitos e obrigações da pessoa jurídica.

---

14. MOURAD, Nabil Ahmad; PARASKEVOPOULOS, Alexandre. *IFRS* – normas internacionais de contabilidade para instrumentos financeiros IAS 32, IAS 39 e IFRS 7. São Paulo: Atlas, 2010, p. 93.

Antes mesmo da inclusão, indevida, da conjunção E no art. 107 da Instrução Normativa RFB nº 1.700/2017, já havia discussão se as alíneas "a" e "b" do ar. 77, § 1º, da Lei nº 8.981/95 deviam ser consideradas alternativas ou cumulativas.

Isso porque uma pessoa jurídica pode realizar operações com contratos derivativos para proteger operações com elevada probabilidade de ocorrência, mas que ainda não constituem direitos ou obrigações formalmente constituídas.

Vale mencionar que a 1ª Turma do CARF, no Acórdão nº 1401-001.396 (de 04/03/2015), reconheceu que os requisitos para a caracterização da operação com finalidade de cobertura (hedge) são alternativos, como se pode verificar da ementa abaixo:

> OPERAÇÕES DE HEDGE. DEDUTIBILIDADE O artigo 77 da Lei nº 8.981/95 prevê que a dedutibilidade de despesas com operações de hedge requer que a operação esteja protegendo as atividades operacionais da pessoa jurídica **ou** que se destine a proteger direitos e obrigações da pessoa jurídica.[15] (Grifamos)

Esse foi um importante precedente para justificar as operações com finalidade de cobertura destinadas à proteção do fluxo de caixa ou compromissos futuros, uma vez que a turma julgadora do CARF reconheceu que se qualificam como operações de cobertura aquelas que têm por objetivo proteger a atividade operacional da pessoa jurídica, sem necessidade de que, cumulativamente, o objeto de proteção seja direito ou obrigação já existentes.

Afinal, as operações com finalidade de proteção (hedge) servem inclusive para reduzir a volatilidade do fluxo de caixa

15. BRASIL. CARF. *Acórdão n. 1401-001.396*. Processo n. 10980.724003/2011-61. 1ª Seção de Julgamento. 4ª Câmara. 1ª Turma Ordinária. Relator: Fernando Luiz Gomes de Mattos, 04 mar. 2015. Disponível em: https://acordaos.economia.gov.br/acordaos2/pdfs/processados/10980724003201161_5522492.pdf.

projetado pela empresa ou os riscos em relação a compromissos firmes ou transações futuras com alta probabilidade de ocorrência e capazes de afetar o resultado e não apenas para proteger direitos e obrigações já reconhecidos contabilmente.

Nesse mesmo sentido, a 1ª Turma do CARF no acórdão nº 1301-004.082 (de 17/9/2019), cancelou parcialmente autuação fiscal de IRPJ e CSLL lavrada contra pessoa jurídica que realizava operações com finalidade de hedge para a proteção de receitas de exportação estimadas, com base em operações prováveis.[16]

No caso em tela, a pessoa jurídica autuada havia contratado operações de hedge para proteger o seu volume estimado de exportações para os anos-calendário de 2008 e 2009. Por conta da situação econômica em 2008, a empresa teve vários pedidos de compra cancelados e optou por encerrar as suas posições nos referidos contratos derivativos, o que levou ao reconhecimento de perdas significativas. A fiscalização entendeu então que as perdas nas liquidações das posições não seriam dedutíveis por: (i) falta de comprovação da efetividade das perdas financeiras; e (ii) falta de comprovação da finalidade de proteção (hedge), em virtude da desproporção entre as receitas de exportação e as perdas com derivativos e da impossibilidade de utilização de pedidos de compra para a comprovação dos ativos protegidos pela empresa no mercado à vista.

Após uma decisão desfavorável em primeira instância administrativa, a 1ª Turma do CARF, com base em voto proferido pelo relator, julgou parcialmente procedente o recurso voluntário interposto pela empresa, reconhecendo que o direito passível de proteção, por meio de operações com finalidade de cobertura (hedge), não precisa estar

---

16. BRASIL. CARF. *Acórdão n. 1301-004.082*. Processo n. 10855.724350/2013-91. 1ª Seção de Julgamento. 3ª Câmara. 1ª Turma Ordinária. Relator: Fernando Brasil de Oliveira Pinto, 17 set. 2019. Disponível em: https://acordaos.economia.gov.br/acordaos2/pdfs/processados/10855724350201391_6069679.pdf.

registrado contabilmente, podendo ser, inclusive, o seu fluxo de caixa futuro, considerando válida a estratégia de proteção de operações altamente prováveis que foram calculadas com base em pedidos de compra atrelados a contratos de fornecimento devidamente formalizados.

A autuação fiscal foi mantida em relação às perdas não comprovadas e à parcela de perdas de contratos derivativos cujos valores nocionais excediam à exposição cambial estimada, segundo valores calculados pelo próprio contribuinte em sua defesa administrativa (*over-head*).

Por fim, mais recentemente, no Acórdão 1201-003.609 (de 10/03/20), a turma decidiu, por maioria de votos, por dar provimento ao recurso voluntário, garantindo a dedutibilidade de perdas em operações de *hedge* relacionadas ao fluxo de caixa futuro da empresa.[17]

Assim, foi entendido que as operações de *hedge* com a finalidade de proteção de fluxos de caixa futuros estariam abrangidas na definição de operação de cobertura do artigo 77, § 1º, da Lei nº 8.981/95, ou seja, alcançam as operações contratadas para proteção de itens ainda que não registrados como ativos ou passivos no balanço patrimonial da companhia.

Releva mencionar que a relatora esclareceu que as operações com finalidade de *hedge* são também objeto de regras contábeis específicas, regras essas que reconhecem expressamente a figura do *hedge* de fluxo de caixa, o que reforçaria a validade dessa categoria de *hedge* para fins fiscais.

Por fim, com relação à comprovação, cabe destacar que, segundo o art. 108 da Instrução Normativa RFB nº 1.700/2017 já citado, a pessoa jurídica deve manter conjunto

17. BRASIL. CARF. *Acórdão n. 1201-003.609*. Processo n. 13005.722242/2014-63. 1ª Seção de Julgamento. 2ª Câmara. 1ª Turma Ordinária. Relatora: Gisele Barra Bossa, 10 mar. 2020. Disponível em: https://acordaos.economia.gov.br/acordaos2/pdfs/processados/13005722242201463_6174345.pdf.

probatório apto a evidenciar a necessidade da operação de cobertura, o processo e a metodologia de gerenciamento de risco, bem como a correlação existente entre o instrumento derivativo e os retornos esperados dos itens objeto de proteção, mesmo que essa correlação não seja perfeita.

Nesse ponto, importante mencionar que os valores nocionais dos contratos de derivativos devem ser equilibrados com os itens que se busca proteger, não sendo necessário uma correspondência perfeita. Até porque, na realidade, essas coberturas normalmente não são perfeitamente efetivas, como reconhece o próprio CPC 48. A inefetividade de cobertura pode resultar de vários fatores, por exemplo, risco de crédito, diferenças no método de contagem de dias ou diferença de índices quando se troca, por exemplo, o risco da variação cambial pela variação do Certificado de Depósito Interbancário (CDI) mais juros.

7. Aspectos atinentes à CSLL

No que tange à apuração da base de cálculo da CSLL, inexiste norma jurídica semelhante ao art. 77, § 1º, da Lei nº 8.981/95, a qual é aplicável à apuração do lucro real. Dessa forma, não há previsão para adição, à base de cálculo da CSLL, das perdas auferidas em operações de renda variável, independentemente da finalidade de cobertura.

Nesse sentido, confira-se o entendimento manifestado pela própria Coordenação Geral de Tributação (COSIT), órgão responsável pela interpretação da legislação tributária federal, na Solução de Consulta COSIT nº 198, de 9/7/2014, cuja ementa segue abaixo reproduzida:

> RENDA VARIÁVEL. PERDAS. DEDUÇÃO. As pessoas jurídicas que apuram o Imposto sobre a Renda das Pessoas Jurídicas – IRPJ com base no lucro real poderão deduzir da base de cálculo da CSLL as perdas em operações realizadas no mercado de renda variável, sem a limitação imposta pelo § 4º do art. 76 da Lei nº

> 8.981, de 1995". DISPOSITIVOS LEGAIS: Lei nº 8.981, de 1995, arts. 57, 72 e 76. Instrução Normativa RFB nº 1.022, de 2010.[18]

Esse entendimento foi corroborado pela 1ª Turma do CARF, no Acórdão nº 1401-002.352 (de 10.04.2018), o qual reconheceu que as perdas auferidas em operações com contratos derivativos são dedutíveis da base de cálculo da CSLL, ainda que não fique caracterizada a finalidade de proteção. Confira-se o seguinte trecho da ementa da citada decisão:

> CSLL. FALTA DE PREVISÃO LEGAL PARA ADIÇÃO À SUA BASE DE CÁLCULO DE PERDAS EM OPERAÇÃO DE HEDGE. Nem todos os ajustes impostos ao IRPJ aplicam-se indistintamente à CSLL. No caso concreto, não há previsão legal de adição à base da CSLL do valor de perdas em cobertura cambial que foram descaracterizadas com tal pela fiscalização, pois referida regra legal somente é aplicável ao IRPJ, sendo inclusive reconhecida pela própria RFB por meio de Solução de Consulta (SC COSIT 198/2014). Lançamento que se afasta.[19]

Mais recentemente, no Acórdão 1302-004.263 (de 21/01/20), a turma decidiu, por unanimidade, pela dedutibilidade das perdas em operações com derivativos na base da CSLL, visto que não haveria norma dispondo sobre a indedutibilidade para fins de CSLL das perdas incorridas com instrumentos financeiros, ainda que eles tivessem caráter especulativo, sendo inclusive citado que o Anexo I da Instrução Normativa RFB nº 1.700/2017 reconhece que não há tal ajuste para a CSLL.[20]

---

18. RECEITA FEDERAL DO BRASIL. *Solução de Consulta COSIT nº 198*. Coordenação-Geral de Tributação (Cosit), 09 jul. 2014. Disponível em: http://normas.receita.fazenda.gov.br/sijut2consulta/link.action?idAto=55043.

19. BRASIL. CARF. *Acórdão n. 1401-002.352*. Processo n. 13005.721910/2014-35. 1ª Seção de Julgamento. 4ª Câmara. 1ª Turma Ordinária. Relator: Luiz Rodrigo de Oliveira Barbosa, 10 abr. 2018. Disponível em: https://acordaos.economia.gov.br/acordaos2/pdfs/processados/13005721910201435_5866787.pdf.

20. BRASIL. CARF. *Acórdão n. 1302-004.263*. Processo n. 15586.001637/2009-01. 1ª Seção de Julgamento. 3ª Câmara. 2ª Turma Ordinária. Relator: Gustavo

8. Considerações finais

Os contratos derivativos que protegem a atividade econômica da pessoa jurídica, tal como o hedge a valor justo ou hedge de fluxo de caixa, atendem às condições necessárias para a sua qualificação no conceito jurídico de operação de cobertura, mesmo que protejam ativos e passivos ainda não reconhecidos no balanço patrimonial, mas sujeitos a riscos que podem afetar os resultados futuros da empresa, como compromissos firmes ou transações projetadas e altamente prováveis, que ainda não se concretizaram.

Desse modo, nos contratos de hedge negociados em bolsa no Brasil, incluindo o hedge de fluxo de caixa, e que tenham esse objetivo, as perdas devem ser reputadas como integralmente dedutíveis ainda que os valores nocionais dos instrumentos derivativos e dos itens protegidos não se correlacionem perfeitamente.

Caso esses mesmos contratos de hedge sejam negociados em bolsa no exterior, mesmo que por intermédio de terceiro (e.g. empresa centralizadora no exterior), as perdas seriam também dedutíveis (cômputo dos resultados líquidos). Essa interpretação já foi ratificada pelo CARF.

No caso das operações realizadas no mercado internacional, mas fora de bolsa, embora legalmente permitidas,[21] as perdas seriam reputadas como integralmente

---

Guimaraes da Fonseca, 21 jan. 2020. Disponível em: https://acordaos.economia.gov.br/acordaos2/pdfs/processados/15586001637200901_6145974.pdf.

21. Resolução CMN nº 4.948, de 30 de setembro de 2021, prevê o hedge internacional e afasta todo um conjunto de exigências regulamentares que limitavam substancialmente tais operações, como: (i) a finalidade obrigatória de proteção (hedge) de direitos ou obrigações de natureza comercial ou financeira; (ii) o rol exaustivo de ativos subjacentes permitidos (riscos de variação, no mercado internacional, de taxas de juros, de paridades entre moedas estrangeiras ou de preços mercadorias); (iii) a exigência de negociação no exterior em bolsas ou mercado de balcão exclusivamente com instituições financeiras; (iv) a exigência de registro prévio em sistema de registro como condição para as respectivas transferências do e para o exterior.

indedutíveis, principalmente as que não se qualifiquem como de cobertura, conforme interpretação *contrário sensu* do art. 17 da Lei nº 9.430 que, ao permitir a dedução das perdas incorridas no exterior com derivativos com finalidade de cobertura, negociados em bolsa no exterior, vedaria a dedução das perdas em outras situações.

Em relação à rolagem dos contratos de derivativos, primordialmente os que sejam contabilizados pelas normas de *hedge accounting* (contrapartida em patrimônio líquido), não há norma tributária que preveja o diferimento da tributação até a liquidação do contrato físico, momento em que as variações do valor justo do instrumento de hedge e do item objeto de hedge são reconhecidos no resultado do exercício, de tal modo que os resultados teriam que ser tributados no encerramento das posições dos contratos de vencimento mais próximo.

Assim, caso a contabilização seja de *hedge accounting*, na rolagem, o contribuinte deverá efetuar um ajuste na apuração do IRPJ, a despeito dos resultados terem sido contabilizados diretamente no patrimônio líquido.

A iminente reforma dos tributos sobre a renda pode ser um bom momento para se refletir sobre a possibilidade de alteração legislativa tanto relativa o momento da tributação na rolagem quanto referente às regras gerais de dedutibilidade de derivativos contratados fora de bolsa.

Do ponto de vista da apuração da base de cálculo da CSLL, não há norma correspondente ao art. 77 da Lei nº 8.981/95, o que significa dizer que a dedutibilidade das perdas incorridas em operações realizadas no mercado de renda variável é admitida, independentemente da finalidade das operações. O Anexo I da Instrução Normativa RFB nº 1.700/2017 inclusive reconhece que não há tal ajuste para a CSLL.

Referências

BESSADA, Octavio; BARBEDO, Cláudio; Araújo, Gustavo. *Mercado de derivativos no Brasil*. Rio de Janeiro: Ed. Record, 2005.

BM&FBOVESPA. *Contratos Derivativos:* Operações de Rolagem. Disponível em: https://www.b3.com.br/data/files/96/A4/E3/EB/70B32510773C9C1592D828A8/Operacao-Estruturada-de-Rolagem.pdf. Acesso em: 17 nov. 2023.

BRASIL. Conselho Administrativo de Recursos Fiscais (CARF). *Acórdão n. 1302-004.262*. Processo n. 15586.001638/2010-81. 1ª Seção de Julgamento. 3ª Câmara. 2ª Turma Ordinária. Relator: Gustavo Guimaraes da Fonseca, 21 jan. 2020. Disponível em: https://acordaos.economia.gov.br/acordaos2/pdfs/processados/15586001638201081_6146000.pdf.

_____. Conselho Administrativo de Recursos Fiscais (CARF). *Acórdão n. 1301-004.082*. Processo n. 10855.724350/2013-91. 1ª Seção de Julgamento. 3ª Câmara. 1ª Turma Ordinária. Relator: Fernando Brasil de Oliveira Pinto, 17 set. 2019. Disponível em: https://acordaos.economia.gov.br/acordaos2/pdfs/processados/10855724350201391_6069679.pdf.

_____. Conselho Administrativo de Recursos Fiscais (CARF). *Acórdão n. 1302-004.263*. Processo n. 15586.001637/2009-01. 1ª Seção de Julgamento. 3ª Câmara. 2ª Turma Ordinária. Relator: Gustavo Guimaraes da Fonseca, 21 jan. 2020. Disponível em: https://acordaos.economia.gov.br/acordaos2/pdfs/processados/15586001637200901_6145974.pdf.

_____. Conselho Administrativo de Recursos Fiscais (CARF). *Acórdão n. 1201-003.609*. Processo n. 13005.722242/2014-63. 1ª Seção de Julgamento. 2ª Câmara. 1ª Turma Ordinária. Relatora: Gisele Barra Bossa, 10 mar. 2020. Disponível em: https://acordaos.economia.gov.br/acordaos2/pdfs/processados/13005722242201463_6174345.pdf.

______. Conselho Administrativo de Recursos Fiscais (CARF). *Acórdão n. 1401-001.396*. Processo n. 10980.724003/2011-61. 1ª Seção de Julgamento. 4ª Câmara. 1ª Turma Ordinária. Relator: Fernando Luiz Gomes de Mattos, 04 mar. 2015. Disponível em: https://acordaos.economia.gov.br/acordaos2/pdfs/processados/10980724003201161_5522492.pdf.

______. Conselho Administrativo de Recursos Fiscais (CARF). *Acórdão n. 1401-002.352*. Processo n. 13005.721910/2014-35. 1ª Seção de Julgamento. 4ª Câmara. 1ª Turma Ordinária. Relator: Luiz Rodrigo de Oliveira Barbosa, 10 abr. 2018. Disponível em: https://acordaos.economia.gov.br/acordaos2/pdfs/processados/13005721910201435_5866787.pdf.

COMITÊ DE PRONUNCIAMENTOS CONTÁBEIS (CPC). *Pronunciamento Técnico CPC 48 - Instrumentos Financeiros*. Brasília, rev. 19, 04 nov. 2016. Disponível em: https://www.cpc.org.br/CPC/Documentos-Emitidos/Pronunciamentos/Pronunciamento?Id=106.

FIPECAFI. *Manual de Normas Internacionais de Contabilidade*: IFRS versus Normas Brasileiras. São Paulo: Ed. Atlas, 2010.

LOZARDO, Ernesto. *Derivativos no Brasil:* fundamentos e práticas. São Paulo: BM&F, 1998.

MOURAD, Nabil Ahmad; PARASKEVOPOULOS, Alexandre. *IFRS* – Normas Internacionais de Contabilidade para Instrumentos Financeiros IAS 32, IAS 39 e IFRS 7. São Paulo: Atlas, 2010.

RECEITA FEDERAL DO BRASIL. *Solução de Consulta nº 143 - SRRF08/Disit*. Superintendência Regional da Receita Federal do Brasil da 8ª RF. Relator: Heitor de Souza Lima Junior, 26 jun. 2013. Disponível em: http://normas.receita.fazenda.gov.br/sijut2consulta/link.action?idAto=45185.

______. *Solução de Consulta COSIT nº 198*. Coordenação-Geral de Tributação (Cosit), 09 jul. 2014. Disponível em: http://normas.receita.fazenda.gov.br/sijut2consulta/link.action?idAto=55043.

SEGREGAÇÃO DAS APURAÇÕES DE IRPJ/CSLL NA AGROINDÚSTRIA (INDUSTRIAL E RURAL)

Mariana Aparecida Ferreira Lopes[1]

Rodrigo Mendonça[2]

1. Introdução

O agronegócio é um setor extremamente importante para a economia brasileira e representa aproximados 25% do produto interno bruto (PIB).[3] Chamado também de

1. Bacharela em Direito e especialista em tecnologia pela Faculdade de Informática e Administração Paulista (MBA Corporate). Atua há mais de 6 anos an área tributária, atualmente como Gerente da área de tributos (Tax) no escritório de Ribeirão Preto da PWC Brasil com ânfese na revisão de apuração e procedimentos de tributos e contribuições federais.

2. Advogado. Administrador de empresas. Bacharel em Ciências Contábeis. Especialista em gestão tributária pela Fundação para Pesquisa e Desenvolvimento da Administração, Contabilidade e Economia - Fundace (MBA). Especialista em Planejamento Tributário pela Universidade de Araraquara (UNIARA). Especialista em Processo Civil pela Faculdade IBMEC São Paulo. Milita, há 20 anos, na área tributária. Coordenador Tributário no Grupo Fischer e Professor de Direito.

3. CENTRO DE ESTUDOS AVANÇADOS EM ECONOMIA APLICADA. *PIB do agronegócio brasileiro.* Disponível em: https://www.cepea.esalq.usp.br/br/pib-do-agronegocio-brasileiro.aspx. Acesso em: 15 nov. 2023.

agribusiness, abarca todos os segmentos da cadeia produtiva agrícola e pecuária.

Dada a relevância do agronegócio para o país, e para garantir o desenvolvimento do setor diante um sistema tributário complexo com uma carga tributária elevada, os benefícios fiscais surgiram como alternativas.

O presente artigo voltará o estudo para as agroindústrias, que desenvolvem atividades mistas, ou seja, atividades industriais e atividades rurais na mesma entidade, ensejando a segregação dos resultados de cada atividade para uma apuração do Imposto sobre a Renda das Pessoas Jurídicas (IRPJ) e da Contribuição Social sobre o Lucro Líquido (CSLL).

Serão abordadas as questões contábeis e fiscais atreladas à segregação das apurações, inclusive os critérios utilizados pelas empresas, analisados sob a óptica das autoridades fiscais do país, uma vez que a segregação de resultados proporciona ao contribuinte fazer jus a determinados benefícios fiscais concedidos para uma ou outra atividade, gerando, por consequência, redução da carga tributária.

Para adequada segregação das apurações, conta-se com a tecnologia da informação para uma contabilidade fidedigna, logo, engajar dos profissionais envolvidos no processo, considerando os setores contábil, fiscal e da tecnologia da informação, garantirá o *compliance* ideal.

Na sequência, será demonstrada a importância da segregação das apurações para usufruir dos benefícios fiscais concedidos às atividades rurais, tais como a depreciação acelerada incentivada, que permite a depreciação integral no ano de aquisição, e consequente, exclusão no Livro de Apuração do Lucro Real (Lalur) e no Livro de Apuração da Contribuição Social (Lacs) dos investimentos em ativos permanentes imobilizados aplicados na atividade rural, proporcionando uma redução na base de cálculo do Imposto sobre a Renda das Pessoas Jurídicas (IRPJ) e da Contribuição Social sobre o Lucro Líquido (CSLL), com a respectiva reversão dos valores na medida da depreciação contábil dos ativos.

Outro importante benefício fiscal é a compensação integral do prejuízo fiscal e da base de cálculo negativa na atividade rural, não se aplicando o limite de 30%, como ocorre nas atividades industriais, o que proporciona a compensação total na base de cálculo tributável desta atividade com eventuais saldos de prejuízos fiscais e base de cálculo negativa apurados em períodos anteriores, e que constam na parte B do Livro de Apuração do Lucro Real e do Livro de Apuração da Contribuição Social.

Por fim, será abordada a forma que as autoridades fiscais realizam a leitura das segregações das apurações e como são aplicados os benefícios fiscais através da obrigação acessória Escrituração Contábil Fiscal (ECF), seus aspectos práticos, bem como a importância dos controles de saldos de prejuízos fiscais e base de cálculo negativa na Parte B do Lalur e Lacs para futuras compensações.

2. Apuração fiscal nas atividades rurais e industriais

Para uma gestão eficiente, qual seja, aquela que cumpre o objetivo social da entidade e atende à legislação, é importante que todas as informações financeiras sejam submetidas aos registros contábeis, tais como receitas, despesas, investimentos, empréstimos e qualquer outra transação financeira realizada. Estes registros são de suma importância para a emissão das demonstrações financeiras, como o balanço patrimonial, a demonstração do resultado do exercício, a demonstração da mutação do patrimônio líquido e a demonstração dos fluxos de caixa.

Importante ressaltar que os registros contábeis geram informações para as obrigações fiscais, transmitidas à

Receita Federal do Brasil (RFB) por meio do Sistema Público de Escrituração Digital (SPED), como o recolhimento de tributos e entrega de obrigações acessórias ao Fisco para manter a regularidade fiscal da entidade.

A Receita Federal do Brasil dispõe, por meio da Instrução Normativa nº 1.700/ 2017, em seu art. 254, que a entidade que explorar outras atividades concomitantes à atividade rural, tal como ocorre com as agroindústrias, deverá segregar, contabilmente, as receitas, custos e despesas referentes a cada atividade desenvolvida, bem como demonstrar no livro de apuração do lucro real (Lalur) separadamente, o lucro ou prejuízo dessas atividades.

Para despesas e custos comuns às atividades, é necessária a realização de rateio para a adequada apuração do resultado por atividade, que será base para a determinação do Imposto sobre a Renda das Pessoas Jurídicas (IRPJ) e da Contribuição Social sobre o Lucro Líquido (CSLL).

Conforme comentado, no caso da empresa que desenvolve atividade rural, existem algumas particularidades, por exemplo, a dispensa ao cumprimento do limite de 30% para a compensação de prejuízos fiscais e bases de cálculos negativas. Ademais, esta atividade também permite à empresa que a desenvolve beneficiar-se da depreciação incentivada.

Por estas peculiaridades é indispensável a adequada compreensão das operações desenvolvidas por cada uma das atividades exercidas pela empresa. Nesse sentido tem-se que, conforme previsto pelo art. 2º e incisos, da Lei nº 8.023 de 1990,[4] considera-se atividade rural:

> I - a agricultura;
>
> II - a pecuária;

4. BRASIL. *Lei nº 8.023 de 12 de abril de 1990*. Diário Oficial da República Federativa do Brasil, Poder Executivo, Brasília, DF, 13 abr 1990. Disponível em: https://www.planalto.gov.br/ccivil_03/leis/L8023.htm. Acesso em: 16 nov. 2023.

> III - a extração e a exploração vegetal e animal;
>
> IV - a exploração da apicultura, avicultura, cunicultura, suinocultura, sericicultura, piscicultura e outras culturas animais;
>
> V - a transformação de produtos decorrentes da atividade rural, sem que sejam alteradas a composição e as características do produto in natura, feita pelo próprio agricultor ou criador, com equipamentos e utensílios usualmente empregados nas atividades rurais, utilizando exclusivamente matéria-prima produzida na área rural explorada, tais como a pasteurização e o acondicionamento do leite, assim como o mel e o suco de laranja, acondicionados em embalagem de apresentação.

Já todo o processo de transformação do produto *in natura*, que altera suas características, utilizando-se, de maquinário e equipamentos modernos e tecnológicos, tipicamente industriais, exclui-se do contexto de atividade rural e sua apuração é alocada como atividade geral.

Cabe ao profissional da contabilidade estruturar as demonstrações financeiras, segregando os resultados contábeis, para a correta apuração de tributos, conforme previsão da RFB no arti. 254 da Instrução Normativa nº 1.700/2017.

Tratar cada tipo de atividade da empresa como uma área de negócio é uma boa opção, assim, a empresa visualizará todas as movimentações por atividade.

A contabilidade contemporânea no Brasil vem trabalhando em conjunto com o lado estratégico dos negócios, uma vez que a modernidade proporcionou eficiência e boa performance em seus processos. Segundo Franco et al.:

> A contabilidade é uma das áreas mais afetadas com o surgimento da tecnologia e vem acompanhando os avanços tecnológicos, de modo que atualmente, existem ferramentas capazes de facilitar a profissão, trazendo agilidade, fiscalização e transparência para os órgãos públicos.[5]

---

5. FRANCO, Geovane et al. Contabilidade 4.0: análise dos avanços dos sistemas de tecnologia da informação no ambiente contábil. *Cafi – Contabili-*

O investimento em tecnologia da informação nas organizações é indispensável para uma adequada apuração de resultados e tributos. Na opinião de Oliveira e Malinowski:

> O domínio da Tecnologia da Informação é vital para que as empresas conquistem e mantenham posição no mercado mundial de agora e no futuro. Daí a necessidade de os contadores ampliarem os conceitos relacionados com as Tecnologias de Informação (TI) voltados para Gestão Empresarial.[6]

Contar com uma boa ferramenta de tecnologia da informação é de suma importância para garantir o *compliance* do contribuinte junto à legislação em vigência, tanto quanto à correta apuração do IRPJ e da CSLL como da entrega da Escrituração Contábil Fiscal (ECF).

Para tanto, o sistema informatizado deverá ser parametrizado para exigir o preenchimento do campo referente à área de negócio no momento do lançamento contábil, seja para contas de ativo, passivo ou resultado. A classificação das contas de resultado entre despesas, custos e investimentos é feita por meio de coletores de custo, que podem ser: centro de custo (segregação entre despesas administrativas, comerciais e custos de produção); objeto de resultado (despesas comerciais); e ordem (custos de produção ou investimentos).

Importante ressaltar que a definição das áreas de negócios nos sistemas informatizados somada a uma boa política de tratamento dos dados para os usuários garante um resultado fidedigno.

---

dade, Atuária, Finanças & Informação, v. 4, n. 1, p. 55-73, 2020, p. 58.

6. OLIVEIRA, Diego Bianchi de; MALINOWSKI, Carlos Eduardo. A Importância da Tecnologia da Informação na Contabilidade Gerencial. *Revista de Administração*, v. 14, n. 25, p. 3-22, 2017, p. 9-10.

Assim, todos os registros no resultado serão segregados por atividade, geral ou rural, para a determinação do IRPJ e da CSLL.

Desta forma, será possível a emissão dos demonstrativos contábeis segregados por área de negócio para que seja possível a apuração do IRPJ e da CSLL. Importante ressaltar que para o fisco, o recolhimento ocorre em um único documento de arrecadação, ainda que apurado e demonstrado na escrituração fiscal contábil separadamente.

A segregação das apurações vai além do recolhimento do tributo, também, são bases para a entrega da Escrituração Contábil Fiscal – ECF, de forma a proporcionar ao Fisco a possibilidade de análise e eventual fiscalização das apurações do contribuinte.

Nesse sentido, dispõe a RFB por meio do já comentado art. 254 da Instrução Normativa nº 1.700 de 14 de março de 2017:

> Art. 254 A pessoa jurídica rural que explorar outras atividades deverá segregar, contabilmente, as receitas, os custos e as despesas referentes à atividade rural das demais atividades e demonstrar, no Lalur de que trata o caput do art. 310, separadamente, o lucro ou prejuízo contábil, o lucro real ou prejuízo fiscal e o resultado ajustado positivo ou negativo dessas atividades".[7]

A segregação das apurações de IRPJ/CSLL das agroindústrias que apuram resultado da atividade geral e rural é elemento importante na fruição de benefícios aplicáveis exclusivamente a alguma das atividades. A atividade rural, definida nos termos do art. 2º da Lei nº 8.023 de 1990, possui mais benefícios fiscais quando em comparação à atividade geral, como a industrialização e a revenda.

---

7. RECEITA FEDERAL DO BRASIL. *Instrução Normativa da Secretaria da Receita Federal nº 1.700, de 14 de março de 2017*. Disponível em: http://normas.receita.fazenda.gov.br/sijut2consulta/link.action?idAto=81268. Acesso em: 11 nov. 2023.

Conforme orientação da Receita Federal do Brasil (RFB), por meio das Perguntas e Respostas da Pessoa Jurídica (pergunta 013 do capítulo XII - Atividade Rural), o contribuinte que explora atividade rural e deseja usufruir dos benefícios fiscais deve apurar o lucro e o resultado ajustado em conformidade com as leis comerciais e fiscais, segregando contabilmente as receitas, os custos e as despesas referentes à atividade rural das demais atividades, tendo em vista que somente por meio da tributação pelo lucro real se poderá proceder à adequada determinação dos resultados da atividade rural, visando à utilização dos incentivos. Adicionalmente, deverá ratear, de forma proporcional à percentagem que a receita líquida de cada atividade representar em relação à receita líquida total: os custos e as despesas comuns a todas as atividades; os custos e despesas não dedutíveis comuns a todas as atividades; os demais valores comuns a todas as atividades que devam ser computados no lucro real e no resultado ajustado (base de cálculo da CSLL).[8]

Diante do exposto resta claro o posicionamento da RFB de que para usufruir dos benefícios aplicáveis à atividade rural necessariamente é de suma importância a apuração de resultado segregado desta atividade, visando a mitigar eventual óbice à utilização dos benefícios em questão.

3. Depreciação acelerada incentivada rural

Em 24 de agosto de 2001, entrou em vigor a Medida Provisória nº 2.159-70/2001, a qual, em seu art. 6º, previu a possibilidade de depreciar integralmente os bens do ativo

8. RECEITA FEDERAL DO BRASIL. *Perguntas e Respostas Pessoa Jurídica 2023*. Disponível em: https://www.gov.br/receitafederal/pt-br/assuntos/orientacao-tributaria/declaracoes-e-demonstrativos/ecf/perguntas-e-respostas-pj-2023.pdf. Acesso em: 11 nov. 2023.

imobilizado adquiridos por pessoa jurídica que explore atividade rural, para uso nessa atividade, no próprio ano da aquisição:

> Art. 6º Os bens do ativo permanente imobilizado, exceto a terra nua, adquiridos por pessoa jurídica que explore a atividade rural, para uso nessa atividade, poderão ser depreciados integralmente no próprio ano da aquisição.[9]

Na exposição de motivos da referida Medida Provisória, fica clara a intenção do legislador de incentivar e conceder justo benefício à atividade rural.

Nesse sentido, conforme disposto na norma, a possibilidade de depreciar integralmente os ativos permanentes imobilizados no ano da aquisição está condicionada ao desenvolvimento da atividade rural pela pessoa jurídica, bem como ao emprego dos bens incentivados nesta atividade. Isto destacado, verifica-se a necessidade de segregação da apuração dos resultados entre agrícolas e industriais, no caso de uma agroindústria, com o objetivo de garantir a aplicação dos benefícios exclusivamente aos bens utilizados na atividade rural.

Importante frisar que, para fruição do benefício, a empresa precisa comprovar que os bens incentivados foram empregados na atividade rural. Esse é o entendimento aplicado pelo Conselho Administrativo de Recursos Fiscal (CARF) reiteradamente em suas decisões, conforme disposto abaixo:

> No entanto, em sede de impugnação, o contribuinte demonstrou que o valor excluído corresponde às aquisições de imobilizado do ano calendário de 2012 para atividade rural, demonstrando a composição do valor conforme tabela às fls. 819/823, bem como pela

9. BRASIL. *Medida Provisória 2.159-70 de 34 de agosto de 2021*. Diário Oficial da República Federativa do Brasil, Poder Executivo, Brasília, DF, 27 out 2001. Disponível em: https://www.planalto.gov.br/ccivil_03/MPV/2159-70.htm. Acesso em: 15 nov. 2023.

> documentação anexa à petição. (...) Entendo que a decisão da DRJ deve ser mantida nesse ponto, *conquanto foi realizado um controle dos valores das aquisições do imobilizado relativo a produção rural no ano calendário de 2012, sendo possível a verificação minuciosa dos valores, de maneira individualizada.*[10] (grifos nossos)

> DEDUÇÃO. DEPRECIAÇÃO ACELERADA. BENS APLICADOS NA ATIVIDADE RURAL. Os bens comprovadamente adquiridos para serem utilizados na atividade rural podem ser submetidos à depreciação acelerada para fins tributários, dando ensejo à correspondente dedução na base de cálculo do IRPJ. (...) A fiscalização também glosou a dedução de depreciação acelerada realizada pelo contribuinte, por *considerar que não havia provas de que os bens assim depreciados foram adquiridos e eram aplicados à atividade rural do interessado.* (...) No recurso voluntário, o *contribuinte apresentou documentos de comprovação dessas aquisições e sua natureza* (...)[11] (grifos nossos)

Os elementos para comprovação da utilização dos bens na atividade rural, entretanto, não são definidos, seja pelo Tribunal Administrativo, ou pela Receita Federal do Brasil, de forma clara e objetiva, ficando a cargo dos contribuintes avaliar os elementos dispostos nas manifestações quando da adesão ao benefício, com vistas a mitigar riscos em eventuais questionamentos.

Importante mencionar que o posicionamento da RFB é no sentido de que, para utilização do benefício a agroindústria deve, necessariamente, além de explorar a atividade rural, apurar resultado nessa atividade. Ou seja, a empresa que utiliza da produção rural exclusivamente como insumo para a industrialização de determinado produto, não teria

10. BRASIL. CARF. *Acórdão nº 1301-002.553*. Ipanema Agrícola S.A. e Fazenda Nacional. Relator: Marcos Paulo Leme Brisola Caseiro, 04 out. 2017. Disponível em: https://carf.fazenda.gov.br/sincon/public/pages/ConsultarJurisprudencia/consultarJurisprudenciaCarf.jsf. Acesso em: 16 nov. 2023.

11. BRASIL. CARF. *Acórdão nº 1201-002.971*. Agromon S/A Agricultura e Pecuária e Fazenda Nacional. Relator: Neudson Cavalcante Albuquerque, 05 jul. 2019. Disponível em: https://carf.fazenda.gov.br/sincon/public/pages/ConsultarJurisprudencia/consultarJurisprudenciaCarf.jsf. Acesso em: 16 nov. 2023.

direito ao benefício para os bens agrícolas. Tal entendimento é exposto na Solução de Consulta Disit/SRRF08 nº 140/2013:

> Assunto: Imposto sobre a Renda de Pessoa Jurídica – IRPJ. AGROINDÚSTRIA. DEPRECIAÇÃO ACELERADA. ATIVIDADE RURAL. Em se tratando de pessoa jurídica do ramo agroindustrial, detentora de toda a cadeia produtiva até o produto final industrializado e que aufira receita decorrente exclusivamente da venda do referido produto, a mesma não explora atividade rural, não fazendo jus ao benefício da depreciação acelerada incentivada, ainda que quaisquer das etapas anteriores à industrialização refiram-se a atividade rural.[12]

O respectivo entendimento, entretanto, vem sendo refutado pelas Câmaras do Conselho Administrativo de Recursos Fiscais, inclusive pela Câmara Superior de Recursos Fiscais, que se posiciona favorável aos contribuintes, independente da destinação dada ao produto da atividade rural, mesmo que este se destine à utilização como insumo para a atividade industrial, o que se extrai pelas ementas a seguir relacionadas:

> BENEFÍCIO FISCAL. DEPRECIAÇÃO ACELERADA. Os bens do ativo permanente utilizados na agricultura fazem *jus ao benefício da depreciação acelerada* incentivada prevista no artigo 314 do RIR/99[13] (artigo 6º, da MP 2.159-70/2001). *Isso independe do fato de o produto agrícola ser empregado como insumo na atividade industrial pelo mesmo contribuinte.*[14] (grifos nossos)

12. RECEITA FEDERAL DO BRASIL. *Solução de Consulta Disit/SRRF08 nº 140 de 25 de junho de 2013*. Disponível em: http://normas.receita.fazenda.gov.br/sijut2consulta/link.action?idAto=45182. Acesso em: 15 nov. 2023.

13. BRASIL. *Decreto nº 9.580, de 22 de novembro de 2018*. Diário Oficial da República Federativa do Brasil, Poder Executivo, Brasília, DF, 23 nov. 2018. Disponível em: https://www.planalto.gov.br/ccivil_03/_ato2015-2018/2018/decreto/d9580.htm. Acesso em: 16 nov. 2023.

14. BRASIL. CARF. *Acórdão nº 9101-004.307*. Pioneiros Bioenergia S/A e Fazenda Nacional. Relatora: Livia de Carli Germano, 11 set. 2019. Disponível em: https://carf.fazenda.gov.br/sincon/public/pages/ConsultarJurisprudencia/listaJurisprudenciaCarf.jsf. Acesso em: 16 nov. 2023.

> DEPRECIAÇÃO ACELERADA. AGROINDÚSTRIA LIMITAÇÃO. PROPORCIONALIZAÇÃO À RECEITA DA ATIVIDADE RURAL. (RESP CONTRIBUINTE). Os custos ativáveis comprovadamente incorridos na aquisição de bens empregados na atividade rural podem ser integralmente deduzidos como despesa daquela atividade no mesmo ano em que foram adquiridos, *independentemente da destinação dada ao produto da atividade ou da existência de receita decorrente de atividade de industrialização na pessoa jurídica.*[15] (grifos nossos)

Nesse sentido, dado o posicionamento administrativo, há argumentos para adesão ao benefício inclusive quanto ao contribuinte agroindustrial, que explora atividade rural porém não apura resultado nessa atividade. A segregação das apurações de IRPJ/CSLL, por sua vez, quando da apuração de ambos os resultados, corrobora com a adequada fruição do benefício, uma vez melhor garantir a segregação dos bens adquiridos com finalidade de uso na atividade rural.

4. Compensação integral dos prejuízos fiscais e bases negativas acumulados

O contribuinte que apurar lucro real e base positiva de CSLL poderá utilizar de seu prejuízo fiscal/base negativa acumulados em Parte B do Lalur/Lacs, referentes a períodos de apuração anteriores, para compensação, nos termos dispostos pelos arts. 15 e 16, e parágrafos da Lei nº 9.065/95. Nesse sentido, conforme orientação da RFB, por meio do Perguntas e Respostas da Pessoa Jurídica, o controle do valor dos prejuízos compensáveis, na forma da legislação vigente, deve ser feito de forma individualizada por espécie, na Parte B do Lalur/Lacs, por período de apuração (anual ou trimestral).

---

15. BRASIL. CARF. *Acórdão nº 9101-003.982*. São Martinho S/A e Fazenda Nacional. Relator: Luis Fabiano Alves Penteado, 20 mar. 2019. Disponível em: https://carf.fazenda.gov.br/sincon/public/pages/ConsultarJurisprudencia/listaJurisprudenciaCarf.jsf. Acesso em: 16 nov. 2023.

A respectiva compensação é uma faculdade, ou seja, pode ser utilizada ou não pela pessoa jurídica a seu livre critério (pergunta 007 do capítulo X – Compensação de prejuízos).[16]

A legislação tributária, contudo, prevê a trava (limitação de utilização) de 30% (trinta por cento) do lucro líquido do período, aplicável apenas à atividade geral. O texto legal prevê, inclusive, a necessidade de manutenção dos documentos e demais suportes para comprovação do valor compensado:

> Art. 15. O prejuízo fiscal apurado a partir do encerramento do ano-calendário de 1995, poderá ser compensado, cumulativamente com os prejuízos fiscais apurados até 31 de dezembro de 1994, com o lucro líquido ajustado pelas adições e exclusões previstas na legislação do imposto de renda, observado o limite máximo, para a compensação, de trinta por cento do referido lucro líquido ajustado.
>
> Parágrafo único. O disposto neste artigo somente se aplica às pessoas jurídicas que mantiverem os livros e documentos, exigidos pela legislação fiscal, comprobatórios do montante do prejuízo fiscal utilizado para a compensação.[17]

Em relação à atividade rural, entretanto, não se aplica a limitação de 30% (trinta por cento) para compensação, conforme disposto no Regulamento do Imposto de Renda (Decreto nº 9.580 de 22 de novembro de 2018):

> Art. 583. O prejuízo apurado pela pessoa jurídica na exploração de atividade rural poderá ser compensado com o resultado positivo obtido na mesma atividade em períodos de apuração

---

16. RECEITA FEDERAL DO BRASIL. *Perguntas e Respostas Pessoa Jurídica 2023.* Disponível em: https://www.gov.br/receitafederal/pt-br/assuntos/orientacao-tributaria/declaracoes-e-demonstrativos/ecf/perguntas-e-respostas-pj-2023.pdf. Acesso em: 11 nov. 2023.

17. BRASIL. *Lei nº 9.065 de 20 de junho de 1995.* Diário Oficial da República Federativa do Brasil, Poder Executivo, Brasília, DF, 21 jun 1995. Disponível em: https://www.planalto.gov.br/ccivil_03/LEIS/L9065.htm. Acesso em: 16 nov. 2023.

> posteriores, desconsiderado o limite previsto no *caput* do art. 580 (Lei nº 8.023, de 1990, art. 14).

Importante ressaltar que, no caso do contribuinte agroindústria, que apura resultado de ambas as atividades, é possível a compensação integral do prejuízo fiscal e base negativa de CSLL apurados na atividade rural com o lucro nas demais atividades, excepcionalmente, no próprio período de apuração. Em relação aos períodos subsequentes, a compensação com outras atividades fica limitada a 30%.

Nesse sentido, dada a limitação prevista para os períodos subsequentes ao de apuração do prejuízo e base negativa de CSLL, para registro e controle dos valores na Parte B do Lalur/Lacs, é interessante que sejam criadas contas de acordo com a espécie (atividade geral/rural) e período de apuração, de modo que seja possível relacionar o ajuste adequadamente com as contas em Parte B e evitar a compensação de prejuízo em montante superior ao permitido pela legislação, no caso da atividade geral.

Isto posto, tanto em relação à compensação integral dos prejuízos fiscais e bases negativas acumulados quanto à depreciação acelerada incentivada rural, faz-se necessária a atenção dos contribuintes quanto à escrituração das operações em ECF, de modo que os ajustes sejam realizados adequadamente visando a mitigar riscos e/ou eventuais questionamentos por parte das autoridades fiscais.

Vale ressaltar que a apuração da atividade rural deve ser informada pelo contribuinte no início da Escrituração Contábil Fiscal (ECF), por meio da opção "Sim" no campo 10 (Atividade Rural: A pessoa jurídica deve assinalar este campo, caso explore atividade rural) do Registro 0020: Parâmetros Complementares. Ao assinalar esse campo, o SPED faz a abertura de campos específicos para atividade rural, seja na apuração dos tributos (IRPJ e CSLL) no

Bloco M, bem como de informações suportes a apuração, como o custo da atividade rural (Registro L210).

A relevância do agronegócio na economia brasileira o torna muito competitivo frente ao mercado, logo, o empresário necessita ter uma gestão eficiente, com uma adequada estruturação do seu negócio, ou seja, compreendendo suas atividades desenvolvidas para orientar o profissional de contabilidade na busca de benefícios fiscais disponíveis na legislação brasileira, o que proporcionará eficiência tributária, permitirá a expansão do negócio e investimentos, e até mesmo uma melhor remuneração para os investidores.

5. Considerações finais

Os aspectos apresentados demonstraram que a segregação contábil dos resultados de cada atividade é o ponto de partida para apurar o lucro e o resultado ajustado em conformidade com a legislação fiscal para fins de oferecimento à tributação do resultado ao IRPJ e à CSLL, de forma otimizada, garantindo a utilização dos benefícios fiscais aplicáveis. A falta de segregação dos resultados contábeis pode representar prejudicar a utilização destes benefícios, considerando-se a especificidade de sua aplicação a determinadas atividades.

No que tange à depreciação acelerada incentivada rural, apesar do posicionamento diverso por parte da RFB, as Câmaras do Conselho Administrativo de Recursos Fiscais têm se posicionado no sentido de permitir a fruição do benefício apenas à parcela de bens aquiridos para uso na atividade rural, o que reforça a importância da segregação das apurações do IRPJ e da CSLL, minimizando o risco de eventuais questionamentos fiscais.

Outro importante benefício fiscal aplicável à atividade rural é a compensação integral dos prejuízos fiscais e base de cálculo negativa acumulados, que permite ao contribuinte que apura lucro na atividade rural em determinado período, sua compensação integral com saldos acumulados, desde que devidamente registrados e controlados na Parte B do Livro de Apuração do Lucro Real (Lalur) e no Livro de Apuração da Contribuição Social (Lacs), partes integrantes da Escrituração Contábil Fiscal (ECF).

Desta forma, resta claro que para uma gestão tributária eficiente, e garantia de competitividade no mercado, as empresas devem contar com tecnologia da informação, bons profissionais, consultorias, o que garantirá o *compliance* contábil e tributário, para usufruir adequadamente dos benefícios fiscais disponíveis na legislação brasileira.

Referências

BRASIL. Conselho Administrativo de Recursos Fiscais (CARF). *Acórdão nº 1201-002.971*. Agromon S/A Agricultura e Pecuária e Fazenda Nacional. Relator: Neudson Cavalcante Albuquerque, 05 jul. 2019. Disponível em: https://carf.fazenda.gov.br/sincon/public/pages/ConsultarJurisprudencia/consultarJurisprudenciaCarf.jsf. Acesso em: 16 nov. 2023.

______. Conselho Administrativo de Recursos Fiscais (CARF). *Acórdão nº 1301-002.553*. Ipanema Agrícola S.A. e Fazenda Nacional. Relator: Marcos Paulo Leme Brisola Caseiro, 04 out. =2017. Disponível em: https://carf.fazenda.gov.br/sincon/public/pages/ConsultarJurisprudencia/consultarJurisprudenciaCarf.jsf. Acesso em: 16 nov. 2023.

______. Conselho Administrativo de Recursos Fiscais (CARF). *Acórdão nº 9101-003.982*. São Martinho S/A e Fazenda Nacional. Relator: Luis Fabiano Alves Penteado, 20 mar. 2019. Disponível em: https://carf.fazenda.gov.br/

sincon/public/pages/ConsultarJurisprudencia/listaJurisprudenciaCarf.jsf. Acesso em: 16 nov. 2023.

______. Conselho Administrativo de Recursos Fiscais (CARF). *Acórdão nº 9101-004.307*. Pioneiros Bioenergia S/A e Fazenda Nacional. Relatora: Livia de Carli Germano, 11 set. 2019. Disponível em: https://carf.fazenda.gov.br/sincon/public/pages/ConsultarJurisprudencia/listaJurisprudenciaCarf.jsf. Acesso em: 16 nov. 2023.

______. *Decreto nº 9.580, de 22 de novembro de 2018*. Diário Oficial da República Federativa do Brasil, Poder Executivo, Brasília, DF, 23 nov. 2018. Disponível em: https://www.planalto.gov.br/ccivil_03/_ato2015-2018/2018/decreto/d9580.htm. Acesso em: 16 nov. 2023.

______. *Lei nº 8.023, de 12 de abril de 1990*. Diário Oficial da República Federativa do Brasil, Poder Executivo, Brasília, DF, 13 abr. 1990. Disponível em: https://www.planalto.gov.br/ccivil_03/leis/L8023.htm. Acesso em: 16 nov. 2023.

______. *Lei nº 9.065, de 20 de junho de 1995*. Diário Oficial da República Federativa do Brasil, Poder Executivo, Brasília, DF, 21 jun 1995. Disponível em: https://www.planalto.gov.br/ccivil_03/LEIS/L9065.htm. Acesso em :16 nov. 2023.

______. *Medida Provisória 2.159-70, de 34 de agosto de 2021*. Diário Oficial da República Federativa do Brasil, Poder Executivo, Brasília, DF, 27 out 2001. Disponível em: https://www.planalto.gov.br/ccivil_03/MPV/2159-70.htm. Acesso em: 15 nov. 2023.

CENTRO DE ESTUDOS AVANÇADOS EM ECONOMIA APLICADA. *PIB do agronegócio brasileiro*. Disponível em: https://www.cepea.esalq.usp.br/br/pib-do-agronegocio-brasileiro.aspx. Acesso em 15 de novembro de 2023.

FRANCO, Geovane et al. Contabilidade 4.0: análise dos avanços dos sistemas de tecnologia da informação no ambiente contábil. *Cafi – Contabilidade, Atuária, Finanças & Informação*, v. 4, n. 1, p. 55-73, 2020.

OLIVEIRA, Diego Bianchi de; MALINOWSKI, Carlos Eduardo. A Importância da Tecnologia da Informação na Contabilidade Gerencial. *Revista de Administração*, v. 14, n. 25, p. 3-22, 2017.

RECEITA FEDERAL DO BRASIL. *Instrução Normativa da Secretaria da Receita Federal nº 1.700, de 14 de março de 2017*. Diário Oficial da União. Disponível em: http://normas.receita.fazenda.gov.br/sijut2consulta/link.action?idAto=81268. Acesso em 11 de novembro de 2023.

______. *Solução de Consulta Disit/SRRF08 nº 140 de 25 de junho de 2013*. Disponível em: http://normas.receita.fazenda.gov.br/sijut2consulta/link.action?idAto=45182. Acesso em 15 nov. 2023.

______. *Perguntas e Respostas Pessoa Jurídica 2023*. Disponível em: https://www.gov.br/receitafederal/pt-br/assuntos/orientacao-tributaria/declaracoes-e-demonstrativos/ecf/perguntas-e-respostas-pj-2023.pdf. Acesso em 11 nov. 2023.

DEBATES QUANTO À NATUREZA JURÍDICA DA CONTRIBUIÇÃO AO SENAR E A IMUNIDADE PREVISTA NO ART. 149, § 2º, INCISO I, DA CONSTITUIÇÃO FEDERAL: DESONERANDO AS EXPORTAÇÕES À LUZ DO PRINCÍPIO DO DESTINO

Pedro Júlio Sales D'Araújo[1]

1. Introdução

O presente estudo se volta para a análise sobre a incidência, ou não, da contribuição social destinada ao Serviço Nacional de Aprendizagem Rural (SENAR), sobre a receita decorrente da exportação, considerada a regra imunizante prevista no art. 149, § 2º, inciso I, da Constituição Federal.

A controvérsia de início diz respeito à natureza jurídica de aludida contribuição, se seria esta contribuição social geral, a partir da interpretação conferida pelo Supremo

1. Doutor em Direito Econômico, Financeiro e Tributário pela Faculdade de Direito da Universidade de São Paulo (USP), mestre e bacharel pela Faculdade de Direito da Universidade de Brasília (UnB), especialista em Direito Tributário pela FGV-SP, ex-assessor de ministros do Supremo Tribunal Federal, pesquisador visitante bolsista na Westfälische Wilhelms-Universität Münster (Alemanha) e advogado.

Tribunal Federal às contribuições destinadas ao Sistema "S", ou se amoldaria na disciplina das contribuições de interesse de categoria econômica.

Para solucionar a questão, o estudo se desenvolverá em três eixos. O primeiro apresentará a regra-matriz de incidência da Contribuição ao SENAR, sua caracterização enquanto contribuição social disciplinada no art. 149 da Constituição e a consequente subsunção à regra imunizante preconizada no art. 149, § 2º, I, naquilo que prescreve que "*as contribuições sociais e de intervenção no domínio econômico de que trata o caput deste artigo não incidirão sobre as receitas decorrentes de exportação*".

No tópico subsequente, será abordado o princípio da tributação no país de destino enquanto decorrência dos princípios da livre-iniciativa e neutralidade tributária, bem como do objetivo fundamental de desenvolvimento nacional. Será abordado em que medida a desoneração das exportações alinha-se com as orientações de diversos organismos multinacionais, dentro os quais encontra-se a própria OCDE, organização da qual o Brasil busca fazer parte.

Por fim, avançaremos no alcance que tem sido conferido pelo Supremo Tribunal Federal quando da concretização deste princípio. Será demonstrado não apenas a positivação deste por meio de diversas regras de imunidade às exportações, como ainda a abrangência de uma hermenêutica constitucional ampla conferida pela Corte à desoneração das operações voltadas ao comércio exterior. Sob tal perspectiva, será defendido que a caracterização da contribuição para o SENAR enquanto contribuição social ampla também é medida que prestigia este desiderato, reforçando a necessidade de se evitar a exportação de tributos, à luz do princípio da tributação no país de destino.

O tema é de todo relevante tendo em vista as recentes discussões travadas no âmbito do Supremo Tribunal

Federal quanto à natureza de aludida contribuição, especialmente considerados os julgamentos dos RREE 816.830 e 700.922, no âmbito do Plenário, bem como dos RREE 1.369.122 e 1.363.055, no âmbito da Primeira Turma. Busca-se, com o presente artigo, conferir uma nova luz à discussão da controvérsia, especialmente sob o enfoque do princípio do destino, ainda pouco explorado pela Corte durante os julgamentos em questão.

2. Breves considerações a respeito das contribuições e seu desenho constitucional

A questão quanto ao desenho constitucional das contribuições ao sistema S não é nova, e sua análise e solução retornam ao próprio entendimento jurisprudencial do Supremo Tribunal Federal, no já clássico julgamento do Recurso Extraordinário nº 138.284, relatoria do Ministro Carlos Velloso.

Naquela oportunidade, a Corte expressamente indicou como se daria a distribuição das espécies tributárias delimitadas pelo texto constitucional, dispondo que as contribuições ao Sistema S, do qual o SENAR faz parte, seriam caracterizadas enquanto contribuições sociais gerais.

> O citado art. 149 institui três tipos de contribuições: a) contribuições sociais; b) de intervenção; c) corporativas. As primeiras, as contribuições sociais, desdobram-se, por sua vez, em a.1) contribuições de seguridade social; a.2) outras de seguridade social e a.3) contribuições sociais gerais.
>
> IV
>
> Examinemos mais detidamente essas contribuições.
>
> As contribuições sociais, falamos, desdobram-se em: a.1. contribuições de seguridade social: estão disciplinadas no art. 195, I, II e III da CF/1988. São as contribuições previdenciárias, as contribuições do Finsocial, as da Lei 7.689, o PIS e o PASEP (art. 239 da CF/1988). Não estão sujeitas à anterioridade (art. 149, 195, §

> 6º, da CF/1988; a.2. outras de seguridade social (art. 195, § 4º, da CF/1988). A sua instituição, todavia, está condicionada à observância da técnica da competência residual da União, a começar, para a sua instituição, pela exigência de lei complementar (art. 195, § 4º, e 154, I, da CF/1988); *a.3. contribuições sociais gerais (at. 149 da CF/1988): o FGTS, o salário-educação (art. 212, § 5º, da CF/1988), as contribuições do Senai, do Sesi, do Senac (art. 240 da CF/1988).* Sujeitam-se ao princípio da anterioridade.
>
> V
>
> As contribuições de intervenção no domínio econômico (art. 149 da CF/1988), como as contribuições do IAA, do IBC, estão sujeitas ao princípio da anterioridade. As corporativas (art. 149 da CF/1988), cobradas, por exemplo, pela OAB, pelos Conselhos de Fiscalização de profissões liberais e pelos sindicatos (contribuição sindical), estão sujeitas, também ao princípio da anterioridade.

Nos termos do que exposto no voto condutor, e que foi acompanhado por unanimidade entre os demais Ministros, as contribuições prescritas no art. 149 da Constituição seriam divididas em **(i)** contribuições sociais, estas divididas entre **(i.1)** contribuições sociais gerais, **(i.2)** contribuições da seguridade social e **(i.3)** outras contribuições de seguridade social; **(ii)** contribuições de intervenção de domínio econômico e **(iii)** contribuições corporativas.

A partir de tal divisão é que temos, para as contribuições previstas pelo texto constitucional, a qualificação finalística como pressuposto de validade da lei que venha a instituir a exação. Ou seja, como bem leciona Heleno Torres, são as finalidades constitucionalmente delimitadas que impõem um ônus ao legislador para "*apreciar se o Tributo que deseja criar enquadra-se num ou noutro motivo que a Constituição Federal determina como critério prévio de instituição*".[2]

É por tal razão que se afirma, como não poderia deixar de ser, que as contribuições são um tributo finalístico,

---

2. TORRES, Heleno. Pressupostos Constitucionais das Contribuições de Intervenção do Domínio Econômico. A CIDE – Tecnologia. In *Grandes Questões Atuais do Direito Tributário*. Vol 7. São Paulo: Dialética, 2003. p. 177.

classificado segundo a destinação a que se presta aquela cobrança e por ela, consequentemente, qualificado.

Com tal divisão em mente, e em linha com o entendimento do Supremo, Paulo Ayres Barreto traça importantes balizas para definir as três espécies de contribuições prescritas no art. 149, da CF/88. São elas: as sociais, de intervenção no domínio econômico e a de interesse das categorias profissionais ou econômicas. Dentre as primeiras, encontram-se aquelas voltadas à atuação da União no campo social, dentre as quais destinadas ao financiamento da seguridade social, balizadas pelo art. 195 e as respectivas materialidades ali lançadas e outras contribuições sociais, voltadas a custear ações públicas na área da educação, cultura e habitação,[3] tais como Salário- Educação (art. 212, § 5º) ou do Programa de Integração Social (art. 239) e até mesmo as contribuições dos serviços sociais autônomos (art. 240).

As contribuições de intervenção no domínio econômico, por sua vez, são caracterizadas a partir da atuação da União para regular situações relevantes prescritas na ordem econômica, como forma de garantir a concretização dos objetivos ali contemplados. Situações como desequilíbrios de mercado, que possam ser superados por meio da tributação, ou estímulos a certas atividades tidas por positivas, tendem a ser objeto de tais contribuições.

Finalmente, têm-se as contribuições de interesse de categorias profissionais ou econômicas enquanto voltadas à organização e manutenção de entidades profissionais ou econômicas. Nas palavras de José Eduardo Soares de Melo, "*as contribuições de interesse das categorias profissionais ou econômicas destinam-se a custear as pessoas jurídicas de direito público ou privado que têm por escopo fiscalizar e regular o exercício de determinadas atividades, bem como representar,*

3. BARRETO, Paulo Ayres. *Contribuições:* regime jurídico, destinação e controle. São Paulo: Noeses, 2006. p. 100.

coletiva ou individualmente, categorias profissionais, defendendo seus interesses. Enquadram-se nesta categoria as contribuições que os advogados e os estagiários pagam à Ordem dos Advogados do Brasil, as contribuições que os médicos pagam ao Conselho Regional de Medicina, etc."[4]

Dessa forma, para se delimitar o desenho constitucional e identificar a natureza jurídica da contribuição devida ao SENAR, deve ser analisada a destinação/finalidade para o qual é direcionado o produto da arrecadação. Ou seja, devemos indagar qual atividade que se busca custear com essa exação. Para tanto, cumpre se voltar à origem do SENAR e para que se presta tal entidade.

3. O SENAR

Integrante do "Sistema S", o SENAR é uma entidade de direito privado, paraestatal, mantida pela classe patronal rural, vinculada à Confederação da Agricultura e Pecuária do Brasil – CNA e administrada por um Conselho Deliberativo tripartite.

A criação do SENAR deita suas raízes nas contribuições destinadas ao INCRA devidas pelas agroindústrias, agropecuárias e cooperativas rurais, inicialmente prevista no art. 6º, *caput*, da Lei nº 2.613/55, e posteriormente modificada pelo art. 2º do Decreto-lei nº 1.146/70, que consolidou as contribuições previstas na antiga lei e substituiu, em âmbito rural, as contribuições sociais devidas ao SESC/SENAC e SESI/SENAI.

É com essa finalidade que, por meio do Decreto nº 77.354, de 31 de março de 1976, veio a ser criado o SENAR. Enquanto Serviço Nacional de Formação Profissional Rural era um serviço diretamente subordinado ao Ministério

4. MELO, José Eduardo Soares de. *Contribuições sociais no sistema tributário.* São Paulo: Ed. Malheiros. 2018. 7 ed. p. 174.

do Trabalho, financiado principalmente por recursos oriundos do Fundo Nacional do Desenvolvimento (FND).[5]

Das balizas então lançadas verifica-se, desde a sua origem, que as atividades da SENAR em tudo se equiparavam às desenvolvidas pelo SENAI e SENAC, apenas voltando-se a atenção para a realidade rural brasileira.[6]

A partir da Constituição de 1988, a criação do SENAR veio a ser positivada por meio do art. 62 do ADCT, naquilo que prescrevia a criação de serviço autônomo estendido à área rural que deveria ser paralelo aos congêneres urbanos.[7]

Com base em tal fundamento constitucional, o legislador ordinário editou a Lei nº 8.315/91, criando o novo SENAR, assim justificado a época:[8]

> Partindo, pois, do pressuposto de que o setor rural não pode continuar desassistido no tocante ao aperfeiçoamento desse fator de vital importância para o desenvolvimento, e de que o sucesso do SENAI e SENAC se deve, principalmente, ao fato de constituírem entidades privadas, com modelo de organização e estilo de atuação próprios do sistema empresarial, os constituintes resolveram inscrever no texto mandamental dispositivo tendente a propiciar a criação de um novo Senar, exatamente nos moldes dessas entidades urbanas que tantos elogios têm merecido de todos os setores produtivos nacionais.

---

5. BRASIL. Congresso. Câmara dos Deputados. Centro de Documentação e Informação. Quadro histórico artigo 62 do Ato das Disposições Constitucionais Transitórias ADCT da Constituição Federal de 1988. Disponível em: . Acesso em 20.07.2023

6. BATISTA, Joana; GASQUES Débora R. Imunidade da contribuição ao SENAR sobre as receitas de exportação. *In: Agronegócio, tributação e questões internacionais.* São Paulo: Quartier Latin. 2019, p. 324.

7. "Art. 62. A lei criará o Serviço Nacional de Aprendizagem Rural (SENAR) nos moldes da legislação relativa ao Serviço Nacional de Aprendizagem Industrial (SENAI) e ao Serviço Nacional de Aprendizagem do Comércio (SENAC), sem prejuízo das atribuições dos órgãos públicos que atuam na área."

8. Justificação do PL 1073, de 1988 <https://imagem.camara.gov.br/Imagem/d/pdf/DCD19OUT1988.pdf> acesso em: 20.07.2023

A partir de aludida previsão constitucional, portanto, a Lei nº 8.315, de 1971 criou, em seu art. 1º, o serviço social voltado aos interesses do meio rural, o SENAR, com o objetivo de organizar, administrar e executar, em todo o território nacional, o ensino da formação profissional rural e a promoção social do trabalhador rural, em centros instalados e mantidos pela instituição ou sob forma de cooperação, dirigida aos trabalhadores rurais.

Veja-se, portanto, que quer à luz da disciplina constitucional, quer sob o ângulo legal, a criação do SENAR tem por finalidade não apenas a formação e desenvolvimento dos trabalhadores e produtores rurais, mas também a respectiva integração na sociedade, melhoria da sua qualidade de vida e para o pleno exercício da cidadania.

Não por outro motivo, o próprio SENAR aponta um amplo rol de atividades voltadas à assistência de milhares de brasileiros do meio rural, contando, para além dos programas de Formação Profissional Rural (FPR), Promoção social (PS) e educação profissional técnica, ações de promoção social voltadas para a saúde, alimentação e nutrição, artesanato, organização comunitária, cultura, esporte e lazer, educação e apoio às comunidades rurais.[9]

A criação do SENAR seguiu os mesmos moldes do SENAI e do SENAC, nos termos do art. 62 do ADCT, de tal modo que referida instituição passou a incorporar o chamado "Sistema S", substituindo as atribuições do INCRA e recebendo, por consequência, as contribuições anteriormente destinadas ao órgão agrário.

Nesse sentido, a Lei nº 8.315, de 1991 dispôs originalmente em seu art. 3º, constituírem rendas do SENAR, além de doações, subvenções, legados e outras, contribuição mensal compulsória, a ser recolhida à Previdência Social,

9. Disponível em: https://www.cnabrasil.org.br/senar/institucional-senar

sobre o montante da remuneração paga a todos os empregados pelas pessoas jurídicas de direito privado, ou a elas equiparadas, que exerçam atividades agroindustriais, agropecuárias, extrativistas vegetais e animais, cooperativistas rurais e sindicais patronais rurais. Tal forma de financiamento veio a sofrer diversos ajustes com o decorrer dos anos, que culminaram com a incidência a partir da receita bruta decorrente da comercialização da produção, conforme preconizado pela Lei 10.256/2001.[10]

Tem-se, portanto a questão: à luz do que preconiza o art. 149, § 2º, I, da CF/88, saber se as receitas auferidas com a exportação da produção agrícola estariam imunes da contribuição ao SENAR.

4. Da natureza jurídica da contribuição ao SENAR

Traçado o panorama constitucional das contribuições, e analisadas as atividades desenvolvidas pelo SENAR, cumpre esclarecer, desde já, a própria natureza jurídica da contribuição em tela, a fim de que se identifique o alcance da regra imunizante.

Como acima analisado, a criação do SENAR vem constitucionalmente contemplada a partir da previsão do art. 62 do ADCT, que estabeleceu que sua instituição se daria nos moldes do SENAI e do SENAC. A Lei nº 8.315/91, por sua vez, tratou da questão e impõe, em tal linha, duas finalidades à entidade: (i) ensino e formação do profissional rural e (ii) promoção social do trabalhador rural.

---

10. A partir da Lei nº 10.256, de 2001, as contribuições devidas ao SENAR passaram a ser calculadas não mais sobre a folha de salários do empregador, mas sobre o resultado da comercialização da produção, nos seguintes percentuais: percentual de 0,2%, no caso de empregador pessoa física e de segurado especial (art. 2º da Lei nº 8.540/92) e de 0,25% no caso de pessoa jurídica e agroindústria (Lei nº 8.870/94, art. 25, § 1º, e Lei nº 10.256/2001, art. 22-A, § 5º).

Como acima aludido, as contribuições ao SENAR destinam-se à promoção e fomento do trabalho rural, exercendo a missão de qualificar este trabalhador, de modo a facilitar seu ingresso no mercado de trabalho, aprimorar sua atividade, garantir sua segurança, aumentar sua eficiência e produtividade.

O SENAR se volta a garantir ao jovem trabalhador uma educação de qualidade, com a universalização do conhecimento e profissionalização da atividade rural. Guarda, portanto, intrínseca relação com o que dispõe a Constituição Federal em seu art. 203, ao contemplar enquanto objetivo da Assistência Social.[11]

Conecta-se, também, com o que dispõe o art. 205 da CF/88, naquilo que dispõe que "*a educação, direito de todos e dever do Estado e da família, será promovida e incentivada com a colaboração da sociedade, visando ao pleno desenvolvimento da pessoa, seu preparo para o exercício da cidadania e sua qualificação para o trabalho*".

As atividades desenvolvidas por tais entes privados, denominados serviços sociais autônomos, (no qual enquadram-se todas as entidades do conhecido Sistema "S", tais como SESC, SENAC, SESI e SENAR), não guarda uma referibilidade própria com essa ou aquela categoria profissional, mas sim se volta a uma ideia de referibilidade ampla, própria à integração e qualificação ampla do indivíduo para o trabalho e típica das chamadas contribuições sociais gerais.[12]

Ainda assim, embora a doutrina via de regra classifique a contribuição do SENAR como contribuição social específica para educação e promoção social (dentro de outras

11. Art. 203. A assistência social será prestada a quem dela necessitar, independentemente de contribuição à seguridade social, e tem por objetivos:
III - a promoção da integração ao mercado de trabalho;

12. ALVES, Raquel de Andrade Vieira. *Federalismo fiscal brasileiro e as contribuições*. Rio de Janeiro: Lumen Iuris. 2017. P. 207-210

contribuições sociais),[13] tem-se observado a profusão de pronunciamentos, quer no âmbito judicial[14] quer no administrativo,[15] que encampam a tese de que aludida contribuição teria natureza própria a de interesse das categorias profissionais ou econômicas.

O ponto, a nosso ver, está a merecer uma melhor análise, a ser realizada a partir da destinação primordial da contribuição em tela. Se voltada a uma finalidade social ou, de outro modo, em prol do interesse de uma categoria profissional ou econômica, uma vez que se volta especificamente a um público específico e não só à coletividade.

Sob esse ângulo, Ives Gandra Martins bem coloca que, na "*medida que todo o sistema 'S' é dedicado a dar condições de integração na sociedade dos que frequentam tais escolas de aprendizado e se valem da promoção social por elas promovidas*".[16] Ou seja, embora exista, o interesse da categoria é próprio ao interesse social comum e, sob esse ângulo, confere à contribuição para o Sistema "S" natureza própria a de "social geral".[17]

---

13. (i) MARTINS, Ives Gandra da Silva. Contribuições sociais para o sistema "S" – Constitucionalização da imposição por força do art. 240 da Lei Suprema – recepção pela nova ordem do artigo 577 da CLT. In *RDDT* 57. São Paulo: Dialética, 2000. p. 127.(ii) PACHECO, Angela Maria da Motta. O SENAR, contribuição social do sistema "S". In *Direito Tributário*: Entre a forma e o conteúdo. São Paulo: Noeses, 2014. p. 37. (iii) Com precedentes jurisprudenciais também nesse sentido: STJ: REsp 662.911/RJ, Rel. Min.Luiz Fux, 1º Turma, DJ 28/02/2005.

14. AC/Reexame Necessário nº5000298- 59.2017.4.03.6120, do Tribunal Regional Federal da 3ª Região.

15. Cf. § 3º do art. 170 da Instrução Normativa 971 de 13.11.2009. No mesmo sentido a Nota COSIT n. 312 de 17.09.2007 e a Solução de Consulta DISIT 04 nº. 49/2008 (item 11).

16. MARTINS, Ives Gandra da Silva. Contribuições sociais para o sistema "S" – Constitucionalização da imposição por força do art. 240 da Lei Suprema – recepção pela nova ordem do artigo 577 da CLT. In *RDDT* 57. São Paulo: Dialética, 2000. p. 127

17. REBOUÇAS, Rodolfo Gil Moura. A base de cálculo da contribuição ao /senar e o RE n. 816.830/SC in Contribuições: evolução jurisprudencial no CARF, STJ e STF. São Paulo: MP Editora, 2022. P. 1065

Em mesma linha, expõem Simone Lemos Fernandes[18] e Leonardo de Menezes Curty[19] ao enfrentarem a questão.

---

18. Importante a transcrição para melhor esclarecimento quanto ao tema: "Na ordem constitucional inaugurada com a promulgação da Constituição de 1988, não vislumbramos como identificá-las, no entanto, como contribuições neocorporativas, eis que sua cobrança somente atende a interesses genéricos dos trabalhadores da indústria e comércio, que sequer chegam a ser seu sujeito passivo.
Como já visto, a referibilidade da atividade desenvolvida com o grupo que custeia a contribuição especial típica é princípio de observância obrigatória na sua instituição. Sofre atenuações com relação às contribuições especiais atípicas, nas quais houve infiltração da solidariedade. E somente a esse título, "efetivação da solidariedade", podemos imputar a cobrança, da classe dos empregadores, de contribuições genericamente dirigidas à melhoria das condições de vida e de trabalho dos empregados do comércio e da indústria. Trata-se, portanto, de uma contribuição especial atípica.
Durante a segunda fase da parafiscalidade corporativa, portanto, as contribuições para o SENAI, o SESC, o SENAC e o SESI lograram desligar-se da subespécie contribuições neocorporativas, migrando para outra, denominada contribuições sociais genéricas, classificação que recebe o apoio da Suprema Corte. Encontram apoio para sua instituição no inciso III do art. 203, que garante assistência social a quem dela necessitar, independentemente de contribuição, garantindo integração ao mercado de trabalho.
Não se questiona sobre a recepção dessa contribuição pela ordem constitucional inaugurada com a promulgação da Constituição de 1988 pelo fato de ela ter se dado de forma expressa em seu art. 240. Acreditamos que a manutenção de sua cobrança decorreu da necessidade - a que foi sensível o legislador constituinte de garantir a continuidade de um serviço social satisfatoriamente custeado por contribuições da classe empregadora.
Mas elas não merecem, a adjetivação de outrora. São contribuições sociais gerais, como a contribuição para o salário-educação e para o Fundo de Garantia por Tempo de Serviço (FGTS). Não obstante, alguns doutrinadores ainda as classificam entre as contribuições instituídas no interesse de categorias profissionais ou econômicas.
Em nosso entendimento, as contribuições criadas pela Lei n. 8.706/93 em benefício do Serviço Nacional de Aprendizagem no Transporte (SENAT) e do Serviço Social do Transporte (SEST) possuem a mesma natureza jurídica das contribuições para o SESI e o SENAI: são contribuições sociais genéricas. Em verdade, uma parte dos sujeitos passivos das contribuições cobradas em benefício do SESI e do SENAI passou a contribuir para o SENAT e SEST. As receitas derivadas dessas contribuições são aplicadas, na forma do art. 8° daquele veículo normativo, em benefício dos trabalhadores em transporte rodoviário, dos transportadores autônomos, dos seus familiares e dependentes, dos seus servidores, bem como dos trabalhadores de outras modalidades de transporte que venham a ser vinculados por meio de legislação específica.
Prosseguindo nesse mesmo raciocínio, observamos que as contribuições versadas para o Serviço Nacional de Aprendizagem Rural (SENAR), criado pela Lei n. 8.315, de 23 de dezembro de 1991, em atendimento ao art. 62 do Ato das Disposições Constitucionais Transitórias da Constituição de 1988, também são contribuições sociais genéricas, que encontram fundamento em seu art. 149 c/c o art. 6º. Trata-se de contribuições recolhidas pelos empregadores agroindustriais, agropecuários, extrativistas vegetais e animais, cooperativistas rurais e sindicais patronais rurais para o custeio da formação profissional rural e promoção social do trabalhador rural." FERNANDES, Simone Lemos. *As contribuições neocorporativas na Constituição e nas Leis*. Belo Horizonte: Del Rey, 2004. p 246-247

19. CURTY, Leonardo de Menezes. Comentário ao artigo 149. In: SEEFELDER,

Mas ainda assim, cumpre enfrentar o porquê de não se caracterizar aludida contribuição como de interesse de dada categoria profissional ou econômica.

5. Por que não uma contribuição ao interesse de categoria profissional?

A Constituição Federal de 1988 estabelece no inciso I do § 2º do art. 149 a não incidência de contribuições sociais e de intervenção no domínio econômico sobre as receitas decorrentes de exportação. Embora a determinação de referida regra imunizante seja clara, observa-se a existência de severa controvérsia no que toca ao alcance desta previsão à contribuição para financiamento do Serviço Nacional de Aprendizagem Rural (SENAR).

Isso porque, ainda hoje, persiste a necessidade da adequada classificação jurídica desta contribuição, se seria contribuição social geral, e com isso não incidiria sobre as receitas decorrentes de operações destinadas ao exterior, ou se seriam contribuições de interesse de categoria profissional, e com isso não alcançáveis pela aludida regra imunizante.

Ocorre que, com a devida vênia, entendemos que tais posições não conferem a melhor leitura às normas em jogo, uma vez que a contribuição ao SENAR é uma contribuição social, e para tanto, deve obedecer ao que está prescrito no art. 149, § 2º, I, da CF/88.

Ora, de início, cumpre mencionar que as contribuições sociais de interesse de categoria econômica ou profissional constituem as chamadas contribuições corporativas, instituídas em favor das entidades representativas de categorias de profissionais liberais. Necessitam, portanto, de

---

Cláudio; CAMPOS, Rogério (coords.). *Constituição e Código Tributário comentados sob a ótica da Fazenda Nacional*. São Paulo: Thomson Reuters Brasil, 2020

direcionamento específico a determinado órgão dotado de representatividade, poder disciplinar e regulamentar da atividade econômica em questão, fiscalizando o exercício da profissão que representam.

O SENAR, assim, não possui qualquer atividade sindical, associativa, classista ou corporativa voltada aos trabalhadores do campo, que desenvolvam atividades agropecuárias. Não se presta, ainda, ao exercício de atividade disciplinadora ou regulamentadora da atividade laboral rural. Serve, precipuamente à capacitação do profissional do campo e à prestação de assistência social, não exercendo sobre tais trabalhadores qualquer poder hierárquico ou sancionatório.

Ainda sob esse ângulo, é de se destacar que a profissão voltada ao trabalho rural em si não se apresenta como atividade regulamentada. Ou seja, sequer haveria espaço para a eventual atuação fiscalizatória por qualquer entidade.

Por outro lado, as contribuições de interesse de categoria profissional, devida ao órgão representativo da classe e de fiscalização do exercício profissional, são cobradas do profissional liberal que exerce a profissão regulamentada. Para o SENAR, as contribuições são devidas pela classe patronal, enquanto pessoas jurídicas de direito privado, ou a elas equiparadas, que exerçam atividades agroindustriais, na forma do art. 3º, inciso I, da Lei nº 8.315, de 1991. Não há como se traçar o paralelo, em termos de referibilidade, com a contribuição corporativa.[20]

Por fim, cumpre verificar a própria razão de ser da norma contida no art. 149, § 2º, I, da Constituição, ao imunizar única e exclusivamente as contribuições sociais e as de intervenção no domínio econômico, deixando de lado as contribuições profissionais. Ora, conforme se verificará a seguir, a razão de ser de aludida norma remete à desoneração

20. Quanto a tais pontos, importante se debruçar sobre o parecer formulado pelo Ministro Carlos Velloso e apresentado no RE 816.830.

das exportações, com o objetivo de conferir maior competitividade ao produto nacional no mercado estrangeiro. Sob essa perspectiva, não nos parece própria, das contribuições corporativas, a incidência sobre mercadoria ou serviço exportado, mas tão somente voltar-se à fiscalização da atividade liberal, não havendo espaço, assim, para se articular com a respectiva desoneração.

Por todos estes motivos é que entendemos que tal contribuição, uma vez voltada à realização dos objetivos da ordem social, jamais poderia incidir sobre as receitas oriundas de exportação, a teor do art. 149, § 2º, I, da Constituição Federal.

6. O STF e o entendimento quanto à natureza jurídica da Contribuição ao SENAR

Como vimos, o STF tem historicamente assentado a natureza das contribuições ao Sistema S como sendo de contribuição social geral. Desde o que decidido no RE 138.284, a Corte tem recorrido a suas razões de decidir enquanto critério hermenêutico para tal definição.

Nesse sentido, pode-se mencionar o RE 396.266, relator Min. Carlos Velloso, no qual, ao analisar a contribuição ao SEBRAE, afirmou que seria ela "*contribuição de intervenção no domínio econômico, não obstante a lei a ela se referir como adicional às alíquotas das contribuições sociais gerais relativas às entidades de que trata o art. 1º do D.L. 2.318/86, SESI, SENAI, SESC, SENAC. Não se inclui, portanto, a contribuição do SEBRAE, no rol do art. 240*".

A discussão em relação à contribuição ao SENAR, por outro lado, veio a receber uma maior atenção a partir do julgamento do RE 816.830, relator Min Dias Toffoli, oportunidade na qual a Corte se debruçou sobre a "*constitucionalidade da incidência da contribuição destinada ao SENAR sobre a receita bruta proveniente da comercialização da produção rural*".

Naquela oportunidade, o Colegiado entendeu que a alteração da base de cálculo de aludida contribuição seria constitucional. Para chegar a tal conclusão, o Relator, em seu voto, discorreu sobre a natureza jurídica da exação, caracterizando-a como uma contribuição social geral, justamente por entender, em linha com o aqui defendido, que "*a finalidade primordial da contribuição ao SENAR não é proteger o interesse da categoria dos empregadores rurais, mas sim conferir recursos especificamente para o ensino profissional e o serviço social direcionados aos trabalhadores rurais*", ou seja, objetivos próprios da Ordem Social prevista na Constituição Federal.

Ainda que fosse um precedente recente, o entendimento firmado no Tema 801 logo passou a repercutir na jurisprudência do Supremo Tribunal Federal ainda no primeiro semestre de 2023. Isso, porque, quando da fixação da tese de repercussão geral do Tema 651 (RE 700.922, redator para acórdão Min. Alexandre de Moraes), a Corte expressamente aderiu às conclusões do Min. Dias Toffoli quanto à matéria para afirmar que "*É constitucional a contribuição social destinada ao Serviço Nacional de Aprendizagem Rural (SENAR), de que trata o art. 25, § 1º, da Lei nº 8.870/1994, inclusive na redação conferida pela Lei nº 10.256/2001.*"

Já a Primeira Turma, no julgamento do 1.369.122, relator Min Roberto Barroso, ao apreciar o alcance da regra imunizante concluiu, à luz do que decidido no Tema 801, que "*a contribuição ao SENAR deve ser enquadrada entre as contribuições sociais gerais, vez que instituída com a finalidade de custear ações e serviços pertinentes ao Título VIII da CF/1988 ("Da Ordem Social")*", de modo que "*por ser uma contribuição social geral, a referida incidência não deve recair sobre as receitas decorrentes de exportação*".

E, mesmo o julgamento do ARE 1.363.005, iniciado antes da análise do Tema 801 pelo Plenário da Corte, veio a ser por este impactado, uma vez que, não apenas teve a corrente minoritária influenciada por suas conclusões, como também veio a ser objeto de embargos de divergência admitidos pelo então relator, Min. Luiz Fux, ao argumento de que se observaria "*aparente ocorrência de dissenso entre o assentado no acórdão embargado e no paradigma, tendo em vista que, enquanto o primeiro consignou que a contribuição ao SENAR possui natureza de contribuição de interesse de categoria profissional, não abrangida pela imunidade prevista no artigo 149, § 2º, I, da Constituição Federal, o segundo assentou que a contribuição ao SENAR se caracteriza como contribuição social geral*".

Importante destacar que a discussão quanto à natureza jurídica da contribuição ao SENAR quando da análise do RE 816.830 não representou nenhuma surpresa, tendo em vista que, desde a afetação da controvérsia à sistemática da repercussão geral, a Suprema Corte já anunciava que seria "*de se analisar, quanto à contribuição destinada ao SENAR, a delimitação constante do art. 240 da Magna Carta, tanto no que diz respeito a sua finalidade - de modo a identificar-se o exato enquadramento da contribuição em referência - como no que se refere ao cumprimento dos requisitos para sua instituição.*" Até porque decorreria da própria lógica jurídica do debate quanto à constitucionalidade de um tributo o aprofundamento do debate quanto à sua natureza jurídica.

Ainda assim, após a oposição de embargos de declaração por parte da União Federal e do próprio SENAR, a Corte entendeu por bem retroceder no debate para afirmar que a definição da natureza jurídica teria sido realizada como *obiter dictum*. E, em que pese o Relator mantivesse sua posição quanto a classificar o tributo como uma contribuição social geral, optou-se por excluir a menção ao tema da ementa do acórdão.

Quanto ao ponto, em que pese respeitemos a compreensão da Corte, discordamos da conclusão de que os debates se deram de forma lateral. Isso, porque, não apenas o acórdão firmado no Tema 801 já se anunciava como veículo para definição da controvérsia, mas porque o próprio voto do Relator parte da natureza jurídica da Contribuição ao SENAR para afirmar que "*[o] acréscimo realizado pela EC 33/2001 no art. 149, § 2º, III, da Constituição Federal não operou uma delimitação exaustiva das bases econômicas passíveis de tributação por toda e qualquer contribuição social e de intervenção no domínio econômico*". De tal modo que, "*sendo a contribuição ao SENAR uma contribuição social geral instituída com fundamento no caput do art. 149 da Constituição, é de se validar a substituição da base de cálculo folha de salário para receita bruta da comercialização da produção rural*".

Como se vê, o enfrentamento da questão assumiu papel nuclear no voto vencedor. E, ainda que tal entendimento tenha sido acompanhado pela maioria dos Ministros quando do julgamento na sessão de dezembro de 2022, esse julgado passou a servir como importante paradigma aos pronunciamentos subsequentes da Corte sobre o tema. Ainda assim, o julgamento dos embargos de declaração sinaliza com a possibilidade de reabertura dos debates, especialmente à luz da disciplina do art. 149, § 2º, I da CF/88. O que nos leva a refletir sobre a questão também a partir de um olhar mais amplo.

Pois, ainda que os argumentos ora trazidos sustentem, por si só, a conclusão quanto à natureza jurídica da contribuição ao SENAR, é de se destacar ainda a necessidade de concretização de uma hermenêutica ampliativa do dispositivo, de modo a, buscando promover o desenvolvimento nacional, possibilitar a desoneração das atividades exportadoras.

7. A adoção do princípio da tributação no destino como corolário do desenvolvimento nacional e prática comum à harmonização das relações comerciais transnacionais

A Constituição Federal de 1988 prescreve, já em sua redação original, uma série de disposições programáticas a revelar um projeto de sociedade que se busca alcançar. Embora guardem espaço para conformação política, tais normas vinculam Estado e sociedade, nos mais variados estratos, exigindo de todos a assunção de um compromisso em torno da concretização desse ideal balizado na Carta Maior.

Entre os inúmeros compromissos ali lançados, ganha especial relevo a disciplina voltada ao desenvolvimento nacional, enunciada não apenas como um dos objetivos fundamentais da República Federativa do Brasil, expressamente consagrado no art. 3º, II, como também enquanto decorrência lógica da adoção, em nossa Carta Maior de um título específico voltado a regular a ordem econômica.

Tais opções realizadas em 1988 anunciam uma Carta Política atenta para o papel do Estado como um dos agentes principais ao desenvolvimento social e econômico do país, mas sem que possa a esfera pública representar um obstáculo à atuação do setor privado, em especial no livre exercício da atividade econômica.

Dentro deste contexto, assume relevo o debate em torno da conformação da matriz tributária nacional, sua sintonia com a promoção de tais objetivos e como se dará a distribuição do encargo fiscal entre os diversos setores econômicos. Em especial o papel assumido por nossas escolhas de política no que toca à melhor forma de integrar o mercado brasileiro em um cenário de trocas econômicas globais.

No campo das exportações, tal ordem de preocupações se faz presente, tendo em vista que a carga fiscal incidente sobre a produção nacional, parte substancial do chamado "custo Brasil", tende a ter efeito perverso na competitividade das atividades econômicas nacionais em face dos concorrentes estrangeiros. Não por outra razão que, em matéria de comércio exterior, costuma-se adotar uma política de tributação voltada ao país de destino, buscando potencializar a desoneração da produção local quando esta for voltada ao mercado internacional.

Enquanto estratégia globalmente aceita, e a fim de se garantir a neutralidade das trocas comerciais (que no Brasil assume importante papel enquanto princípio da ordem tributária), segue-se a máxima de que não se deve «exportar» tributos. De acordo com tal racional, o serviço ou a mercadoria remetidos ao exterior serão onerados de acordo com a tributação adotada pelo país de destino, evitando-se qualquer distorção que viesse a ser causada por um gravame realizado na origem.[21]

Tal política fiscal se insere no rol de recomendações de diversos organismos internacionais, dentre os quais destaca-se a própria OCDE, à qual o Brasil hoje pretende integrar, e que tem demonstrado profunda preocupação com a integração dos diversos mercados globais, em especial no que tange à tributação sobre o consumo.

Objetivando evitar tanto a dupla tributação como a falta de tributação, a OCDE tem recomendado diversas práticas voltadas a eliminar as distorções causadas pela tributação sobre o consumo global, indicando aos diversos sistemas tributários dos países que a integram uma ação coordenada de harmonização.

Sob esse ângulo, em 2012, a OCDE criou o *Global Forum on VAT*, plataforma voltada ao diálogo entre os diversos países participantes para tratarem sobre a aplicação do IVA, trocarem informações sobre melhores práticas e experiências.

---

21. Leciona Valcir Gassen: "pode-se afirmar que o princípio de tributação no Estado de destino é o mais adequado nas transações econômicas internacionais. É este o princípio que, isolando os sistemas tributários e por este fato, possibilitando o correto ajustamento tributário de fronteira, permite que as mercadorias sejam transacionadas no plano do comércio internacional sem que contenham em seu preço os tributos suportados no Estado produtor e que não sejam os tributos incidentes no Estado de consumo superiores aos praticados interiormente". GASSEN, Valcir. *Tributação na origem e destino*: Tributação sobre o consumo e processos de integração econômica. 2ª ed. São Paulo: Saraiva. 2013, p. 214.

Na sequência, em 2016, a OCDE aprovou as *Guidelines sobre International VAT/GST* a ser utilizado enquanto um padrão internacional para a incidência dos tributos sobre o valor agregado e os respectivos reflexos sobre o comércio internacional. A partir de então, o organismo tem acompanhado a implementação das orientações por meio de seu Fórum Global voltado ao VAT.

Entre os diversos objetivos trazidos por tal documento, encontram-se: i) apoiar a neutralidade da cobrança de tributo sobre o valor agregado para assegurar condições equitativas para as empresas domésticas e estrangeiras no comércio internacional; ii) abordar riscos de dupla tributação e não tributação internacional que resultam em aplicação descoordenada do VAT/GST no comércio internacional; iii) assegurar a efetiva cobrança de VAT/GST no comércio internacional de serviços e intangíveis, inclusive nas vendas de comércio eletrônico a consumidores privados na jurisdição onde os produtos são consumidos.

Veja-se, portanto, que na tarefa de concretizar o real alcance a aludida regra imunizante, andou bem a Corte no sentido de maximizar seu alcance, sempre em sintonia com a premissa voltada à "não exportação de tributos".[22]

---

22. "*The VAT exhibits its core features as a tax on final consumption collected through a staged collection process in domestic as well as in international trade. Implementation of the VAT in the international context, however, raises a question that one does not confront in the domestic context, namely: which jurisdiction should impose the VAT in a cross-border transaction, the jurisdiction of origin or the jurisdiction of destination? Resolution of this question has important implications not only for how VAT is generally implemented in the international context but also for determining the appropriate approaches to tax collection.*
11. Under the destination principle, tax is ultimately levied only on the final consumption that occurs within the taxing jurisdiction. It is also generally understood that all revenue accrues to the jurisdiction of final consumption under the destination principle. Under the origin principle, the tax is levied in the various jurisdictions where the value was added. The key economic difference between the two principles is that the destination principle places all firms competing in a given jurisdiction on an even footing whereas the origin principle places consumers in different jurisdictions on an even footing.
12. Because the destination principle places all firms competing in a given jurisdiction on an even footing, it achieves neutrality in international trade. Under the

Considerando as tratativas do Estado brasileiro para ingressar na OCDE, o quadro recomendaria um curso de ação das autoridades nacionais voltadas a prestigiar as diretrizes de harmonização preconizadas pelo organismo multilateral, com a ampla desoneração do produto nacional.

Tal curso de ação, inclusive, vem contemplado pela própria Confederação da Agricultura e Pecuária do Brasil (CNA), quando esta aprecia, por meio da Nota Técnica nº 18 de 16 de maio de 2019, os possíveis impactos, no agronegócio brasileiro, da revogação da desoneração do ICMS para a exportações dos produtos nacionais. Afirma a Confederação que "*caso a Lei Kandir seja revogada haverá queda na margem dos produtores rurais brasileiros, aumento na carga tributária do país em um primeiro momento, redução nos investimentos em FBKF em toda economia nacional, o que comprometerá (ainda mais) a competitividade dos produtos brasileiros frente aos principais países concorrentes e por fim, corrosão da competitividade dos produtos brasileiros no exterior*".

Mais à frente, ainda tratando do ICMS, afirma que uma possível revogação da Lei Kandir impactaria diretamente o agronegócio brasileiro, pois geraria: "*1) Queda nas exportações; por meio do aumento da carga tributária incidente*

---

destination principle as it is generally implemented, exports are not subject to tax with refund of input taxes (that is, "free of VAT" or "zerorated") and imports are taxed on the same basis and at the same rates as domestic supplies.
13. "Because it achieves neutrality in international trade, there is widespread consensus that the destination principle, with revenue accruing to the country of import where final consumption occurs, is preferable to the origin principle from both a theoretical and practical standpoint. In fact, the destination principle, which is the norm in international trade, is sanctioned by World Trade Organization ("WTO") rules,4 and reflects rules generally in force under most existing VAT systems.
14. In accord with the widespread international consensus, the Guidelines embrace the destination principle as the basic rule for the application of the VAT to international trade. This principle is set out in Guideline 3.1. as follows: "For consumption tax purposes internationally traded services and intangibles should be taxed according to the rules of the jurisdiction of consumption." Mechanisms for the effective collection of vat/ gst when the supplier is not located in the jurisdiction of taxation;" OECD (2017 MECHANISMS FOR THE EFFECTIVE COLLECTION OF VAT/GST WHEN THE SUPPLIER IS NOT LOCATED IN THE JURISDICTION OF TAXATION . 12-13

sobre os produtos exportados e a consecutiva redução da competitividade do mercado internacional. Segundo as projeções detalhadas neste documento calculadas sobre três produtos (carne suína, celulose e melões frescos), as exportações do setor poderiam sofrer uma queda de até 6,1%. Essa queda promoveria uma tendência natural da redução do superávit da balança comercial; 2) Redução do faturamento do setor; na hipótese dos exportadores repassarem os aumentos dos custos tributários para todo o setor, haverá uma queda no faturamento agropecuário. As projeções apontam que o faturamento poderia se reduzir em até R$ 47,9 bilhões (-8,1%) quando comparados ao Valor Bruto da Produção (VBP) observado em 2018. Essa redução deverá impactar toda sociedade brasileira, sobretudo nas cidades com alta participação do setor em sua economia; 3) Redução dos preços pagos aos produtores rurais; segundo projeções do CEPEA/Esalq/USP, os preços da soja nos mercados de Cascavel/PR e Sorriso/MT poderão cair 23,0% e 25,3%, respectivamente, em até 12 meses após a revogação da lei. Para o setor sucroenergético, as projeções elaboradas pela ÚNICA apontam uma perda de receita para o setor na ordem de R$ 6 bilhões ao ano. A redução dos preços da cana-de-açúcar pode atingir R$ 10/tonelada para as agroindústrias, já para os produtores rurais independentes, a redução dos preços pagos pode chegar a R$ 6/tonelada, fazendo com que a margem dos produtores caia em torno de 41,4%. A redução dos preços pagos impactará nos investimentos de pacotes tecnológicos mais avançados por parte dos produtores rurais, comprometendo a produtividade no futuro."

Por fim, assume a CNA que "*os países que no passado criaram ou majoraram alíquotas de tributos sobre exportações sofreram prejuízos irreparáveis em suas economias, o exemplo mais notório e recente é da Argentina, que ampliou a tarifa de exportação de 23,5% em 2005, para 27,5% em 2008 e 30% em 2015 e consecutivamente viu sua participação no mercado mundial da soja cair de 15% para 13% e em 2015 atingiu 8%. Demonstrando claramente que, embora o objetivo do Estado é de ampliar a arrecadação, no longo prazo acaba reduzindo-a por meio da retração da atividade econômica nacional*".

A mesma linha de raciocínio foi abordada pela reforma tributária, tendo a Emenda Constitucional nº 132/2023 mantido afastada a tributação sobre a produção exportada em âmbito de IBS e CBS.

Ora, sendo este o contexto, como não reconhecer à contribuição ao SENAR a natureza jurídica própria de contribuição social e, por consequência, a respectiva subsunção dela à regra imunizante preconizada pelo art. 149, § 2º, I, da Constituição Federal? A medida se impõe, inclusive, como forma de potencializar a efetivação do princípio da tributação no destino e o desenvolvimento nacional.

8. O entendimento do Supremo Tribunal Federal quando ao alcance constitucional do princípio da tributação no destino

Para além de uma estratégia econômica voltada ao estímulo da produção nacional, bem enquanto prática internacional de integração dos mercados, a adoção do princípio da tributação no destino veio a ser contemplada na própria Constituição Federal, por meio da conformação das diversas espécies tributárias voltadas à incidência sobre a circulação de mercadorias e prestação de serviços.[23]

Tal opção se revela por meio das imunidades das operações que destinem mercadorias e serviços ao exterior, em relação aos impostos IPI, ICMS e ISS (art. 153, § 3º, III; art. 155, § 2º, X, a; art. 156, § 3º, II), assim como em relação

23. BEVILACQUA, Lucas. *Incentivos fiscais às exportações:* desoneração da tributação indireta na cadeia exportadora e concorrência fiscal internacional. Rio de Janeiro: Lumen Juris, 2018. p. 61

às contribuições (sociais e de intervenção no domínio econômico) sobre as receitas de exportação (art. 149, § 2º, I), e por meio da determinação constitucional para cobrança dos mesmos tributos sobre a importação de mercadorias ou de serviços (art. 149, § 2º, II; e art; 155, § 2º, IX, "a").

Como não poderia deixar de ser, tais regras constitucionais instrumentalizam verdadeiras imunidades, enquanto campos qualificados de não incidência tributária voltados a prestigiar as opções implementadas por meio de nossa Constituição e que nos caracterizam enquanto comunidade política, como os já mencionados princípios da neutralidade e livre-iniciativa, bem como o objetivo fundamental de desenvolvimento nacional.[24]

Quanto ao ponto inclusive, relevante rememorar o que trazido quando do Parecer do relator da Comissão Especial responsável pela análise da PEC 277-A/2000, que deu origem à EC nº 33/2001 e ao art. 149, § 2º, I, por ela introduzido:

> O dispositivo que desonera as receitas decorrentes de exportação e contribuições sociais e das contribuições de intervenção no domínio econômico é bastante pertinente, e até mesmo imprescindível, pois, dada a acirrada concorrência no comércio internacional **não se pode admitir qualquer forma de agregação de tributos a bens e serviços exportados**.

Assim, o princípio da tributação no destino adotado no comércio internacional não se limita a uma diretriz política, ou uma orientação dos organismos internacionais, mas vem reconhecida pela própria Constituição Federal, a partir de diversos dispositivos, assumindo a forma de um princípio jurídico próprio à não exportação de tributos. Sendo, portanto, "*possível extrair da Constituição Federal de 1988 clara orientação normativa no sentido da desoneração da atividade*

---

24. TORRES, Ricardo Lobo. *Tratado de Direito Constitucional Financeiro e Tributário.* Os tributos na
Constituição. Vol IV. Rio de Janeiro: Forense. 2007. p. 271.

exportadora, com a finalidade de aumentar a competitividade dos produtos brasileiros no mercado internacional" (RE 474132, Relator(a): Min. GILMAR MENDES, Tribunal Pleno, julgado em 12/08/2010, DJe-231 DIVULG 30-11-2010 PUBLIC 01-12-2010 EMENT VOL-02442-01 PP-00026)".

Com tal norte em mente, o STF, em diferentes julgados, e sob os mais variados prismas, tem reconhecido a força normativa de referido axioma e afastado a incidência tributária sobre operações destinadas ao exterior. Inclusive conferindo, no campo das imunidades, interpretação teleológica do instituto para ampliar o alcance da norma constitucional de forma **a conferir a máxima efetividade possível.**

Por ocasião do julgamento do RE nº 606.107, o Supremo assentou a tese de que seria inconstitucional a incidência da contribuição ao PIS e da COFINS não cumulativas sobre os valores auferidos por empresa exportadora em razão da transferência a terceiros de créditos de ICMS. Afirmou-se que a "Corte, nas inúmeras oportunidades em que debatida a questão da hermenêutica constitucional aplicada ao tema das imunidades, adotou a interpretação teleológica do instituto, a emprestar-lhe abrangência maior, com escopo de assegurar à norma supralegal máxima efetividade".

A partir da disciplina voltada às exportações entendeu-se que "o art. 155, § 2º, X, "a", da CF – **cuja finalidade é o incentivo às exportações, desonerando as mercadorias nacionais do seu ônus econômico, de modo a permitir que as empresas brasileiras exportem produtos, e não tributos** -, imuniza as operações de exportação e assegura 'a manutenção e o aproveitamento do montante do imposto cobrado nas operações e prestações anteriores'".

Por meio do RE nº 627.815, a Corte, sob o ângulo da repercussão geral, apreciou o alcance do art. 149, § 2º, I, da Constituição para definir, mediante a análise da finalidade perseguida pela regra constitucional imunizante, o enquadramento de receitas das variações cambiais ativas como decorrentes de exportação.

Na oportunidade, entendeu-se que "*o legislador constituinte - ao contemplar na redação do art. 149, § 2º, I, da Lei Maior as "receitas decorrentes de exportação" - conferiu maior amplitude à desoneração constitucional, suprimindo do alcance da competência impositiva federal todas as receitas que resultem da exportação, que nela encontrem a sua causa representando consequências financeiras do negócio jurídico de compra e venda internacional.* ***A intenção plasmada na Carta Política é a de desonerar as exportações por completo*, *a fim de que as empresas brasileiras não sejam coagidas a exportarem os tributos que, de outra forma, onerariam as operações de exportação, quer de modo direto, quer indireto***". Sob este ângulo considerou-se receitas decorrentes de exportação as receitas das variações cambiais ativas, a atrair a aplicação da regra de imunidade e afastar a incidência da contribuição ao PIS e da COFINS.

Entendimento similar pôde ser observado quando da apreciação conjunta da ADI 4.735/DF e do RE 759.244, ao versar também acerca da imunidade contida no art. 149, § 2º, I, da Constituição. Neste paradigmático julgamento, a Corte voltou a atenção à interpretação restritiva dada pela Receita Federal à regra imunizante, quando envolvidas operações indiretas, realizadas por meio de empresas comerciais exportadoras ou de *tradings companies*.

Declarando a inconstitucionalidade dos §§ 2º e 3º do art. 170, IN RFB nº 971/2009, o Supremo, em apertada síntese, balizou-se nos seguintes fundamentos, os quais, escorando na leitura sistêmica dos precedentes da Corte, reflete um ideal de maximização das imunidades tributárias:[25]

---

25. "(...) 3 — A imunidade visa a desonerar transações comerciais de venda de mercadorias para o exterior, de modo a tornar mais competitivos os produtos nacionais,

Conferindo interpretação teleológica ampla ao art. 149, § 2º, I, da Constituição Federal, as decisões prolatadas em aludidos paradigmas é a de que *o benefício alcança não apenas os exportadores, mas também "todos quantos contribuem para que a exportação se verifique"*; a regra não visa a proteger apenas a pessoa do exportador, mas as exportações, *«fazendo com que os produtos cheguem ao mercado internacional com preços competitivos»*; a interpretação teleológica permite concluir que a imunidade *"há de obrigatoriamente abranger todas as operações que, de algum modo, concorram para que se perfaça a venda, para o exterior"*.

Em sintonia com o aqui exposto, reforçou o ministro Alexandre de Moraes que o *"escopo da imunidade prevista no artigo 149, §2º, I, da CF é a desoneração da carga tributária sobre transações comerciais que envolvam a venda para o exterior, evitando-se a indesejada exportação de*

---

contribuindo para geração de divisas, o fortalecimento da economia, a diminuição das desigualdades e o desenvolvimento nacional.

4 — A imunidade também deve abarcar as exportações indiretas, em que aquisições domésticas de mercadorias são realizadas por sociedades comerciais com a finalidade específica de destiná-las à exportação, cenário em que se qualificam como operações-meio, integrando, em sua essência, a própria exportação.

***

1 — O melhor discernimento acerca do alcance da imunidade tributária nas exportações indiretas se realiza a partir da compreensão da natureza objetiva da imunidade, que está a indicar que imune não é o contribuinte, 'mas sim o bem quando exportado', portanto, irrelevante se promovida exportação direta ou indireta.

2 — A imunidade tributária prevista no artigo149, §2º, I, da Constituição, alcança a operação de exportação indireta realizada por trading companies, portanto, imune ao previsto no artigo22-A, da Lei nº 8.212/1991.

3 — A jurisprudência deste STF (RE 627.815, Pleno, DJe1º/10/2013 e RE 606.107, DjE 25/11/2013, ambos relatora ministra Rosa Weber,) prestigia o fomento à exportação mediante uma série de desonerações tributárias que conduzem a conclusão da inconstitucionalidade dos §§1º e 2º, dos artigos245 da IN 3/2005 e 170 da IN 971/2009, haja vista que a restrição imposta pela Administração Tributária não ostenta guarida perante à linha jurisprudencial desta Suprema Corte em relação à imunidade tributária prevista no artigo149, §2º, I, da Constituição.

4 — Fixação de tese de julgamento para os fins da sistemática da repercussão geral: 'A norma imunizante contida no inciso I do §2º do artigo149 da Constituição da República alcança as receitas decorrentes de operações indiretas de exportação caracterizadas por haver participação de sociedade exportadora intermediária"

tributos, de modo a tornar mais competitivos os produtos nacionais, contribuindo para geração de divisas e o desenvolvimento nacional".

Veja-se, portanto, que na tarefa de concretizar o real alcance a aludida regra imunizante, andou bem a Corte no sentido de maximizar seu alcance, sempre em sintonia com a premissa voltada à "não exportação de tributos".

Importa ressaltar, nesse sentido, que ao proceder com aludida solução, bem assentou o ministro Alexandre de Moraes que "*[n]ão se trata de dar uma interpretação ampla e irrestrita para alargar o preceito. Ao contrário, cuida-se apenas de garantir ao instituto uma aplicação conectada com a sua própria razão de ser, a partir de um critério teleológico/finalístico. Vale lembrar que a Constituição Federal adota o desenvolvimento nacional como um dos objetivos fundamentais da República Federativa do Brasil (art. 3º, II, da CF). Dentro desse cenário, a desoneração das atividades ligadas à exportação aparece como uma tendência explícita, o que pode ser comprovado, por exemplo, pelas regras que disciplinam a imunidade do IPI (art. 153, § 3º, III, da CF) e do ICMS (art. 155, § 2º, X, a, da CF).*"

Desse modo, as imunidades das exportações brasileiras decorrem, não apenas de normas positivadas em nosso ordenamento constitucional, mas também de um esforço hermenêutico do intérprete constitucional voltado à máxima concretização possível desse conteúdo normativo. Atuação esta reveladora, a um só tempo, tanto de um caráter programático, sintonizado aos objetivos constitucionais enunciados nos arts. 3º e 174 da Constituição, quanto de uma natureza indutora, de modo a estimular a atividade econômica desenvolvida em território pátrio.

9. Conclusões

Sob tais prismas, não nos parece condizente com o espírito constitucional, afastar a imunidade tributária preconizada pelo art. 149, § 2º, I da Carta Maior em relação à contribuição ao SENAR, instituída pela Lei nº 8.315/91.

Quer porque, como muito bem demonstrado, há muito a jurisprudência do Supremo, com esteio no próprio desenho normativo trazido pela Constituição - art. 240 da CF e art. 62 do ADCT - e pela lei instituidora do tributo, reconhece a tal exação a natureza própria à contribuição social, amoldando-se sem qualquer dúvida às balizas da regra imunizante em tela.

Quer porque, caso pudesse existir qualquer dúvida quanto à natureza de contribuição social, esta restaria em todo afastada ante a interpretação sistemática da Constituição à luz da imunidade tributária conferida às exportações. Regra esta que, como vimos, tem contado com hermenêutica voltada a potencializar a adoção do princípio do destino para o comércio exterior, como forma de melhor harmonizar o mercado nacional com os de seus pares e potencializar o desenvolvimento de nossa nação. Esforço esse, inclusive, que ganhará especial contorno com o ingresso do Brasil na OCDE.

Não se está aqui ampliando os limites semânticos do dispositivo, de modo a acomodar hipóteses não abarcadas pelo texto constitucional. Mas sim reconhecer, na hermenêutica constitucional ampla conferida às imunidades tributárias - e as normas a ela correlatas -, aquela que melhor viabiliza o espírito constitucional de desonerar as exportações, qual seja - que a contribuição ao SENAR detém natureza social ampla e, por tal razão, não poderá incidir sobre as receitas decorrentes de exportação.

Nessa linha, a única interpretação possível quanto à natureza jurídica da contribuição ao SENAR é aquela que maximiza o alcance da regra imunizante prescrita no art. 149, § 2º, I da Carta Maior.

Referências

ALVES, Raquel de Andrade Vieira. *Federalismo Fiscal Brasileiro e as Contribuições*. Rio de Janeiro: Lumen Iuris. 2017

BARRETO, Paulo Ayres. *Contribuições:* regime jurídico, destinação e controle. São Paulo: Noeses, 2006

BATISTA, Joana; GASQUES Débora R. Imunidade da contribuição ao SENAR sobre as receitas de exportação. N Agronegócio, tributação e questões internacionais. São Paulo: Quartier Latin. 2019, p. 324.

BEVILACQUA, Lucas. *Incentivos fiscais às exportações:* desoneração da tributação indireta na cadeia exportadora e concorrência fiscal internacional. Rio de Janeiro: Lumen Juris, 2018.

BRASIL. Congresso. Câmara dos Deputados. Centro de Documentação e Informação. Quadro histórico artigo 62 do Ato das Disposições Constitucionais Transitórias ADCT da Constituição Federal de 1988. Disponível em: http://bd.camara.leg.br/bd/handle/bdcamara/38102 Acesso em: 20 jul. 2023

CURTY, Leonardo de Menezes. Comentário ao artigo 149. In: SEEFELDER, Cláudio; CAMPOS, Rogério (coords.). *Constituição e Código Tributário comentados*: sob a ótica da Fazenda Nacional. São Paulo: Thomson Reuters Brasil, 2020

FERNANDES, Simone Lemos. *As contribuições neocorporativas na Constituição e nas Leis.* Belo Horizonte: Del Rey, 2004.

GASSEN, Valcir. *Tributação na origem e destino*: Tributação sobre o consumo e processos de integração econômica. 2ª ed. São Paulo: Saraiva. 2013.

MARTINS, Ives Gandra da Silva. Contribuições sociais para o sistema "S" – Constitucionalização da imposição por força do art. 240 da Lei Suprema – recepção pela nova ordem do artigo 577 da CLT. In *RDDT* 57. São Paulo: Dialética, 2000

MELO, José Eduardo Soares de. *Contribuições sociais no sistema tributário.* São Paulo: Ed. Malheiros. 2018.

REBOUÇAS, Rodolfo Gil Moura. A base de cálculo da contribuição ao /senar e o RE n. 816.830/SC in Contribuições: evolução jurisprudencial no CARF, STJ e STF. São Paulo: MP Editora, 2022

OECD. Mechanisms for the effective collection of VAT/GST when the supplier is not located in the jurisdiction of taxation. 2017

TORRES, Heleno Taveira. Pressupostos Constitucionais das Contribuições de Intervenção do Domínio Econômico. A CIDE – Tecnologia. In *Grandes Questões Atuais do Direito Tributário.* Vol 7. São Paulo: Dialética, 2003.

TORRES, Ricardo Lobo. *Tratado de direito constitucional financeiro e tributário.* Os tributos na Constituição. Vol IV. Rio de Janeiro: Forense. 2007.

VELLOSO, Carlos Mário da Silva. Contribuição para o SENAR: Contribuição social geral prevista no art. 149 da Constituição. Não Incidência sobre receita bruta decorrente da exportação em razão da imunidade inscrita no art. 149, § 2º inciso I, da Constituição Federal. (Parecer). 02 de dezembro de 2021. Disponível em < https://redir.stf.jus.br/paginadorpub/paginador.jsp?docTP=TP&docID=759671842&prcID=4584485#> Acesso em: 30 jul. 2023.

NATUREZA JURÍDICA DA CONTRIBUIÇÃO AO SERVIÇO NACIONAL DE APRENDIZAGEM RURAL (SENAR)

Rhuan Oliveira[1]

Viviane Faulhaber[2]

1. Introdução

A intervenção do Estado na economia e no ambiente social fez com que surgisse uma plêiade de entes descentralizados que passaram a receber as mais diversas classificações e enquadramentos jurídicos, sendo possível agrupá-los sob a denominação genérica de entes paraestatais.[3]

---

1. Advogado e bacharel em Direito pelo Instituto Brasiliense de Direito Público - IDP.

2. Advogada. Mestre em direito econômico, financeiro e tributário pela Universidade de São Paulo - USP e especialista em direito tributário e professora conferencista pelo Instituto Brasileiro de Estudos Tributários - IBET e Professora da Pontifícia Universidade Católica de Minas Gerais - PUCMINAS.

3. SCAFF, Fernando Facury. Contrato de gestão, serviços sociais autônomos e intervenção do Estado. *Revista de Direito Administrativo — RDA,* Rio de Janeiro, v. 225, jul./set. 2001. p. 278-280.

Inicialmente, essa categoria geral compreendia aquelas entidades representativas da intervenção estatal direta, como as empresas públicas, sociedades de economia mista e fundações públicas. Com o tempo, a intervenção estatal direta deu lugar à atuação do particular em colaboração com o Estado, ampliando ainda mais a classe de entes paraestatais para abarcar, dentre outras, as Organizações Sociais (OS´s) e as Entidades de Apoio (fundações que apoiam universidades federais em projetos de pesquisa).

E compondo esse denominado "terceiro setor" encontram-se, também, as entidades que formam o "serviço social autônomo".

Como define Floriano Marques de Azevedo Neto e Carlos Eduardo Bergamini Cunha, os serviços sociais autônomos são entes associativos não fundacionais, de direito privado e sem fins lucrativos, e que, portanto, não integram a estrutura da administração pública, seja a administração direta ou a administração indireta. São, em regra, criados por lei e têm, como objetivo, a execução de atividades de interesse público não econômicas, o que justifica o fomento prestado pelo Poder Público.[4]

Dentro da categoria "Serviço Social Autônomo", é possível identificar igualmente diferentes tipos de entidades, o que levou a doutrina a se referir aos "serviços sociais autônomos clássicos", ou de "primeiro grupo", que correspondem aos entes criados antes da Constituição Federal de 1988 e, ainda, aqueles criados no período após a Carta Magna, porém nos mesmos moldes dos anteriores. Esses são conhecidos comumente como "*Sistema S*". Outrossim, temos o "segundo grupo de serviços sociais autônomos", que corresponde àqueles entes criados após a Constituição

---

4. MARQUES NETO, Floriano de Azevedo; CUNHA, Carlos Eduardo Bergamini. Serviços sociais autônomos. *Revista de Direito Administrativo – RDA*, Rio de Janeiro, v. 263, maio 2013, p. 142.

Federal de 1988, a partir dos anos 1990, e cujas características diferem das manifestadas pelas entidades integrantes do primeiro.[5]

Assim, há uma duplicidade de regimes jurídicos quanto às entidades que compõem o "Serviço Social Autônomo": (i) o correspondente ao modelo clássico, em que as entidades possuem autonomia na realização da atividade de colaboração com o Estado, e são mantidas por contribuições parafiscais, cuja capacidade tributária ativa para cobrança lhes é delegada pela União; e (ii) o correspondente ao segundo grupo, cuja subsistência decorre de subsídios estatais, mediante dotações orçamentárias, não possuindo capacidade ativa para cobrança de espécies tributárias.

Como exemplo de entidades que integram o primeiro grupo, tem-se o Serviço Social do Comércio (SESC), o Serviço Nacional de Aprendizagem Comercial (SENAC), o Serviço Nacional da Indústria (SESI) e o Serviço Nacional de Aprendizagem Industrial (SENAI), bem como alguns entes que, mesmo criados após a Constituição Federal de 1988, guardam as mesmas características destes, como o Serviço Social do Transporte (SEST), o Serviço Nacional de Aprendizagem do Transporte (SENAT), o Serviço Brasileiro de Apoio às Micro e Pequenas Empresas (SEBRAE) e o Serviço Nacional de Aprendizagem Rural (SENAR). Por outro lado, como entidades que compõem o segundo grupo, tem-se o Serviço Social Autônomo Associação das Pioneiras Sociais e as entidades criadas pelo Estado do Paraná (ParanaPrevidência, Paranacidade e Ecoparaná).

Há, ainda, os que defendem a existência de um terceiro agrupamento,[6] composto pela Agência de Promoção de

5. BORGES, Alice Gonzalez. Serviços sociais autônomos – natureza jurídica. *Revista Brasileira de Direito Público – RBDP*, Salvador, n. 26, 2011.

6. MARQUES NETO, Floriano de Azevedo; CUNHA, Carlos Eduardo Bergamini. *Op. Cit.* p. 149-150.

Exportações do Brasil (APEX-Brasil) e pela Agência Brasileira de Desenvolvimento Industrial (ABDI), as quais não se identificariam com nenhum dos outros grupos.

Para o presente artigo, interessa-nos as entidades que compõem o "serviço social autônomo clássico", particularmente aquela voltada ao setor rural: o Serviço Nacional de Aprendizagem Rural (SENAR).

2. O SENAR e a contribuição instituída para custeio do sistema

No setor agropecuário, a produção de alimentos se dá principalmente por meio de pequenos e médios produtores rurais, importantes agentes econômicos que garantem o abastecimento da cadeia alimentar, pois estão na base da produção de alimentos.[7]

O agronegócio, nesse ponto, é uma cadeia produtiva que envolve importantes agentes, começando pelo produtor rural, passando pelos fornecedores de insumos (químicos e sementes), grandes, médias e pequenas *tradings*, toda a estrutura de logística de armazenagem e transporte, os fornecedores de equipamentos e tecnologia, agroindústrias, comerciantes e portos, para enfim chegar ao consumidor. Ou seja, a cadeia produtiva do agronegócio é representada por um conjunto de etapas consecutivas e interligadas que fazem o produto chegar até ao seu destino final, seja no mercado interno, seja para exportação.

Essa sucessão de etapas ou operações ocorre de forma integrada e inseparável no agronegócio, mais que em

7. Conforme dados da Confederação da Agricultura e Pecuária do Brasil (CNA) e do Cepea, o PIB do Agronegócio respondeu, em 2022, por 24,8% de todo o PIB brasileiro, sendo que 27% (28,1 milhões de pessoas) dos trabalhadores do País atuaram no agronegócio no 1º semestre de 2023. (Disponível em: https://cnabrasil.org.br/storage/arquivos/files/PIB-DO-AGRONEGOCIO-2022.17MAR2023.pdf; https://cepea.esalq.usp.br/upload/kceditor/files/Boletim%20MT%20Agro%20(1-2023).pdf).

qualquer outro setor da economia, refletindo-se também na forma como os recursos financeiros transitam no setor.

Em reconhecimento a essa importância do setor agropecuário, o constituinte originário estabeleceu, no título VII da Constituição Federal atinente à Ordem Econômica, mais precisamente no art. 187, que a política agrícola será "*planejada e executada na forma da lei, com participação efetiva do setor de produção, envolvendo produtores e trabalhadores rurais*", levando em conta especialmente (a) os preços compatíveis com os custos de produção e a garantia de comercialização; (b) o incentivo à pesquisa e à tecnologia, (c) a assistência técnica e extensão rural, e (d) a habitação para o trabalhador rural.

E para dar efetividade à determinação constitucional supramencionada é que a própria Carta Magna, no art. 62 do Ato das Disposições Constitucionais Transitórias, determinou a criação do:

> Serviço Nacional de Aprendizagem Rural (SENAR) nos moldes da legislação relativa ao Serviço Nacional de Aprendizagem Industrial (SENAI) e ao Serviço Nacional de Aprendizagem do Comércio (SENAC), sem prejuízo das atribuições dos órgãos públicos que atuam na área.

Assim, em dezembro de 1991, foi criado o Serviço Nacional de Aprendizagem Rural (SENAR) por meio da Lei nº 8.315/91 que, em seu art. 2º, atribuiu a organização e administração do serviço ao ente sindical patronal de grau máximo do setor, a Confederação da Agricultura e Pecuária do Brasil (CNA), então denominada "Confederação Nacional da Agricultura".

Além disso, o SENAR foi regulamentado pelo Decreto nº 566/92 que, em seu art. 2º, expressamente delimita o objetivo desse serviço autônomo:

> organizar, administrar e executar, no território nacional, o ensino da formação profissional rural, a promoção social e a assistência técnica e gerencial do trabalhador rural, em centros instalados e mantidos pelo Senar, ou sob a forma de cooperação, dirigida aos trabalhadores rurais.

O objetivo principal do SENAR é, pois, atingem pela execução de programas em três grandes pilares que alcançam transversalmente todo o setor: formação profissional rural (FPR), promoção social (PS) e assistência técnica e gerencial (ATeG).

Por meio da formação profissional rural (FPR), são ofertados cursos, capacitações e outras atividades (palestras, oficinas, seminários, dias de campo, workshop, entre outros) aos produtores e trabalhadores rurais com o objetivo de promover o alto nível técnico e o aumento da eficiência na produção no campo. Estima-se que, em 2022, as ações de formação beneficiaram 2.401.963 produtores, trabalhadores rurais e outros profissionais vinculados ao setor agropecuário.

A promoção social (PS), por sua vez, possui enfoque educativo e possibilita "ao trabalhador, produtor rural e suas famílias a aquisição de conhecimentos, desenvolvimento de habilidades pessoais e sociais e mudanças de atitudes que favorecem melhor qualidade de vida e participação na comunidade".[8] É o caso, por exemplo, dos programas de saúde preventiva do homem e da mulher rural, bem como de saúde bucal no campo.

O serviço de assistência técnica e gerencial (ATeG), por fim, é ofertado ao produtor rural mediante metodologia própria que prevê o acompanhamento mensal das propriedades rurais (durante 24 meses) com foco na melhoria dos

---

8. SENAR. *Manual de Orientação das Contribuições Previdenciárias na Área Rural e do Senar* - Programa Cidadania Rural. maio 2022. Disponível em: https://cnabrasil.org.br/storage/arquivos/Manual-Orientacao-SENAR_2022.pdf.

processos produtivos, na otimização econômica, tecnológica e no desenvolvimento social da família rural, alcançando dessa maneira a sustentabilidade em sua produção.

Para se ter noção da importância desse serviço, em 2021, foi constatado um aumento médio de 22%[9] na produção de leite das propriedades que completaram o ciclo de visitas realizadas dentro do programa de assistência técnica e gerencial executado pelo SENAR. Do mesmo modo, produtores de camarão localizados no estado de Sergipe, atualmente responsáveis por 99% da produção nacional, tiveram o auxílio técnico do SENAR e conseguiram reduzir os gastos em cerca de 30%, aumentando a lucratividade do produtor rural.[10]

Do ponto de vista orçamentário, a ATeG também assume protagonismo na aplicação dos recursos. De acordo com dados disponibilizados em 2022 pelo SENAR,[11] R$145 milhões foram alocados no orçamento para execução de programas relacionados a esse serviço, enquanto foram direcionados cerca de R$84 milhões para a formação profissional rural e quase R$2 milhões para a promoção social rural.

Como se vê, diferentemente do que ocorre, por exemplo, com o Serviço Nacional de Aprendizagem Industrial (SENAI) e com o Serviço Nacional de Aprendizagem do Comércio (SENAC), que possuem atividade direcionada, em boa medida, aos trabalhadores dos respectivos setores econômicos, os serviços oferecidos pelo SENAR atingem, diretamente, tanto a categoria profissional (trabalhador)

---

9. SENAR. *Relatório de Gestão* – Relato Integrado da Administração Central. 2021. Disponível em: https://cnabrasil.org.br/publicacoes/relatorio-de-gestao-2021.

10. SENAR. *Produtores de camarão de Sergipe melhoram produtividade com AteG*. Brasília, 15 maio 2023. Disponível em: https://www.cnabrasil.org.br/noticias/produtores-de-camarao-de-sergipe-melhoram-produtividade-com-ateg.

11. CNA SENAR INSTITUTO. *Orçamento e Execução Orçamentária em 2022*. Brasília, jul./set. 2022. Disponível em: https://app3.cna.org.br/transparencia/?gestaoOrcamentariaDespesa-SENAR-2022-1069.

quanto a categoria econômica (produtor) rural. Tanto é assim que o SENAR não possui grande centros de treinamento como os demais serviços sociais autônomos, mas tem milhares de técnicos de campo distribuídos nas mais diferentes localidades do País, prontos para atender em todas as propriedades rurais.

3. Histórico da contribuição ao SENAR

Para a consecução do principal objetivo do SENAR (FPR, PS e ATeG), foi instituída uma contribuição compulsória mensal de 2,5% sobre a remuneração paga a todos os empregados (folha de salários), a ser recolhida pelas pessoas jurídicas de direito privado (ou a elas equiparadas) que exerçam atividades agroindustriais, agropecuárias, extrativistas vegetais e animais, cooperativistas rurais e sindicais patronais rurais (art. 3º, I, da Lei nº 8.315/91). Além da instituição da referida contribuição, a arrecadação oriunda da contribuição referida no art. 3º, VII, da Lei nº 8.315/91, realizada em conjunto com o Imposto sobre a Propriedade Territorial Rural (ITR) pelo Instituto Nacional de Colonização e Reforma Agrária (INCRA), foi vertida ao SENAR.

Na sequência, a Lei nº 8.540/92 ampliou a sujeição passiva da contribuição ao SENAR para alcançar também *o produtor rural pessoa física*, para além da hipótese prevista no art. 3º, VII, da Lei nº 8.315/91, e fixou a exação em 0,1% incidente sobre *a receita bruta proveniente da comercialização da sua produção*, não incidindo mais sobre a folha de salários como ocorria originalmente com a contribuição devida pelas pessoas jurídicas, à que se refere o art. 3º, I, da Lei nº 8.315/91.[12]

---

12. (Lei nº 8.540/92) - Art. 2º. A contribuição da pessoa física de que trata a alínea a do inciso V do art. 12 da Lei nº 8.212, de 24 de julho de 1991, para o Serviço Nacional de Aprendizagem Rural (Senar), criado pela Lei nº 8.315, de 23 de dezembro de 1991, é de um décimo por cento incidente sobre a receita bruta proveniente da comercialização da sua produção.

A Lei nº 9.528/97 promoveu mais um alargamento da sujeição passiva ao inserir *o segurado especial* como contribuinte da contribuição ao SENAR, ao lado do produtor rural pessoa física.[13]

Em seguida, com o advento da Lei nº 10.256/2001, a base de cálculo da contribuição ao SENAR paga pelas pessoas jurídicas, que até então incidia sobre a folha de salários na forma do art. 3º, I, da Lei nº 8.315/91, passou a incidir sobre *a receita bruta proveniente da comercialização da produção própria.*[14] A referida Lei também *aumentou a alíquota da contribuição ao SENAR devida pelo empregador rural pessoa física e pelo segurado especial* para 0,2% incidente sobre a receita bruta proveniente da comercialização de sua produção.

Essa é a configuração atual da contribuição ao SENAR, devida pelas pessoas jurídicas referidas no art. 3º, I, da Lei nº 8.315/91, na forma do art. 2º da Lei nº 10.256/2001; e pelo empregador rural pessoa física e segurado especial,

---

Parágrafo único. As disposições contidas no inciso I do art. 3° da Lei n° 8.315, de 23 de dezembro de 1991, não se aplicam à pessoa física de que trata a alínea a do inciso V do art. 12 da Lei n° 8.212, de 24 de julho de 1991."

13. (Lei nº 9.528/97) - Art. 6º. A contribuição do empregador rural pessoa física e do segurado especial referidos, respectivamente, na alínea "a" do inciso V e no inciso VII do art. 12 da Lei n° 8.212, de 1991, para o Serviço Nacional de Aprendizagem Rural - SENAR, criado pela Lei n° 8.315, de 23 de dezembro de 1991, é de 0,1% incidente sobre a receita bruta proveniente da comercialização de sua produção rural."

14. (Lei nº 10.256/2001) - Art. 2º. A Lei nº 8.870, de 15 de abril de 1994, passa a vigorar com as seguintes alterações:
"Art. 25. A contribuição devida à seguridade social pelo empregador, pessoa jurídica, que se dedique à produção rural, em substituição à prevista nos incisos I e II do art. 22 da Lei nº 8.212, de 24 de julho de 1991, passa a ser a seguinte:
....
§ 1º. O disposto no inciso I do art. 3º da Lei nº 8.315, de 23 de dezembro de 1991, não se aplica ao empregador de que trata este artigo, que contribuirá com o adicional de zero vírgula vinte e cinco por cento da receita bruta proveniente da venda de mercadorias de produção própria, destinado ao Serviço Nacional de Aprendizagem Rural (SENAR)."

nos termos do art. 6º da Lei nº 9.528/97, com a alteração de alíquota promovida pelo art. 3º da Lei nº 10.256/2001.

Como se pode observar, houve uma substituição gradual da base de incidência da contribuição ao SENAR, implementada pelo legislador, de forma que, *desde 2001, tanto a contribuição paga pelo produtor rural pessoa física, e pelo segurado especial, quanto a paga pelas pessoas jurídicas, é recolhida com base na receita da comercialização da produção.*

Essa substituição, inclusive, foi objeto de questionamento perante o STF no Recurso Extraordinário (RE) nº 816.830 (Tema 801 da repercussão geral), ocasião em que foi fixada a tese de que "*é constitucional a contribuição destinada ao SENAR incidente sobre a receita bruta da comercialização da produção rural, na forma do art. 2º da Lei nº 8.540/92, com as alterações do art. 6º da Lei 9.528/97 e do art. 3º da Lei nº 10.256/01*".[15]

Em síntese, entendeu o STF que a alteração da base de incidência, ao manter a destinação dos recursos ao Sistema S, respeitou o *critério de controle de constitucionalidade das contribuições*, qual seja, a *pertinência entre o destino efetivo do produto arrecadado* e a *finalidade da tributação.*

Portanto, atualmente, a contribuição ao SENAR é plenamente constitucional e exigível dos seguintes sujeitos passivos: pessoas jurídicas que exploram as atividades mencionadas no inciso I do art. 3º da Lei nº 8.315/91, produtores rurais pessoas físicas e jurídicas, agroindústrias e os segurados especiais. A alíquota é cobrada à razão de 0,2% para com relação aos produtores rurais pessoa física, e 0,25% para os produtores rurais pessoa jurídica e agroindústrias, e a base de cálculo é a receita bruta proveniente da comercialização da produção rural.

15. BRASIL. STF. *RE nº 816.830*. Relator: Min. Dias Toffoli. DJ de 24 abr. 2023.

4. A classificação de contribuições sociais segundo a doutrina e a jurisprudência

O tema da classificação de tributos sempre esteve no campo de atenção da doutrina e da jurisprudência dos tribunais, como forma de definir o regime jurídico aplicável a cada tributo segundo a sua natureza jurídica. Em outras palavras, a classificação serve para verificar quais normas devem ser aplicadas na instituição, cobrança e recolhimento de cada tributo.

A acepção do termo "tributo", bem como a classificação das espécies tributárias, foram objeto de análise e apreciação pelo Supremo Tribunal Federal (STF) no bojo do paradigmático julgamento do Recurso Extraordinário (RE) nº 138.284, in *verbis*:

> Os tributos, nas suas diversas espécies, compõem o Sistema Constitucional Tributário, que a Constituição inscreve nos seus artigos 145 a 162. Tributo, sabemos, encontra definição no artigo 3º do C.T.N., definição que se resume, em termos jurídicos, no constituir ele uma obrigação, que a lei impõe às pessoas, de entregar uma certa importância em dinheiro ao Estado. (...) As diversas espécies tributárias, determinadas pela hipótese de incidência ou pelo fato gerador da respectiva obrigação (CTN, art. 4º), são as seguintes: a) os impostos (C.F., arts. 145, I, 153, 154, 155 e 156); b) as taxas (C.F., art. 145, II); c) as contribuições, que podem ser assim classificadas: c.l. de melhoria (C.F., art. 145, III); c.2. parafiscais (C.F., art. 149), que são: c.2.1. sociais, c.2.1.1. de seguridade social (C.F., art. 195, I, II, III), C.2.1.2. outras de seguridade social (C.F., art. 195, parág. 4º), c.2.1.3. sociais gerais (o FGTS, o salário-educação, C.F., art. 212, parág. 5º, contribuições para o SESI, SENAI, SENAC, C.F., art. 240); c.3. especiais: c.3.1. de intervenção no domínio econômico (C.F., art. 149) e c.3.2. corporativas (C.F., art. 149). Constituem, ainda, espécie tributária: d) os empréstimos compulsórios (C.F., art. 148).[16]

16. BRASIL. STF. *RE nº 138.284*. Relator: Min. Carlos Velloso. DJ de 28 ago. 1992.

No mesmo julgado e com relação ao tema deste tópico, o STF afirmou que "as contribuições parafiscais têm caráter tributário. Sustento que constituem essas contribuições uma espécie própria de tributo ao lado dos impostos e das taxas".[17]

Sob a denominação de "contribuições parafiscais", dentro do ordenamento jurídico brasileiro, é possível encontrar espécies diversas de exações, sujeitas a regimes jurídico-constitucionais igualmente diversos. Algumas, por exemplo, possuem seus elementos essenciais previstos detalhadamente na Carta Magna, como é o caso das contribuições para a seguridade social, disciplinadas no art. 195, enquanto outras não, como é o caso das contribuições de intervenção no domínio econômico e demais espécies referidas pelo art. 149.

Assim, a distinção entre as espécies de contribuições é fundamental, porquanto à exceção das contribuições para a seguridade social, as demais contribuições não possuem suas linhas estruturais previstas na Constituição. Além disso, o Código Tributário Nacional não cuidou especificamente dessa espécie tributária, de modo que, para as contribuições que não se destinam ao custeio da seguridade social, há uma maior liberdade de conformação por parte do legislador.

Quanto ao ponto, no citado RE nº 138.284, o STF decidiu que as contribuições especiais ou parafiscais se dividem em: a) sociais, que podem ser para custear a a.1) seguridade social (previdência, assistência e saúde) – originárias ou residuais – ou podem ser a.2) destinadas a finalidades sociais gerais (sociais "gerais"); b) de intervenção no domínio econômico (CIDE); e c) corporativas, assim entendidas como as de interesse das categorias profissionais ou econômicas.[18]

---

17. Ibidem.

18. Ibidem.

Com relação às contribuições parafiscais, a doutrina afirma que:

> o art. 149, *caput*, do texto constitucional prescreve a possibilidade da União instituir contribuições como instrumento de sua atuação no âmbito social, na intervenção no domínio econômico e no interesse das categorias profissionais ou econômicas. Três, portanto, são as espécies de contribuição: (i) social, (ii) interventiva e (iii) corporativa, tendo o constituinte empregado, como critério classificatório, a finalidade de cada uma delas, representada pela destinação legal do produto arrecadado.[19]

Com base nisso, é de se concluir que a classificação de contribuições é feita segundo o critério finalístico da instituição da exação conjugada com a análise da destinação da arrecadação, bem como da referibilidade.

Detalhando brevemente esse ponto, vale lembrar que as contribuições sociais "gerais" possuem maior abrangência dentre os três tipos, ao se destinarem ao financiamento social, bem-estar e justiça social, de um modo geral.

As contribuições de intervenção no domínio econômico, como o próprio nome evidencia, demandam uma atuação estatal no domínio econômico e, para tanto, é indispensável a competência da União para o exercício da atividade interventiva, nos termos dos arts. 173 e 174 da Constituição Federal.

Por outro lado, as contribuições de interesse das categorias profissionais ou econômicas, também chamadas de contribuições corporativas, manifestam finalidade social para emprego de suas receitas tal como ocorre com as contribuições sociais gerais. Entretanto, há um ponto que deve ser levado em consideração, caso contrário, incorrer-se-á em grave equívoco classificatório.

---

19. CARVALHO, Paulo de Barros. *Curso de direito tributário*. São Paulo: Saraiva, 2011, p. 76.

Diferentemente das contribuições sociais gerais, há peculiaridades que justificam a sua criação e cobrança das contribuições de interesse das categorias profissionais ou econômicas, dentre elas, a cobrança realizada por entidade de direito privado mediante delegação, ensejam o enquadramento da exação em uma categoria diferenciada das contribuições sociais genéricas.[20]

Além disso, há um segundo ponto fundamental que deve ser levado em consideração: a referibilidade. Uma vez delimitada e verificada a referibilidade, a natureza jurídica da contribuição corporativa está definida e não há argumentos transversais que permitam classificar a contribuição de maneira diversa.

Com isso chegamos ao questionamento do presente artigo: qual, afinal, é a natureza jurídica da contribuição ao SENAR?

5. Análise da natureza jurídica da contribuição ao SENAR

A natureza jurídica da contribuição devida ao SENAR desperta interesse não apenas do ponto de vista conceitual da categorização, mas porque essa definição assume importante relevo no campo das contribuições, porquanto existem normas jurídicas aplicáveis a uma espécie de contribuição que não são aplicadas a outras.

É o caso, por exemplo, da imunidade tributária na exportação e a permissão de incidência sobre a importação de produtos ou serviços previstas nos incisos I e II do § 2º do art. 149 da Constituição Federal e aplicáveis única e exclusivamente em relação às contribuições sociais "gerais" e à contribuição de intervenção no domínio econômico.

---

20. FERNANDES, Simone Lemos. *Contribuições neocorporativas na Constituição e nas leis*. Belo Horizonte: Delrey, 2005. p. 116-117.

Do ponto de vista doutrinário, há controvérsia com relação ao enquadramento da contribuição ao SENAR.

Há aqueles que defendem a classificação da contribuição ao SENAR como contribuição social geral, dentre os quais está Ives Gandra da Silva Martins, para quem:

> o Sistema "S" tem como escopo maior exatamente a integração da juventude no mercado de trabalho, razão pela qual entendo que natureza jurídica da contribuição para o sistema 'S' não está entre àquelas voltadas para o interesse das categorias econômicas, mas sim as de natureza social.[21]

Por outro lado, Paulo de Barros Carvalho defende que se trata de uma contribuição corporativa, nos seguintes termos constantes do parecer juntado aos autos do Recurso Extraordinário (RE) nº 816.830 (Tema 801 da repercussão geral) em que se discutiu a validade da alteração da base de cálculo da contribuição ao SENAR:

> A partir dos contornos da regra-matriz de incidência tributária da contribuição ao SENAR e das disposições contidas na Lei instituidora, regulamento e regimento interno, que disciplinam os objetivos sociais dessa entidade, parece-me adequado afirmar que se trata de contribuição instituída no interesse da categoria econômica dos produtores rurais.
>
> Com efeito, trata-se de tributo que visa a custear o conjunto de atividades desempenhadas por entidade diretamente vinculada à CNA. Esta, por sua vez, é entidade sindical representativa dos produtores rurais, ou seja, do mesmo grupo que está sujeito ao pagamento da contribuição. A referibilidade, de que tratei no item 4.2, portanto, não se faz com uma categoria profissional (os empregados de produtores rurais), mas com uma categoria econômica (os produtores rurais).

---

21. MARTINS, Ives Gandra da Silva. Contribuições Sociais para o Sistema 'S' - constitucionalização da imposição por força do art. 240, da Lei Suprema – recepção nova ordem do art. 577 da CLT – parecer. *Revista Trimestral de Jurisprudência dos Estados*, Editora Jurid Vellenick Ltda., Jun/Mar 2001, v. 180, p. 109.

> Ademais, o detalhamento dos objetivos e atribuições do SENAR evidenciam que as atividades de ensino e assistenciais são ferramentas que servem de meio para o objetivo do aumento da produtividade rural, no interesse da categoria econômica. São instrumentos implementados em favor do produtor rural, como evidenciam os cuidados de assistência gerencial (art. 2º do Regulamento) e, ainda, da implementação de programas de formação diretamente no estabelecimento empregador (art. 1º, II, do Regimento Interno).[22]

No mesmo sentido, entende Kiyoshi Harada, *verbis*:

> Nas chamadas contribuições parafiscais, o sujeito ativo não é necessariamente a pessoa jurídica de direito público interno. Até pessoa física pode posicionar-se como sujeito ativo como nos casos dos notários e registradores públicos que cobram emolumentos que representam taxas (ADI nº 3694/AP, Rel. Min. Sepúlveda Pertence).
>
> Não se trata de delegação de competência tributária, mas apenas de delegação para fiscalizar, cobrar e apropriar-se do produto da arrecadação.
>
> A contribuição do sistema S em nada diferencia da contribuição social em geral tirante o fato de que uma pessoa jurídica privada se apropria do produto de sua arrecadação. (...) É certo, também, que essas contribuições sociais passaram a ter fundamento expresso no art. 149 da CF como contribuições de interesse das categorias econômicas ou profissionais. (...) O STF, ao julgar o RE nº 396.266, reconheceu que as contribuições do Sistema S têm sua matriz constitucional no art. 149 da CF como contribuição de interesse das categorias econômicas e profissionais, com exceção da contribuição devida ao SEBRAE que tem natureza de contribuição de intervenção no domínio econômico.[23]

Luís Eduardo Schoueri também as cataloga como especiais do tipo corporativa, justamente em razão da

---

22. CARVALHO, Paulo de Barros. *Parecer.* Solicitante: Confederação da Agricultura e Pecuária do Brasil (CNA). São Paulo, 02 maio 2023. p. 22-23. Disponível em: https://redir.stf.jus.br/paginadorpub/paginador.jsp?docTP=TP&docID=767357326&prcID=4584485#.

23. HARADA, Kiyoshi. Contribuições sociais do sistema S. *Revista Jus Navigandi*, Teresina, 2021. Disponível em: https://jus.com.br/artigos/45722/contribuições-sociais -do-sistema-s.

referibilidade inerente às contribuições do Sistema S, nos seguintes termos:

> São as contribuições do chamado 'Sistema S' (Sesc – Serviço Social do Comércio; Senac – Serviço Nacional de Aprendizagem do Comércio; Senar – Serviço Nacional de Aprendizagem Rural; Sesi – Serviço Social da Indústria; Senai – Serviço Nacional de Aprendizagem Industrial; Sescoop – Serviço Nacional de Aprendizagem do Cooperativismo; Sest – Serviço Social de Transporte; Senat – Serviço Nacional de Aprendizagem do Transporte). Com relação a tais contribuições, conquanto classificadas como sociais (por sua finalidade), a referibilidade que lhes é inerente permite que sejam incluídas entre as contribuições especiais.[24]

Nesse sentido, interessante notar que a Receita Federal do Brasil classifica a contribuição ao SENAR como de interesse das categorias profissionais ou econômicas, conforme se verifica do parágrafo único do art. 148 da IN RFB nº 2.110/2022, *verbis*:

> Art. 148. As contribuições sociais previdenciárias de que trata este Capítulo não incidem sobre as receitas decorrentes de exportação.
>
> Parágrafo único. O disposto no *caput* não se aplica à contribuição devida ao Senar, por se tratar de contribuição de interesse das categorias profissionais ou econômicas.

Feito esse retrospecto normativo e doutrinário, verifica-se que a discussão não é tão simples quanto parece e muitos debates, sobretudo aqueles travados em sede jurisprudencial, não perpassam as especificidades necessárias das atividades prestadas pelo SENAR que, se consideradas, esclarecem ser uma contribuição cobrada do rural e revertida para o rural, ou seja, instituída em favor do interesse da categoria profissional e econômica em sua completude.

---

24. SCHOUERI, Luís Eduardo. *Direito tributário*. 6. ed. São Paulo: Saraiva, 2016. p. 231.

Isto posto, passamos a analisar e comparar o perfil da contribuição ao SENAR com cada espécie de contribuição parafiscal, com o fim de encontrar traços de compatibilidade entre elas.

Em primeiro lugar, indaga-se se a contribuição ao SENAR seria uma contribuição de intervenção no domínio econômico (CIDE).

Para a caracterização das contribuições ao SENAR como CIDE seria necessário entendê-la como possuidora de um caráter extrafiscal nítido de instrumento de planejamento econômico estrutural, destinado precipuamente a corrigir distorções e eventuais abusos de segmentos econômicos descompassados, ou seja, indo além do escopo de carrear recursos e do cunho de formação profissional de um setor específico.[25]

A contribuição ao SENAR absolutamente não se enquadra nas normas de competência atinentes à CIDE, considerando que a própria criação da referida contribuição, diferentemente da CIDE, não possui o caráter extrafiscal mencionado e também não possui interligação com as disposições constitucionais interventivas dispostas no art. 170, incisos I a IX e seguintes da Constituição Federal de 1988.

Essa distinção também foi feita pelo Conselho Administrativo de Recursos Fiscais (CARF) em julgado sobre o tema:

> De fato, existem atividades econômicas que necessitam de intervenção/regulação do Estado, visando à fiscalização da atividade econômica em si, na medida em que regula seu fluxo produtivo para ascensão do setor beneficiado (essência da CIDE), não sendo esta a finalidade precípua do SENAR.

---

25. BRASIL CARF. *Acórdão nº 9202-006.595*. 2ª Turma da Câmara Superior de Recursos Fiscais. Voto da Conselheira: Ana Cecília Lustosa Cruz, 20 mar. 2018.

> Ainda, as contribuições de intervenção no domínio econômico são mais abrangentes, quanto à destinação, que as contribuições de interesse das categorias profissionais ou econômicas, tendo em vista que aquelas fomentam determinado setor com o fim de incentivar e instigar o mercado, de forma pragmática, principalmente em momentos de crise, contribuindo na regulação da ordem econômica e refletindo políticas do governo que afetam toda a sociedade, e estas têm sua aplicação adstrita ao financiamento das respectivas categorias profissionais ou econômicas, em áreas específicas, apenas para o seu fomento.[26]

Conclui-se, portanto, que a contribuição ao SENAR não possui traços de compatibilidade com as contribuições de intervenção no domínio econômico.

Em segundo lugar, a contribuição ao SENAR se enquadra como contribuição social "geral"?

Como visto, as contribuições sociais "gerais" possuem maior abrangência, ao se destinarem ao financiamento social, bem-estar e justiça social, de um modo geral, não voltado, então, especificamente, ao interesse de determinadas categorias ou de determinado setor. Ocorre que, embora da atuação do SENAR decorram benefícios para a sociedade no âmbito da educação e assistência técnica a produtores e trabalhadores, esses são reflexos indiretos da exação criada precipuamente em prol da categoria profissional (trabalhador) e da categoria econômica (produtor) rural.

Outrossim, os recursos das contribuições sociais gerais que ingressam aos cofres públicos decorrentes da sua arrecadação mantêm o caráter público e são aplicados, conforme sua vinculação, pelo próprio Estado. É o caso, por exemplo, do adicional de 10% do FGTS na rescisão imotivada, cujos recursos são utilizados pelo Governo Federal para financiar programas habitacionais.

---

26. BRASIL. CARF. *Acórdão nº 9202-009.529*. 2ª Turma da Câmara Superior de Recursos Fiscais. Relator: Conselheiro Marcelo Milton da Silva Risso, 25 maio 2021.

O produto da arrecadação da contribuição que ingressa nos cofres do SENAR, por sua vez, perde o caráter de recurso público, como já decidiu o STF.[27] Aqui os recursos são arrecadados, geridos e aplicados pela própria entidade de direito privado que, ressalte-se, não pertence à estrutura da administração direta. Sendo assim, não se poderia classificar a contribuição ao SENAR como contribuição social geral.

Cabe observar, contudo, que recentemente o STF assentou a constitucionalidade da adoção da receita bruta como base de cálculo da contribuição ao SENAR (Tema 801), ocasião em que se tratou em sede de *obiter dictum* a natureza jurídica da contribuição.

Aos olhos do Ministro Dias Toffoli "a contribuição ao SENAR, embora tenha pontos de conexão com os interesses da categoria econômica respectiva e com a seguridade social, em especial com a assistência social, está intrinsecamente voltada para uma contribuição social geral".

O Ministro Alexandre de Moraes, por sua vez, em que pese tenha acompanhado o relator na conclusão quanto ao não provimento do recurso, apresentou em seu voto razões diferentes para tal, inclusive interpretando a natureza do SENAR como sendo uma contribuição de interesse de categoria profissional.

Do mesmo modo se manifestou o Ministro Gilmar Mendes para quem:

> a natureza da exação destinada ao SENAR - como contribuição corporativa - é afirmada nos seguintes termos, no magistério de Hugo Segundo: 'São chamadas "corporativas" as

27. "Os serviços sociais autônomos do denominado sistema 'S', embora compreendidos na expressão de entidade paraestatal, são pessoas jurídicas de direito privado, definidos como entes de colaboração, mas não integrantes da Administração Pública. Quando o produto das contribuições ingressa nos cofres dos Serviços Sociais Autônomos perde o caráter de recurso público. Precedentes." (BRASIL. STF. *AgR na ACO 1.953*. Relator: Min. Ricardo Lewandowski, 18 dez. 2013).

contribuições criadas no interesse de categorias profissionais ou econômicas. A União pode instituí-las, colhendo como contribuintes os membros de determinado grupo ou setor profissional ou econômico, a fim de custear atividades que sejam do interesse desse mesmo grupo. Embora devam ser criadas pela União (através de lei federal), tais exações podem ser destinadas a terceiros, ou mesmo administradas e arrecadadas por estes, encarregados de desempenhar a atividade correspondente (...)'.[28]

Entretanto, por se tratar de *obiter dictum*, a menção ao SENAR como contribuição social geral foi retirada da ementa do acórdão após decisão em embargos de declaração, uma vez terem concordado os ministros não ter sido este o objeto da discussão no Tema 801. Por fim, resta saber se há traços de compatibilidade suficiente para enquadrar a contribuição ao SENAR como contribuição instituída no interesse de determinada categoria profissional ou econômica (contribuição corporativa).

Como visto, a finalidade social também se encontra presente nas contribuições corporativas, porém, nesse caso, a noção de benefício associado a um grupo econômico ou profissional específico é tão forte que o constituinte lhe atribuiu um enquadramento especial no próprio texto do art. 149 da Constituição Federal.[29]

Dentro daquilo que foi apontado acima, a resposta à indagação da natureza jurídica da contribuição ao SENAR remonta à instituição da contribuição e à análise da destinação empregada, bem como especialmente da referibilidade direta entre os sujeitos passivos e os benefícios oferecidos pelos serviços prestados pelo SENAR.

---

28. Ibidem.

29. "A contribuições no interesse de categorias profissionais, como contribuições especiais típicas, seguem o arquétipo básico das Ciências das Finanças, tendo sua instituição guiada pelo princípio da referibilidade, que se manifesta como uma conexão entre o elemento finalístico do mandamento e o aspecto pessoal da hipótese de sua norma instituidora." (FERNANDES, Simone Lemos. *Op. Cit.* p. 218-219).

Neste ponto, é preciso retomar o disposto no art. 1º da Lei nº 8.315/91, que criou o SENAR e a respectiva contribuição cuja arrecadação a ele se destina, nos seguintes termos:

> Art. 1º. É criado o Serviço Nacional de Aprendizagem Rural (Senar), com o objetivo de organizar, administrar e executar em todo o território nacional o ensino da formação profissional rural e a promoção social do trabalhador rural, em centros instalados e mantidos pela instituição ou sob forma de cooperação, dirigida aos trabalhadores rurais.

Do mesmo modo, também é pertinente rememorar o objetivo do SENAR delineado no art. 2º do Decreto nº 566/92, *verbis*:

> Art. 2º. O objetivo do Senar é organizar, administrar e executar, no território nacional, o ensino da formação profissional rural, a promoção social e a assistência técnica e gerencial do trabalhador rural, em centros instalados e mantidos pelo Senar, ou sob a forma de cooperação, dirigida aos trabalhadores rurais.

A leitura dos dispositivos supra, juntamente com a ilustração da atuação do SENAR nas áreas de formação profissional rural, da promoção social e da assistência técnica e gerencial, evidencia que a destinação da arrecadação da contribuição ao SENAR é realizada única e exclusivamente em favor do setor profissional e econômico rural (e não da coletividade), beneficiando tanto trabalhadores quanto produtores rurais, por meio de um sistema custeado por estes e outros atores da cadeia de produção agropecuária.

Portanto, denota-se na contribuição ao SENAR características próprias do corporativismo,[30] no interesse de todo

30. Na definição clássica de Philippe Schmitter: "O corporativismo pode ser definido como um sistema de representação de interesses no qual as unidades constituintes são organizadas em um número limitado de categorias singulares, compulsórias, não competitivas, hierarquicamente ordenadas e funcionalmente diferenciadas, reconhecidas ou licenciadas (quando não criadas) pelo Estado, às

o setor agropecuário brasileiro, ou seja, toda a classe rural (trabalhadores e produtores). Esse aspecto, aliás, pode ser entendido como a chave da diferenciação entre a contribuição ao SENAR e as demais contribuições.

É que, como expressão típica do princípio da referibilidade atrelado à noção de solidariedade de grupo, temos a justificativa ético-jurídica para a instituição de contribuições ("referibilidade de grupo")[31] e, desse modo, as contribuições corporativas voltam-se essencialmente ao setor profissional ou econômico representado.

Em outras palavras, o fato de ser cobrada do rural e revertida integralmente em favor do setor de produção rural, e o fato de a receita ser gerida e aplicada por entidade privada desvinculada da administração e vinculada à entidade sindical representativa dos produtores rurais, constituem ponto importante para classificação como contribuição corporativa, diferenciando-a das contribuições sociais gerais, como é o caso da contribuição ao FGTS, no exemplo citado acima.

Além disso, há o fato de que os serviços ofertados pelo SENAR também se conectam às matérias tratadas no título

---

quais é concedido monopólio de representação dentro de sua respectiva categoria em troca da observância de certos controles na seleção de seus líderes e na articulação de demandas e apoio." (SCHMITTER, Philippe C. Still the Century of Corporatism? *Review of Politics*, n. 36, 1974. p. 43-44 – Tradução livre). Original: "*Corporatism can be defined as a system of interest representation in which the constituent units are organized into a limited number of singular, compulsory, noncompetitive, hierarchically ordered and functionally differentiated categories, recognized or licensed (if not created) by the state and granted a deliberate representational monopoly within their respective categories in exchange for observing certain controls on their selection of leaders and articulation of demands and support.*"

31. "Porém, não basta que a contribuição parafiscal tenha legal destinação específica e previsão orçamentária. Para que os referidos tributos cumpram a sua finalidade e obtenham a validação constitucional é preciso que haja a referibilidade de grupo entre os contribuintes da exação e a finalidade estatal por ela financiada, que tem que guardar relação com o grupo de que o contribuinte faz parte." (RIBEIRO, Ricardo Lodi. Contribuições Parafiscais e a Validação Constitucional das Espécies Tributárias. *Revista Dialética de Direito Tributário*, n. 174, mar./ 2010. p. 118).

da Ordem Econômica, mais especificamente a política agrícola do setor agropecuário prevista no art. 187 da Constituição Federal, especialmente no que toca ao *incentivo à pesquisa e à tecnologia* (inciso III), bem como *a assistência técnica e extensão rural* (inciso IV).

6. Considerações finais

É de se concluir, portanto, que a natureza jurídica da contribuição ao SENAR é de contribuição corporativa, ou seja, instituída no interesse da categoria profissional e econômica agropecuária. Contudo, importante ressaltar que, há indicativos de que o Supremo sedimentará a questão em futuro próximo, isso porque, a despeito das considerações feita pelo STF em sede de *obiter dictum* no Tema 801, esse ponto ainda não foi objeto de discussão específica. Tanto que, em 14 de setembro de 2024, o Supremo reconheceu a repercussão geral no RE 1310691 –, de relatoria do Ministro André Mendonça, nos seguintes termos: Tema 1320 - *Imunidade da contribuição devida pelo empregador rural ao Serviço Nacional de Aprendizagem Rural (Senar) incidentes sobre as receitas decorrentes de exportações.*

Referências

BORGES, Alice Gonzalez. Serviços sociais autônomos – natureza jurídica. *Revista Brasileira de Direito Público – RBDP*, Salvador, n. 26, 2011.

BRASIL. Conselho Administrativo de Recursos Fiscais (CARF). *Acórdão nº 9202-006.595.* 2ª Turma da Câmara Superior de Recursos Fiscais. Voto da Conselheira: Ana Cecília Lustosa Cruz, 20 mar. 2018.

______. Conselho Administrativo de Recursos Fiscais (CARF). *Acórdão nº 9202-009.529.* 2ª Turma da Câmara

Superior de Recursos Fiscais. Relator: Conselheiro Marcelo Milton da Silva Risso, 25 maio 2021.

_____. Supremo Tribunal Federal (STF). *AgR na ACO 1.953*. Relator: Min. Ricardo Lewandowski, 18 dez. 2013).

_____. Supremo Tribunal Federal (STF). *RE nº 138.284*. Relator: Min. Carlos Velloso, 28 ago. 1992.

_____. Supremo Tribunal Federal (STF). *RE nº 816.830*. Relator: Min. Dias Toffoli, 24 abr. 2023.

CARVAHO, Paulo de Barros. *Curso de direito tributário*. São Paulo: Saraiva, 2011.

_____. *Parecer*. Solicitante: Confederação da Agricultura e Pecuária do Brasil (CNA). São Paulo, 02 maio 2023. p. 22-23. Disponível em: https://redir.stf.jus.br/paginadorpub/paginador.jsp?docTP=TP&docID=767357326&prcID=4584485#.

CENTRO DE ESTUDOS AVANÇADOS EM ECONOMIA APLICADA (CEPEA); CONFEDERAÇÃO DA AGRICULTURA E PECUÁRIA DO BRASIL (CNA). *Boletim Mercado de Trabalho do Agronegócio Brasileiro*. 1° tri. 2023. Disponível em: https://cepea.esalq.usp.br/upload/kceditor/files/Boletim%20MT%20Agro%20(1-2023).pdf.

CNA SENAR INSTITUTO. *Orçamento e Execução Orçamentária em 2022*. Brasília, jul./set. 2022. Disponível em: https://app3.cna.org.br/transparencia/?gestaoOrcamentariaDespesa-SENAR-2022-1069.

FERNANDES, Simone Lemos. *Contribuições neocorporativas na Constituição e nas leis*. Belo Horizonte: Delrey, 2005.

HARADA, Kiyoshi. Contribuições sociais do sistema S. *Revista Jus Navigandi*, Teresina, 2021. Disponível em: https://jus.com.br/artigos/45722/contribuições-sociais-do-sistema-s.

MARQUES NETO, Floriano de Azevedo; CUNHA, Carlos Eduardo Bergamini. Serviços sociais autônomos. *Revista de Direito Administrativo – RDA,* Rio de Janeiro, v. 263, maio 2013.

MARTINS, Ives Gandra da Silva. Contribuições Sociais para o Sistema 'S' - constitucionalização da imposição por força do art. 240, da Lei Suprema – recepção nova ordem do art. 577 da CLT – parecer. *Revista Trimestral de Jurisprudência dos Estados,* Editora Jurid Vellenick Ltda., Jun/Mar 2001, v. 180.

RIBEIRO, Ricardo Lodi. Contribuições Parafiscais e a Validação Constitucional das Espécies Tributárias. *Revista Dialética de Direito Tributário*, n. 174, mar./ 2010.

SCAFF, Fernando Facury. Contrato de gestão, serviços sociais autônomos e intervenção do Estado. *Revista de Direito Administrativo — RDA,* Rio de Janeiro, v. 225, jul./set. 2001.

SCHMITTER, Philippe C. Still the Century of Corporatism? *Review of Politics*, n. 36, 1974.

SCHOUERI, Luís Eduardo. *Direito tributário*. 6. ed. São Paulo: Saraiva, 2016.

SENAR. *Manual de Orientação das Contribuições Previdenciárias na Área Rural e do Senar* - Programa Cidadania Rural. maio 2022. Disponível em: https://cnabrasil.org.br/storage/arquivos/Manual-Orientacao-SENAR_2022.pdf.

______. *Produtores de camarão de Sergipe melhoram produtividade com AteG*. Brasília, 15 maio 2023. Disponível em: https://www.cnabrasil.org.br/noticias/produtores-de-camarao-de-sergipe-melhoram-produtividade-com-ateg.

______. *Relatório de Gestão* – Relato Integrado da Administração Central. 2021. Disponível em: https://cnabrasil.org.br/publicacoes/relatorio-de-gestao-2021.

CONTROVÉRSIAS TRIBUTÁRIAS: CONTRIBUIÇÃO AO FUNRURAL

Tatiana Midori Migiyama[1]

1. Introdução

Esplandecendo o tema, este artigo tem como desígnio delinear a contenda tributária que circunda o setor de agronegócio, substancial à exploração de atividades pecuárias e agrícolas por produtores rurais pessoas físicas e jurídicas, bem como às agroindústrias, especialmente no que diz respeito à contribuição ao Fundo de Assistência ao Trabalhador Rural – FUNRURAL.

---

1. Bacharela em Ciências Contábeis pela Faculdade de Economia, Administração e Contabilidade da Universidade de São Paulo – FEA/USP. Bacharela em Direito na Faculdade Metropolitanas Unidas de São Paulo. Pós-Graduada em Direito Tributário pelo Instituto Brasileiro de Estudos Tributários – IBET/USP. Contadora registrada no CRC. Advogada registrada na OAB. Mediação, Conciliação e Arbitragem pela FGV. Conselheira Titular da 3ª Turma da Câmara Superior de Recursos Fiscais do Conselho Administrativo de Recursos Fiscais do Ministério da Economia – CARF (Vice-Presidente da 1ª Câmara da 3ª Seção do CARF). Membro Certificado pelo Instituto de Certificação Institucional e dos Profissionais de Seguridade Social - ICSS. Professora de cursos de Pós-graduação *lato sensu*. Coautora de diversos livros técnicos. Ex-Membro da Associação Brasileira das Entidades dos Mercados Financeiro e de Capitais – ANBIMA. Membro da Comissão Tributária e Relacionamentos Governamentais da Associação Brasileira das Companhias Abertas – Abrasca. Associada do Instituto Brasileiro de Executivos de Finanças de São Paulo – IBEF SP.

Primordialmente, resplende-se o agronegócio por ser um setor de magnitude singular para o crescimento econômico do país, e que, apesar da queda com relação ao exercício anterior, contribuiu com 23,8% do Produto Interno Bruto brasileiro.[2] Segundo o Centro de Estudos Avançados em Economia Aplicada – CEPEA, da Esalq USP, o segmento agrícola apresentou crescimento de 0,66% no 1º trimestre de 2023, impulsionado pela safra recorde de grãos e redução nos preços de fertilizantes e defensivos agrícolas. E o Levantamento Sistemático da Produção Agrícola – LSPA, do Instituto Brasileiro de Geografia e Estatística – IBGE, por sua vez, projetou safra de cereais, leguminosas e oleaginosas de 296, 2 milhões de toneladas, refletindo aumento de 12,6% se compararmos com o ano de 2021 e 2022. O que torna o setor pertinente ao desenvolvimento do país, merecendo atenção redobrada quando se trata de tributos e contribuições incidentes sobre suas operações.

Retornando ao mote proposto, clareando a operacionalização da contribuição inerente ao Funrural, é de se refletir *a priori* sobre sua origem, natureza e destinação. Inicia-se, assim, trazendo que a proposição da criação desse fundo ocorreu, de fato, em 1963, com a promulgação dada pelo presidente João Goulart que, por sua vez, visando à popularidade política, atuava no fortalecimento de movimentos políticos sociais, dentre eles, o fortalecimento da Reforma Agrária. Ora, por evidente, que tal ação remete automaticamente à mudança da estrutura fundiária para melhor acomodar a sociedade pela distribuição justa das terras e alavancar a economia familiar inclusive, mas também à garantia de direitos assistenciais aos produtores rurais.

2. CONFEDERAÇÃO DA AGRICULTURA E PECUÁRIA DO BRASIL (CNA). *PIB do agronegócio FECHA 2023 com queda de 2,99%*. 26 mar. 2024. Disponível em: https://www.cnabrasil.org.br/publicacoes/pib-do-agronegocio-fecha-2023-com-queda-de-2-99.

À vista disso, em 18.03.1963, foi publicada a Lei nº 4.214, de 1963, que instituiu em seu art. 158[3] o Fundo de Assistência e Previdência do Trabalhador Rural, que dispunha que o referido fundo consistiria em 1% do valor dos produtos agropecuários colocados, que seria recolhido pelo produtor quando de sua primeira operação. E, na hipótese de estabelecimento fabril que utilize matéria-prima de sua produção agropecuária, deveria ser recolhido 1% sobre o valor da matéria-prima própria que tenha sido utilizada.

Ato contínuo, em 28.02.1967, foi publicado o Decreto-Lei nº 276, de 1967, estabelecendo, entre outros, que o Fundo de Assistência e Previdência ao Trabalhador Rural – FUNRURAL seria destinado ao custeio da prestação médico-social ao trabalhador rural e seus dependentes, devendo ser constituído pela contribuição de 1% devida pelo produtor sobre o valor comercial dos produtos rurais e recolhida pelo (i) adquirente ou consignatário, que ficaria sub-rogado, para esse fim, em todas as obrigações do produtor ou (ii) diretamente pelo produtor quando ele próprio industrializar os produtos.

Sendo assim, as agroindústrias que adquirem insumos do produtor rural passaram a figurar como responsáveis por sub-rogação a recolher 1% sobre o valor comercial dos produtos rurais adquiridos para compor o FUNRURAL e

---

3. Art. 158. Fica criado o "Fundo Assistência e Previdência do Trabalhador Rural", que se constituirá de 1% (um por cento) do valor dos produtos agropecuários colocados e que deverá ser recolhido pelo produto, quando da primeira operação, ao Instituto de Aposentadoria e Pensões dos Industriários, mediante guia própria, até quinze dias daquela colocação.

§ 1º. Na hipótese de estabelecimento fabril que utilize matéria-prima de sua produção agropecuária, arrecadação se constituirá de 1% (um por cento) sobre o valor da matéria-prima própria, que for utilizada;

§ 2º. Nenhuma empresa, pública ou privada, rodoviária, ferroviária, marítima ou aérea, poderá transportar qualquer produto agropecuário, sem que comprove, mediante apresentação de guia de recolhimento, o cumprimento do estabelecido neste artigo.

garantir, por conseguinte o custeio da prestação médica ao trabalhador rural e seus familiares dependentes.

Em 02.05.1969, mediante publicação do Decreto-lei nº 564, de 1969,[4] com a redação dada pelo Decreto-Lei nº 704, de 1969, restou estabelecido que a previdência social assecuratória de direitos sociais de trabalhadores urbanos ficaria estendida para os trabalhadores rurais. Evidencia-se a importância do direcionamento que foi dado aos trabalhadores rurais, abarcando-os na previdência social.

Em 1969, foi publicado o Decreto nº 65.106, de 1969, que instituiu o Plano Assistencial Básico e o Regulamento Próprio da Previdência Social Rural, abrangendo textualmente os empregados (i) do setor agrário da empresa agroindustrial; (ii) da empresa produtora e fornecedora de produto agrário in natura; (iii) do empreiteiro ou da organização que, embora, não constituídos sob a forma de empresa, utilizem mão de obra para produção e fornecimento de produto agrário *in natura*; (iv) safristas, assim considerados os empregados, inclusive trabalhadores rurais, cujos contratos tenham sua duração dependente de variações estacionais da atividade agrária.

Percebe-se ainda que o referido Plano passou a garantir a seus beneficiários auxílio-doença, aposentadoria por invalidez, aposentadoria por velhice e, aos seus dependentes, auxílio reclusão, auxílio funeral e pensão por morte.

Em 26.05.1971[5], foi publicada a Lei Complementar nº 11, de 1971, que substituiu o Plano Básico de Previdência Social Rural por um regime autônomo, instituindo o Programa de

4. Art. 2º. São segurados obrigatórios do Plano Básico, à medida que se verificar sua implantação, na forma do artigo 9º, os empregados:

I – do setor agrário da empresa agroindustrial;

II – das empresas de outras atividades que, pelo seu nível de organização possam ser incluídas.

5. Republicado em 05.08.1971, 24.11.1971, 25.11.1971 e retificado em 26.11.1971

Assistência ao Trabalhador Rural – PRORURAL. Para tanto, trouxe que ao FUNRURAL, subordinado ao Ministro do Trabalho e Previdência Social, de personalidade jurídica autárquica, caberia a execução do PRORURAL.

Tal programa, tendo como beneficiários o trabalhador rural[6] e seus dependentes, consistiria na concessão dos seguintes benefícios: aposentadoria por velhice, aposentadoria por invalidez, pensão, auxílio-funeral, serviço de saúde e serviço social.

Com o advento da Constituição Federal de 1988 - CF, corroborou-se a transcendência da seguridade social para a população rural, eis o que dispõe o art. 194, inciso II:

> Art. 194. A seguridade social compreende um conjunto integrado de ações de iniciativa dos Poderes Públicos e da sociedade, destinadas a assegurar os direitos relativos à saúde, à previdência e à assistência social.
>
> Parágrafo único. Compete ao Poder Público, nos termos da lei, organizar a seguridade social, com base nos seguintes objetivos:
>
> I - universalidade da cobertura e do atendimento;
>
> II - uniformidade e equivalência dos benefícios e serviços às populações urbanas e rurais;

Deveras, com o art. 195, determinou-se que a seguridade social será financiada por toda a sociedade, mediante contribuições sociais do (i) empregador da empresa ou entidade a ela equiparada sobre, entre outros, receita ou o faturamento ou lucro; (ii) trabalhador e dos demais segurados da previdência social, podendo ser adotadas alíquotas progressivas de acordo com o valor do salário de contribuição,

---

6. Considera-se como trabalhador rural a pessoa física que presta serviços de natureza rural a empregador, mediante remuneração de qualquer espécie e o produtor, proprietário ou não, que sem empregado, trabalhe na atividade rural, individualmente ou em regime de economia familiar, assim entendido o trabalho dos membros da família indispensável à própria subsistência e exercido em condições de mútua dependência e colaboração.

não incidindo contribuição sobre aposentadoria e pensão concedidas pelo Regime Geral de Previdência Social.

Insurgiu-se, assim, debate sobre a recepção ou não da Lei Complementar nº 11, de 1971 pela Carta Magna, sendo encerrado tal certame com a decisão proferida pelo Superior Tribunal de Justiça – STJ, quando da apreciação do Ag Rg REsp 1.098.545/RS, no sentido de que a contribuição previdenciária instituída pela Lei Complementar nº 11, de 1971, foi recepcionada pela Constituição Federal de 1988.

À época, o Ministro Luiz Fux[7], relator, consignou a seguinte ementa:

> TRIBUTÁRIO. AGRAVO REGIMENTAL. SEGURIDADE SOCIAL. CONTRIBUIÇÃO. LEI Nº 8.212/91. ART. 25, I. VALOR DE COMERCIALIZAÇÃO DOS PRODUTOS RURAIS. LC 11/71, ART. 15, II. INCIDÊNCIA.
>
> 1. A contribuição previdenciária instituída pela Lei Complementar 11/71, PRO-RURAL, foi recepcionada pela Constituição Federal de 1988.
>
> 2. A edição da Lei 7.787/89 consignou a substituição da alíquota fracionada de 18,2% para a alíquota única de 20%, especificando-se no artigo 3º, § 1º, que a unificação implicava a extinção do PRO-RURAL como entidade isolada a partir de 1º de setembro de 1989.
>
> 3. Deveras, o PRO-RURAL era custeado por contribuição devida pelas empresas, sobre a folha de salários, bem como pelo produtor rural, sobre o valor comercial dos produtos rurais.
>
> 4. Consectariamente, a Lei 7.789/89 extinguiu a contribuição ao PRO-RURAL relativa à folha de salários, subsistindo a contribuição sobre a comercialização dos produtos rurais (art. 15, II da LC nº 11/71).

---

7. BRASIL. STJ. *AgRg no REsp n. 1098545/RS*. Primeira Turma. Relator: Min. Luiz Fux, 18 jun. 2009. Disponível em: https://processo.stj.jus.br/processo/revista/documento/mediado/?componente=ATC&sequencial=5631192&num_registro=200802286431&data=20090806&tipo=5&formato=PDF.

5. A extinção da contribuição sobre o valor comercial dos produtos rurais sobreviveu à Lei 7.787/89, tendo sido extinta, expressamente, pela Lei 8.213/91, nos termos do art. 138, verbis:

"Ficam extintos os regimes de Previdência Social instituídos pela Lei Complementar n° 11, de 25 de maio de 1971, e pela Lei n° 6.260, de 6 de novembro de 1975, sendo mantidos, com valor não inferior ao do salário-mínimo, os benefícios concedidos até a vigência desta Lei".

6. A instituição do novo Plano de Custeio da Previdência Social (Lei 8.212/91), com a unificação dos regimes de previdência urbana e rural, também não importou na extinção total dessa forma de contribuição. Nesse sentido, a norma, em sua redação original (art. 25), manteve a contribuição incidente sobre o resultado da comercialização, imputada, verbi gratia, aos então denominados segurados especiais (produtor rural individual, sem empregados, ou que exerce a atividade rural em regime de economia familiar).

7. Os produtores rurais empregadores, pessoas físicas equiparadas a autônomos pela legislação previdenciária (Lei 8.212/91, art. 12, V, "a"), bem como pessoas jurídicas (empresas rurais), passaram a recolher contribuições sobre a folha de salários de seus empregados (idem, art. 15, I e par. único, c/c art. 22), sistemática que se manteve até a edição das Leis 8.540/92 e 8.870/94, respectivamente.

8. Posteriormente, o legislador entendeu por alargar a base de incidência das contribuições sobre a produção, em detrimento da incidente sobre a folha de salários. Os produtores rurais empregadores pessoas físicas voltaram a recolher sobre o resultado das vendas a partir da Lei 8.540/92, que deu nova redação ao art. 25 da Lei 8.212/91, atribuindo-lhes a obrigação de contribuir da mesma forma que os segurados especiais, e exonerando-os da contribuição sobre a folha de salários de seus empregados (§5° do art. 22 da Lei 8.212/91, acrescido pela Lei 8.540/92). Finalmente, a Lei n° 10.256/2001 regulou a contribuição sobre a produção rural em substituição àquela incidente sobre a remuneração dos empregados e trabalhadores avulsos.

9. Assim, tem-se, para o produtor rural pessoa física empregador, que:

a) a contribuição ao PRORURAL que incidia sobre a comercialização de produtos agrícolas (art. 15, I 'a' e 'b', da LC n.° 11/71) permaneceu incólume até a edição da Lei n.° 8.213/91, quando foi suprimida;

b) a Lei N.º 8.212/91 equiparou o empregador rural pessoa física à empresa, sujeitando-o a contribuir sobre a folha de salários, exigível a partir de 24/10/91;

c) a Lei n.º 8.540/92 o incluiu entre os obrigados a contribuir sobre a comercialização de sua produção rural, exação que passou a ser exigível em 23/03/93, em razão do princípio da anterioridade nonagesimal.

d) a Lei nº 10.256/2001 fixou que a contribuição sobre a produção rural substitui apenas aquela incidente sobre a remuneração dos empregados e trabalhadores avulsos.

10. A Lei n.º 8.213/91, no que se refere à revogação das contribuições previstas em seu art. 138, somente entrou em vigor em novembro de 1991, nos termos do Parágrafo Único, do art. 161, do Decreto n.º 356, de 07/12/1991, verbis: *"Art. 161. As contribuições devidas à Previdência Social que tenham sido criadas, majoradas ou estendidas pela Lei n° 8.212, de 24 de julho de 1991, serão exigíveis a partir da competência novembro de 1991. Parágrafo único. Às contribuições devidas à Seguridade Social até a competência outubro de 1991 são regidas pela legislação anterior à Lei n° 8.212, de 24 de julho de 1991."*

11. A corroborar referido entendimento o RESP n.º 332.663/SC, Rel. Ministro JOSÉ DELGADO, PRIMEIRA TURMA, julgado em 20.06.2002, DJ 16.09.2002 p. 148, verbis:

TRIBUTÁRIO. FUNRURAL.

1. A contribuição para o FUNRURAL, incidente sobre as operações econômicas de aquisição de produtos rurais pelas empresas, é devida até o advento da Lei nº 8.213/91, de novembro do mesmo ano.

2. O art. 138, da Lei nº 8.213/91, na expressão cogente de sua mensagem, unificou o regime de custeio da previdência social.

3. O art. 3º, I, da Lei nº 7.787/89, conforme claramente explicita, não suprimiu a contribuição do FUNRURAL sobre as transações de aquisição de produtos rurais. Tal só ocorreu com o art. 138, da Lei 8.213/91.

4. Recurso provido para reconhecer devido o FUNRURAL sobre o valor comercial dos produtos rurais até novembro de 1991 (art. 138, da Lei 8.213/91). 12. In casu, os recorrentes, produtores rurais empregadores, consoante consignado no acórdão recorrido (fls. 164/167), limitaram a sua pretensão aos fatos ocorridos a partir de maio de 1997, após a entrada em vigor da Lei 8.540/92 (23/03/93), que obrigava ao recolhimento da contribuição sobre

o valor comercial dos produtos rurais, razão pela qual não merece qualquer reforma o aresto recorrido. 13. Agravo regimental desprovido.

Proveitoso trazer que a Lei nº 7.787, de 1989,[8] que dispôs sobre o custeio da Previdência Social revogou, enfim, tacitamente o PRORURAL. Tal diploma legal veio a estabelecer a alíquota única de 20% com uma complementação expressa de encargo para atender às prestações por acidente do trabalho. E, por fim, a Lei nº 8.213, de 1991, extinguiu o Regime de Previdência Social instituído pela LC nº 11, de 1971 com a unificação dos regimes de previdência, conforme atestado pelo STJ.[9]

Aquele Tribunal considerou que a contribuição ao FUNRURAL, incidente sobre as operações econômicas de aquisição de produtos rurais pelas empresas, é devida até o advento do art. 138 da Lei nº 8.213/1991, de novembro do mesmo ano.

Quanto ao contribuinte da contribuição da seguridade social, tem-se, nos termos do art. 195, § 8º, da CF, com a

---

8. Lei nº 7.787, de 1989. Art. 3º A contribuição das empresas em geral e das entidades ou órgãos a ela equiparados, destinada à Previdência Social, incidente sobre a folha de salários, será:

I – de 20% (vinte por cento) sobre o total das remunerações pagas ou creditadas, a qualquer título, no decorrer do mês, aos segurados empregados, avulsos, autônomos e administradores;

II – de 2% sobre o total das remunerações pagas ou creditadas, no decorrer do mês, aos segurados empregados e avulsos, para o financiamento da complementação das prestações por acidente do trabalho. [...]

9. EREsp 681.120/SC, com a afirmação do Ministro Teori Zavascki: "Finalmente, com o advento da Lei 7.787/89, restou extinta a contribuição para o FUNRURAL, bem assim o adicional de 0,2% para o INCRA, por força do seu art. 3º, § 1º [...]. Esse foi o entendimento recentemente assentado pela Segunda Seção, superando anterior divergência, no julgamento do EREsp 503.287/PR, Min. João Otávio de Noronha, DJ de 19.09.2005. (BRASIL. STF. *Embargos de Divergência em RESP n. 681.120/SC.* Primeira seção. Voto-Vista: Min. Teori Albino Zavascki, Brasília, 22 mar. 2006. Disponível em: https://processo.stj.jus.br/processo/revista/documento/mediado/?componente=ATC&sequencial=2257564&num_registro=200501501763&data=20061106&tipo=3&formato=PDF).

redação dada pela Emenda Constitucional nº 20, de 1998, ser, entre outros, o produtor rural que exerça atividades em regime de economia familiar, sem empregados permanentes, mediante aplicação de alíquota sobre o resultado da comercialização da produção da sua produção. O art. 30, inciso IV, da Lei nº 8.212, de 1991, com a redação dada pela Lei 9.528, de 1997, dispôs sobre a sub-rogação ao estabelecer que a arrecadação e o recolhimento da contribuição à seguridade social serão feitos pela empresa adquirente, consumidora ou consignatária ou a cooperativa, independentemente de as operações de venda ou consignação terem sido realizadas diretamente com o produtor ou com intermediário pessoa física.

Após breve exposição sobre a origem da contribuição ao FUNRURAL, evidente que as contendas que surgiram ao longo do tempo decorreram também de mudanças legislativas que transcorreram posteriormente. O que se verá a seguir.

2. Controvérsias envolvendo contribuição ao FUNRURAL

2.1 Cronologia

No que concerne à alíquota aplicável atualmente, é de se considerar o art. 25 da Lei nº 8.212, de 1991 com a redação dada pela Lei nº 10.256, de 2001, e atualizada pela Lei nº 13.606, de 2018, que a contribuição do empregador rural pessoa física, em substituição à contribuição sobre a folha e a do segurado especial é de 1,2% da receita bruta proveniente da comercialização da sua produção e de 0,1% da receita bruta proveniente da comercialização da sua produção para financiamento das prestações por acidente de trabalho (GIL-RAT).

Contudo, antes que se firmasse tal contexto, muito se discutiu acerca da constitucionalidade da cobrança do

FUNRURAL sobre a comercialização da produção, em substituição à incidência sobre a folha de salários, na forma prevista pelo art. 22 da Lei nº 8.212/91. Isso porque além do tratamento diferenciado, o tributo foi objeto de regulamentação por dispositivos normativos variados.

À luz do texto inserido pela Lei nº 8.540, de 1992, a constitucionalidade da substituição da base de cálculo do Funrural foi objeto de discussão em sede de repercussão geral, culminando no Tema 202 do STF,[10] que terminou por declarar a inconstitucionalidade das contribuições, dada ausência de previsão constitucional que viabilizasse a incidência do tributo sobre a comercialização da produção: *é inconstitucional a contribuição, a ser recolhida pelo empregador rural pessoa física, incidente sobre a receita bruta proveniente da comercialização de sua produção, prevista no artigo 25 da Lei nº 8.212/1991, com a redação dada pelo artigo 1º da Lei nº 8.540/1992.*

Para o STF, a inconstitucionalidade do FUNRURAL decorreria da edição de lei ordinária, pois deveria se dar por lei complementar, nos termos das disposições constitucionais vigentes. Afastou-se, por consequência, a exigência da contribuição ao FUNRURAL para as pessoas físicas empregadores rurais, bem como aos sub-rogados à arrecadação da referida contribuição.

Nesse sentido, proveitoso trazer o acórdão nº 2803-003.617, emitido no âmbito do processo administrativo, em especial no Conselho Administrativo de Recursos Fiscais - CARF:

> CONTRIBUIÇÃO PARA O FUNRURAL. INCONSTITUCIONALIDADE.

10. BRASIL. STF. *Tema n. 202*. Leading Case RE n. 596177. Relator: Min. Ricardo Lewandowski, Brasília, 27 ago. 2009. Disponível em: https://portal.stf.jus.br/jurisprudenciaRepercussao/verAndamentoProcesso.asp?incidente=2653733&numeroProcesso=596177&classeProcesso=RE&numeroTema=202.

> A Suprema Corte no julgamento do RE 363.852, declarou a inconstitucionalidade do art. 1º da Lei nº 8.540/92, que deu nova redação aos artigos 12, inciso V e VII, 25, inciso IV, da Lei nº 8.212/91.
>
> Indevido o recolhimento de contribuição para o Fundo de Assistência ao Trabalhador Rural (FUNRURAL) sobre a receita bruta proveniente da comercialização da produção rural de empregadores, pessoas naturais.[11]

Porém, posteriormente, a Emenda Constitucional nº 20, de 1998, inseriu a possibilidade de cálculo das contribuições sociais com base na receita ou faturamento, com isso, foi editada a Lei nº 10.256 de 2001, que deu novo texto ao art. 25 da Lei nº 8.212/91, reintroduzindo a substituição da base de cálculo da contribuição previdenciária do produtor rural pessoa física. Haja vista a inserção do termo receita como base de cálculo da contribuição, pela EC nº 20/98, a redação da norma resta adequada à perspectiva constitucional.

Nada obstante, é de se considerar, como dito alhures, que os incisos que tratavam da base de cálculo e alíquota já haviam sido declarados inconstitucionais pelo STF, pois aquele Tribunal havia declarado inconstitucional a integralidade do art. 25 do mencionado diploma legal. E, recorda-se que, nos termos do art. 97, inciso IV, da Lei nº 5.172, de 1966 - Código Tributário Nacional, somente a lei poderia estabelecer a fixação de alíquota do tributo e da sua base de cálculo no mundo jurídico novamente.

Ex positis, ainda que a Lei nº 10.256, de 2001 tenha ressurgido com o *caput* do art. 25, deveria ter previsto novamente os incisos que tratavam de base de cálculo e alíquota aplicável.

---

11. BRASIL. CARF. *Acórdão nº 2803-003.617*. Processo nº 11060.722092/201317. 2ª Seção de Julgamento, 3ª Turma Especial. Julgador: Natanael Vieira dos Santos, 10 set. 2014. Disponível em: https://acordaos.economia.gov.br/acordaos2/pdfs/processados/11060722092201317_5381777.pdf.

Continuando, o STF, posteriormente, apreciando o RE nº 718.874/RS, em sede de repercussão geral, com o Tema 669[12] fixou, em 30.3.2017, ser *constitucional formal e materialmente a contribuição social do empregador rural pessoa física, instituída pela Lei nº 10.256/2001, incidente sobre a receita bruta obtida com a comercialização de sua produção.*

Consignou, assim, a seguinte ementa:

> TRIBUTÁRIO. EC 20/98. NOVA REDAÇÃO AO ARTIGO 195, I, DA CF. POSSIBILIDADE DE EDIÇÃO DE LEI ORDINÁRIA PARA INSTITUIÇÃO DE CONTRIBUIÇÃO DE EMPREGADORES RURAIS PESSOAS FÍSICAS INCIDENTE SOBRE A COMERCIALIZAÇÃO DA PRODUÇÃO RURAL. CONSTITUCIONALIDADE DA LEI 10.256/2001.
>
> 1. A declaração incidental de inconstitucionalidade no julgamento do RE 596.177 aplica-se, por força do regime de repercussão geral, a todos os casos idênticos para aquela determinada situação, não retirando do ordenamento jurídico, entretanto, o texto legal do artigo 25, que, manteve vigência e eficácia para as demais hipóteses.
>
> 2. A Lei 10.256, de 9 de julho de 2001 alterou o artigo 25 da Lei 8.212/91, reintroduziu o empregador rural como sujeito passivo da contribuição, com a alíquota de 2% da receita bruta proveniente da comercialização da sua produção; espécie da base de cálculo receita, autorizada pelo novo texto da EC 20/98.
>
> 3. Recurso extraordinário provido, com afirmação de tese segundo a qual é constitucional formal e materialmente a contribuição social do empregador rural pessoa física, instituída pela Lei 10.256/01, incidente sobre a receita bruta obtida com a comercialização de sua produção.[13]

---

12. Tema 669 - Validade da contribuição a ser recolhida pelo empregador rural pessoa física sobre a receita bruta proveniente da comercialização de sua produção, nos termos do art. 1º da Lei 10.256/2001 (BRASIL. STF. *Tema n. 669*. Leading Case RE 718874. Relator: Min. Edson Fachin, Brasília, 30 mar. 2017. Disponível em: https://portal.stf.jus.br/jurisprudenciaRepercussao/verAndamentoProcesso.asp?incidente=4320595&numeroProcesso=718874&classeProcesso=RE&numeroTema=669).

13. Ibidem, n.p.

Ademais, o Plenário do STF rejeitou 8 embargos de declaração, com efeitos modificativos, apresentados contra decisão proferida nesse RE, que reconheceu a constitucionalidade da cobrança da contribuição ao Funrural pelos empregadores rurais pessoas físicas.

É de se destacar que o Senado Federal havia publicado a Resolução nº 15, de 2017, dispondo em seu art. 1º que fica suspensa, nos termos do art. 52, inciso X, da Constituição Federal, a execução do inciso VII do art. 12 da Lei nº 8.212, de 1991, e a execução do art. 1º da Lei nº 8.540, de 22 de 1992, que deu nova redação ao art. 12, inciso V, ao art. 25, incisos I e II, e ao art. 30, inciso IV, da Lei nº 8.212, de 24 de julho de 1991, todos com a redação atualizada até a Lei nº 9.528, de 1997, declarados inconstitucionais por decisão definitiva proferida pelo STF nos autos do RE nº 363.852. Ou seja, o Senado havia, a princípio, suspendido a execução dos dispositivos que garantiriam a cobrança do FUNRURAL, pois o STF quando do julgamento do RE 363.852/MG desobrigou o empregador rural de recolher ao FUNRURAL sobre a receita bruta de sua comercialização.

Proveitoso trazer, nesse ínterim, parte do artigo FUNRURAL: Julgamento pelo STF e Resolução do Senado nº 15, escrito pelo Professor Ives Gandra da Silva Martins:[14]

> No momento em que o Senado Federal decide suspender a eficácia de uma "lei" considerada inconstitucional, em controle difuso, pelo Pretório Excelso, esta lei é afastada do universo jurídico e não poderá mais ser revitalizada, senão por uma nova lei aprovada pelo Congresso Nacional.
>
> Em tais condições, não pode a Suprema Corte, em exame de legislação posterior, após ter declarado a inconstitucionalidade de dispositivo legal e de o Senado Federal tê-lo retirado do elenco legislativo aplicável aos brasileiros, reintroduzi-lo por nova

14. MARTINS, Ives Gandra da Silva. FUNRURAL: Julgamento pelo STF e Resolução do Senado nº 15. *In:* TORRES, Heleno Taveira; DONIAK JR, Jimir (Coords.). *Agronegócio, Tributação e Questões Internacionais*. São Paulo: Quartier Latin, 2019.

> orientação exegética, pinçando das disposições consideradas inconstitucionais "erga omnes" pelo Senado, preceitos não mais constantes expressamente da legislação anterior, nem da nova. [...]
>
> Portanto, enquanto não houver manifestação do Senado acerca de inconstitucionalidade de dispositivos reconhecida em controle difuso, pode a Suprema Corte rever a interpretação dada à lei, mas, no momento em que o Senado Federal se manifesta sobre os efeitos, eficácia e validade da lei, retirando-a do ordenamento, a competência para reintroduzir os dispositivos expurgados não é mais da Suprema Corte, mas apenas do Congresso Nacional. [...]

Nada obstante, recorda-se que o STF manifestou[15] à época do julgamento do RE 718.874/RS que (i) a Resolução foi editada sem qualquer nexo de causalidade; (ii) a declaração incidental de inconstitucionalidade teria ocorrido apenas para empregador rural pessoa física, mantendo-se para demais contribuintes a constitucionalidade da norma e (iii) com o advento da EC nº 20, de 1998 e nova base legal da contribuição com a inserção no termo receita, aplicar-se-ia novamente o inciso do dispositivo legal para empregadores rurais pessoas físicas.

Respalda-se o direcionamento a notícia veiculada no sítio do STF, eis:

> [...] os embargos foram apresentados por produtores rurais e suas entidades representativas, sob o argumento de que há contradição de entendimento entre aquele julgamento e o decidido também pelo Plenário em 2010, quando o STF desobrigou o empregador rural de recolher ao Funrural sobre a receita bruta de sua comercialização (RE 363852).[16]

15. STF. *Rejeitados embargos contra decisão sobre contribuição de empregador pessoa física ao Funrural*. Notícias. 23 maio 2018. Disponível em: https://portal.stf.jus.br/noticias/verNoticiaDetalhe.asp?idConteudo=379330.

16. Ibidem, n.p.

Os produtores destacaram que a Resolução 15/2017 do Senado Federal suspendeu a execução dos dispositivos legais que garantiam a cobrança do Funrural, declarados inconstitucionais por decisão definitiva do STF no julgamento do RE 363.852. Assim, pediram a suspensão da cobrança da contribuição ao fundo ou, subsidiariamente, a modulação de efeitos da decisão que considerou a cobrança constitucional, para definir a partir de quando deverá ser cobrada.

Contudo, de acordo com o relator, ministro Alexandre de Moraes, não houve, no julgamento do recurso, declaração de inconstitucionalidade da Lei 10.256/2001 ou alteração de jurisprudência que ensejasse a modulação dos efeitos. Para o ministro, o que se pretende nos embargos é um novo julgamento do mérito. Para o ministro, não procede o argumento dos embargantes de que no julgamento questionado não teriam sido aplicados os precedentes firmados no julgamento dos Res 363.853 e 596.177.

Segundo o relator, os precedentes foram afastados porque tratavam da legislação anterior sobre a matéria, e não da lei questionada no RE 718.874.

A respeito do pedido de aplicação da Resolução 15/2017 do Senado Federal, o ministro destacou que a norma não se refere à decisão proferida no RE 718.874. O artigo 52, inciso X, da Constituição Federal, só permite a suspensão de norma por parte do Senado quando esta for declarada inconstitucional pelo Supremo. Não é o caso dos autos, uma vez que a Lei 10.256/2001 foi considerada constitucional.

2.2 Sub-rogação da Contribuição ao FUNRURAL na venda por produtor rural a pessoa jurídica

Relativamente à responsabilidade do adquirente de reter e recolher a contribuição, o STF, quando do julgamento da ADI 4.395 em 21.12.2022, novamente estava se direcionando pela inconstitucionalidade da sub-rogação; mas, o julgamento foi suspenso, e tende a ser retomado ainda em 2024.[17]

A princípio, caso vingue esse entendimento, não haveria norma válida que institua a sub-rogação da contribuição ao FUNRURAL aos adquirentes de produtos agropecuários de empregadores rurais pessoas físicas e segurado especial.

Ponderando-se ao tema, no processo administrativo fiscais, percebe-se o entendimento dos julgadores pela validade da sub-rogação no acórdão nº 2401-009.783, da 1ª Turma Ordinária da 4ª Câmara da 2ª Seção de Julgamento do CARF, que consignou em ementa:

> CONTRIBUIÇÕES SOCIAIS. REGIME GERAL DE PREVIDÊNCIA SOCIAL. CONTRIBUIÇÕES SOBRE A COMERCIALIZAÇÃO DA PRODUÇÃO HISTORICAMENTE DENOMINADA FUNRURAL. LEI N.º 10.256/2001. CONSTITUCIONALIDADE. NORMA DE SUB-ROGAÇÃO. VALIDADE. SÚMULA CARF N.º 150.
>
> A empresa adquirente, consumidora ou consignatária ou a cooperativa são obrigadas a descontar a contribuição social substitutiva do empregador rural pessoa física destinada à Seguridade Social, incidente sobre a receita bruta proveniente da comercialização da produção rural, que por fatores históricos se convencionou denominar de FUNRURAL, no prazo estabelecido pela legislação, contado da operação de venda ou consignação da produção, independentemente de essas operações terem sido realizadas diretamente com o produtor ou com intermediário pessoa

17. Decisão de Julgamento em 21/12/2022: "Após o voto do Ministro Dias Toffoli, que, divergindo em parte do Ministro Gilmar Mendes (Relator), julgava parcialmente procedente a ação direta para conferir interpretação conforme à Constituição Federal, ao art. 30, IV, da Lei nº 8.212/91, a fim de afastar a interpretação que autorize, na ausência de nova lei dispondo sobre o assunto, sua aplicação para se estabelecer a sub-rogação da contribuição do empregador rural pessoa física sobre a receita bruta proveniente da comercialização da sua produção (art. 25, I e II, da Lei nº 8.212/91) cobrada nos termos da Lei nº 10.256/01 ou de leis posteriores, o julgamento foi suspenso para proclamação do resultado em sessão presencial". (BRASIL. STF. *ADI 4395*. Tribunal Pleno. Relator: Min. Gilmar Mendes, Brasília, 21 dez, 2022. Disponível em: https://portal.stf.jus.br/processos/detalhe.asp?incidente=3855030).

física. Elas ficam sub-rogadas nas obrigações da pessoa física produtora rural, nos termos e nas condições estabelecidas pela legislação, obrigando-se ao desconto e, posterior, recolhimento, presumindo-se efetivado oportuna e regularmente pela empresa a isso obrigada, não lhe sendo lícito alegar omissão para se eximir do recolhimento, ficando diretamente responsável.

São constitucionais as contribuições previdenciárias incidentes sobre a comercialização da produção rural de empregadores rurais pessoas físicas, instituídas após a publicação da Lei n.º 10.256/2001, bem assim a atribuição de responsabilidade por sub-rogação a pessoa jurídica adquirente de tais produtos.

A Resolução do Senado Federal n.º 15/2017 não se prestou a afastar exigência de contribuições previdenciárias incidentes sobre comercialização da produção rural de empregadores rurais pessoas físicas instituídas a partir da edição da Lei n.º 10.256/2001, tampouco extinguiu responsabilidade do adquirente pessoa jurídica de arrecadar e recolher tais contribuições por sub-rogação.

Súmula CARF n.º 150. A inconstitucionalidade declarada por meio do RE 363.852/MG não alcança os lançamentos de sub-rogação da pessoa jurídica nas obrigações do produtor rural pessoa física que tenham como fundamento a Lei 10.256/2001.[18]

O colegiado aplicou a Súmula CARF nº 150: "A inconstitucionalidade declarada por meio do RE 363.852/MG não alcança os lançamentos de sub-rogação da pessoa jurídica nas obrigações do produtor rural pessoa física que tenham como fundamento a Lei 10.256/2001".[19]

Frise-se tal direcionamento à Solução de Consulta COSIT nº 77, de 2023, que concluiu que a empresa que adquire produtos de origem animal ou vegetal junto a intermediários pessoas físicas, tais como feirantes, ambulantes e demais pessoas naturais que os revendem no varejo, fica

18. BRASIL. CARF. *Acórdão nº 2401-009.783*. Processo nº 10925.000988/2008-02. 1ª Turma Ordinária. 4ª Câmara. 2ª Seção de Julgamento. Julgador: Matheus Soares Leite, 12 ago. 2021. Disponível em: https://acordaos.economia.gov.br/acordaos2/pdfs/processados/10925000988200802_6461105.pdf).

19. Ibidem, n.p.

sub-rogada na obrigação de recolher as contribuições sociais incidentes sobre a comercialização da produção do produtor rural pessoa física e do segurado especial.

Releva-se que a questão seria definitivamente tratada quando o STF apreciar a ADI 4395 pela constitucionalidade ou não da sub-rogação da contribuição ao FUNRURAL na venda feita por produtor rural a pessoa jurídica. Observa-se que a repercussão é intensa, pois há divergência de interpretação entre produtores rurais, empresas adquirentes, PGFN, RFB e CARF.

2.3 Constitucionalidade da contribuição ao FUNRURAL

Ressurgiram-se, posteriormente, novas discussões, alvitrando que:

(i) A inconstitucionalidade não se refere ao texto, mas da norma que trazia a incidência da contribuição sobre a receita bruta da comercialização da produção;

(ii) Não há previsão legal que substitua para esse segmento a folha de salários para a receita bruta;

(iii) O decidido em RE 346.084/PR atribuiu apenas às pessoas jurídicas a possibilidade de auferir receita ou faturamento.

Em paralelo, restou para apreciação ainda pelo STF o RE 761.263/SC, em sede de repercussão geral, com o Tema 723,[20] que transitou em julgado em 13.10.2020, com a fixação

20. Para o segurado especial Tema 723 – "Validade da contribuição a ser recolhida pelo produtor rural pessoa física que desempenha suas atividades em regime de economia familiar, sem empregados permanentes, sobre a receita bruta proveniente da comercialização de sua produção". (BRASIL. STF. *Tema n. 723*. Leading Case RE 761263. Relator: Min. Alexandre de Moraes, Brasília, 15 abr. 2020. Disponível em: https://portal.stf.jus.br/jurisprudenciaRepercussao/verAndamentoProcesso.asp?incidente=4434804&numeroProcesso=761263&classeProcesso=RE&numeroTema=723).

da seguinte tese: *É constitucional, formal e materialmente, a contribuição social do segurado especial prevista no art. 25 da Lei 8.212/1991.*

Porém, outro debate se instalou, qual seja, se a declaração de inconstitucionalidade do art. 25 da Lei nº 8.212, de 1991 aplica-se ao segurado especial, pois à época da promulgação da lei, o art. 195, inciso I, alínea "b" trazia apenas o termo "faturamento", e não receita.

O Ministro Teori Zavascki, em 2014, enfrentando esse dilema, manifestou:

> Ora, como salientado no artigo Hugo de Brito Machado e Hugo de Brito Machado Segundo, houvesse confusão, houvesse sinonímia entre o faturamento e o resultado da comercialização da produção, não haveria razão para a norma do §8º do artigo 195 da Constituição Federal relativa ao produtor que não conta com empregados e exerça atividades em regime de economia familiar. Já estava ele alcançado pela previsão imediatamente anterior do inciso I do artigo 195 da Constituição. Também sob esse prisma, procede a irresignação, entendendo-se que comercialização da produção é algo diverso de faturamento e este não se confunde com receita, tanto é assim que a Emenda Constitucional nº 20/98 inseriu, ao lado do vocábulo faturamento, inciso I do artigo 195, o vocábulo receita.[21]

O STF consignou ao apreciar o RE 761.263/SC, em sede de repercussão geral, a seguinte ementa:

> CONSTITUCIONAL. TRIBUTÁRIO. CONTRIBUIÇÃO SOCIAL. SEGURADO ESPECIAL. ARTIGO 195, § 8º, DA CF/1988. RESULTADO DA COMERCIALIZAÇÃO DA PRODUÇÃO. ART. 25 DA LEI 8.212/1991, DESDE SUA REDAÇÃO ORIGINÁRIA. RECEITA BRUTA. BASE DE CÁLCULO. REPERCUSSÃO GERAL RECONHECIDA.

---

21. BRASIL. STF. *Repercussão Geral no RE 761263/SC*. Relator: Min. Teori Zvascki, Brasília, 24 abr. 2014. Disponível em: https://redir.stf.jus.br/paginadorpub/paginador.jsp?docTP=TP&docID=5861365.

> 1. Em razão dos vícios de inconstitucionalidade apontados por esta CORTE nos REs 363.852 e 596.177, somente o empregador rural pessoa física foi excluído como sujeito passivo da contribuição previdenciária prevista no artigo 25 da Lei 8.212/1991, de modo que o tributo continuou a existir, com plena vigência e eficácia em relação aos segurados especiais.
>
> 2. A base de cálculo compilada no artigo 25, I e II, da Lei 8.212/1991, editado para regulamentar o § 8º do artigo 195 da CF, fixando a alíquota de 3% (três por cento) da receita bruta proveniente da comercialização da produção do produtor rural sem empregados, por observar a base de cálculo que foi definida pelo próprio texto constitucional, é plenamente constitucional em relação ao segurado especial.
>
> 3. É absolutamente legítima a previsão, em lei ordinária, da contribuição do segurado especial tendo por base a receita bruta proveniente da comercialização da sua produção. Diferentemente do que sustenta o recorrente, tal exação tem por fundamento constitucional o § 8º, e não o § 4º do art. 195.
>
> 4. Recurso extraordinário desprovido, com afirmação de tese segundo a qual "É constitucional, formal e materialmente, a contribuição social do segurado especial prevista no art. 25 da Lei 8.212/1991.[22]

Com efeito, aquele Tribunal entendeu que à época somente o empregador rural pessoa física foi excluído como sujeito passivo da contribuição previdenciária de que trata o art. 25 da Lei nº 8.212, de 1994, mantendo a vigência e eficácia para os segurados especiais. Trouxe ainda ser legítima a previsão, em lei ordinária, da contribuição do segurado especial com a base de cálculo receita bruta proveniente da comercialização da sua produção, tendo por fundamento o § 8º do art. 195 da CF.[23]

---

22. BRASIL. STF. *Recurso Extraordinário 761263/SC*. Relator: Min. Alexandre de Moraes, Brasília, 15 abr. 2020. Disponível em: https://portal.stf.jus.br/processos/downloadPeca.asp?id=15343577272&ext=.pdf.

23. Constituição Federal. Art. 195. [...]

§ 8º. O produtor, o parceiro, o meeiro e o arrendatário rurais e o pescador artesanal, bem como os respectivos cônjuges, que exerçam suas atividades em regime de economia familiar, sem empregados permanentes, contribuirão para a seguridade

Vê-se que, para tanto, o STF apenas apreciou essa questão no âmbito dos REs 363.852 e 596.177, e não sob o prisma do RE 718.874, que considerou as mudanças trazidas pela Lei nº 10.256, de 2001.

2.4 Empregador Rural Pessoa Jurídica

Proveitoso trazer que, em abril de 2018, foi publicada a Lei nº 13.606, de 9 de janeiro de 2018, que passou a prever a possibilidade dos empregadores produtores rurais pessoa física (art. 14) ou jurídica (art. 15) poderão optar por contribuir à previdenciária a partir do cálculo fundamentado na comercialização da produção, ou na forma dos incisos I e II do *caput* do art. 22 da Lei nº 8.212, de 24 de julho de 1991, manifestando sua opção mediante o pagamento da contribuição incidente sobre a folha de salários relativa a janeiro de cada ano, ou à primeira competência subsequente ao início da atividade rural, e será irretratável para todo o ano-calendário.

Note-se que a opção trazida pela Lei nº 13.606, de 9 de janeiro de 2018 é aplicável apenas aos empregadores produtores rurais. Sendo assim, ao empregador rural pessoa jurídica agroindustrial manteve-se a obrigatoriedade de contribuição substitutiva da folha de salários, portanto incidente sobre a comercialização da produção, nos termos do art. 22-A, da Lei nº 8.212/91, consistente em: 2,5% - seguridade social; 0,1% - GIL-RAT e 0,25% - SENAR, totalizando alíquota de 2,85% sobre comercialização da produção.

Cabe observar no que tange aos produtores rurais pessoas jurídicas que, a despeito da recém conquistada faculdade de opção pela melhor forma de tributação da contribuição previdenciária (se sobre folha de salários ou

---

social mediante a aplicação de uma alíquota sobre o resultado da comercialização da produção e farão jus aos benefícios nos termos da lei.

comercialização da produção), outra hipótese de obrigatoriedade do cálculo para estes contribuintes, exclusivamente incidente sobre folha de salários, já existia no ordenamento jurídico.

Nos termos do § 22 do art. 201 do Decreto nº 3.048/99 (Regulamento da Previdência Social):

> § 22. A pessoa jurídica, exceto a agroindústria, que, além da atividade rural, explorar também outra atividade econômica autônoma, quer seja comercial, industrial ou de serviços, no mesmo ou em estabelecimento distinto, independentemente de qual seja a atividade preponderante, contribuirá de acordo com os incisos I, II e III do art. 201 e art. 202.

Ou seja, na hipótese do produtor rural pessoa jurídica diversificar sua operação, de modo a exercer uma nova atividade, que não constitua parte da atividade econômica mais abrangente (inciso XXII do art. 146 da IN RF nº 2.110/2022), sua contribuição previdenciária deixa de ser calculada com base na comercialização da produção e retorna à regra geral de incidência destas contribuições, qual seja, a folha de salários, nos moldes do art. 22 da Lei nº 8.212/91.

Note-se que as consequências previdenciárias de se exercer atividade econômica autônoma exclui o contribuinte do contexto que até então se encontrava, provocando disparidade de tratamento tributário frente aos demais produtores rurais pessoas jurídicas.

Dada a peculiaridade do tema, este já foi levado à discussão em sede administrativa, tendo o CARF entendido, em variadas situações, pela validade da aplicabilidade da exclusão da substituição da base de incidência previdenciária, ao produtor rural pessoa jurídica que exerce atividade econômica autônoma.

Reforça tal direcionamento os entendimentos externados no:

(i) Acórdão nº 2401-002.824, da 1ª Turma Ordinária, da 2ª Seção de Julgamento, do CARF:

PRODUTOR RURAL PESSOA JURÍDICA. REGIME DE TRIBUTAÇÃO SUBTITUTIVO. PRESSUPOSTOS. EXPLORAÇÃO DE OUTRAS ATIVIDADES. NÃO ENQUADRAMENTO.

Somente poderá fazer jus ao pagamento da contribuição substitutiva incidente sobre a receita bruta proveniente da comercialização da produção rural, inscrita no artigo 25 da Lei nº 8.870/1994, o produtor rural pessoa jurídica, exceto a agroindústria, que não desenvolva outra atividade autônoma, o que não se vislumbra no caso vertente, onde a autuada, além da atividade rural, explora outras atividades de aluguel, incorporação imobiliária e exploração de estacionamentos, sujeitando-se, portanto, à tributação sobre a Folha de Pagamentos.[24]

(ii) Acórdão nº 2401-002.827, da 2ª Turma Ordinária da 3ª Câmara da 2ª Seção de Julgamento, do CARF:

PRODUTOR RURAL PESSOA JURÍDICA. EXPLORAÇÃO DE OUTRA ATIVIDADE ECONÔMICA AUTÔNOMA. SUBSTITUIÇÃO DA CONTRIBUIÇÃO ATRONAL INCIDENTE SOBRE A FOLHA DE PAGAMENTO. TERCEIROS.

A substituição das contribuições previstas na Lei nº 8.212/91, art. 22, I e II, pela contribuição sobre a receita bruta proveniente da comercialização da produção rural prevista na Lei nº 8.870/94, art. 25, não pode ser aplicada ao produtor rural pessoa jurídica que, além da atividade rural, explore atividade econômica autônoma.[25]

24. BRASIL. CARF. *Acórdão nº 2401-002.824*. Processo nº 15504.002710/2009-17. 2ª Seção de Julgamento. 1ª Turma Ordinária. Relator: RYCARDO Henrique Rycardo Henrique Magalhaes de Oliveira, 22 jan. 2013. Disponível em: https://acordaos.economia.gov.br/acordaos2/pdfs/processados/15504002710200917_5187810.pdf.

25. BRASIL. CARF. *Acórdão 2302-001.827*. Processo nº 35665.000779/200628. 3ª Câmara. 3ª Câmara. 2ª Seção de Julgamento. 2ª Turma Ordinária. Relator: Manoel Coelho Arruda Junior, 16 maio 2012. Disponível em: https://acordaos.economia.gov.br/acordaos2/pdfs/processados/35665000779200628_5229893.pdf.

Em outra oportunidade, o CARF avaliou a aplicabilidade da exclusão da substituição em função do exercício de atividade econômica autônoma. Nesta situação, ao julgar o acórdão nº 2302-003.142, a 2ª Turma Ordinária da 3ª Câmara da 2ª Seção de Julgamento, o CARF,[26] reforçou a necessidade de se comprovar o efetivo e habitual exercício de atividade estranha à atividade rural, para que fosse possível a aplicação da tributação sobre folha de salários para o empregador produtor rural pessoa jurídica. Nesta ocasião, o conceito de atividade econômica explorado pela Instrução Normativa RFB nº 2.110/2022 (anteriormente previsto na IN RFB nº 971/2009), foi reproduzido, destacando tratar-se de atividade comercial, industrial ou de serviços, exercida mediante estrutura operacional definida em estabelecimento específico ou não, com a utilização de mão de obra distinta daquela utilizada na atividade de produção rural ou agroindustrial, independentemente da atividade preponderante do produtor rural ou da agroindústria.

Cumpre reenfatizar, contudo, que a exclusão da tributação com base na comercialização da produção em função da existência de atividade econômica autônoma apenas existe com relação ao produtor rural pessoa jurídica. Às pessoas jurídicas agroindustriais é mantida a tributação com base em receita ainda que se verifique o desenvolvimento de outras atividades, hipótese em que as receitas então obtidas, ainda que estranhas ao contexto agroindustrial, comporão a base de cálculo da contribuição previdenciária destes contribuintes.

---

26. BRASIL. CARF. *Acórdão nº 2302-003.142*. Processo nº 10183.722180/2011-06. 3ª Câmara. 3ª Câmara. 2ª Seção de Julgamento. 2ª Turma Ordinária. Relator: ARLINDO DA COSTA E SILVA, 13 maio 2014. Disponível em: https://acordaos.economia.gov.br/acordaos2/pdfs/processados/10183722180201106_5352468.pdf.

3. Considerações finais

Como se vê, a partir das discussões aventadas no presente artigo, as controvérsias em torno da contribuição ao FUNRURAL são muitas. Podemos comentar como exemplos as possíveis consequências em decorrência do exercício de atividade econômica autônoma por produtor rural pessoa jurídica, e destacar dúvida que ainda paira sobre a constitucionalidade da sub-rogação das contribuições do produtor rural pessoa física, tema objeto da ADI 4395, ainda pendente de conclusão definitiva no STF.

Contudo, há ainda outros imbróglios não abordados, por exemplo as discussões em torno da imunidade constitucional incidente sobre as contribuições decorrentes de operações de exportação indireta.

Nota-se, portanto, a complexidade do tema e a importância dos deslindes deste tributo no cenário administrativo e judicial, dada a relevância do agro no cenário econômico brasileiro.

Referências

BRASIL. Conselho Administrativo de Recursos Fiscais (CARF). *Acórdão 2302-001.827*. Processo nº 35665.000779/200628. 3ª Câmara. 2ª Seção de Julgamento. 2ª Turma Ordinária. Relator: Manoel Coelho Arruda Junior, 16 maio 2012. Disponível em: https://acordaos.economia.gov.br/acordaos2/pdfs/processados/35665000779200628_5229893.pdf.

______. Conselho Administrativo de Recursos Fiscais (CARF). *Acórdão nº 2401-002.824*. Processo nº 15504.002710/2009-17. 2ª Seção de Julgamento. 1ª Turma Ordinária. Relator: Rycardo Henrique Magalhaes de Oliveira, 22 jan. 2013. Disponível em: https://acordaos.economia.gov.br/acordaos2/pdfs/processados/15504002710200917_5187810.pdf.

______. Conselho Administrativo de Recursos Fiscais (CARF). *Acórdão nº 2302-003.142*. Processo nº 10183.722180/2011-06. 3ª Câmara. 3ª Câmara. 2ª Seção de Julgamento. 2ª Turma Ordinária. Relator: ARLINDO DA COSTA E SILVA, 13 maio 2014. Disponível em: https://acordaos.economia.gov.br/acordaos2/pdfs/processados/10183722180201106_5352468.pdf.

______. Conselho Administrativo de Recursos Fiscais (CARF). *Acórdão nº 2401-009.783*. Processo nº 10925.000988/2008-02. 1ª Turma Ordinária. 4ª Câmara. 2ª Seção de Julgamento. Julgador: Matheus Soares Leite, 12 ago. 2021. Disponível em: https://acordaos.economia.gov.br/acordaos2/pdfs/processados/10925000988200802_6461105.pdf.

______. Conselho Administrativo de Recursos Fiscais (CARF). *Acórdão nº 2803-003.617*. Processo nº 11060.722092/201317. 2ª Seção de Julgamento, 3ª Turma Especial. Julgador: Natanael Vieira dos Santos, 10 set. 2014. Disponível em: https://acordaos.economia.gov.br/acordaos2/pdfs/processados/11060722092201317_5381777.pdf.

______. Superior Tribunal de Justiça (STJ). *AgRg no REsp n. 1098545/RS*. Primeira Turma. Relator: Min. Luiz Fux, 18 jun. 2009. Disponível em: https://processo.stj.jus.br/processo/revista/documento/mediado/?componente=ATC&sequencial=5631192&num_registro=200802286431&data=20090806&tipo=5&formato=PDF.

______. Superior Tribunal de Justiça (STJ). *Embargos de Divergência em RESP n. 681.120/SC*. Primeira seção. Voto-Vista: Min. Teori Albino Zavascki, Brasília, 22 mar. 2006. Disponível em: https://processo.stj.jus.br/processo/revista/documento/mediado/?componente=ATC&sequencial=2257564&num_registro=200501501763&data=20061106&tipo=3&formato=PDF.

_____. Supremo Tribunal Federal (STF). *ADI 4395*. Tribunal Pleno. Relator: Min. Gilmar Mendes, Brasília, 21 dez, 2022. Disponível em: https://portal.stf.jus.br/processos/detalhe.asp?incidente=3855030.

_____. Supremo Tribunal Federal (STF). *Recurso Extraordinário 761263/SC*. Relator: Min. Alexandre de Moraes, Brasília, 15 abr. 2020. Disponível em: https://portal.stf.jus.br/processos/downloadPeca.asp?id=15343577272&ext=.pdf.

_____. Supremo Tribunal Federal (STF). *Repercussão Geral no RE 761263/SC*. Relator: Min. Teori Zvascki, Brasília, 24 abr. 2014. Disponível em: https://redir.stf.jus.br/paginadorpub/paginador.jsp?docTP=TP&docID=5861365.

_____. Supremo Tribunal Federal (STF). *Tema n. 202*. Leading Case RE n. 596177. Relator: Min. Ricardo Lewandowski, Brasília, 27 ago. 2009. Disponível em: https://portal.stf.jus.br/jurisprudenciaRepercussao/verAndamentoProcesso.asp?incidente=2653733&numeroProcesso=596177&classeProcesso=RE&numeroTema=202.

_____. Supremo Tribunal Federal (STF). *Tema n. 669*. Leading Case RE 718874. Relator: Min. Edson Fachin, Brasília, 30 mar. 2017. Disponível em: https://portal.stf.jus.br/jurisprudenciaRepercussao/verAndamentoProcesso.asp?incidente=4320595&numeroProcesso=718874&classeProcesso=RE&numeroTema=669.

_____. Supremo Tribunal Federal (STF). *Tema n. 723*. Leading Case RE 761263. Relator: Min. Alexandre de Moraes, Brasília, 15 abr. 2020. Disponível em: https://portal.stf.jus.br/jurisprudenciaRepercussao/verAndamentoProcesso.asp?incidente=4434804&numeroProcesso=761263&classeProcesso=RE&numeroTema=723.

CONFEDERAÇÃO DA AGRICULTURA E PECUÁRIA DO BRASIL (CNA). *PIB do agronegócio FECHA 2023 com queda de 2,99%*. 26 mar. 2024. Disponível em: https://www.cnabrasil.org.br/publicacoes/pib-do-agronegocio-fecha-2023-com-queda-de-2-99.

MARTINEZ, Wladmir Novaes. *Curso de direito previdenciário*. 4. ed. São Paulo: LTr, 2011.

MARTINS, Ives Gandra da Silva. FUNRURAL: Julgamento pelo STF e Resolução do Senado nº 15. *In:* TORRES, Heleno Taveira; DONIAK JR, Jimir (Coords.). *Agronegócio, Tributação e Questões Internacionais*. v.1. São Paulo: Quartier Latin, 2019.

PAULSEN, Leandro. *Curso de direito tributário completo*. 9. ed. São Paulo: Saraiva Educação, 2018.

REBOUÇAS, Rodolfo et al. *Controvérsias tributárias atuais no agronegócio*. v. 2. São Paulo: Dialética, 2021.

SUPREMO TRIBUNAL FEDERAL (STF). *Rejeitados embargos contra decisão sobre contribuição de empregador pessoa física ao Funrural*. Notícias. 23 maio 2018. Disponível em: https://portal.stf.jus.br/noticias/verNoticiaDetalhe.asp?idConteudo=379330.

TORRES, Heleno Taveira. *Integração vertical no cooperativismo brasileiro e o FUNRURAL. In:* TORRES, Heleno Taveira; DONIAK JR, Jimir (Coords.). *Agronegócio, Tributação e Questões Internacionais*. v. 2. São Paulo: Quartier Latin, 2021.

CONTRIBUIÇÃO PREVIDENCIÁRIA DAS AGROINDÚSTRIAS - ALCANCE DA INCIDÊNCIA SUBSTITUTIVA ÀS DEMAIS RECEITAS DA ENTIDADE

Daniel Alves da Silva[1]

Cleber Monteiro Teixeira[2]

Tamara Vieira Lima Dias[3]

---

1. Coordenador na bp bioenergy, com mais de 14 anos de experiência na prática de consultoria e planejamento tributário com ênfase nos tributos indiretos e contribuições federais, com destaque para ISS, ICMS, PIS, COFINS e Contribuição Previdenciária, com foco em temas do agronegócio. Contador. Especialista em Direito Tributário (PUC-SP).

2. Advogado, pós-graduado em Direito Tributário pelo IBET e em Gestão de Negócios pela UFPR. Atual líder da área tributária na bp bioenergy. Possui mais de 23 anos de experiência em grandes multinacionais e consultorias Big Four. Sólida experiência em tributos indiretos e diretos no Brasil e se destaca pela liderança na implementação de estratégias tributárias, governança fiscal e processos de *compliance* em empresas como Sadia, BRF, Bunge e bp bioenergy.

3. Controller na Morlan S.A. com atuação focada nas áreas contábil, financeira e fiscal. Conta com mais de 11 anos de experiência na prática de consultoria tributária e previdenciária com ênfase nos tributos e contribuições federais, com destaque para IRPJ, CSLL, PIS, COFINS e Contribuição Previdenciária, especialmente focada em temas do agronegócio. Bacharela em Direito pela Faculdade de Direito de Franca e graduanda em Ciências Contábeis pela faculdade FIPECAFI.

1. Introdução

Definida como o "conjunto de políticas públicas destinas a garantir a proteção social a toda a população",[4] a seguridade social é financiada de forma direta ou indireta por toda a sociedade.

Dentre as formas diretas de financiamento da seguridade social, destaca-se o custeio por meio da contribuição social previdenciária, cujas fontes são as empresas, os empregados e as receitas de concursos de prognósticos.[5]

O custeio garantido pelas empresas (considerada como sendo "o empresário ou a sociedade que assume o risco de atividade econômica urbana ou rural, com fins lucrativos ou não, bem como os órgãos e as entidades da administração pública direta e indireta", nos termos do art. 2º, I, da Instrução Normativa RFB nº 2.110/2022) dá-se por meio do recolhimento da contribuição previdenciária incidente, via de regra, sobre a soma da folha de salários mensal dos empregados da empresa, conforme estabelece o art. 22 da Lei nº 8.212/91.

Entretanto, que assim como ocorre com os produtores rurais pessoas físicas e jurídicas, às agroindústrias é garantida metodologia de cálculo diferenciada, para apuração da contribuição previdenciária patronal, a qual se define pela aplicação de alíquota sobre o valor mensal da comercialização da produção da empresa.

---

4. IPEA. O que é a Seguridade Social? Disponível em https://www.ipea.gov.br/portal/categorias/164-beneficiometro-projeto/14038-o-que-e-a-seguridade-social. Acesso em: 04 set. 2024.

5. Lei nº 8.212/91; Art. 11. No âmbito federal, o orçamento da Seguridade Social é composto das seguintes receitas: I - receitas da União; II - receitas das contribuições sociais; III - receitas de outras fontes. Parágrafo único. Constituem contribuições sociais: a) as das empresas, incidentes sobre a remuneração paga ou creditada aos segurados a seu serviço; (Vide art. 104 da lei nº 11.196, de 2005)b) as dos empregadores domésticos; c) as dos trabalhadores, incidentes sobre o seu salário-de-contribuição; (Vide art. 104 da lei nº 11.196, de 2005) d) as das empresas, incidentes sobre faturamento e lucro;e) as incidentes sobre a receita de concursos de prognósticos.

Dada a complexidade do sistema tributário nacional e a precariedade de regulamentação atrelada à contribuição das agroindústrias, inúmeras dúvidas pairam sobre o alcance de sua base de incidência, tema este a ser brevemente explorado nos tópicos que seguem.

2. A comercialização da produção como fonte de custeio da seguridade social

Nos termos do art. 195 da Constituição Federal, reproduzidos pelo art. 10 da Lei nº 8.212/91, a seguridade social será financiada por toda a sociedade, o que poderá se dar de forma direta ou indireta, considerando a distribuição dos recursos provenientes da arrecadação da União, Estados, Distrito Federal e Municípios.

Como forma direta de custeio da seguridade social, afunilamos a análise para as contribuições sociais, que se materializam pelas arrecadações realizadas das empresas, dos empregadores domésticos, dos trabalhadores e sobre a receita de concursos de prognósticos (art. 11, parágrafo único, da Lei nº 8.212/91).

Voltando nosso olhar exclusivamente à contribuição arrecadada das empresas e trabalhadores temos o recorte da contribuição social previdenciária, a qual, no âmbito dos empregados, se constitui na contribuição retida sobre os proventos oriundos do trabalho assalariado.

No âmbito das empresas, contudo, verifica-se que tal contribuição pode se originar de duas fontes de incidência distintas, quais sejam: (a) a remuneração paga ou creditada a seus colaboradores; ou (b) o faturamento ou lucro.

A contribuição calculada com base na remuneração dos colaboradores a seu serviço constitui regra geral da sistemática e é determinada pelo art. 22 da Lei nº 8.212/91.

A contribuição apurada a partir do faturamento ou lucro, entretanto, passou a ser constitucionalmente prevista a partir da publicação da Emenda Constitucional nº 20, de 15 de dezembro de 1998, através da qual o art 195 da Constituição Federal foi complementado com a possibilidade de custeio a partir de contribuições incidentes sobre "a receita ou faturamento" ou "lucro" (alíneas "a" e "b", respectivamente, do inciso I do artigo).

Superadas as discussões[6] desenvolvidas em torno do tema nos últimos anos, insta salientar que instituída constitucionalmente a possibilidade de incidência da contribuição previdenciária sobre a receita ou faturamento, destacam-se três contribuintes de interesse para o presente estudo e que nela se enquadram, quais sejam: (i) produtores rurais pessoas físicas (art. 25 da Lei nº 8.212/91); (ii) produtores rurais pessoas jurídicas (art. 25 da Lei nº 8.870/94); e (iii) agroindústrias (art. 22-A da Lei nº 8.212/91).[7]

No caso dos contribuintes produtores rurais pessoas físicas ou jurídicas, a contribuição previdenciária substitutiva (sobre faturamento) é facultativa desde 2019, devido à alteração promovida pela Lei nº 13.606/2018. Já no caso da agroindústria, a substituição é obrigatória, ou seja, não há possibilidade de o contribuinte escolher a forma de tributação que mais lhe beneficia.

---

6. Em agosto de 2011, foi publicada decisão do STF no RE 596177/RS que declarou a inconstitucionalidade do Funrural previsto no art. 25 da Lei nº 8.212/91 com redação dada pelo art. 1º da Lei nº 8.540/92, anterior à EC 20/98. Em outubro de 2017, entretanto, foi publicada decisão do STF no julgamento do RE 718874/RS (Tema 660) definindo a constitucionalidade da contribuição incidente sobre a comercialização da produção rural, devida pelos produtores rurais pessoa física, com redação dada pela Lei nº 10.256/01, após a EC 20/98. Cita-se ainda o Tema 723, que definiu a constitucionalidade da contribuição previdenciária destinada ao segurado especial, e o Tema 281, do STF, que estabeleceu a constitucionalidade da contribuição substitutiva das agroindústrias instituída a partir do art. 22A da Lei nº 8.212/91. Observa-se, contudo, ainda pende de definição a constitucionalidade da sub-rogação (ADI 4395).

7. Este artigo não explora a desoneração da folha de pagamento, prevista na Lei nº 12.546, de 14 de dezembro de 2011, que confere o benefício a setores específicos.

3. A definição de agroindústria para fins previdenciários

Nos termos do art. 22-A da Lei nº 8.212/91, para fins de incidência previdenciária patronal considera-se agroindústria o "produtor rural pessoa jurídica cuja atividade econômica seja a industrialização de produção própria ou de produção própria e adquirida de terceiros".

A minúcia do conceito de atividade agroindustrial torna indispensável a adequada compreensão de alcance do significado da expressão "industrialização de produção rural própria". A legislação, contudo, não se prestou a detalhar tal conceito, deixando a cargo da instrução normativa a interpretação dos termos e sua aplicabilidade.

Ao art. 146 da IN nº 2.110/2022 coube compilar o conjunto de conceitos necessários, aos olhos do Fisco, para compreensão de aplicabilidade da norma previdenciária. Neste dispositivo, a produção rural é definida como sendo "os produtos de origem animal ou vegetal, em estado natural ou submetidos a processos de beneficiamento ou de industrialização rudimentar, bem como os produtos e os resíduos obtidos por esses processos."[8]

Já o emprego do termo "própria" à produção rural, implica a forma de obtenção destes resultados, qual seja, aquele apurado a partir do emprego de meios funcionais detidos pelo titular do estabelecimento.[9] Trocando em miúdos, a produção rural própria nada mais é que o fruto obtido a partir da exploração de atividade agrícola ou pecuária

8. Inciso II, do art. 146 da IN RFB nº 2.110/2022.

9. RECEITA FEDERAL DO BRASIL. *Solução de Consulta Cosit* nº 8, de 28 de janeiro de 2018. Coordenação-Geral de Tributação, Brasília, 2018. Disponível em: http://normas.receita.fazenda.gov.br/sijut2consulta/link.action?idAto=90945. RECEITA FEDERAL DO BRASIL. *Solução de Consulta nº 34, de 11 de abril de 2016.* Coordenação-Geral de Tributação, Brasília, 2016. Disponível em: http://normas.receita.fazenda.gov.br/sijut2consulta/link.action?idAto=75494&visao=anotado.

pelo próprio contribuinte e a partir da exploração de seus próprios recursos físicos.

O conceito de industrialização, por sua vez, não encontra respaldo direto na IN em comento. Ao normativo coube a conceituação somente das hipóteses diferenciadas de industrialização, quais sejam a industrialização rudimentar ou artesanal. Contudo, é sabido que se entende por industrialização de produto agrícola o processo de transformação do produto rural *in natura*, alterando-lhe a composição e as caraterísticas originais, mediante a utilização de equipamentos, maquinário e utensílios especializados.

Esta interpretação se dá por analogia à caracterização de industrialização apontada pelo Regulamento do Imposto de Produtos Industrializados (RIPI),[10] o qual, em seu art. 4º estabelece:

> Art. 4 º Caracteriza industrialização qualquer operação que modifique a natureza, o funcionamento, o acabamento, a apresentação ou a finalidade do produto, ou o aperfeiçoe para consumo, tal como (Lei nº 5.172, de 1966, art. 46, parágrafo único , e Lei nº 4.502, de 1964, art. 3º, parágrafo único) :
>
> I - a que, exercida sobre matérias-primas ou produtos intermediários, importe na obtenção de espécie nova (transformação);
>
> II - a que importe em modificar, aperfeiçoar ou, de qualquer forma, alterar o funcionamento, a utilização, o acabamento ou a aparência do produto (beneficiamento);
>
> III - a que consista na reunião de produtos, peças ou partes e de que resulte um novo produto ou unidade autônoma, ainda que sob a mesma classificação fiscal (montagem);
>
> IV - a que importe em alterar a apresentação do produto, pela colocação da embalagem, ainda que em substituição da original, salvo quando a embalagem colocada se destine apenas ao transporte da mercadoria (acondicionamento ou reacondicionamento); ou

10. Decreto nº 7.212, de 15 de junho de 2010.

> V - a que, exercida sobre produto usado ou parte remanescente de produto deteriorado ou inutilizado, renove ou restaure o produto para utilização (renovação ou recondicionamento).
>
> Parágrafo único. São irrelevantes, para caracterizar a operação como industrialização, o processo utilizado para obtenção do produto e a localização e condições das instalações ou equipamentos empregados.

Importante mencionar que apesar do artigo comentado não se destinar à contribuição previdenciária, é destinado à interpretação conceitual de tributo também de competência federal.

O conceito de agroindústria pode ainda ser corroborado por interpretações proferidas em âmbito administrativo, como é o caso do Acórdão nº 206-00.626, de 08 de abril de 2008, da Sexta Câmara do extinto Conselho de Contribuintes, no qual o enquadramento de uma entidade para fins previdenciários é o foco central da discussão. É o entendimento proferido na ementa do acórdão:

> ASSUNTO: CONTRIBUIÇÕES SOCIAIS PREVIDENCIARIAS Período de apuração: 01/03/2000 a 01/02/2006 Ementa: CONTRIBUIÇÕES PREVIDENCIARIAS. AGROINDÚSTRIA. ENQUADRAMENTO. I - Para o enquadramento na condição de Agroindústria faz-se necessária a comprovação de se tratar de produtor rural pessoa jurídica cuja atividade econômica é a industrialização de produção rural própria ou de produção própria e adquirida de terceiros, além de desenvolver duas atividades em um mesmo empreendimento econômico com departamentos, divisões ou setores rural e industrial distintos. II - O regime substitutivo previsto no artigo 22-A da Lei n° 8.212/1991, com a redação dada pela Lei n°10.256/2001, abrange a agroindústria, que por definição legal trata-se de produtor rural que industrializa a sua própria produção ou, ainda, soma a esta a de terceiros.[11]

11. BRASIL. Conselho de Contribuintes. *Acórdão n° 206-00.626*. Processo n° 37322.001070/2007-37. Sexta Câmara. Segundo Conselho de Contribuintes. Relator(a): Rogerio de Lellis Pinto, 08 abr. 2008. Disponível em: https://acordaos.economia.gov.br/acordaos2/pdfs/processados/37322001070200737_6814217.pdf.

Dentre os demais elementos apresentados no voto que fundamenta o acórdão é ainda comentada a necessidade de substancialidade na proporção de produção própria destinada à industrialização para caracterização da entidade como agroindustrial. Comenta-se no voto que a despeito de não haver na legislação definição de proporção mínima necessária a tal caracterização, é indispensável que se verifique razoabilidade na representatividade da produção própria utilizada para industrialização frente ao total produzido pelo setor industrial. Ressalta-se, contudo, que esta substancialidade deve ser avaliada de forma holística, não tendo a ausência pontual de industrialização de produção própria o condão de descaracterizar a entidade.

Pelos aspectos até então elencados é, portanto, possível compilar o seguinte entendimento: classifica-se como agroindústria a pessoa jurídica que explora atividade rural por seus próprios meios e em proporções representativas, além de adquirir produção rural de terceiros, e que submete todo este resultado a transformação mediante industrialização, realizada por si e através do emprego de maquinário e equipamentos estruturados e especializados.

4. As peculiaridades existentes entre a contribuição previdenciária do produtor rural e da agroindústria

Antes de adentrarmos ao tema objeto deste artigo, qual seja, a incidência da contribuição previdenciária da agroindústria sobre as receitas estranhas a esta atividade, é indispensável o entendimento das peculiaridades existentes entre as tão semelhantes contribuições exigidas dos produtores rurais (pessoas jurídicas) e das agroindústrias.

No caso dos produtores rurais pessoas físicas e jurídicas, em que pese suas contribuições estejam previstas em dispositivos distintos, muito se assemelham em seu conteúdo, como pode ser visto pelos trechos a seguir reproduzidos:

Lei nº 8.870/94

Art. 25. A contribuição devida à seguridade social pelo empregador, pessoa jurídica, que se dedique à produção rural, em substituição à prevista nos incisos I e II do art. 22 da Lei nº 8.212, de 24 de julho de 1991, passa a ser a seguinte:

I - 1,7% (um inteiro e sete décimos por cento) da receita bruta proveniente da comercialização da sua produção;

II - um décimo por cento da receita bruta proveniente da comercialização de sua produção, para o financiamento da complementação das prestações por acidente de trabalho.[12]

Lei nº 8.212/91

Art. 25. A contribuição do empregador rural pessoa física, em substituição à contribuição de que tratam os incisos I e II do art. 22, e a do segurado especial, referidos, respectivamente, na alínea a do inciso V e no inciso VII do art. 12 desta Lei, destinada à Seguridade Social, é de:

I - 1,2% (um inteiro e dois décimos por cento) da receita bruta proveniente da comercialização da sua produção;

II - 0,1% da receita bruta proveniente da comercialização da sua produção para financiamento das prestações por acidente do trabalho.[13]

Note que no caso dos artigos transcritos, em que pesem as alíquotas previstas sejam diferentes, a base de incidência sempre se repete como sendo a "comercialização da sua produção.

No dispositivo legal, o alcance do termo "comercialização da produção" não é extensamente explorado, de modo a, considerando exclusivamente a literalidade do artigo previsto em lei, deixar margem à interpretação do contribuinte quanto à sua extensão.

---

12. Contribuição previdenciária do produtor rural pessoa jurídica prevista no art. 25 da Lei nº 8.870, de 15 de abril de 1994.

13. Contribuição previdenciária do produtor rural pessoa física prevista no art. 25 da Lei nº 8.212, de 24 de julho de 1991.

Superado o aspecto da base de incidência, no caso dos produtores rurais pessoas jurídicas, o dispositivo legal aponta a existência de limitador ao alcance da norma. O parágrafo 5º do art. 25 da Lei nº 8.870/94, anteriormente transcrito, estabelece que na hipótese de o contribuinte atuar na prestação de serviços, as receitas oriundas desta atividade não serão alcançadas pela substituição, devendo a folha de salários dos funcionários alocados na prestação de serviços ser segregada dos demais e oferecida à tributação em linha com a regra geral da contribuição (art. 22 da Lei nº 8.212/91).

Voltando a análise à agroindústria, cumpre dizer que o dispositivo legal que institui a substituição também é raso ao definir qual seria a base de incidência para a situação:

> Art. 22-A. A contribuição devida pela agroindústria, definida, para os efeitos desta Lei, como sendo o produtor rural pessoa jurídica cuja atividade econômica seja a industrialização de produção própria ou de produção própria e adquirida de terceiros, incidente sobre o valor da receita bruta proveniente da comercialização da produção, em substituição às previstas nos incisos I e II do art. 22 desta Lei, é de:
>
> I - dois vírgula cinco por cento destinados à Seguridade Social;
>
> II - zero vírgula um por cento para o financiamento do benefício previsto nos arts. 57 e 58 da Lei nº 8.213, de 24 de julho de 1991, e daqueles concedidos em razão do grau de incidência de incapacidade para o trabalho decorrente dos riscos ambientais da atividade.
>
> § 2º O disposto neste artigo não se aplica às operações relativas à prestação de serviços a terceiros, cujas contribuições previdenciárias continuam sendo devidas na forma do art. 22 desta Lei.[14]

Assim como ocorre com a previsão dos produtores rurais, não há esclarecimento quanto ao alcance do termo "comercialização da produção" para os contribuintes agroindustriais, a não ser a mesma limitação imposta aos

14. Art. 22-A da Lei nº 8.212, de 24 de julho de 1991.

produtores rurais, no que tange à folha de salários dos trabalhadores alocados em eventuais prestações de serviços.

Com o intuito de preencher estas lacunas, foram publicadas Instruções Normativas às quais couberam, dentre outros aspectos, interpretar os ditames de aplicação das normas previdenciárias. Atualmente, o normativo da Receita Federal do Brasil (RFB) que compila e interpreta as normas de natureza previdenciária é a Instrução Normativa nº 2.110, de 17 de outubro de 2022.

Na Seção IV, o normativo detalha sua interpretação referente ao que seria a base de cálculo das contribuições do produtor rural e da agroindústria, esclarecendo que nela se incluem, no caso dos primeiros: (i) a receita bruta proveniente da comercialização de sua produção, seus subprodutos e resíduos; (ii) o valor do arremate da produção rural; e (iii) o preço de mercado da produção dada em pagamento, permuta, ressarcimento ou em compensação.[15]

O § 2º, inciso III, alínea "b" do art. 153 desta mesma IN, entretanto, ressalva que na hipótese do produtor rural pessoa jurídica exercer outra "atividade econômica autônoma", além daquela efetivamente caracterizada por atividade rural a ele não se aplicará a substituição da contribuição previdenciária.

De acordo com a Instrução Normativa em questão atividade econômica autônoma (art. 146, XXII) é aquela que "não constitui parte de atividade econômica mais abrangente ou fase de processo produtivo mais complexo e que seja exercida mediante estrutura operacional definida, em um ou mais estabelecimentos". Ou seja, pela leitura do dispositivo, mesmo a atividade mercantil de compra e revenda, caso devidamente estruturada, tem o condão de caracterizar

15. Art. 151 da Instrução Normativa RFB nº 2.110/2022.

atividade econômica autônoma e, portanto, provocar a exclusão o contribuinte do alcance da substituição.

No caso das agroindústrias, o contexto é um tanto divergente. Apesar desta mesma seção IV trazer as diretrizes de entendimento do alcance da base de incidência da contribuição, para estes contribuintes ela é definida apenas como sendo "o valor da receita bruta proveniente da comercialização da produção própria e da adquirida de terceiros, industrializada ou não, exceto para as agroindústrias de piscicultura, carcinicultura, suinocultura e para as sociedades cooperativas".[16]

Ademais, diferentemente do que ocorre com relação ao produtor rural, nas agroindústrias não há hipótese de exclusão da sistemática de substituição,[17] nem mesmo no cenário de configurada exploração de atividade econômica autônoma. Prevê a instrução que nesta hipótese as receitas obtidas com as demais atividades, exceto prestação de serviços a terceiros, incorporarão a base de incidência da contribuição previdenciária.

Tal entendimento não parte exclusivamente do texto infra legal. Os direcionamentos têm origem no Regulamento da Previdência Social (Decreto nº 3.048, de 6 de maio de 1999), texto no qual ambas as previsões foram inseridas posteriormente à sua publicação por meio de alterações promovidas pelo Decreto nº 4.032, de 26 de novembro de 2001.

Em resumo, vê-se por este tópico que o conceito de comercialização da produção tanto para o produtor rural pessoa jurídica como para a agroindústria foi vagamente definido pela lei instituidora da contribuição, cabendo ao

16. Art. 152 da Instrução Normativa RFB nº 2.110/2022.

17. Exceto com relação à prestação de serviços, cenário em que, assim como para os produtores rurais, a folha de salários dos funcionários alocados na prestação de serviços é sujeita à tributação da contribuição previdenciária pela regra geral.

decreto regulamentador e à instrução normativa relacionada interpretarem os limites de seu alcance, fato este que dificulta a adequada compreensão do contribuinte gerando dúvidas quanto à sua exigibilidade.

5. A contribuição previdenciária das agroindústrias sobre atividades estranhas à atividade agroindustrial – Cenário de decisões administrativas

Conforme comentado no tópico anterior, em se tratando de contribuição previdenciária das agroindústrias não há que se falar em caracterização de atividade econômica autônoma para fins de exclusão do contribuinte do âmbito de incidência da contribuição previdenciária sobre o faturamento.

Contudo, em análise ao cenário de decisões administrativas quanto ao tema, nota-se que por se tratar de ditame imposto por outras vias, que não a própria lei instituidora do tributo, o tema é objeto de constantes discussões.

Nos últimos anos, diversas situações em que os contribuintes se fundamentaram no conceito de atividade econômica autônoma para excluir a entidade do âmbito de incidência da contribuição previdenciária sobre faturamento foram a julgamento no Carf, alcançando inclusive a Câmara Superior de Recursos Fiscais (CSRF).

O posicionamento do órgão julgador, entretanto, tende a acompanhar os ditames estabelecidos pelo Decreto nº 3.048/99, reproduzidos pela IN nº 2.110/2022, entendendo pela não aplicabilidade do conceito à atividade agroindustrial, como se vê pela ementa proferida no Acórdão nº 2401-011.553, de 5 de março de 2024:

> AGROINDÚSTRIA. PRÁTICA DE OUTRAS ATIVIDADE AUTÔNOMAS. IRRELEVÂNCIA. A contribuição substitutiva devida pela agroindústria à Previdência Social, incidente sobre a receita bruta de comercialização da produção engloba também

> o valor oriundo da comercialização da produção própria e da adquirida de terceiros, industrializada ou não. Não se pode confundir os efeitos jurídicos de uma Pessoa Jurídica produtora rural praticar atividade autônoma com o caso desta mesma atividade ser praticada por uma agroindústria, já que a legislação é expressa ao determinar que a prática de atividades autônomas não influencia no regime de apuração das contribuições previdenciárias das agroindústrias. Ainda que a agroindústria explore, também, outra atividade econômica autônoma, a contribuição previdenciária incidirá sobre o valor da receita bruta dela decorrente.[18]

Note que não apenas é desconsiderada a hipótese de exclusão da tributação pelo faturamento em função da existência de atividade econômica autônoma na agroindústria, como também é previsto que a receita decorrente desta outra atividade, ainda que desenvolvida de forma independente, deverá ser submetida à tributação nos moldes do art. 22-A da Lei nº 8.212/91.

O mesmo entendimento é reproduzido em âmbito da CARF quando, em recente decisão (sessão de 24 de outubro de 2022) a 2ª Turma reiterou seu entendimento quanto a irrelevância da existência de atividade econômica autônoma para fins de recolhimento previdenciário na agroindústria:

> ASSUNTO: CONTRIBUIÇÕES SOCIAIS PREVIDENCIÁRIAS Período de apuração: 01/01/2010 a 31/12/2011 AGROINDÚSTRIA. PRÁTICA DE OUTRAS ATIVIDADE AUTÔNOMAS. IRRELEVÂNCIA. A contribuição substitutiva devida pela agroindústria à Previdência Social, incidente sobre a receita bruta de comercialização da produção, engloba também o valor oriundo da comercialização da produção própria e da adquirida de terceiros, industrializada ou não. Não se pode confundir os efeitos jurídicos de uma Pessoa Jurídica produtora rural praticar atividade autônoma com o caso desta mesma atividade ser praticada por uma agroindústria, já que a legislação é expressa ao

18. BRASIL. CARF. *Acórdão nº 2401-011.553*. Processo nº 10340.721651/2021-72. 2ª Seção de Julgamento. 4ª Câmara. 1ª Turma Ordinária. Relator(a): Guilherme Paes de Barros Geraldi, 5 mar. 2024. Disponível em: https://acordaos.economia.gov.br/acordaos2/pdfs/processados/10340721651202172_7051562.pdf.

> determinar que a prática de atividades autônomas não influencia no regime de apuração das contribuições previdenciárias das agroindústrias. Ainda que a agroindústria explore, também, outra atividade econômica autônoma, a contribuição previdenciária incidirá sobre o valor da receita bruta dela decorrente. LEGALIDADE DE DECRETO. CARF. COMPETÊNCIA. Os atos administrativos gozam de presunção de legitimidade, veracidade e legalidade. O afastamento de ato administrativo por ilegalidade é competência do Poder Judiciário. A Administração Pública pode rever, de ofício, seus próprios atos. A revisão de ofício do ato administrativo só pode se dar pela autoridade que o expediu, ou outra hierarquicamente superior. O Carf não é competente para avaliar a legalidade ou rever de ofício atos administrativos ou regulamentares expedidos pelo Presidente da República.[19]

Importante mencionar que a despeito de se tratar de decisão desfavorável ao contribuinte, é suscitada a discussão de legalidade da imposição de norma tributária via decreto.

No voto, o conselheiro Marcelo Milton da Silva Riso comenta:

> 10 – Apesar de ter participado do julgamento do caso quando na Turma Ordinária, votando com o relator nessa parte, analisando melhor o assunto e até mesmo as decisões judiciais indicadas nos argumento do contribuinte em razões de recurso especial, **até entendo que seria possível, em tese afastar a contribuição substitutiva sobre as demais atividades com base na ilegalidade do art. 201-B do Decreto 3.048/99, em comparação à Lei, contudo, de acordo com art. 96 do CTN os decretos integram a legislação tributária e apenas o Judiciário possui tal competência.**[20] (Grifo nosso)

O elemento aqui levantado é de extrema relevância, considerando que até então grande parte das discussões findava apenas na consideração da irrelevância da

---

19. BRASIL. CARF. *Acórdão nº 9202-010.464*. Processo nº 13116.721914/2014-66. Câmara Superior Rec. Fiscais (CSRF). 2ª Turma. Relator(a): Marcelo Milton da Silva Risso, 24 out. 2022. Disponível em: https://acordaos.economia.gov.br/acordaos2/pdfs/processados/13116721914201466_6737486.pdf.

20. Ibidem.

existência ou não da caracterização de atividade econômica autônoma paras as agroindústrias, mas sequer abordavam a importante questão da hierarquia de normas. Vejamos, portanto, o posicionamento do Judiciário quanto à matéria.

6. A contribuição previdenciária das agroindústrias sobre atividades estranhas à atividade agroindustrial – Cenário judicial

O cenário de discussões judiciais atreladas ao alcance da base de cálculo da contribuição previdenciária da agroindústria pouco difere daquele visto no Conselho Administrativo de Recursos Fiscais.

A despeito da relevante discrepância entre a previsão legal (que direciona a base de incidência das contribuições exclusivamente ao resultado obtido com a "comercialização da produção" da empresa) do dispositivo inserido no ordenamento jurídico via decreto (que expande esta base de incidência a todas as demais receitas obtidas pela agroindústria, independentemente da atividade que lhes deu origem), pouco se discute quanto à legalidade do dispositivo.

Decisões proferidas pelo Tribunal Regional Federal da 3ª Região entre 2020 e 2023 deixam clara a similaridade de posicionamento e a precariedade das arguições quanto à legalidade da norma:

> APELAÇÃO EM MANDADO DE SEGURANÇA. TRIBUTÁRIO. **CONTRIBUIÇÃO DA AGROINDÚSTRIA. ART. 22-A DA LEI Nº8.212/91. BASE DE CÁLCULO. TOTALIDADE DA RECEITA BRUTADA AGROINDÚSTRIA PROVENIENTE DE QUALQUER PRODUÇÃO.APELAÇÃO DESPROVIDA.**
>
> - O cerne da questão consiste no pedido da não incidência da contribuição previdenciária prevista no artigo 22-A da Lei nº 8.212/1991.
>
> - Da leitura dos artigos 22-A, da Lei 8.212/91, e 201-B, do Decreto 3.048/1999 (Regulamento da Previdência Social), resta cristalino

que todo e qualquer ingresso de receitas nos cofres do contribuinte agroindustrial, quer seja decorrente de operações comerciais realizadas com intuito de lucro, quer sejam elas ligadas à atividade primária ou a atividades secundárias da empresa, estão sim incluídas na base de cálculo da contribuição previdenciária aqui discutida. Ademais, o artigo 201-B estatui que as atividades autônomas estão sujeitas ao recolhimento sob o regime da contribuição substitutiva aplicável à empresa principal, assim, a empresa agroindustrial é responsável tributária pelo recolhimento das contribuições previdenciárias, sejam as receitas provenientes da sua atividade primária ou ainda de unidades autônomas.

- Apelação desprovida.[21]

Pela ementa do acórdão, resta claro que o entendimento do julgador está integralmente embasado nos ditames contidos no Regulamento da Previdência Social (Decreto nº 3.048/99), não tendo sido considerada qualquer irregularidade com relação à forma em que a regra foi instituída no ordenamento jurídico.

Esta recente decisão acompanha o posicionamento da 2ª Turma do Tribunal Regional Federal da 3ª Região, publicada anteriormente, também em apelação proposta por uma agroindústria do setor sucroalcooleiro. A decisão da apelação menciona que pela leitura do próprio art. 22-A da Lei nº 8.212/91 resta "cristalino" o entendimento de que toda e qualquer receita auferida pela entidade agroindustrial, ainda que decorrente de atividade estranha à atividade em questão deve ser incluída na base de cálculo da contribuição previdenciária substitutiva. [22]

Frise-se que, como mencionado repetidas vezes neste estudo, o dispositivo legal nada esclarece quanto ao alcance da receita de outras atividades ao conceito de "comercialização da produção" para fins de apuração da contribuição

---

21. BRASIL. TRF-3. *Ap. Civ. (198) n. 5002644-67.2018.4.03.6113*. 2ª Turma. Relator(a): Alessandro Diaferia, 18 maio 2023.

22. Ibidem.

previdenciária, fato este que denota a necessidade de ainda maior aprofundamento ao estudo da legalidade do dispositivo que trouxe tal expansão de conceito.

7. A legalidade da base de cálculo da contribuição previdenciária das agroindústrias estipulada pelo Decreto nº 3.048/99

Conforme exaustivamente trazido nos tópicos anteriores, a base de cálculo da contribuição previdenciária da agroindústria estipulada pela Lei Ordinária que a institui consiste, exclusivamente no "valor da receita bruta proveniente da comercialização de sua produção", *in verbis*:

> Art. 22-A. A contribuição devida pela agroindústria, definida, para os efeitos desta Lei, como sendo o produtor rural pessoa jurídica cuja atividade econômica seja a industrialização de produção própria ou de produção própria e adquirida de terceiros, incidente sobre o valor da receita bruta proveniente da comercialização da produção, em substituição às previstas nos incisos I e II do art. 22 desta Lei, é de:
>
> I - dois vírgula cinco por cento destinados à Seguridade Social;
>
> II - zero vírgula um por cento para o financiamento do benefício previsto nos arts. 57 e 58 da Lei no 8.213, de 24 de julho de 1991, e daqueles concedidos em razão do grau de incidência de incapacidade para o trabalho decorrente dos riscos ambientais da atividade.
>
> § 2º O disposto neste artigo não se aplica às operações relativas à prestação de serviços a terceiros, cujas contribuições previdenciárias continuam sendo devidas na forma do art. 22 desta Lei.
>
> § 3º Na hipótese do § 2º, a receita bruta correspondente aos serviços prestados a terceiros será excluída da base de cálculo da contribuição de que trata o caput.
>
> § 4º O disposto neste artigo não se aplica às sociedades cooperativas e às agroindústrias de piscicultura, carcinicultura, suinocultura e avicultura
>
> § 5º O disposto no inciso I do art. 3º da Lei nº 8.315, de 23 de dezembro de 1991, não se aplica ao empregador de que trata este

artigo, que contribuirá com o adicional de zero vírgula vinte e cinco por cento da receita bruta proveniente da comercialização da produção, destinado ao Serviço Nacional de Aprendizagem Rural (SENAR).

§ 6º Não se aplica o regime substitutivo de que trata este artigo à pessoa jurídica que, relativamente à atividade rural, se dedique apenas ao florestamento e reflorestamento como fonte de matéria-prima para industrialização própria mediante a utilização de processo industrial que modifique a natureza química da madeira ou a transforme em pasta celulósica.

§ 7º Aplica-se o disposto no § 6º ainda que a pessoa jurídica comercialize resíduos vegetais ou sobras ou partes da produção, desde que a receita bruta decorrente dessa comercialização represente menos de um por cento de sua receita bruta proveniente da comercialização da produção.

Nos termos do artigo transcrito, a peculiaridade prevista quanto à definição desta base de cálculo reside apenas na exclusão da eventual receita de prestação de serviços pela entidade agroindustrial, situação em que se requer a segregação da folha de salários dos empregados alocados na prestação de serviços, para recolhimento da contribuição previdenciária segundo a regra geral, isto com relação, exclusivamente, a esta fatia de colaboradores.

Todas as demais nuances discutidas até então, relacionadas à: (i) irrelevância de existência ou não da exploração de outras atividades, estranhas à produção agroindustrial, para fins de prevalência da incidência de contribuição previdenciária substitutiva; bem como (ii) a extensão da contribuição previdenciária a todas as demais receitas da entidade, além daquelas estritamente relacionadas à atividade agroindustrial, encontram respaldo, exclusivamente, em normas infralegais.

Ocorre, contudo, que um elemento chama a atenção: se a lei ordinária que institui o tributo não amplia expressamente o alcance da base de cálculo a receitas não vinculadas à atividade agroindustrial poderia o decreto ou instrução normativa fazê-lo?

Nesse ponto, cumpre relembrar que o Direito Tributário Brasileiro é fundado a partir dos pilares construídos por seus princípios fundamentais, dentre os quais se destaca o princípio da legalidade.

Constitucionalmente previsto pelo inciso I do art. 150 da Carta Magna, este princípio dita a regra matriz de surgimento dos tributos, *in verbis*:

> Art. 150. Sem prejuízo de outras garantias asseguradas ao contribuinte, é vedado à União, aos Estados, ao Distrito Federal e aos Municípios:
>
> I - exigir ou aumentar tributo sem lei que o estabeleça"

Nos dizeres de Hugo de Brito Machado, "o princípio da legalidade constitui o mais importante limite aos governantes na atividade de tributação".[23]

A necessidade de seu atendimento, além da previsão constitucional, ainda se reproduz no Código Tributário Nacional (CTN), que, em seu art. 97 amplia a compreensão dos limites à instituição de tributos conferidos exclusivamente ao alcance das leis ordinárias:

> Art. 97. Somente a lei pode estabelecer:
>
> I - a instituição de tributos, ou a sua extinção;
>
> II - a majoração de tributos, ou sua redução, ressalvado o disposto nos arts. 21, 26, 39, 57 e 65;
>
> III - a definição do fato gerador da obrigação tributária principal, ressalvado o disposto no inciso I do § 3º do art. 52, e do seu sujeito passivo;
>
> IV - a fixação de alíquota do tributo e da sua base de cálculo, ressalvado o disposto nos arts. 21, 26, 39, 57 e 65;
>
> V - a cominação de penalidades para as ações ou omissões contrárias a seus dispositivos, ou para outras infrações nela definidas;

23. MACHADO, Hugo de Brito. *Curso de direito tributário*. 29. ed. São Paulo: Malheiros, 2008. p. 35.

> VI - as hipóteses de exclusão, suspensão e extinção de créditos tributários, ou de dispensa ou redução de penalidades.
>
> § 1º Equipara-se à majoração do tributo a modificação da sua base de cálculo, que importe em torná-lo mais oneroso.
>
> § 2º Não constitui majoração de tributo, para os fins do disposto no inciso II deste artigo, a atualização do valor monetário da respectiva base de cálculo.

Note que o § 2º do artigo reproduzido foi cirúrgico ao explanar o conceito de majoração de tributo. Não apenas a majoração de alíquota se encaixa neste cenário, a expansão de base cálculo, para além daquela prevista em lei também se classifica como majoração de tributo, e, portanto, não está ao alcance das normas infralegais.

Não seria, portanto, a inclusão de receitas oriundas de atividades diversas da agroindustrial à base de cálculo da contribuição previdenciária substitutiva destas entidades uma ofensa ao princípio da legalidade?

Respaldados pela literalidade da norma legal, assim como pela preocupação tida pelo legislador em caracterizar a agroindústria antes de definir qual seria a base de incidência previdenciária para a empresa agroindustrial, parece-nos que o Decreto nº 3.048/99, assim como a Instrução Normativa RFB nº 2.110/2022 extrapolaram suas respectivas funções regulamentadora e interpretativa, instituindo regra nova não prevista pela lei ordinária a quem caberia tê-lo feito.

Há um importante impasse, portanto, enfrentado pelo contribuinte: o Decreto nº 3.048/99 está vigente, e por isso é norma que serve de embasamento para interpretação da Receita Federal do Brasil. Esta, por sua vez, está vinculada às interpretações que emite por meio de seus atos (instruções normativas e soluções de consulta), e partir destes direciona seu poder fiscalizatório.

O resultado desta equação é uma crescente onda de autuações da Receita Federal, fundadas na equivocada interpretação da norma previdenciária, dado excesso contido no Decreto nº 3.048 e na IN RFB 2.110/22; e que desafortunadamente tem prosperado em âmbito administrativo, principalmente levando-se em conta a incompetência do órgão administrativo para definição de temas atrelados à legalidade.

8. Considerações finais

Não é novidade que o cenário tributário brasileiro perpetua a insegurança frente aos contribuintes, no entanto, em se tratando de contribuição previdenciária vinculada à atividade rural, este contexto mostra-se ainda mais instável.

A constitucionalidade da contribuição substitutiva do produtor rural pessoa física, jurídica, e agroindústria já foi levada à discussão no Supremo Tribunal Federal, em sede de repercussão geral, repetidas vezes, o que somente foi possível em função das incontáveis instituições e revogações de normas vinculadas a estas contribuições.

Com a validação da receita e faturamento como fontes de custeio da seguridade social, a partir da Emenda Constitucional nº 20/98, as legislações posteriores que impuseram a contribuição previdenciária substitutiva têm tido sua validade confirmada, como ocorreu justamente no Tema 281, do STF, que afirmou a constitucionalidade da contribuição substitutiva da agroindústria incluída no ordenamento jurídico a partir da Lei nº 10.256, de 2001.

Ocorre que o caminho percorrido até esta definição se mostrou tão conturbado que sua regulamentação, em vez de se ater às definições previstas em lei, se excedeu nos ditames, provocando indevida majoração de tributos ao alargar a base de incidência previdenciária.

Contudo, apesar da relevância do agronegócio na sustentação da economia nacional, carece de atenção as potenciais irregularidades reproduzidas pelo Regulamento da Previdência Social e na Instrução Normativa, o que tem resultado em incessante busca dos contribuintes pelo Judiciário na incansável tentativa de pôr fim a esta discussão que perdura até os dias atuais.

Referências

BRASIL. Conselho Administrativo de Recursos Fiscais (CARF). *Acórdão nº 2401-011.553*. Processo nº 10340.721651/2021-72. 2ª Seção de Julgamento. 4ª Câmara. 1ª Turma Ordinária. Relator(a): Guilherme Paes de Barros Geraldi, 5 mar. 2024. Disponível em: https://acordaos.economia.gov.br/acordaos2/pdfs/processados/10340721651202172_7051562.pdf.

______. Conselho Administrativo de Recursos Fiscais (CARF). *Acórdão nº 9202-010.464*. Processo nº 13116.721914/2014-66. Câmara Superior Rec. Fiscais (CSRF). 2ª Turma. Relator(a): Marcelo Milton da Silva Risso, 24 out. 2022. Disponível em: https://acordaos.economia.gov.br/acordaos2/pdfs/processados/13116721914201466_6737486.pdf.

______. Conselho de Contribuintes. *Acórdão nº 206-00.626*. Processo nº 37322.001070/2007-37. Sexta Câmara. Segundo Conselho de Contribuintes. Relator(a): Rogerio de Lellis Pinto, 08 abr. 2008. Disponível em: https://acordaos.economia.gov.br/acordaos2/pdfs/processados/37322001070200737_6814217.pdf.

______. Tribunal Regional Federal da 3ª Região (TRF-3). *Ap. Civ. (198) n. 5002644-67.2018.4.03.6113*. 2ª Turma. Relator(a): Alessandro Diaferia, 18 maio 2023.

INSTITUTO DE PESQUISA ECONÔMICA APLICADA (IPEA). *O que é a Seguridade Social?* Disponível em https://www.ipea.gov.br/portal/categorias/164-beneficiometro-projeto/14038-o-que-e-a-seguridade-social. Acesso em: 04 set. 2024.

MACHADO, Hugo de Brito. *Curso de direito tributário*. 29. ed. São Paulo: Malheiros, 2008.

RECEITA FEDERAL DO BRASIL. *Solução de Consulta Cosit nº 8, de 28 de janeiro de 2018*. Coordenação-Geral de Tributação, Brasília, 2018. Disponível em: http://normas.receita.fazenda.gov.br/sijut2consulta/link.action?idAto=90945.

______. *Solução de Consulta nº 34, de 11 de abril de 2016*. Coordenação-Geral de Tributação, Brasília, 2016. Disponível em: http://normas.receita.fazenda.gov.br/sijut2consulta/link.action?idAto=75494&visao=anotado.

DESAFIOS NA EXPORTAÇÃO DE GRÃOS

Alessandra Okuma[1]

Priscila Marto Valin[2]

1. Introdução

Sabemos que o Brasil está entre os maiores produtores mundiais de grãos como soja e milho e que a maioria dessas *commodities* destina-se à exportação.

Ainda que a exportação de grãos tenha grande relevância para a economia brasileira, enfrenta imensas dificuldades por questões geográficas, de infraestrutura e burocráticas.

Neste texto, descreveremos o processo de exportação passo a passo e trataremos brevemente de três problemas enfrentados pelos produtores e exportadores de *commodities* agrícolas e de suas consequências tributárias.

---

1. Doutora e Mestre em Direito Tributário pela PUC/SP, professora do IBDT, do IBET, da ABDF e da APET, sócia de Okuma Law e Presidente da Tax & Women.

2. Advogada, especialista em Direito Tributário pelo Instituto Brasileiro de Estudos Tributários – IBET. Cursando MBA em Finanças e Controladoria na Esalq/USP. Possui passagem por escritórios de advocacia, empresas de auditoria (Big4), e há quinze anos atua no contencioso e consultoria de Departamentos Tributários de empresas multinacionais no setor do agronegócio, sendo, atualmente, Head de Tax de uma delas.

2. O tratamento tributário na exportação

Como regra, as operações de exportação são **imunes à incidência** dos seguintes tributos:

(i) Contribuição de intervenção no domínio econômico - **CIDE**, por força do art. 149, § 2º, I, da Constituição Federal;

(ii) Imposto sobre produtos industrializados – **IPI**, pelo art. 153, § 3º, III, da Constituição Federal;

(iii) Imposto sobre a circulação de mercadorias – **ICMS**, com a manutenção dos créditos da não cumulatividade, nos termos do art. 155, § 2º, X, 'a' da Constituição;I=

(iv) Imposto sobre serviços - **ISS**, pelo art. 156, § 3º, II, da Constituição Federal e;

(v) Isentas do **PIS e COFINS** nos termos do art. 5º das Leis nº 10.637/2002 e nº 10.833/2003.

A exportação de *commodities* agrícolas, produtos primários, é **imune** ao ICMS com a manutenção dos créditos da entrada por força do art. art. 155, § 2º, X, "a" da Constituição. E, no caso específico de soja e milho, **isenta** de PIS/COFINS, com a possibilidade de aproveitamento de créditos presumidos nos termos do art. 8º e seguintes da Lei nº 10.925/2004.

Esse tratamento está em conformidade com a diretrizes da Organização para Cooperação e Desenvolvimento Econômico – OCDE que recomenda a neutralidade das exportações e a tributação no destino das mercadorias.[3]

Usualmente, por falta de estrutura dos produtores rurais, a exportação de grãos é feita por uma empresa

3. OECD. International VAT/GST Guidelines. Disponível em: https://www.oecd.org/tax/consumption/international-vat-gst-guidelines-9789264271401-en.htm.

comercial exportadora ou *trading company*[4] que adquire as *commodities* e efetua a exportação.[5] Nos termos do art. 228, *caput*, parágrafo único do Regulamento Aduaneiro (Decreto 6.759/2009), são consideradas como exportação as operações **(i)** de aquisição no mercado interno para fins específicos de exportação; (ii) a remessa do produtor diretamente para empresa comercial exportadora.

Para formalizar fiscalmente essa operação de exportação indireta, o produtor emite uma nota fiscal de saída interna, do tipo "remessa com fim específico de exportação", emitida com os CFOP 5501, 5502, 6501 e 6502 e a *trading company* emite a nota fiscal de exportação, com o CFOP 7501. Importante considerar que todas as cargas são remetidas ao porto com notas fiscais de remessa para formação de lote CFOP 5505, 6505, 5504 e 6504.

Para que o produtor possa se beneficiar do tratamento tributário típico da exportação (imunidade ao ICMS e isenção do PIS/COFINS), a *trading* deve comprovar a exportação por meio da Declaração Única de Exportação - DUE, vinculando todas as notas emitidas pela origem. Confira-se o art. 230 do Regulamento Aduaneiro:

---

4. As empresas comerciais exportadoras são aquelas do Decreto-lei 1.248/72. A legislação tributária atual não distingue as empresas comerciais exportadoras e as *tradings companies*. O tratamento tributário de ambas é idêntico, como consta da Solução de Consulta nº 56, de 16 de junho de 2011.

5. O Decreto-lei nº 1.248, de 1972, por sua vez, estabelece os requisitos legais para a configuração do "fim específico de exportação":
"Art. 1º. As operações decorrentes de compra de mercadorias no mercado interno, quando realizadas por empresa comercial exportadora, para o fim específico de exportação, terão o tratamento tributário previsto neste decreto-lei.
Parágrafo único. Consideram-se destinadas ao fim específico de exportação as mercadorias que forem diretamente remetidas do estabelecimento do produtor-vendedor para:
a) embarque de exportação por conta e ordem da empresa comercial exportadora;
b) depósito em entreposto, por conta e ordem da empresa comercial exportadora, sob regime aduaneiro extraordinário de exportação, nas condições estabelecidas em regulamento".

> Art. 230. São assegurados ao **produtor-vendedor**, nas operações de que trata o art. 228, os **benefícios fiscais** concedidos por lei para incentivo à exportação.
>
> Art. 231. Os impostos que forem devidos, bem como os benefícios fiscais de qualquer natureza, auferidos pelo produtor-vendedor, com os acréscimos legais cabíveis, passarão a ser de responsabilidade da empresa comercial exportadora no caso de:
>
> I - **não se efetivar a exportação dentro do prazo de cento e oitenta dias, contados da data da emissão da nota fiscal pela vendedora**, na hipótese de mercadoria submetida ao regime extraordinário de entreposto aduaneiro na exportação; (...)

Para fazer jus à isenção de PIS e COFINS, a empresa comercial exportadora deve provar o embarque das mercadorias no prazo de 180 dias da data da emissão da nota-fiscal de remessa para fins específicos de exportação, nos termos do art. 7º, da Lei 10.637/2002:

> Art. 7º. A empresa comercial exportadora que houver adquirido mercadorias de outra pessoa jurídica, com o fim específico de exportação para o exterior, que, **no prazo de 180 (cento e oitenta) dias**, contado da data da emissão da nota fiscal pela vendedora, **não comprovar o seu embarque para o exterior**, ficará sujeita ao pagamento de todos os impostos e contribuições que deixaram de ser pagos pela empresa vendedora, acrescidos de juros de mora e multa, de mora ou de ofício, calculados na forma da legislação que rege a cobrança do tributo não pago.

Em linha com a legislação federal, os estados exigem a comprovação da exportação dos grãos, com a identificação das Declaração Única de Exportação – DUE, nos termos das cláusulas 6ª e 7ª-A do Convênio ICMS nº 84/2009, a saber:

> **Cláusula sexta: O estabelecimento remetente ficará obrigado ao recolhimento do imposto devido**, inclusive o relativo à prestação de serviço de transporte quando for o caso, monetariamente atualizado, sujeitando-se aos acréscimos legais, inclusive multa, segundo a respectiva legislação estadual, **em qualquer dos seguintes casos em que não se efetivar a exportação:**

> I - no prazo de **180 (cento e oitenta) dias**, contado da data da saída da mercadoria do seu estabelecimento; (....)
>
> **Cláusula sétima-A:** Nas operações de que trata este convênio, **o exportador deve informar na Declaração Única de Exportação - DU-E,** nos campos específicos:
>
> I - a chave de acesso da(s) nota(s) fiscal(is) eletrônica(s) ou os dados relativos à Nota Fiscal Formulário correspondentes à remessa com fim específico de exportação;
>
> II - a quantidade na unidade de medida tributável do item efetivamente exportado.

Assim sendo, nas exportações indiretas, o tratamento tributário típico (imunidade) está condicionado à prova da *efetiva exportação*, pelo registro da Declaração Única de Exportação – DUE com a averbação de todas as notas fiscais que suportaram a saída do território nacional. Na ausência desta comprovação, presume-se que a exportação não foi concluída e que houve uma venda de mercadorias no mercado interno, sujeita à tributação pelo ICMS e PIS/COFINS.

É fato dizer que toda essa comprovação exige rigoroso controle e desenvolvimento sistêmico pelas empresas exportadoras a fim de garantir todas as averbações necessárias dentro do prazo exigido pela legislação.

3. O despacho aduaneiro na exportação

Todas as mercadorias que saem do território brasileiro em direção ao exterior estão sujeitas ao despacho aduaneiro, que tem como finalidade verificar a exatidão dos dados declarados pelo exportador em relação à mercadoria, aos documentos apresentados e à legislação específica.

O despacho aduaneiro de exportação é um procedimento administrativo complexo, com várias etapas que serão a seguir resumidas.

A primeira fase **é o preenchimento da Declaração** Única de Exportação – DUE, no portal Siscomex, com informações do exportador, mercadoria, quantidade, destino, classificação fiscal, notas-fiscais, romaneio, certificado de origem, e outras informações/documentos pertinentes à operação.

A segunda fase é a **apresentação da carga**, que será entregue no recinto aduaneiro com todas as movimentações registradas no módulo de controle de carga e trânsito de exportação. As *commodities* serão recepcionadas pelo exportador no terminal portuário e armazenadas até o embarque.

Caminhões de grãos de diversos produtores compõem um único embarque (um navio tem em média 60 mil toneladas sendo que cada caminhão, por exemplo, carrega aproximadamente 40 toneladas), com o acondicionamento dos grãos em uma única unidade (unitização) e a consolidação dos documentos necessários à exportação (consolidação). As movimentações são controladas no módulo Controle de Carga e Trânsito (CCT) de exportação do Portal Siscomex.

A terceira fase é a **conferência aduaneira**. Apresentada a carga para despacho, a DUE passará pela parametrização para os canais de conferência aduaneira, nos termos do art. 58 da Instrução Normativa RFB nº 1.702/2017, quais sejam:

> Art. 58. Depois da apresentação da carga para despacho, a DU-E será submetida à análise de risco aduaneiro e selecionada para um dos seguintes canais de conferência aduaneira:
>
> I- **verde**, pelo qual o sistema registrará o **desembaraço automático** da mercadoria, dispensadas a análise documental e a verificação da mercadoria;
>
> II - **laranja**, pelo qual será realizada a **análise documental** e, não sendo constatada irregularidade, efetuado o desembaraço aduaneiro, dispensada a verificação da mercadoria; ou
>
> III - **vermelho**, pelo qual a mercadoria somente será desembaraçada depois da realização da **análise documental e da verificação da mercadoria**.

No caso das *commodities*, que são mercadorias exportadas a granel, a verificação da mercadoria envolve a **pesagem** por medição direta ou arqueação[6] e, pode ser necessária **perícia para quantificação**, nos termos do art. 65 da IN nº 1.702/2017, *verbis:*

> Art. 65. A quantificação das mercadorias exportadas a granel consiste na determinação do seu peso, expresso em quilogramas, e será feita mediante pesagem, medição direta ou arqueação.
>
> Parágrafo único. *A dispensa ou a exigência de perícia para a quantificação a que se refere o caput será definida no momento da autorização do embarque.*

A última etapa é o **desembaraço aduaneiro**. Concluída a verificação/quantificação das mercadorias sem que haja divergências, infrações ou pendências por parte do exportador, o auditor fiscal competente deverá **autorizar o embarque para exportação** (desembaraço aduaneiro). O módulo CCT registrará o embarque, a transposição da fronteira e a emissão do conhecimento de carga (**averbação**

---

6. (IN RFB nº 2.086/2022): Art. 31. A quantificação de mercadoria a granel transportada por veículo aquático ou terrestre será realizada por meio de pesagem, medição direta ou mensuração.
§ 1º No caso de mercadoria a granel transportada por veículo aquático, a quantificação será realizada por amostragem, segundo critérios de gestão de riscos.
§ 2º A pesagem será realizada em balança:
I - rodoviária ou ferroviária;
II - de fluxo intermitente; ou
III - de fluxo contínuo.
§ 3º A medição direta será realizada por instrumento medidor do fluxo de mercadoria a granel, líquida ou gasosa.
§ 4º A mensuração será efetuada:
I - pelo cálculo da variação do deslocamento, que corresponde à diferença dos deslocamentos em função da variação dos calados ou draft survey;
II - pela medição do espaço vazio do tanque;
III - pela medição do espaço cheio do tanque;
IV - por meio da utilização de equipamentos automatizados de medição; ou
V - por outros critérios estabelecidos por órgão oficial ou entidade autorizada."

de embarque da exportação). O **último** ato é a emissão do **comprovante de exportação.**[7]

Uma particularidade da exportação de *commodities* a granel é a possibilidade de **embarque antecipado** das mercadorias, antes do desembaraço.[8] Nessa hipótese, o exportador embarcará os grãos até o limite de quantidade declarada na DUE,[9] cabendo-lhe retificar a DUE para incluir ou excluir as notas fiscais de exportação (e os demais documentos fiscais relevantes para a operação, principalmente aqueles emitidos pelos produtores rurais) de acordo com o embarque antecipado, no prazo de dez dias.

Compreendido o tratamento tributário e o despacho aduaneiro de exportação, passaremos a tratar as três dificuldades específicas enfrentadas pelos produtores e exportadores de grãos.

4. Perdas e quebras técnicas de grãos

Embora ocorra com todos os cereais, para melhor delimitar o problema, usaremos aqui o exemplo da exportação de soja.

---

7. (IN RFB nº 1.702/2017): Art. 94. Concluída a operação de exportação com a averbação do embarque ou da transposição de fronteira, o exportador poderá comprová-la mediante fornecimento, ao interessado, do número da DU-E e sua correspondente chave de acesso ao Portal Siscomex, por meio dos quais poderão ser consultados os dados da declaração.

8. (IN RFB nº 1.702/2017): Art. 96. O embarque antecipado de bens objeto de DU-E ainda não desembaraçada poderá ser autorizado nas hipóteses de exportação: (...)

VII - de mercadorias cujas características intrínsecas ou extrínsecas ou cujos processos de produção, transporte, manuseio ou comércio exijam operações de embarque parcelado e de longa duração; (...)

XII - de mercadorias cujo transporte internacional se dê pelo modal aquaviário, desde que não estejam acondicionadas em contêineres e a recepção da carga no local de despacho não tenha se dado com base na nota fiscal de exportação.

9. (IN nº 1.702/2017): Art. 99. Uma vez autorizado o embarque antecipado e não havendo impedimento por parte de órgão anuente, o operador portuário ou o transportador estará autorizado a embarcar as mercadorias constantes na DU-E, no limite quantitativo correspondente ao declarado em cada um dos seus itens.

Após a colheita, a soja passa por secagem, armazenamento, acondicionamento, transporte, distribuição e exportação. Nessa cadeia logística, há perdas e retenções técnicas de grãos, de modo que a quantidade de soja que sai do estabelecimento produtor não é igual àquela efetivamente exportada.

Importante também ter em consideração que a soja é um "ser vivo" que pode sofrer mutações durante todo o processo, adquirindo ou perdendo umidade durante o transporte e até germinando em razão disso.

Por suas proporções continentais, no Brasil, o caminho dos grãos do produtor ao porto de exportação costuma ser longo. Por exemplo, do maior Município produtor de soja, Sorriso – MT até o Porto de Santos, temos mais de dois mil quilômetros de distância. Nesse trajeto, a soja sai do produtor e é transportada por caminhões durante todo trajeto, ou até o Município de Rondonópolis, onde ocorre o transbordo para o modal ferroviário.

Outra possibilidade é a combinação do transporte rodoviário com o hidroviário, pelos rios Tapajós e Amazonas. Os grãos são transportados por caminhões pela BR- 230 até Miritubá, onde existem estações de transbordo de cargas que recebem a soja dos caminhões e despejam nas barcaças que seguem pelo rio Tapajós até Santarém. No Porto de Santarém, inicia-se a exportação por navegação marítima de longo curso.

Ainda que exista a possibilidade de combinação de modais como exemplificado acima, grande parte do transporte interno é feito por caminhões. Cabe considerar, outrossim, que embora já tenha melhorado bastante, a situação das rodovias brasileiras é bastante precária, algumas não possuem pavimentação, outras estão em péssimas condições, poucas têm pista dupla, acostamento e pavimentação adequada para a movimentação das cargas, ensejando, assim, o “desprezo” de parte do carregamento pelo percurso em razão do balanço excessivo do veículo.

Em 2021, no artigo “O custo do desperdício na logística do agronegócio no Brasil”, os pesquisadores da ESALQ-LOG, José Vicente Caixeta Filho e Thiago Guilherme Péra, apresentaram uma estimativa das perdas conforme o tempo de armazenagem.[10] Confira-se:

Tabela 1 – Indicadores de perdas de pós-colheita para produtos selecionados (% da quantidade inicial)

Produto	Tempo de armazenagem (meses)	Indicador de Perda de Pós-Colheita (%)			
		Estrada Vicinal	Armazenagem	Rodovia	Perda Total
Milho	um	0,500%	0,299%	0,131%	0,929%
Milho	dois	0,500%	0,597%	0,131%	1,228%
Milho	três	0,500%	0,896%	0,130%	1,526%
Soja	um	0,500%	0,299%	0,131%	0,929%
Soja	dois	0,500%	0,597%	0,131%	1,228%
Soja	três	0,500%	0,896%	0,130%	1,526%

Com base nos índices de 2021 acima, temos, portanto, que a ***média* do percentual de perda de grãos de soja seria 1,227%.**

Não obstante, como vimos, os Estados exigem a comprovação da exportação dos grãos que saem do estabelecimento do produtor, com a averbação das respectivas notas de venda com fins específicas de exportação na Declaração Única de Exportação – DUE correspondente, nos termos das cláusulas 6ª e 7ª-A do Convênio ICMS nº 84/2009.

Por não conseguirem comprovar que ***cem por cento*** dos grãos que saíram de seu estabelecimento foram efetivamente exportados, os produtores **são cobrados do ICMS** sobre as perdas e retenções inevitáveis, como esclarecido acima, durante a longa cadeia logística de grãos.

---

10. CAIXETA FILHO, José Vicente; PÉRA, Thiago. Guilherme. O custo do desperdício na logística do agronegócio no Brasil. In: MACHADO JÚNIOR, Paulo Cláudio; REIS NETO, Stelito Assis dos (orgs). *Perdas em transporte e armanenagem de grãos: panorama atual e perspectivas*. Brasília, DF: Conab, 2021. Disponível em: http://www.conab.gov.br. p. 197.

A legislação federal prevê que diferenças quantitativas de até **1% (um por cento)** na importação de mercadorias a granel não implicarão exigência de imposto de importação (art. 72, § 3º do Regulamento Aduaneiro), de IPI (art. 237, § 3º do Regulamento Aduaneiro), nem de PIS e COFINS (art. 3º, **§§ 2º**, II e 3º da nº Lei 10.865/2004).

Muitos Estados admitem a existência de perdas e quebras de grãos transportados a granel, destinados à exportação, e dispensam a emissão de nota fiscal complementar e a consequente cobrança do ICMS.

No entanto, o Estado do Mato Grosso, o principal produtor de soja no Brasil, exige a emissão de nota fiscal e o recolhimento do ICMS devido quando a diferença for superior a **0,1% da quantidade total do mês**. Confira-se o art. 352 do Decreto nº 2.212/2014, Regulamento do ICMS ("RICMS"), *verbis*:

> Art. 352. Na hipótese do inciso II do caput do artigo 350, fica **dispensada** a emissão de documento fiscal para complementação da **diferença positiva de grãos transportados a granel**, verificada entre a quantidade consignada no documento fiscal que acobertou a respectiva operação e a efetivamente entregue no estabelecimento do destinatário ou, quando admitido na legislação, em local por ele indicado, desde que, cumulativamente:
>
> I – a diferença verificada em relação a cada operação não seja superior a 1% (um por cento) da quantidade de cada espécie de mercadoria, discriminada no documento fiscal correspondente;
>
> II – o total da diferença obtido em cada **mês-calendário**, em relação a cada espécie de mercadoria, por remetente, não seja superior **a 0,1%** (um décimo por cento) **do total das quantidades**, por espécie e por remetente, consignadas nos documentos fiscais que acobertaram as respectivas operações de remessa, no referido mês-calendário.
>
> Parágrafo único: **Não serão, igualmente, consideradas como diferença, as variações negativas de grãos transportados a granel, respeitadas as mesmas condições e limites fixados no caput deste artigo e nos respectivos incisos.**(Grifos nossos)

Cabe considerar que ainda que seja importante essa possibilidade do reconhecimento de um percentual de quebra/perda pela legislação mato grossense, o procedimento a ser adotado para controle é de complexidade ímpar. Ademais, o percentual de quebra admitido pelo referido estado, **de 0,1% (um décimo porcento)**, é infinitamente inferior àquele admitido na legislação federal (**1%**) e menos da metade do percentual de perdas físicas atestado pelo laudo da ESALQ-LOG.

Isso significa que os produtores e exportadores de soja do Estado do Mato Grosso serão cobrados do ICMS na **exportação de grãos** mesmo na **ausência** de uma "operação de circulação de mercadoria", que é o fato gerador desse imposto.

Verifica-se, então, evidente inconstitucionalidade e ilegalidade na cobrança de ICMS sobre as quebras e perdas na operação de grãos exportados a granel.

Vale ainda esclarecer que poucas são as discussões judiciais sobre o tema, visto que muitos contribuintes preferem tratar o tributo como custo adicional da operação a manter um processo em andamento por longos anos e sem certeza de sucesso e ainda podendo ser condenado a custas e honorários advocatícios em caso de decisão desfavorável.

5. As multas aduaneiras na exportação

O controle aduaneiro exercido pelos Receita Federal tem como objetivo fiscalizar o correto cumprimento das obrigações tributárias e, como consequência, evitar os crimes de contrabando, descaminho ou pirataria.

Por isso, a fiscalização na **entrada** de bens, veículos e pessoas no território nacional é tão rigorosa. Todas as mercadorias procedentes do exterior, bagagem de viagens e remessas postais internacionais são fiscalizadas por autoridades alfandegárias, que defendem os interesses fazendários em todo território nacional (art. 15 do Regulamento Aduaneiro, Decreto nº 6.759/2009).

Como toda atividade administrativa, a atuação da fiscalização no controle aduaneiro deve obedecer aos princípios do art. 37 da Constituição Federal e do art. 2º da Lei nº 9.784/99: legalidade, impessoalidade, moralidade, publicidade, eficiência, finalidade, motivação, razoabilidade, proporcionalidade, ampla defesa, contraditório, segurança jurídica e interesse público.

O despacho aduaneiro na importação de bens merece todo cuidado, para que sejam verificadas a veracidade e exatidão dos dados fornecidos pelo importador e o consequente pagamento adequado dos tributos aduaneiros — imposto de importação, IPI, ICMS, PIS e Cofins. Esses são calculados com base nos dados declarados pelo importador e estão sujeitos ao lançamento por homologação do art. 150, § 4º, do Código Tributário Nacional.

Na importação, dados incorretos na declaração de importação levam ao pagamento insuficiente dos tributos aduaneiros. Logo, ao prestar informações inexatas, o **importador** está sujeito à multa de 1% do valor aduaneiro. O art. 711, III, do Regulamento Aduaneiro é taxativo ao imputar a precitada multa "*quando o importador ou beneficiário de regime aduaneiro omitir ou prestar de forma inexata ou incompleta informação de natureza administrativo-tributária, cambial ou comercial necessária à determinação do procedimento de controle aduaneiro apropriado*". Justifica-se a sanção pela finalidade, pois, a declaração inexata pode causar prejuízo ao erário público, decorrente do recolhimento de tributos a menor.

Por outro lado, como vimos, as exportações de bens de mercadorias são incentivadas e imunes à cobrança de impostos. Não incide imposto de exportação na esmagadora maioria das mercadorias exportadas, sendo as únicas exceções cigarros, peles de animais e armas de fogo.

O despacho aduaneiro de **exportação** também envolve o cumprimento de formalidades, o registro da declaração de exportação, análise documental, verificação física e conferência aduaneira, mas a **finalidade** é outra. Aqui, pretende-se evitar que saiam do país bens que são do patrimônio cultural e artístico nacional, animais silvestres, mercadorias sujeitas a controle especial de agências regulatórias (medicamentos, agrotóxicos) e, obviamente, bens e objetos ilícitos.

Nesse contexto, as multas previstas para exportação no regulamento aduaneiro devem ser interpretadas de acordo com a **finalidade, razoabilidade** e **proporcionalidade.** E, adicionalmente, devem ser aplicadas em conformidade com o art. 112 do CTN, que determina:

> Art. 112. A lei tributária que define infrações, ou lhe comina penalidades, interpreta-se da maneira mais favorável ao acusado, em caso de dúvida quanto:
>
> I - à capitulação legal do fato;
>
> II - à natureza ou às circunstâncias materiais do fato, ou à natureza ou extensão dos seus efeitos;
>
> III - à autoria, imputabilidade, ou punibilidade;
>
> IV - à natureza da penalidade aplicável, ou à sua graduação.

No Regulamento Aduaneiro, o Título III, Capítulo I, trata das **multas na importação**, os arts. 702 e seguintes preveem nada mais, nada menos, que **42** infrações.

Há, ainda, **39** multas comuns para a importação e a exportação, arroladas no Capítulo III, art. 725 e seguintes do RA.

Em contrapartida, na **exportação**, o Capítulo II, art. 718 do RA, prevê <u>**três**</u> multas por infração, sendo: (a) de 60% a 100% na hipótese de *fraude ou reincidência*; (b) 25%

no caso de *fraude* relativa ao peso, medida, classificação ou qualidade ou para tentativa de exportação de mercadoria proibida de sair do território nacional.

Como se vê, na importação, há maior quantidade de infrações tipificadas e multas, justamente porque há necessidade de rigoroso controle aduaneiro para fiscalizar o correto cumprimento das obrigações tributárias.

De outra banda, na exportação de mercadorias, eventuais equívocos quanto à classificação fiscal, cotação do dólar, ou à quantidade de mercadoria **não** prejudicam o controle aduaneiro.

Por essa razão, o art. 718, §1º, do Regulamento Aduaneiro dispõe que, na **exportação,** *não se constitui infração a variação, para* ***mais ou para menos, não superior a dez por cento quanto ao preço e a cinco por cento quanto à quantidade da mercadoria****, desde que não ocorram concomitantemente.*

Todavia, algumas vezes, verificamos a rigidez exacerbada do Fisco durante o curso dos processos aduaneiros de exportação, de modo que **tem se tornado usual a exigência de pagamento de multa de 1% sobre o valor aduaneiro da mercadoria**, com fundamento no art. 711, III, do RA.

Essa imputação costuma ser justificada sob o argumento genérico de supostas "*informações inexatas de natureza administrativo-tributária, cambial ou comercial necessária à determinação do procedimento de controle aduaneiro apropriado*". Muitas vezes, tal multa é imposta por *diferenças mínimas* na variação monetária ou quantificação do produto exportado.

A exigência de multas na exportação imotivadas, desproporcionais, irrazoáveis e ilegais deve ser repelida pelo Poder Judiciário,[11] a exemplo do que decidiu o C. Superior

11. Sobre as multas na exportação, confira o artigo do Conjur "Diferença ínfima em valor declarado não autoriza multa a exportador, diz juíza", de 13.12.2023. (Disponí-

Tribunal de Justiça no AgRg no REsp 653.263/PR, REsp 660.682/PE e REsp nº 728.999/PR, principalmente porque representa dificuldade ou entrave a operações que correspondem a mais da metade do PIB brasileiro.

6. As "contribuições" aos fundos como condição para fruição de incentivos fiscais

As operações internas com *Commodities* agrícolas são beneficiadas por incentivos fiscais, tais como: (a) redução de alíquota, base de cálculo ou crédito presumido nas operações internas e; (b) regimes especiais, suspensão ou diferimento do ICMS na saída com destino à exportação.

Vejamos, como exemplo, Protocolo ICMS nº 5, de 6 de abril de 2015, pelo qual os Estados do Maranhão e Tocantins estabeleceram a suspensão do ICMS nas saídas de milho e soja em grãos, destinadas à exportação:

> Cláusula primeira. Acordam os Estados signatários, nos termos do Convênio AE 15/74, de 11 de dezembro de 1974, em estabelecer *a suspensão do ICMS nas saídas de milho e soja em grãos*, promovidas por produtores maranhenses, *destinadas exclusivamente à exportação*, para o estabelecimento da BUNGE ALIMENTOS S.A, localizado na Fazenda Panambi, Serra do Centro, s/no, Zona Rural, em Campos Lindos, no Estado do Tocantins, CNPJ 84.046.101/0404-97, e com inscrição no cadastro de contribuintes do Estado do Maranhão.

Ainda que o exemplo acima se trate de um protocolo específico de uma empresa do setor, existem diversas legislações estaduais no mesmo sentido a fim de garantir a exoneração da cadeia da exportação de grãos – evitar a "exportação de tributos".

---

vel em: https://www.conjur.com.br/2023-dez-13/diferenca-infima-em-valor-declarado-nao-autoriza-multa-a-exportador-diz-juiza/).

Ocorre, no entanto, que com a edição do Convênio ICMS nº 42/2016, esses incentivos fiscais de ICMS passaram a ser condicionados ao pagamento de "contribuição" a fundos estaduais. Vejamos:

> Cláusula primeira. Ficam os estados e o Distrito Federal autorizados a, relativamente aos incentivos e benefícios fiscais, financeiro-fiscais ou financeiros, inclusive os decorrentes de regimes especiais de apuração, que resultem em redução do valor ICMS a ser pago, inclusive os que ainda vierem a ser concedidos:
>
> I - **condicionar a sua fruição** a que as empresas beneficiárias **depositem em fundo** de que trata a cláusula segunda o montante equivalente a, no mínimo, **dez por cento do respectivo incentivo ou benefício**; ou
>
> II - reduzir o seu montante em, no mínimo, dez por cento do respectivo incentivo ou benefício. (...)
>
> Cláusula segunda. A unidade federada que optar pelo disposto no inciso I da cláusula primeira instituirá fundo de desenvolvimento econômico e ou de equilíbrio fiscal, destinado ao desenvolvimento econômico e ou à manutenção do equilíbrio das finanças públicas estaduais e distrital, constituídos com recursos oriundos do depósito de que trata o inciso I da cláusula primeira e outras fontes definidas no seu ato constitutivo.

Esses fundos estaduais foram instituídos por vários Estados, custeados por contribuições que estão vinculadas **à** saída de produtos agrícolas para exportação, dentre eles: Goiás, Mato Grosso, Mato Grosso do Sul, Pará, Piauí, Maranhão, Tocantins.[12]

No entanto, a cobrança da "contribuição" aos referidos fundos é ***inconstitucional*** pois: (a) não é autorizada pela Constituição Federal; (b) **é contrária ao principio da não** afetação do ICMS e; (c) viola a imunidade das exportações.

12. É importante esclarecer que a discussão dos fundos aqui tratados não se confunde com aquela dos fundos de combate à pobreza, como são o Fundo Estadual de Equilíbrio Fiscal - FEEF e o Fundo Orçamentário Temporário – FOT do Estado do Rio de Janeiro, tratados na ADI 5.635, que foram instituídos com fundamento no art. 82, § 1º, da Constituição Federal.

No caso das *commodities* destinadas à exportação, que são IMUNES ao ICMS, além dos argumentos acima, a inconstitucionalidade torna-se ainda mais evidente pela violação ao art. 155, §2º, X, "a" da Constituição. Nessa hipótese, os regimes especiais de suspensão ou diferimento do ICMS na saída de grãos com destino à exportação são **instrumentos** para viabilizar a imunidade. Não são renúncias de receitas dos Estados, nem "favores" ou "isenções" que podem ser condicionadas. O que temos é a absoluta *ausência de competência tributária* dos Estados para cobrar o ICMS na exportação nos termos art. 155, § 2º, X, "a" da Constituição. E assim, a cobrança de "contribuição" a fundos estaduais esbarra na imunidade constitucional que beneficia as exportações.

Assim sendo, é a cobrança das "contribuições" - aos fundos estaduais instituídos como condição para usufruir de benefícios fiscais de ICMS - é **inconstitucional** e deveria assim ser reconhecida pelo Poder Judiciário.

Os contribuintes, no entanto, muitas vezes acabam não levando a discussão para análise judicial pois os instrumentos normativos que instituem as "contribuições" aos fundos têm redação confusa e vaga quanto ao efetivo sujeito ativo da obrigação tributária, trazendo dúvida quanto à natureza jurídica.

O reconhecimento da natureza tributária dessa cobrança implica necessidade de respeito aos princípios constitucionais tributários. O princípio da anterioridade, por exemplo, é um dos que costuma ser desatendido pelas leis que instituem os referidos fundos estaduais.

Além da insegurança legislativa e da inobservância a princípio tributários constitucionais, a cobrança dos fundos causa dificuldade aos exportadores devido à necessidade de complexas alterações sistêmicas. E, na maioria das vezes, os "fundos" acabam sendo incorporados ao custo da operação, o que prejudica a neutralidade das exportações.

Nesse ponto, é importante mencionar que a Emenda Constitucional nº 132/2023 permitiu a cobrança de contribuições sobre produtos primários e semielaborados como condição para usufruir de incentivos fiscais e regimes especiais, desde que fossem destinadas a fundos para infraestrutura e habitação e já estivessem sendo cobradas em 31 de abril de 2023. Confira-se o art. 136 do ADCT:

> Art. 136. **Os Estados que possuíam, em 30 de abril de 2023**, fundos destinados a investimentos em obras de **infraestrutura e habitação** e financiados por contribuições sobre **produtos primários e semielaborados** estabelecidas como condição à aplicação de diferimento, regime especial ou outro tratamento diferenciado, relativos ao imposto de que trata o art. 155, II, da Constituição Federal, poderão instituir contribuições semelhantes, não vinculadas ao referido imposto, observado que:
>
> I - a alíquota ou o percentual de contribuição não poderão ser superiores e a base de incidência não poderá ser mais ampla que os das respectivas contribuições vigentes em **30 de abril de 2023**;
>
> II - a instituição de contribuição nos termos deste artigo implicará a extinção da contribuição correspondente, vinculada ao imposto de que trata o art. 155, II, da Constituição Federal, vigente em **30 de abril de 2023**;
>
> III - a destinação de sua receita deverá ser a mesma das contribuições vigentes em **30 de abril de 2023**;
>
> IV - a contribuição instituída nos termos do caput será extinta em **31 de dezembro de 2043.**
>
> Parágrafo único. As receitas das contribuições mantidas nos termos deste artigo não serão consideradas como receita do respectivo Estado para fins do disposto nos arts. 130, II, "b", e 131, § 2º, I, "b", deste Ato das Disposições Constitucionais Transitórias.

Essa disposição foi objeto de duras críticas, pois está em dissonância dos princípios que norteiam a reforma tributária: a simplicidade, a transparência, não cumulatividade ampla, cobrança no destino e desoneração das exportações.

A inconstitucionalidade da cobrança de contribuição sobre a saída de produtos agrícolas para o Fundo Estadual foi reconhecida no caso do Estado do Tocantins – FET, na ADI 6365. Ao analisá-la, o Supremo Tribunal Federal concluiu que seria UM VERDADEIRO ADICIONAL AO ICMS, exigido sem autorização constitucional. Confira-se a ementa:

> AÇÃO DIRETA DE INCONSTITUCIONALIDADE. ARTIGOS 6º, VI, 7º (REDAÇÃO ORIGINAL E AQUELA DADA PELA LEI ESTADUAL 4.029/2022) E 8º DA LEI 3.617/2019 DO ESTADO DO TOCANTINS. CONTRIBUIÇÃO AO FUNDO ESTADUAL DO TRANSPORTE - FET INCIDENTE SOBRE O VALOR DAS OPERAÇÕES COM PRODUTOS DE ORIGEM VEGETAL, MINERAL OU ANIMAL, INCLUSIVE OS DESTINADOS À EXPORTAÇÃO. LEGITIMIDADE ATIVA *AD CAUSAM*. ENTIDADE REPRESENTATIVA DOS PRODUTORES DE SOJA. PERTINÊNCIA TEMÁTICA. EXAÇÃO QUE CARACTERIZA ADICIONAL DO ICMS COM RECEITA VINCULADA. USURPAÇÃO DA COMPETÊNCIA DO SENADO FEDERAL PARA ESTABELECER AS ALÍQUOTAS DO ICMS APLICÁVEIS ÀS OPERAÇÕES INTERESTADUAIS (ARTIGO 155, § 2º, IV, DA CRFB/1988). IMPOSSIBILIDADE DE VINCULAÇÃO DA RECEITA DE IMPOSTO SEM AUTORIZAÇÃO CONSTITUCIONAL (ARTIGO 167, IV, DA CRFB/1988). OFENSA À IMUNIDADE TRIBUTÁRIA DAS OPERAÇÕES QUE DESTINAM MERCADORIAS AO EXTERIOR (ARTIGO 155, § 2º, X, "A", DA CRFB/1988). AÇÃO DIRETA DE INCONSTITUCIONALIDADE CONHECIDA E JULGADO PROCEDENTE O PEDIDO.
>
> 1. A Associação Brasileira dos Produtores de Soja - APROSOJA BRASIL ostenta legitimidade ad causam na presente ação para o ajuizamento de demanda em face dos dispositivos legais que instituíram exação incidente sobre operações com "produtos de origem vegetal, mineral ou animal".
>
> 2. Entidades de classe podem provocar o controle abstrato de normas cujo âmbito de incidência extrapole a categoria econômica ou profissional representada (ADI 4.203, Plenário, Rel. Min. Dias Toffoli, DJe de 2/2/2015).
>
> 3. O artigo 7º da Lei 3.617/2019 do Estado do Tocantins determina o recolhimento ao Fundo Estadual do Transporte - FET de percentual incidente sobre o valor destacado no documento fiscal relativo a operações de saída de produtos de origem vegetal, mineral ou animal ocorridas em seu território, inclusive com

destino à exportação ou equiparadas. O § 5º do referido artigo 7º permite a revisão dos produtos submetidos à exação por ato do Secretário de Estado da Fazenda.

4. A exação não caracteriza preço público, vez que exigida em face de fato gerador (operação de saída de mercadoria) que não denota relação negocial entre o Estado e o particular, nem tampouco voluntariedade na submissão à exigência, pois a cobrança independe da utilização de qualquer bem ou serviço público. **A base de cálculo eleita (valor destacado na nota fiscal) não guarda relação com eventuais custos de manutenção das rodovias estaduais porventura utilizadas para o escoamento da produção rural.** Destarte, **a exação consubstancia tributo, porquanto compulsória, estando sujeita às limitações constitucionais ao poder de tributar.**

5. A ADI 7.363, Rel. Min. Dias Toffoli, cuja medida cautelar deferida pelo Relator não foi referendada pelo Plenário da Corte, não serve de paradigma no caso sub judice. É que naquela ação cuida-se de "contribuição no âmbito do ICMS", destinada a fundo de infraestrutura estadual, exigida como condição para a fruição de incentivos e benefícios fiscais e/ou regime especial de fiscalização e técnica de arrecadação (ICMS-ST). Há controvérsia a respeito do caráter compulsório ou facultativo da "contribuição" mercê do contexto normativo em que inserida a exação criada pelo Estado de Goiás, no qual o pagamento de valores ao Fundo Estadual de Infraestrutura - FUNDEINFRA decorre da fruição de um regime especial de controle de exportação (art. 79-A, § 2º do Decreto 4.852/97, com redação estabelecida pelo Decreto nº 10.187, de 30 de dezembro de 2.022).

6. *In casu*, o recolhimento criado pelo Estado do Tocantins apresenta características de imposto, pois incide sobre situação reveladora de riqueza relacionada exclusivamente aos contribuintes, não vinculada a qualquer atividade estatal. **Ademais, por possuir fato gerador (operações de saída de produtos de origem vegetal) e base de cálculo (valor destacado no documento fiscal) idênticos aos do ICMS, forçoso concluir que se trata de adicional de alíquota do ICMS** com receita vinculada, à semelhança dos adicionais do ICMS destinados aos fundos estaduais de combate à pobreza, porém, *in casu*, sem amparo constitucional.

7. O artigo 155, § 2º, IV, da Constituição Federal preceitua que "resolução do Senado Federal, de iniciativa do Presidente da República ou de um terço dos Senadores, aprovada pela maioria absoluta de seus membros, estabelecerá as alíquotas aplicáveis às operações e prestações, interestaduais e de exportação".

> Desse modo, não podem os Estados-membros criar adicionais sobre as alíquotas interestaduais do ICMS.
>
> 8. **O artigo 167, IV, da Constituição Federal** veda a vinculação da receita de impostos a órgão, fundo ou despesa, salvo nas hipóteses expressamente previstas na Constituição. As exceções à vedação, exaustivamente listadas em normas constitucionais, devem ser interpretadas literalmente, a fim de que possa se viabilizar uma exegese harmonizadora dos dispositivos da Constituição. Assim, qualquer vinculação de parcela da receita de impostos sem amparo no texto constitucional é, pois, inconstitucional. Precedentes: ADI 3.550, Plenário, Rel. Min. Dias Tofoli, DJe de 6/3/202; ADI 422, Plenário, Rel. Min. Luiz Fux, DJe de 9/9/2019; ADI 553, Plenário, Rel. Min. Cármen Lúcia, DJe de 14/2/2019; ADI 2.529, Plenário, Rel. Min. Gilmar Mendes, DJ de 6/9/2007; ADI 3.576, Plenário, Rel. Min. Ellen Gracie, DJ de 2/2/2007; ADI 1.750, Plenário, Rel. Min. Eros Grau, DJ de 13/10/2006; ADI 1.689, Plenário, Rel. Min. Sydney Sanches, DJ de 2/5/2003.
>
> 9. O adicional do ICMS em questão incide inclusive sobre operações de saída de mercadorias com destino à exportação ou equiparadas à exportação, em manifesta afronta ao disposto no artigo 155, § 2º, X, "a", da Constituição Federal, que estabelece **imunidade em relação ao ICMS para as operações que destinem mercadorias ao exterior.**
>
> 10. Ação direta de inconstitucionalidade julgada procedente para declarar a inconstitucionalidade do inciso VI do artigo 6º e dos artigos 7º e 8º da Lei 3.617/2019 do Estado do Tocantins.[13] (grifos nossos)

Como se depreende, o Plenário do Supremo Tribunal Federal julgou **inconstitucional** da cobrança do FET, por reconhecer a natureza tributária dessa contribuição; que é um verdadeiro adicional do ICMS destinado a um fundo, em infringência ao art. 167, IV, da Constituição Federal e viola a imunidade das exportações.

Essa decisão é da maior relevância, primeiro por ter avaliado a matéria com a profundidade necessária

---

13. BRASIL. STF. *ADI n. 6365/TO*. Tribunal Pleno. Relator: Min. Luiz Fux, Brasília,14 fev. 2024. Disponível em: https://portal.stf.jus.br/processos/detalhe.asp?incidente=5887606.

e, segundo, porque temos desdobramentos posteriores interessantes.

No dia seguinte à promulgação da Emenda Constitucional nº 132/2023, o Estado do Tocantins promulgou a Lei nº 4.303/2023, que pretendeu adequar a contribuição ao FET aos moldes do que estabeleceu o art. 136 do ADCT. E, com base nessa nova lei, o Estado do Tocantins pretende continuar a cobrança do FET até 31 de dezembro de 2043, nos termos do art. 136, IV, do ADCT, apesar da declaração de inconstitucionalidade proferida pelo STF.[14]

Nesse cenário, tanto o Estado do Tocantins quanto a APROSOJA opuseram embargos de declaração, a fim de que as alterações introduzidas pela Lei nº 4.303/2023 do Tocantins fossem avaliadas pelo Plenário do Supremo Tribunal Federal.

O Supremo Tribunal Federal negou provimento a ambos os embargos de declaração e *negou a modulação* de efeitos pretendida pelo Estado do Tocantins[15]. Manteve,

---

14. CARVALHO, Arlete. *Decisão do STF já estava contemplada pela nova lei do FET*. Secretaria da Fazenda de Tocantins. 14 fev. 2024. Disponível em: https://www.to.gov.br/sefaz/noticias/decisao-do-stf-ja-estava-contemplada-pela-nova-lei-do-fet/32exxnjsuk33.

15. Trecho da ementa do julgamento dos ED do Estado do Tocantins:
"6. Não estão presentes os pressupostos da modulação temporal dos efeitos da declaração de inconstitucionalidade, de forma a excluir a possibilidade de os contribuintes pleitearem a restituição dos valores relativos à contribuição ao Fundo Estadual do Transporte (FET) recolhidos nos anos anteriores, vez que não restou demonstrada boa-fé na edição das normas inválidas, nem tampouco comprovado que a eventual restituição dos referidos valores poderia efetivamente inviabilizar a prestação de serviços públicos de interesse da população, havendo apenas ilações genéricas nesse sentido.
7. A necessidade de segurança jurídica permite ao Pretório Excelso valer-se do comando do artigo 27 da Lei federal 9.868/1999 para modular os efeitos de sua decisão quando tal se fizer necessário para evitar consequências excessivamente onerosas para os jurisdicionados. Nada obstante, a modulação é remédio amargo a ser empregado nas hipóteses excepcionais em que a sanatória de uma situação de inconstitucionalidade possa propiciar o surgimento de panorama igualmente inconstitucional, vez que, além da "inconstitucionalidade útil", que consubstancia o manejo oportunista da postergação dos efeitos da declaração de nulidade da norma, a

portanto, a decisão que julgou **inconstitucional** da cobrança do FET e o art. 6º, VI e o art. 7º, §§ 1º e 2º da Lei nº 3.617/2019 do Tocantins.

Tendo em vista a declaração de inconstitucionalidade na ADI 6.365 e seus efeitos típicos, *erga omnes* e *ex tunc,* na data de 30 de abril de 2023, referida no art. 136 do ADCT, o Estado do Tocantins não possuía um fundo cuja cobrança pudesse ser mantida até 31 de dezembro de 2043.

Como consequência, remanesce a possibilidade de contribuintes do Estado do Tocantins pleitearem a devolução dos valores do FET pagos no passado, bem como há legitimidade para discussão da cobrança dessa contribuição nos termos da Lei nº 4.303/2023 do Tocantins, que não foi alcançada pelo art. 136 do ADCT.

Referências

BRASIL. Supremo Tribunal Federal (STF). *ADI n. 6365*. Tribunal Pleno. Relator: Min. Luiz Fux, Brasília,14 fev. 2024. Disponível em: https://portal.stf.jus.br/processos/detalhe.asp?incidente=5887606.

_____. Supremo Tribunal Federal (STF). *ADI n. 6365 - ED - segundos*. Tribunal Pleno. Relator: Min. Luiz Fux, Brasília, 22 abr. 2024. Disponível em: https://portal.stf.jus.br/processos/detalhe.asp?incidente=5887606.

---

manutenção de uma situação de reconhecida inconstitucionalidade avilta o ordenamento jurídico, máxime diante da supremacia da Constituição.
8. O instituto da modulação dos efeitos da decisão não se presta à convalidação dos efeitos de normas patentemente inconstitucionais, mormente em benefício dos responsáveis pela edição da norma, sob pena de se tornar instrumento de estímulo a comportamentos contrários à Constituição. Precedentes: ADI 6.365-ED, Plenário, Rel. Min. Luiz Fux, DJe de 30/4/2020; ADI 4.985-ED, Plenário, Rel. Min. Alexandre de Moraes, DJe de 15/4/2020.
9. Embargos de declaração desprovidos." (grifos nossos) (BRASIL. STF. ADI n. 6365 – ED - segundos. Tribunal Pleno. Relator: Min. Luiz Fux, Brasília, 22 abr. 2024. Disponível em: https://portal.stf.jus.br/processos/detalhe.asp?incidente=5887606).

CAIXETA FILHO, José Vicente; PÉRA, Thiago. Guilherme. O custo do desperdício na logística do agronegócio no Brasil. In: MACHADO JÚNIOR, Paulo Cláudio; REIS NETO, Stelito Assis dos (orgs). *Perdas em transporte e armanenagem de grãos: panorama atual e perspectivas*. Brasília, DF: Conab, 2021. Disponível em: http://www.conab.gov.br.

CARVALHO, Arlete. *Decisão do STF já estava contemplada pela nova lei do FET*. Secretaria da Fazenda de Tocantins. 14 fev. 2024. Disponível em: https://www.to.gov.br/sefaz/noticias/decisao-do-stf-ja-estava-contemplada-pela-nova-lei-do-fet/32exxnjsuk33.

CONJUR. Diferença ínfima em valor declarado não autoriza multa a exportador, diz juíza. 13 dez. 2023. Disponível em: https://www.conjur.com.br/2023-dez-13/diferenca-infima-em-valor-declarado-nao-autoriza-multa-a-exportador-diz-juiza/.

OECD. *International VAT/GST Guidelines*. Disponível em: https://www.oecd.org/tax/consumption/international-vat-gst-guidelines-9789264271401-en.htm.

O ICMS E A TRIBUTAÇÃO DO BIODIESEL

Dalton Cesar Cordeiro de Miranda[1]

1. Introdução

O projeto editorial ora é extremamente valioso para os operadores de Direito, que de posse da obra poderão ter a real compreensão sobre os impactos da tributação sobre a cadeia de valor do Agronegócio.

Neste sentido, enfrenta-se aqui – e espera-se que seja alcançada - a missão de entregar ao leitor uma compreensão e a preocupação que norteiam a produção de biodiesel no país e sua complexa tributação pelo ICMS.

E para tal, o expediente em suas primeiras linhas traz breve exposição do tributo em exame, seguido de relato sobre o biodiesel, acompanhado do momento da "virada de chave" na tributação desse combustível renovável, verificada com a modificação do modelo de comercialização do produto para o de mercado livre e o fim dos leilões públicos, passando-se ao enfrentamento do figurino atual da tributação do biodiesel pelo ICMS.

---

1. Especialista em Administração Pública pela EBAP/FGV e em Agronegócio pela USP/ESALQ. Advogado.

2. Do ICMS

O sistema tributário nacional, além de complexo, é oneroso, o que - já há alguns anos - criou a obrigação de ser discutida uma Reforma Tributária, tema esse hoje materializado na Emenda Constitucional nº 132 de 2023 e Lei Complementar nº 214/2025.

Para a finalidade deste expediente, deita-se pena ao ICMS que, com a Constituição Federal de 1988, figurou o tributo entre os de competência dos Estados e do Distrito Federal, com abrangência não somente sobre a circulação de mercadorias, mas, também, sobre as prestações de serviços de transporte interestadual e intermunicipal e de comunicação.

Competente para a cobrança do imposto é o Estado em que se verifica sua hipótese de incidência. Esse regramento, entretanto, gera distorções na tributação, uma vez que não produz os efeitos práticos em face da não cumulatividade ínsita ao tributo.

A função do ICMS é fiscal, sendo fonte considerável de arrecadação para os Estados e o Distrito Federal, inclusive por vias transversas, reflexas e "camufladas", como se denota do exame das controvérsias submetidas ao Supremo Tribunal Federal: ADI 7363 e 7366 (Goiás); ADI 6382 (Maranhão); ADI 6420 e 7367 (Mato Grosso); 6365 (Tocantins); cabendo destacar a título ilustrativo e sobre essa modalidade "camuflada" de exigência do ICMS, o seguinte posicionamento sobre a matéria:

> Por fim, **registro que tem havido uma proliferação, nas unidades federadas, do uso de estratégias como a questionada na presente ação direta**. E, a bem da verdade, elas têm sido usadas sem que os entes subnacionais tenham competência residual para instituir novos impostos ou contribuições (v.g., contribuições no interesse de categorias econômicas ou CIDES) ou outros tributos.[2] (ADI 7363 – grifou-se)

---

2. BRASIL. STF. *ADI n. 7363 – GO*. Relator: Min. Dias Toffoli. Disponível em: https://portal.stf.jus.br/processos/detalhe.asp?incidente=6596963.

Demonstra-se, então, não haver inibição por parte dos entes federados em utilizar o ICMS com função extrafiscal. Não se desconhece o fato de que a Constituição autorizou a possibilidade desse tributo ser seletivo, com limitações, em função da essencialidade das mercadorias e dos serviços.

Note-se, por oportuno, que com o pacto federativo firmado na Ação Direta de Inconstitucionalidade por Omissão (ADO) n. 25[3], cuja finalidade foi a de minimizar o cenário de "guerra fiscal", Estados e Distrito Federal foram convocados a debater a necessidade de se editar lei para fixar critérios, prazos e condições em que se daria a compensação da isenção sobre exportações de produtos primários e secundários, atualmente exigidos de modo reflexo – mas sob as mesmas bases do ICMS – via fundos estaduais e em especial dos contribuintes atuantes no agronegócio.

O acordo e/ou pacto federativo acima mencionado, com o trânsito em julgado homologado em outubro de 2020, foi objeto do Projeto de Lei Complementar nº 136, de 2023, foi convertido na Lei Complementar nº 201, sancionada em 24 de outubro de 2023, disciplinando sobre a compensação dos Estados por perdas com o ICMS sobre combustíveis.

3. Do Biodiesel

Como apresentação da narrativa histórica sobre o biodiesel no Brasil, adotamos estudo elaborado pela Universidade Federal da Bahia (UFBA), destacado nos seguintes termos:

---

3. BRASIL. STF. *ADO n. 25*. Número Único: 9991397-19.2013.1.00.0000. Relator: Min. Gilmar Mendes. Disponível em: https://portal.stf.jus.br/processos/detalhe.asp?incidente=4454964.

As vantagens obtidas pela utilização do biodiesel são muitas, por ser feito de matérias-primas renováveis, biodegradáveis e não tóxicas. Outro impacto ambiental positivo é a redução da poluição atmosférica (redução das emissões de dióxidos e monóxidos de carbono).

O Brasil desponta com um bom potencial de produção de biodiesel, em virtude da grande possibilidade de diversificação de matérias-primas, devido à sua extensão territorial e suas condições favoráveis de solo e clima. Mesmo com essa larga variedade de insumos disponíveis, a soja é a espécie mais usada, chegando a representar mais de 70% da produção nacional, incorrendo assim, em um risco relativamente alto quando baseamos a produção de biodiesel em apenas um tipo de matéria-prima. (...)

O primeiro relato conhecido da utilização de biodiesel como combustível data de 1900, com Rudolf Christian Karl Diesel, que apresentou um protótipo de motor de injeção indireta que utilizava óleo de amendoim como combustível, na Exposição Universal de Paris. Todavia, o uso do óleo de amendoim levou a uma combustão deficiente em virtude da sua alta viscosidade, que resultou na obstrução dos bicos injetores, causando constantes paradas para a manutenção dos motores (Plá, 2003; Knothe et al., 2006; Martins & Carvalho, 2007).

Em 1937, tal inconveniente foi solucionado, com a aplicação de um processo químico conhecido desde 1853, a transesterificação, que, pela primeira vez, foi empregada em óleos vegetais para a obtenção de combustíveis usados em motores do ciclo diesel, por iniciativa do cientista Dr. George Chavanne, da Universidade de Bruxelas (Bélgica), que patenteou tal processo em 1937. Em 1938, foi feito o primeiro registro de uso de combustível de óleo vegetal para fins comerciais, sendo usado em um ônibus de passageiros da linha entre Bruxelas e Lovaina (Knothe, 2001, apud Plá, 2003).

Uma análise mais cuidadosa da literatura técnica e científica indica que os primeiros a utilizarem a terminologia “biodiesel” para esses tipos de combustíveis foram pesquisadores chineses em 1988 e, depois, utilizado em artigo de 1991. Daí em diante, o termo passou a ser de uso comum (Ramos et al., 2001; Knothe, 2001, apud Plá, 2003; Martins & Carvalho, 2007).

A partir daí, foram surgindo os conceitos de biocombustível e de biodiesel. Os biocombustíveis são considerados os combustíveis derivados de uma biomassa renovável ou reciclável e podem substituir parcial ou totalmente os combustíveis de origem fóssil; assim, o biodiesel é um tipo de biocombustível.

> A utilização internacional do biodiesel levou à adoção de uma nomenclatura única para identificar a concentração de biodiesel na mistura, qual seja,"BXX", em que o "B" refere-se o óleo diesel tipo B, e o XX representa a percentagem em volume do biodiesel na mistura diesel/biodiesel. Por exemplo, utilização de uma concentração de 2%, 5%, 20% e 100% de biodiesel representam B2, B5, B20 e B100, respectivamente. (...)
>
> No Brasil, as experiências pioneiras com combustíveis renováveis foram realizadas desde a década de 1920, através do Instituto Nacional de Tecnologia (INT).
>
> Percebe-se que muitos fatores influenciaram diretamente o curso da história dos biocombustíveis no Brasil, como os aspectos voltados para sua regulação. Estes, em muitos casos, estimularam o desenvolvimento de pesquisas, implementação e consumo de fontes variadas de combustíveis.
>
> Neste cenário cabe destacar a criação do Programa Nacional de Produção e Uso de Biodiesel (PNPB), em 2005, que passou a ter o compromisso de viabilizar a produção e o uso do biodiesel no País, focando a competitividade, a qualidade do biocombustível produzido, a garantia de segurança de seu suprimento, bem como a diversificação das matérias-primas. Outro aspecto do programa foi a inclusão social de agricultores familiares (SAF/MDA, 2011).[4]

Destaque-se que, implementado o biodiesel pela Lei nº 11.097/2005, o país seguiu avançando em sua política de alinhamento para preservação ambiental, observando-se que, em 12 de setembro de 2016, o Brasil concluiu o processo de ratificação do Acordo de Paris, firmado com o objetivo de fortalecer a resposta global à ameaça da mudança do clima e de reforçar a capacidade dos países para lidar com os impactos decorrentes dessas mudanças; sendo que mais de 190 países se comprometeram a reduzir emissões

4. PINHO, Lorena de Andrade; TEIXEIRA, Francisco Lima Cruz. Biodiesel no Brasil: uma análise da regulação e seus reflexos na diversificação das matérias-primas usadas no processo de produção. *Revista Brasileira de Administração Política*, v. 8, n.2, p. 141-161, out. 2015. Disponível em: https://periodicos.ufba.br/index.php/rebap/article/view/17212.

de gases de efeito estufa (GEE) no contexto do desenvolvimento sustentável.[5]

Com a ratificação do Acordo de Paris e se combinando o comando inserto no inciso VI do art. 170 da Constituição Federal, o Brasil criou a Política Nacional de Biocombustíveis, regulada pela Lei nº 13.576, de 2017, pois a ordem econômica constitucionalmente disciplinada prevê que a "defesa do meio ambiente" se dará "inclusive mediante tratamento diferenciado conforme o impacto ambiental dos produtos e serviços e de seus processos de elaboração e prestação".[6]

A referida Política Nacional de Biocombustíveis – RenovaBio está, em consequência, amparada em Tratado Internacional ratificado e no comando constitucional econômico, tendo por vigas mestras: (i) "<u>fornecer</u> uma importante contribuição para o cumprimento dos compromissos determinados pelo Brasil no âmbito do Acordo de Paris"; (ii) "<u>promover</u> a adequada expansão dos biocombustíveis na matriz energética, com ênfase na regularidade do abastecimento de combustíveis"; e, (iii) "<u>assegurar</u> previsibilidade para o mercado de combustíveis, induzindo ganhos de eficiência energética e de redução de emissões de gases causadores do efeito estufa na produção, comercialização e uso de biocombustíveis".[7]

A Política Nacional de Biocombustíveis foi erigida - então - a partir do comando constitucional entalhado no inciso VI do art. 170, bem como em acordo global firmado para o tema.

---

5. MINISTÉRIO DO MEIO AMBIENTE. *Acordo de Paris*. Brasil. Disponível em: https://antigo.mma.gov.br/clima/convencao-das-nacoes-unidas/acordo-de-paris.html.

6. BRASIL. [Constituição (1988)]. Constituição da República Federativa do Brasil de 1988. Brasília, DF: Presidência da República. Disponível em: https://www.planalto.gov.br/ccivil_03/constituicao/constituicao.htm. Art. 170, inciso VI.

7. ANP. *RenovaBio*. Disponível em: https://www.gov.br/anp/pt-br/assuntos/renovabio.

O principal instrumento do RenovaBio é "*o estabelecimento de metas nacionais anuais de descarbonização para o setor de combustíveis, de forma a incentivar o aumento da produção e da participação de biocombustíveis na matriz energética de transportes do país*"[8] para cumprimento do norte constitucional e o acordo internacional firmado pelo País e ratificando sua posição de nação estruturadora de políticas econômicas sustentáveis.

As metas nacionais de redução de emissões para a matriz de combustíveis foram definidas para o período de 2019 a 2030 pela Resolução CNPE nº 8, de 18 de agosto de 2020, sendo anualmente desdobradas em metas individuais compulsórias para os distribuidores de combustíveis, conforme suas participações no mercado de combustíveis fósseis, nos termos da Resolução ANP nº 797, de 24 de setembro de 2020.

Importante ressaltar que essa Resolução foi aprovada após amplo processo participativo realizado pela Consulta Pública nº 94/2020, promovido pelo Ministério de Minas e Energia – MME após o início da pandemia da Covid-19.

Por meio da certificação da produção de biocombustíveis será atribuída, para cada produtor e importador de biocombustível, em valor inversamente proporcional à intensidade de carbono do biocombustível produzido uma Nota de Eficiência Energético-Ambiental, refletindo exatamente a contribuição individual de cada agente produtor para a mitigação de uma quantidade específica de gases de efeito estufa em relação ao seu substituto fóssil (em termos de toneladas de CO^2 equivalente).[9]

---

8. ANP. *Metas de Redução de Emissões na Matriz de Combustíveis.* Disponível em: https://www.gov.br/anp/pt-br/assuntos/renovabio/metas-de-reducao-de-emissoes-na-matriz-de-combustiveis.

9. ANP. *RenovaBio.* Disponível em: https://www.gov.br/anp/pt-br/assuntos/renovabio/sobre-o-renovabio.

Neste sentido, as produtoras de biodiesel investem massivamente na produção de combustível cientificamente reconhecido como sustentável; sendo que como resultado destes investimentos se detectou a diminuição dos impactos ambientais da comercialização de combustíveis fósseis realizada pelas distribuidoras. Válido consignar que as distribuidoras também exercem as atividades de emissão de notas fiscais sobre a venda desses produtos; conferência da capacidade e das condições dos veículos; orientação aos clientes bandeirados com a marca da distribuidora; e planejamento das rotas de entrega, operações que em conjunto também exercem forte impacto na emissão de carbono.

A Nota de Eficiência Energético-Ambiental decorrente do processo de certificação da produção de biocombustíveis leva em conta, além da eficiência industrial, a origem da biomassa energética, matéria-prima do biocombustível, e as emissões relacionadas ao seu processo de produção. No caso de biomassa produzida em território nacional, somente pode ser considerada aquela produzida em imóvel com Cadastro Ambiental Rural (CAR) ativo ou pendente e sem ocorrência de supressão de vegetação nativa a partir dos marcos legais do RenovaBio (volume elegível).[10]

Portanto, somente as matérias-primas elegíveis (não originadas de áreas desmatadas) podem ser contabilizadas e, além disso, toda essa produção é avaliada do ponto de vista de sua eficiência energético-ambiental.

Nesse sentido, "*Os produtores e importadores de biocombustíveis que desejem aderir ao programa devem investir*

10. BRASIL. TCU. *Acórdão 251/2023 - plenário*. Relatório de Auditoria (RA). Auditoria de Natureza Operacional realizada com o objetivo de verificar se as políticas públicas federais de biocombustíveis estão atingindo os objetivos principais e acessórios e se possuem alinhamento entre si e com outras iniciativas públicas transversais. Relator: Augusto Nardes, 15 fev. 2023. Disponível em: https://pesquisa.apps.tcu.gov.br/documento/acordao-completo/*/NUMACORDAO%253A251%2520ANOACORDAO%253A2023%2520COLEGIADO%253A%2522Plen%25C3%25A1rio%2522/DTRELEVANCIA%2520desc%252C%2520NUMACORDAOINT%2520desc/0.

recursos na contratação de firmas inspetoras credenciadas na ANP para realização da Certificação de Biocombustível e validação da Nota de Eficiência Energético-Ambiental"[11] e do volume elegível. O Certificado da Produção Eficiente de Biocombustíveis terá validade de três anos, contados a partir da data de sua aprovação pela Agência,[12] e somente poderá ser emitido pela firma inspetora após a aprovação do processo pela ANP.

A Resolução ANP nº 758, de 23 de novembro de 2018 regulamentou a certificação da produção ou importação eficiente de biocombustíveis e o credenciamento de firmas inspetoras. Uma vez certificados, os produtores e importadores de biocombustíveis poderão gerar lastro para emissão primária de Créditos de Descarbonização (CBIOs), nos termos da Resolução ANP nº 802, de 5 de dezembro de 2019, utilizando-se das notas fiscais de comercialização de biocombustíveis.

Tem-se, portanto, como demonstrada a relevância da Política Nacional de Biocombustíveis – RenovaBio, fundada na necessidade de se (i) **promover** políticas ambientais direcionadas ao clima; (ii) **combater** as incertezas dos preços dos combustíveis fósseis, como o petróleo; (iii) **buscar** e **investir** em novas fontes de energia limpas; (iv) **reduzir** as tensões geopolíticas; (v) **incentivar** as reduções de emissões de gás carbônico; e, (vi) **dar** segurança energética.

Mais ainda, há de se dar destaque aos principais instrumentos que norteiam o RenovaBio: (i) as metas de descarbonização; (ii) a Certificação da Produção de

11. AZEVEDO, Ana (Responsável). O BRASIL e o potencial de combustíveis renováveis. *Revista Petrus*, 57. ed., nov. 2023. Disponível em: https://revistapetrus.com.br/wp-content/uploads/2024/02/revista-petrus-57.pdf.

12. ANP. Resolução ANP Nº 758. Disponível em: https://atosoficiais.com.br/anp/resolucao-n-758-2018. Art. 32.

Biocombustíveis; e, (iii) os Créditos de Descarbonização (CBIO).[13]

Figura 1 – Cadeia Produtiva do Biodiesel[14]

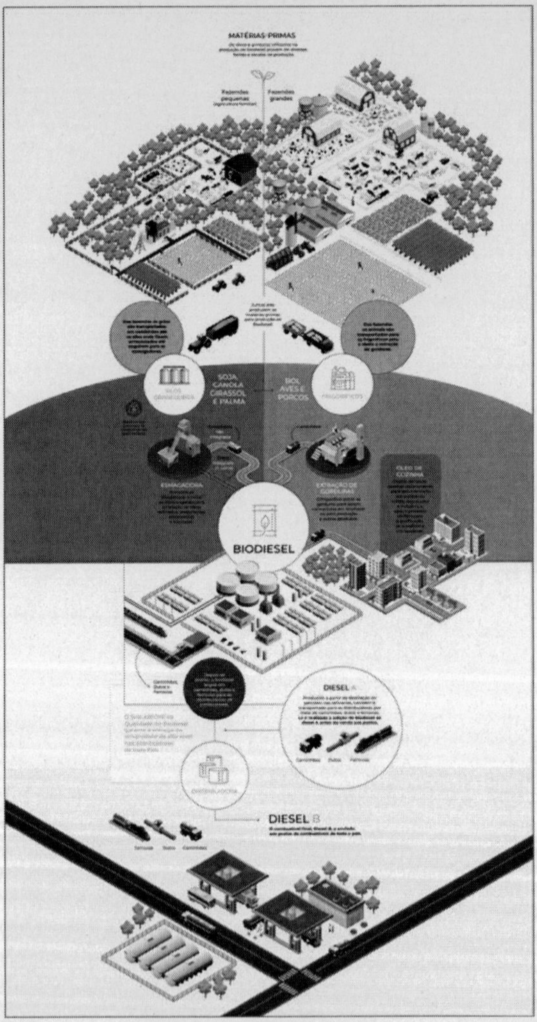

13. SECRETÁRIA DE PETRÓLEO, GÁS NATURAL E BIOCOMBUSTÍVEIS/ MME. *Ata 7ª Reunião EXTRAORDINÁRIA do Comitê RenovaBio (CRBIO).* 12 nov. 2020. Disponível em: https://antigo.mme.gov.br/documents/20182/1164584/Ata+7%-C2%AA+RE+CRBIO_12-11-2020/5dcb676f-1ff8-80b8-f2d9-1055d10ab71f . Nota do editorial: Acesso direto à figura: https://biodiesel.abiove.org.br/biodiesel/#cadeia

14. BIODIESEL ABIOVE. *Associação Brasileira das Indústrias de Óleos Vegetais – ABIOVE*. Disponiível em: https://biodiesel.abiove.org.br/. Acesso em: 18 abr. 2023.

Dimensionado acima e de modo ilustrativo o tamanho da cadeia produtiva de Biodiesel, é de se ter em boa conta que produção em questão (i) **agrega** valor aos óleos vegetais e gorduras animais brasileiros, (ii) **gera** empregos, renda, investimentos e desenvolvimento para o campo e cidades. Além disso, a utilização do Biocombustível é caminho para (iii) **reduzir** as emissões de Gases de Efeito Estufa e para melhorar a qualidade do ar, o que efetivamente está alinhado com a contemporânea discussão e pauta global.[15]

E a produção do biodiesel tem como metas principais: (i) **integrar** a produção de oleaginosas, óleos vegetais, animais vivos e gorduras animais à cadeia produtiva do Biodiesel, (ii) **promover** a produção de matérias-primas para biodiesel com os mais elevados padrões de tecnologia agrícola e de respeito à legislação; e, (iii) **gerar** empregos no campo pelo desenvolvimento regional e pela aquisição de produtos da agricultura familiar, dando movimentação a bens e serviços regionais.[16]

Sofrem também o meio ambiente e as políticas ambientais com atos que venham contra a Política Nacional de Biocombustíveis – RenovaBio, pois o biodiesel se constitui numa contribuição para a matriz energética brasileira sustentável, uma vez que originário de matérias orgânicas, como plantas, lixo orgânico, biomassa. Considerados num balanço ambiental como uma alternativa positiva, que contribui para o desenvolvimento sustentável.

Desde 2007, o Biodiesel vem se consolidando no Brasil como saída tanto para os problemas climáticos resultantes da queima de energia fóssil, quanto para as ameaças de finitude das reservas de petróleo; sendo que os menores

---

15. GOERGEN, Jerônimo. Resumo Executivo PL n° 528 de 2020. Frente Parlamentar da Agropecuária. 04 mar. 2020. Disponível em: https://fpagropecuaria.org.br/2021/06/17/cd-pl-528-2020/.

16. BIODIESEL ABIOVE. Disponível em: https://biodiesel.abiove.org.br/programas/.

índices de poluição influenciam positivamente na qualidade e equilíbrio do meio ambiente, interferindo positivamente contra o problema do efeito estufa e suas consequências.

A atenção global está voltada para o desenvolvimento sustentável. A depredação dos recursos naturais, devido à exploração desmedida, destruição do meio ambiente devido à poluição da terra e o aquecimento global têm ameaçado a existência.

A necessidade é do desenvolvimento de tecnologias e políticas capazes de conservar os recursos naturais ou interromper a geração de poluentes e efetivamente tratar, reutilizar, reciclá-los e diminuir a geração de gases causadores do efeito estufa, levando a um desenvolvimento sustentável, como o legal e constitucionalmente o faz o RenovaBio; pois através do incentivo à produção do biodiesel será possível alavancar o desenvolvimento sustentável no Brasil.[17]

Para os socioeconomistas, a perspectiva de produção do Biodiesel permite um novo ciclo de desenvolvimento que atenda aos problemas de geração de oportunidades para os agricultores familiares, modalidade de negócio que acaba favorecendo a diversificação no setor de combustíveis. Por outro giro, os socioeconimistas apontam grandes problemas em futuro próximo para as questões ambientais; sendo que a adoção do Biodiesel é uma alternativa de fonte de energia que pode incentivar o desenvolvimento sustentável.[18]

É certo, portanto, que o biodiesel agrega valor à preservação ao meio ambiente e também incentiva investimentos em pesquisas para obtenção de tecnologias na

---

17. Confirma a assertiva organização Interforum Global (BIODIESELBR. *Sobre o biodiesel*. 09 abr. 2009. Disponível em: http://www.biodieselbr.com/noticias/biodiesel/biodiesel).

18. NÚCLEO DE ESTUDOS AGRÁRIOS E DESENVOLVIMENTO RURAL (NEAD). Disponível em: http://www.nead.org.br/boletim/boletim.php/noticia.

produção agrícola e em programas sociais e de reestruturação regional, ocasionando oportunidades de emprego e renda.

Daí que, face à relevância do produto, tem-se que sua tributação pelo ICMS deve ser justa e exigida dentro de parâmetros transparentes, legais e constitucionais, enfrentamento para o qual se inclina agora este expediente.

4. A "virada de chave" na tributação do biodiesel pelo ICMS

Em outubro de 2021, a Agência Nacional do Petróleo, Gás Natural e Biocombustíveis (ANP) publicou a Resolução nº 857/2021, dispondo sobre as alterações ao modelo de comercialização do biodiesel, modificações implementadas e que estão em vigor até a presente data:

> A Diretoria da ANP aprovou hoje (28/10) a resolução que irá regulamentar o novo modelo de comercialização de biodiesel em substituição aos leilões públicos, para atendimento do percentual de mistura obrigatória ao diesel de origem fóssil.
>
> A nova norma modifica a dinâmica de mercado e prevê modelo em que as distribuidoras compram o biodiesel diretamente dos produtores. A meta volumétrica compulsória individual de contratação será de 80% do comercializado no mesmo bimestre do ano anterior. No caso das distribuidoras, essa meta será sobre o volume de biodiesel proporcional às suas vendas de óleo diesel B (já com a mistura de biodiesel, vendido das distribuidoras aos revendedores). Já para produtores, a meta é sobre o biodiesel vendido.
>
> A métrica de contratação prévia tem como objetivo gerar a previsibilidade necessária para o abastecimento nacional, enquanto a existência do volume remanescente pretende garantir flexibilidade ao mercado e permitir que os volumes acima da meta mínima possam ser comercializados entre distribuidores e produtores de biodiesel por qualquer outra forma, como mercado à vista, spot, comercialização em bolsa etc.
>
> O novo sistema de comercialização visa ao atendimento ao percentual obrigatório de adição de biodiesel ao diesel fóssil, previsto pela Lei nº 13.033/2014, e foi desenvolvido com base: 1) na proteção dos interesses do consumidor quanto a preço, qualidade

> e oferta dos produtos; 2) na garantia do suprimento de combustíveis em todo o território nacional; 3) na promoção da livre concorrência; 4) no incremento, em bases econômicas, sociais e ambientais, da participação dos biocombustíveis na matriz energética nacional; e 5) nos objetivos, fundamentos e princípios da Política Nacional de Biocombustíveis.
>
> A minuta de resolução incorporou aprimoramentos em relação à versão submetida à consulta pública, como a eliminação da vedação de comercialização de biodiesel entre produtores, promovendo ambiente de maior liberdade econômica e a possibilidade de autorização excepcional, por parte da ANP, para importação de biodiesel, durante o ano de 2022.
>
> O novo formato de comercialização de biodiesel deverá entrar em vigor até 1º de janeiro de 2022, conforme determina a Resolução nº 14/2020 do CNPE. Portanto, nas próximas semanas, o SRD-Biodiesel, o novo sistema para envio dos dados, estará disponível para os agentes regulados.[19]

E em 2021, ou seja, antes da alteração do modelo de comercialização – de leilões para mercado livre – a tributação do ICMS incidia sobre as operações com combustíveis derivados de petróleo com recolhimento em favor do Estado em que ocorria o consumo final desses recursos, e não para o Estado de origem da mercadoria (art. 155, § 2º, X, "b", da Constituição Federal)Neste regime, o ICMS-ST recolhido pelas refinarias englobava o ICMS relativo ao biodiesel e o ICMS relativo ao Diesel "A", tendo sido fixada uma mecânica específica de repasse do ICMS relativo ao biodiesel para o Estado de origem (Cláusula 21, §13 do Convênio 110/07), e do ICMS relativo ao Diesel "A" para o Estado de destino (Cláusulas 17, 18 e 19 do Convênio nº 110/2007).

Assim, qualquer mudança que estava prestes a ocorrer no regime de comercialização do biodiesel precisaria levar em consideração que o ICMS incidente sobre esse produto

---

19. ANP. ANP aprova resolução sobre novo modelo de comercialização de biodiesel. 28 out. 2021. Disponível em: https://www.gov.br/anp/pt-br/canais_atendimento/imprensa/noticias-comunicados/anp-aprova-resolucao-sobre-novo-modelo-de-comercializacao-de-biodiesel.

deveria ser destinado aos Estados de origem da mercadoria, em especial onde estão localizadas as usinas produtoras, tendo em vista a sistemática de incidência prevista na Constituição Federal, conforme o Convênio ICMS nº 110/2007.[20]

Necessário, então, que o novo modelo de tributação do biodiesel pelo ICMS fosse gestado na esfera do Conselho Nacional de Política Fazendária (CONFAZ) – e para o ano de 2022 - sob a premissa de se buscar a máxima proximidade com aquele então vigente em 2021, isto, essencialmente, para dar segurança jurídica a toda a cadeia de produção de biodiesel.

5. O modelo atual de tributação do biodiesel pelo ICMS

Com a publicação do Convênio ICMS nº 206, de 9 de dezembro de 2021, dispondo *sobre a concessão de tratamento tributário diferenciado, (...), aos produtores de biodiesel para apuração e pagamento do ICMS incidente nas respectivas operações, realizadas com diferimento ou suspensão do imposto*, estabeleceu-se o Tratamento Tributário Diferenciado (TTD). [21]

O mencionado TTD consistiu, em apertada síntese, no Regime Opcional para produtor de B100, com regulação pelo Ato COTEPE n° 03/2022 – Empresas credenciadas

20. BRASIL. CONFAZ. *Convênio ICMS 110, de 28 de setembro de 2007*. Dispõe sobre o regime de substituição tributária relativo ao Imposto sobre Operações relativas à Circulação de Mercadorias e sobre Prestações de Serviço de Transporte Interestadual Intermunicipal e de Comunicação (ICMS) devido pelas operações com combustíveis e lubrificantes, derivados ou não de petróleo, relacionados no Anexo VII do Convênio ICMS 142/18, e estabelece os procedimentos para o controle, apuração, repasse, dedução, ressarcimento e complemento do imposto. Disponível em: https://www.confaz.fazenda.gov.br/legislacao/convenios/2007/CV110_07.

21. BRASIL. CONFAZ. *Convênio ICMS nº 206, de 09 de dezembro de 2021*. Dispõe sobre a concessão de tratamento tributário diferenciado, nas condições que especifica, aos produtores de biodiesel para apuração e pagamento do ICMS incidente nas respectivas operações, realizadas com diferimento ou suspensão do imposto. Disponível em: https://www.confaz.fazenda.gov.br/legislacao/convenios/2021/CV206_21.

para utilização do TTD. A mecânica de funcionamento do TTD consiste, resumidamente, nos seguintes passos: [22]

(i) Usina de biodiesel lança ICMS suspenso/diferido a débito na EFD, apurando o tributo como se devido fosse combinado com a possibilidade de utilização de incentivos fiscais concedidos pelos Estados, facilitando o consumo dos créditos da não cumulatividade – aquisição de insumos. Segue-se o lançamento do crédito extra apuração no valor do ICMS suspenso/diferido, com o recebimento do valor do crédito extra apuração como ressarcimento em espécie da Refinaria; e

(ii) Refinaria de petróleo fica responsável pelo ressarcimento em espécie à Usina de biodiesel do valor do crédito extra apuração (ICMS suspenso/diferido), compensando o valor ressarcido quando do recolhimento da diferença de ICMS para o estado de origem.

Como resultado da implementação do Convênio ICMS nº 206/2021, verificou-se: (i) a possibilidade de uso de incentivos fiscais de ICMS concedidos e necessários para a viabilidade econômica das Usinas de biodiesel; (ii) o respeito à segurança jurídica e ao direito adquirido; (iii) a observância e funcionamento do regime da não cumulatividade do ICMS (neutralização ou redução de acúmulo de créditos do tributo); (iv) a redução do impacto do custo tributário na formação do preço do biodiesel, fomentando inserção de combustível sustentável na matriz energética; e, (v) a arrecadação integral de ICMS pelos Estados competentes.

Ocorre que, ainda na fase de estabilização operacional do Convênio ICMS nº 206/2021 e com a finalidade de se buscar solução para o forte impacto causado na economia

---

22. Ibidem.

e política pelas sucessivas altas de preços dos combustíveis, o Congresso Nacional aprovou, e a Presidência da República sancionou, legislação criada para definir o regime monofásico para o ICMS incidente sobre: a gasolina e etanol anidro combustível, o diesel e biodiesel, e o gás liquefeito de petróleo, inclusive o derivado do gás natural - Lei Complementar nº 192, de 11 de março de 2022.

Para cumprimento da comentada Lei Complementar, foi judicializada ação pela Presidência da República, a ADI 7164, com relatoria do Ministro André Mendonça, da qual resultou na seguinte determinação:

> 39. (...) que se implemente efetivamente regime monofásico dotado de alíquotas uniformes em todo o território nacional, nos termos da Lei Complementar nº 192, de 2022. Contudo, advirto antecipadamente que a não implantação efetiva e legítima do regime monofásico importará em apuração de responsabilidades em função do descumprimento de decisão judicial, sem prejuízo de outras medidas pertinentes à situação.[23]

Premido pela determinação judicial, acima transcrita parcialmente, o CONFAZ construiu e fez publicar o Convênio ICMS nº 199, de 22 de dezembro de 2022,[24] dispondo *sobre o regime de tributação monofásica do ICMS a ser aplicado nas operações com combustíveis nos termos da Lei Complementar nº 192, (...)*, com estabelecimento de *procedimentos para o controle, apuração, repasse e dedução do imposto*.

---

23. BRASIL. STF. *ADI n. 7164*. Decisão Monocrática. Relator: Min. André Mendonça, 01 dez. 2022. Disponível em: https://portal.stf.jus.br/processos/downloadPeca.asp?id=15355109656&ext=.pdf.

24. BRASIL. CONFAZ. *Convênio ICMS nº 199, de 22 de dezembro de 2022*. Dispõe sobre o regime de tributação monofásica do ICMS a ser aplicado nas operações com combustíveis nos termos da Lei Complementar nº 192, de 11 de março de 2022, e estabelece procedimentos para o controle, apuração, repasse e dedução do imposto. Disponível em: https://www.confaz.fazenda.gov.br/legislacao/convenios/2022/CV199_22.

Em decorrência da complexidade do modelo de tributação estabelecido e da dificuldade em se criar as ferramentas operacionais que dessem alicerce à plena vigência do regime monofásico para os combustíveis, em especial para o biodiesel, o prazo para entrada em vigor foi prorrogado para maio de 2023.

Do Convênio ICMS nº 199/2022, exigiu-se o seguinte para sua implementação e segurança jurídica para os produtores de biodiesel: (i) a promoção do equilíbrio do modelo financeiro adotado pelos empreendimentos industriais quando da concepção de projetos; (ii) a adaptação do TTD previsto pelo Convênio ICMS nº 206/2021, garantidora da viabilidade econômica das Usinas de biodiesel; (iii) a garantia da utilização de incentivos fiscais já concedidos pelos Estados; e, (iv) a permissão da utilização dos créditos na aquisição de insumos e ativos até etapa de produção do biodiesel.[25]

O não atendimento desses tópicos por nova regulamentação e/ou ajustes do Convênio ICMS nº 199/2022, acarretaria em: [26]

(i) Cumulatividade do ICMS na cadeia, em vista da impossibilidade de recuperação dos créditos incidentes nas operações e prestações antecedentes (cláusula décima sétima);

(ii) não recuperabilidade do ICMS incidente nas aquisições de bens e serviços necessários para a produção e venda do biodiesel, agregando-se valor da mercadoria, com repasses para os demais agentes da cadeia;

(iii) incremento do contencioso judicial; e,

25. Ibidem.

26. Ibidem.

(iv) afastamento do conceito de que regime monofásico não se qualifica como "isenção" ou "não incidência", únicas hipóteses constitucionais para mitigar o princípio da não cumulatividade, mas sim em regime de incidência numa única etapa.

Assim, como consequência dos aspectos anteriores, haveria o indesejado aumento do preço do combustível ao consumidor final (preço de bomba), tendo em vista a inafastável inclusão de custos até então inexistentes na cadeia de combustíveis. Ademais, inviabilizaria economicamente estruturas já implementadas; desorganizando todo o setor; o que reduziria o interesse por novos investimentos, além de fomentar, pela via transversa, o consumo de combustíveis fósseis, aumentando a carbonização e indo na contramão da agenda ESG e da transição energética; dentre outros efeitos.

Ciente dessa problemática estrutural, legislativa, econômica e ambiental, o CONFAZ publicou em 15 de abril de 2023, o Convênio ICMS nº 22/2023,[27] autorizando os Estados e o Distrito Federal a concederem *crédito fiscal presumido de até 100% (...), do imposto devido, com a finalidade de transformar os benefícios fiscais autorizados até 31 de março de 2023, (...) de modo a adequá-los, (...), à sistemática da tributação monofásica por alíquota 'ad rem', (...).*

Ao assim proceder, tem-se que a atual sistemática de tributação monofásica do ICMS para o biodiesel atendeu parcialmente aos anseios das Usinas produtoras desse combustível renovável; pois a eficácia e eficiência para o equilíbrio econômico, aumento dos investimentos e manutenção sadia da concorrência entre os atores e agentes atuantes neste mercado somente alcançará sua plenitude quando se determinar a sujeição passiva integral aos produtores

27. BRASIL. CONFAZ. *Convênio ICMS nº 22, de 14 de abril de 2023.* Autoriza as unidades federadas a concederem benefícios fiscais nas operações com biodiesel. Disponível em: https://www.confaz.fazenda.gov.br/legislacao/convenios/2023/CV022_23.

de biodiesel, e não parcial como hoje normatizada (cláusula segunda, VI e VII do Convênio ICMS nº 199/22) e de complexa realização operacional e comprobatória, o que se confirmará por certo no curso do tempo, isto, combinada à autorização de créditos na aquisição dos insumos.

Por fim, destaca-se que a Confederação Nacional da Indústria (CNI) ajuizou a ADI Nº 7397, distribuída à relatoria do Ministro André Mendonça, tendo por objeto a declaração de inconstitucionalidade da Cláusula 17ª do Convênio ICMS nº 199/2022, que veda a apropriação dos créditos de ICMS nas operações e prestações antecedentes às saídas de diferentes combustíveis, entre os quais o biodiesel.[28] O acolhimento da pretensão formulada pela CNI se faz necessário para a efetividade e eficácia do regime monofásico do ICMS para os combustíveis.

6. Considerações finais

Neste artigo, buscou-se mostrar a dimensão da importância e complexidade que se reclama para a tributação do biodiesel no âmbito do ICMS, sendo que uma vez e quando concluído o julgamento da ADI 7397, os ajustes pontuais que se fazem necessários trarão para os contribuintes:

(i) segurança jurídica e menor instabilidade econômica para a indústria, viabilizando a manutenção das suas operações e potenciais novos investimentos, tornando o produtor sujeito passivo integral do tributo;

(ii) cumprimento dos compromissos integrais assumidos pelos contribuintes e pelas autoridades fiscais quando da concessão de incentivos fiscais de

28. BRASIL. STF. *ADI n. 7397*. Relator: Min. André Mendonça. Disponível em: https://portal.stf.jus.br/processos/detalhe.asp?incidente=6658355.

ICMS, os quais permaneceriam sendo passíveis de fruição (segurança jurídica);

(iii) eliminação de novos "resíduos tributários", especialmente decorrentes da cumulatividade do ICMS incidente nas operações antecedentes, bem como não incremento do já elevado custo de conformidade tributária para o setor;

(iv) redução de potenciais contenciosos judiciais relevantes; e

(v) fomento à produção e inserção de biocombustíveis na matriz energética, em linha com a agenda ESG, mantendo a atratividade do biocombustível.

Importante asseverar que a Lei Complementar nº 214/2025 que trata da regulamentação determinada pela EC 132/2023 (Reforma Tributária), preserva o melhor modelo de sistema tributário para a produção de biodiesel.

Referências

BRASIL. CONFAZ. *Convênio ICMS nº 22, de 14 de abril de 2023*. Autoriza as unidades federadas a concederem benefícios fiscais nas operações com biodiesel. Disponível em: https://www.confaz.fazenda.gov.br/legislacao/convenios/2023/CV022_23.

______. CONFAZ. *Convênio ICMS 110, de 28 de setembro de 2007*. Dispõe sobre o regime de substituição tributária relativo ao Imposto sobre Operações relativas à Circulação de Mercadorias e sobre Prestações de Serviço de Transporte Interestadual Intermunicipal e de Comunicação (ICMS) devido pelas operações com combustíveis e lubrificantes, derivados ou não de petróleo, relacionados no Anexo VII do Convênio ICMS 142/18, e estabelece os procedimentos para o controle, apuração, repasse, dedução, ressarcimento e complemento do imposto. Disponível em: https://www.confaz.fazenda.gov.br/legislacao/convenios/2007/CV110_07.

______. CONFAZ. *Convênio ICMS nº 199, de 22 de dezembro de 2022*. Dispõe sobre o regime de tributação monofásica do ICMS a ser aplicado nas operações com combustíveis nos termos da Lei Complementar nº 192, de 11 de março de 2022, e estabelece procedimentos para o controle, apuração, repasse e dedução do imposto. Disponível em: https://www.confaz.fazenda.gov.br/legislacao/convenios/2022/CV199_22.

______. Supremo Tribunal Federal (STF). *ADI n. 7363 – GO*. Relator: Min. Dias Toffoli. Disponível em: https://portal.stf.jus.br/processos/detalhe.asp?incidente=6596963.

______. Supremo Tribunal Federal (STF). *ADI n. 7164*. Decisão Monocrática. Relator: Min. André Mendonça, 01 dez. 2022. Disponível em: https://portal.stf.jus.br/processos/downloadPeca.asp?id=15355109656&ext=.pdf.

______. Supremo Tribunal Federal (STF). *ADI N. 7397*. Relator: Min. André Mendonça. Disponível em: https://portal.stf.jus.br/processos/detalhe.asp?incidente=6658355.

______. Supremo Tribunal Federal (STF). *ADO n. 25*. Relator : Min. Gilmar Mendes. Disponível em: https://portal.stf.jus.br/processos/detalhe.asp?incidente=4454964.

______. Tribunal de Contas da União (TCU). *Acórdão 251/2023 - plenário*. Relatório de Auditoria (RA). Auditoria de Natureza Operacional realizada com o objetivo de verificar se as políticas públicas federais de biocombustíveis estão atingindo os objetivos principais e acessórios e se possuem alinhamento entre si e com outras iniciativas públicas transversais. Relator: Augusto Nardes, 15 fev. 2023. Disponível em: https://pesquisa.apps.tcu.gov.br/documento/acordao-completo/*/NUMACORDAO%253A251%2520ANOACORDAO%253A2023%2520COLEGIA-

DO%253A%2522Plen%25C3%25A1rio%2522/DTRELEVANCIA%2520desc%252C%2520NUMACORDAOINT%2520desc/0.

AGÊNCIA NACIONAL DO PETRÓLEO, GÁS NATURAL E BIOCOMBUSTÍVEIS (ANP). *ANP aprova resolução sobre novo modelo de comercialização de biodiesel.* 28 out. 2021. Disponível em: https://www.gov.br/anp/pt-br/canais_atendimento/imprensa/noticias-comunicados/anp-aprova-resolucao-sobre-novo-modelo-de-comercializacao-de-biodiesel.

______. *Metas de Redução de Emissões na Matriz de Combustíveis.* Disponível em: https://www.gov.br/anp/pt-br/assuntos/renovabio/metas-de-reducao-de-emissoes-na-matriz-de-combustiveis.

______. *RenovaBio.* Disponível em: https://www.gov.br/anp/pt-br/assuntos/renovabio.

BIODIESEL ABIOVE. *Associação Brasileira das Indústrias de Óleos Vegetais – ABIOVE.* Fonte da ilustração: https://biodiesel.abiove.org.br/ Acesso em: 18 abr. 2023.

______. *Programas:* Objetivos. Disponível em: https://biodiesel.abiove.org.br/programas/.

BIODIESELBR. *Sobre o biodiesel.* 09 abr. 2009. Disponível em: http://www.biodieselbr.com/noticias/biodiesel/biodiesel.

MINISTÉRIO DO MEIO AMBIENTE. *Acordo de Paris.* Brasil. Disponível em: https://antigo.mma.gov.br/clima/convencao-das-nacoes-unidas/acordo-de-paris.html.

NÚCLEO DE ESTUDOS AGRÁRIOS E DESENVOLVIMENTO RURAL (NEAD). Disponível em: http://www.nead.org.br/boletim/boletim.php/noticia.

PINHO, Lorena de Andrade; TEIXEIRA, Francisco Lima Cruz. Biodiesel no Brasil: uma análise da regulação e seus reflexos na diversificação das matérias-primas usadas no processo de produção. Universidade Federal da Bahia. *Revista Brasileira de Administração Política*, v. 8, n.2, p. 141-161, out. 2015. Disponível em: https://periodicos.ufba.br/index.php/rebap/article/view/17212.

ANÁLISE JURÍDICA DOS FUNDOS ESTADUAIS INSTITUÍDOS COM BASE NO CONVÊNIO ICMS Nº 42/2016: UM DEBATE CONSTITUCIONAL E LEGAL

Hélio Cananéia Júnior[1]

Vitória Aires e Silva[2]

1. Introdução

A criação de fundos estaduais, com roupagens de financiamento de obras de infraestrutura no âmbito do transporte e outras despesas específicas, tem suscitado debates profundos no cenário jurídico brasileiro.

Alguns são popularmente conhecidos como "taxas do agro", e acabam por condicionar a fruição de incentivos fiscais relacionados ao ICMS ou reduzir seus montantes.

---

1. Advogado, Pós Graduado em Direito e Processual do Trabalho, Extensão em Direito Tributário.

2. Advogada, Pós-Graduada em Advocacia Cível, Graduanda em Contabilidade.

No epicentro desta discussão, está o Convênio ICMS nº 42/2016, cuja autorização para tal prática suscita questionamentos em relação à sua harmonia com os preceitos da Constituição Federal e da legislação vigente.

Este artigo em questão tem como escopo a exploração dessa temática intrincada, mediante a análise minuciosa de dispositivos legais pertinentes, posicionamentos advindos de juristas de renome e as implicações acarretadas por esses fundos sob uma lente eminentemente constitucional.

Feita essa breve introdução, passamos a trazer considerações sobre os principais pontos relacionados aos Fundos Estaduais.

2. Contexto e embasamento legal

O ponto de partida desse intrigante movimento dos fundos foi marcado pela criação do Fundersul no Estado do Mato Grosso do Sul, pela Lei nº 1.963 publicada em 11/06/1999. Quase simultaneamente, o Estado do Mato Grosso, também estabeleceu o Fethab com a Lei nº 7.263, publicada em 27/03/2000.

A própria Constituição Federal também se integrou a essa dinâmica por meio da Emenda Constitucional nº 31/2000, em que se previu a necessidade de que os Estados “instituíssem Fundos de Combate à Pobreza”, sendo que também era permitida a criação de um adicional de até dois pontos percentuais na alíquota do ICMS, incidente sobre produtos e serviços supérfluos, com o intuito de direcionar tais recursos para o financiamento desses fundos.

Alicerçado nessa prerrogativa constitucional, o Estado de Goiás, por meio da Lei nº 14.469/2003, deu origem ao Protege, um fundo de proteção social que se sustenta a partir das contribuições e doações provenientes dos contribuintes do ICMS.

Não bastante, apesar da precisão do art. 82, § 1º, do ADCT em descrever as características do adicional de 2% do ICMS, não há como negar que Goiás pretendeu criar um tributo autônomo. Não por menos, a própria sistemática de arrecadação dessa exação, conforme dispõe o art. 23-A da Instrução Normativa nº 761/05-GSF, é diferenciada e desassociada das receitas dos demais tributos de competência do Estado de Goiás.

De maneira subsequente, o Convênio ICMS nº 42, que foi editado em 03/05/2016 e firmado no âmbito do Conselho Nacional de Política Fazendária (CONFAZ), conferiu aos Estados e ao Distrito Federal a autorização para a criação de fundos destinados ao desenvolvimento econômico e à manutenção do equilíbrio fiscal. O cerne dessa medida está em vincular a concessão de incentivos fiscais relacionados ao ICMS com contribuições financeiras que seriam direcionadas a investimentos no âmbito estadual.

Esse enfoque visa à harmonização dos benefícios fiscais com o crescimento econômico, bem como a preservação das receitas tributárias. A finalidade é condicionar a concessão de benefícios fiscais relacionados ao ICMS a contribuições financeiras destinadas a investimentos estaduais. A abordagem busca harmonizar a concessão de incentivos fiscais com o desenvolvimento econômico e a preservação da arrecadação tributária.

Essa artimanha estatal, apesar de arrazoada, claramente reduziu os benefícios fiscais outrora concedidos ao contribuinte brasileiro. A redução de no mínimo 10%, principalmente quando aplicada a incentivos com prazo certo e determinado, ofende claramente o art. 178 do Código Tributário Nacional, bem como os Princípios da Segurança Jurídica e da Proteção da Legítima Confiança, consubstanciados no Estado Democrático de Direito.

Baseado no Convênio ICMS nº 42, os Estados não poderiam alterar as benesses tributárias para que os Contribuintes fossem exigidos de uma contribuição impositiva agregada ao imposto estadual como uma condicionante para usufruir do benefício estatal. Entretanto, mesmo diante de todas estas flagrantes inconstitucionalidades, os Estados seguiram com as alterações legislativas, impondo as contribuições destinadas aos fundos.

Nesse sentido, vários Estados adotaram a nova sistemática arrecadatória, conforme lista em sequência:

Tabela 1 - Sistemática arrecadatória estadual

Estado	**Fundo**	**Legislação**
Acre	Fundo de Equilíbrio Fiscal do Estado do Acre – FEFAC	Lei nº 3.216/2016
Alagoas	Fundo de Equilíbrio Fiscal do Estado de Alagoas – FEFAL	Lei nº 8.235/2020
Bahia	Fundo Estados de Combate e Erradicação da Pobreza	Lei nº 13.564/2016
Ceará	Fundo de Equilíbrio Fiscal do Estado do Ceará – FEEF	Lei nº 16.097/2016
Espírito Santo	Fundo Estadual de Equilíbrio Fiscal	Lei nº 10.630/2017 e Lei nº 11.148/2020
Goiás	Fundo Estadual de Infraestrutura – FUNDEINFRA	Lei nº 21.670/2022
Maranhão	Fundo Estadual para Rodovias do Estado do Maranhão - FEPRO	Lei nº 11.867/2022
Mato Grosso	Fundo Estadual de Equilíbrio Fiscal de Mato Grosso –FEEF/MT	Lei nº 10.709/2018
Mato Grosso do Sul	Fundo de Apoio ao Desenvolvimento Econômico e de Equilíbrio Fiscal do Estado – FADEPE	Lei Complementar nº 93/2001
Paraíba	Fundo Estadual de Equilíbrio Fiscal – FEEF	Lei nº 10.758/2016

Estado	Fundo	Legislação
Paraná	Fundo de Recuperação e Estabilização Fiscal do Paraná	Decreto nº 9.810/21 e Decreto nº 11.584/22
Pernambuco	Fundo de Equilíbrio Fiscal – FEEF	Lei nº 15.865/2016
Piauí	Fundo Estadual de Desenvolvimento e/ou Equilíbrio Fiscal FUNEF e Fundo de Desenvolvimento da Infraestrutura Logística do Estado do Piauí – FDI/PI	Lei nº 6.875/2016 e Lei Complementar nº 269/2022
Rio de Janeiro	Fundo de Equilíbrio Fiscal – FEEF e Fundo Orçamentário Temporário – FOT	Lei nº 7.428/2016 e Lei nº 8.645/2019
Rio Grande do Norte	Fundo de Equilíbrio Fiscal do Estado do Rio de Grande do Norte – FUNDERN	Lei Complementar nº 595/2017
Rondônia	Fundo para Infraestrutura de Transporte e Habitação - FITHA	Lei Complementar nº 292/2003 e Decreto nº 11.715/2005
Sergipe	Fundo Estadual de Equilíbrio Fiscal do Estado de Sergipe – FEEF	Lei nº 88.180/2016
Tocantins	Fundo Estadual de Transporte – FET	Lei nº 3.617/2019 e Lei nº 4.029/2022

Fonte: elaboração própria

Em retrospectiva, o surgimento e a expansão desses fundos estaduais representam um marco na política tributária brasileira, moldando uma estrutura complexa de financiamento para projetos de desenvolvimento e equilíbrio fiscal em nível estadual.

Desde os primórdios com o Fundersul e o Fethab, passando pela Emenda Constitucional que legitimou a criação de fundos de combate à pobreza, até o Convênio ICMS que vinculou incentivos fiscais a contribuições financeiras, a trajetória dos fundos reflete a constante busca por equilíbrio entre o estímulo ao crescimento econômico e a manutenção da arrecadação.

A ampla adesão por parte dos Estados a essa estratégia demonstra a importância atribuída à conexão entre benefícios fiscais e investimentos estaduais. No entanto, à medida que essa arquitetura evoluiu, também trouxe consigo debates sobre legalidade, inconstitucionalidades e impactos na confiança dos contribuintes.

É indiscutível que o cenário desses fundos é complexo, marcado por inovações legislativas e desafios interpretativos, apontando para a necessidade contínua de avaliação e ajuste, a fim de atingir o delicado equilíbrio entre o desenvolvimento socioeconômico e a segurança jurídica no contexto tributário brasileiro.

3. Os fundos estaduais do agronegócio

A novidade dos Estados, caracterizada pela criação de fundos com o aparente propósito de aumento da tributação e com um discurso voltado para o aspecto social, é notória. Exemplos emblemáticos incluem o Fundersul, o Fethab, e o Fundeinfra. Entretanto, todos esses fundos partilham uma característica inquietante: a inconstitucionalidade subjacente a eles.[3]

Vale a pena destacar o caso específico do Estado de Goiás, cuja estrutura jurídica revela uma peculiaridade marcante. Os recursos arrecadados não se destinam aos cofres do Estado, mas sim aos cofres de uma autarquia estadual chamada Goinfra, que curiosamente é uma entidade vinculada ao próprio Estado. Essa organização sugere um contorno financeiro, desviando os recursos do Tesouro Estadual para os cofres de uma Autarquia Estadual, controlada pelo mesmo Poder Executivo e sujeita ao mesmo Poder Legislativo do Estado de Goiás.

---

3. MENDES, Gilmar Ferreira; BRANCO, Paulo Gustavo Gonet. *Curso de Direito Constitucional*. Saraiva Educação, 2019.

O motivo subjacente a esse contorno é revelado no art. 5º do Fundeinfra, que estabelece o pagamento de uma contribuição correspondente a 1,65% do ICMS como pré-requisito para a utilização de benefícios fiscais, regimes especiais de exportação e, em alguns casos, para substituição tributária. Esse dispositivo apresenta múltiplas irregularidades.

De um lado, o Estado concede o benefício fiscal, porém, a autarquia estadual exige uma contribuição para que o incentivo seja desfrutado, reduzindo indiretamente o montante do benefício.

Por outro lado, a tributação de operações de exportação é flagrante, o que se configura como inconstitucional, uma vez que tais operações são protegidas pela imunidade constitucional. Ademais, os estados não reembolsam os exportadores pelo ICMS incidente na cadeia exportadora e, ainda assim, buscam aumentar a tributação de forma indireta, por meio dessa contribuição.

Adicionalmente, ocorre a sobretaxação das operações sujeitas à substituição tributária, abrindo espaço para uma série de problemas adicionais.

Por tais motivos, inúmeras ações foram protocolizadas no Estado de Goiás com o escopo de obstar a cobrança do Fundeinfra, incluindo associações de produtores rurais do Estado de Goiás. Momentaneamente, liminares foram concedidas, o que gerou tumulto e problemas comerciais/operacionais, que foram rapidamente revertidos pela revogação das medidas.

Essa questão jurídica não pode ser compreendida apenas sob a perspectiva da relação entre o Fisco e o Contribuinte. É imperativo analisar toda a operação e compreender o contorno financeiro utilizado, que distorce o ordenamento jurídico. A situação fica mais clara quando se consideram os possíveis argumentos que os Fiscos estaduais podem empregar em sua defesa.

Um possível argumento que o Fisco poderia adotar seria a impossibilidade de cobrar ICMS sobre exportações, conforme disposto no art. 155, §2º, X, "a", da Constituição Federal. Defensores do Fisco podem alegar que a cobrança imposta não diz respeito ao ICMS, mas sim a uma contribuição destinada a uma autarquia, o que, em tese, não violaria a norma constitucional. No entanto, essa argumentação se desfaz diante do contorno financeiro mencionado. Está sendo cobrada uma contribuição supostamente voluntária como condição para o exercício de um direito que deveria ser incondicional.

Outro argumento do Fisco seria que os incentivos fiscais já concedidos permanecerão intactos, enquanto o percentual de 1,65% recolhido para a Goinfra (autarquia estadual) seria direcionado ao desenvolvimento estatal. Todavia, essa alegação também carece de fundamento diante do contorno financeiro apresentado – a intenção é reduzir o montante do ICMS isento por meio de outra estrutura financeira, sem abordar diretamente a questão.

O exemplo de Goiás se repete de forma geral nos demais estados mencionados e está presente em outros estados que utilizam estratégias semelhantes, afetando diversos setores.

É claro que essas considerações iniciais não esgotam o assunto, que demanda uma análise mais detalhada. Os argumentos dos Estados certamente serão mais complexos do que os mencionados acima. Contudo, em uma primeira análise, a questão central reside no Convênio Confaz ICMS nº 42/2016, que embasa todos esses fundos estaduais.

Cumpre observar, entretanto, que recentemente, o Supremo Tribunal Federal enfrentou o assunto a partir do julgamento da Ação Direta de Inconstitucionalidade (ADI) nº 7.363 Goiás. Esta ADI, proposta pela Confederação Nacional da Indústria, julgada em 09 de abril de 2024, ocasião em que o Supremo entendeu que o art. 136 do ADCT, incluído pela EC nº 132/2023 reconheceu a constitucionalidade do FUNDEINFRA, ao admitir a manutenção dos fundos criados até 30 de abril de 2023 quando criados como condição para aplicação de diferimento, regime especial ou outro tratamento diferenciado de ICMS.

O movimento financeiro dos estados e municípios surgiu como resposta à situação de desvantagem imposta pela União ao longo dos anos. E as ADIs propostas pelo empresariado contra os diversos fundos criados ao longo dos anos demonstram a tentativa de busca por equalização. Contudo, a constante movimentação do cenário tributário brasileiro, bem como o resultado dos recentes julgamentos do tema nos evidenciam como esta disparidade está longe de ter um fim.

4. Argumentos pró e contra a constitucionalidade

A instituição dos fundos estaduais, um marco influente desencadeado pelo Convênio ICMS nº 42/2016, tem inflamado debates intensos que exploram sua natureza, validade e impacto na estrutura tributária do Brasil. A natureza intrincada desses fundos tem sido uma fonte significativa de divergências entre juristas e especialistas. Enquanto alguns defendem a posição de que esses fundos não constituem uma nova parcela do ICMS, mas sim contribuições financeiras voluntárias, outros questionam até que ponto essa abordagem preserva a competência tributária da União e respeita as disposições constitucionais.

O embate em torno dos fundos estaduais se desdobra em argumentos prós e contras. A perspectiva a favor sustenta que os fundos não estariam desafiando a competência da União, já que se manifestariam como contribuições facultativas e não invasivas. A ideia subjacente é que, ao oferecer incentivos fiscais em troca de contribuições voluntárias, os Estados estariam construindo uma estrutura de financiamento alternativa sem necessariamente impor um novo tributo.

Por outro lado, figuras como Heleno Taveira Torres[4] levantam uma série de preocupações quanto à constitucionalidade desses fundos. Uma das principais questões abordadas é a possível violação da Constituição, que proíbe a criação de tributos não previstos em seus termos. A natureza dessas contribuições é examinada com cautela, considerando a delicada linha que as separa de um tributo em si. Além disso, a conexão entre o ICMS e atividades estatais específicas é criticada, já que as receitas do ICMS são, por definição, não afetadas, e direcioná-las pode comprometer a autonomia dos entes federativos.

A discussão também adentra o território do Código Tributário Nacional, onde se pondera se a imposição de condições para a obtenção de benefícios fiscais pode violar princípios fundamentais da legislação tributária, como a capacidade contributiva e a isonomia. Além disso, há o temor de que a criação desses fundos possa distorcer princípios fundamentais do ICMS, como a não cumulatividade e as imunidades tributárias, resultando em uma estrutura tributária mais complexa e potencialmente conflituosa.

A análise também abrange a questão dos benefícios fiscais concedidos por prazos definidos e sob condições específicas. A possível modificação dessas condições é vista com ceticismo, levantando preocupações sobre a segurança jurídica e a confiança dos contribuintes no sistema tributário.

Em síntese, a controvérsia em torno dos fundos estaduais lançados pelo Convênio ICMS nº 42/2016 reflete a complexa interseção entre o poder tributário dos Estados e o ordenamento jurídico nacional. À medida que as vozes

---

4. TORRES, Heleno Taveira. *Direitos Fundamentais e tributação*. 2. ed. São Paulo: Revista dos Tribunais, 2010.

divergentes continuam a explorar essa temática, torna-se crucial encontrar um equilíbrio entre a busca por recursos para o desenvolvimento estadual e a preservação dos princípios constitucionais e tributários fundamentais que sustentam o sistema tributário brasileiro.

5. Interpretações constitucionais e posicionamento da doutrina

A discussão sobre os fundos estaduais se debruça sobre a interpretação dos fundamentos, a natureza jurídica que lhes é atribuída e as ramificações que podem exercer sobre a competência tributária e o equilíbrio entre os Entes Federativos.

Um ponto central de divergência reside na caracterização desses fundos como impostos ou contribuições. Geraldo Ataliba, em sua obra "Hipótese de Incidência Tributária", argumenta que esses fundos se assemelham mais a contribuições especiais com propósitos específicos do que a impostos, uma distinção que, segundo ele, manteria a conformidade constitucional e a competência estadual.[5] Porém, críticos notáveis, como José Afonso da Silva, enfatizam que essas contribuições adicionais podem representar uma interferência na competência tributária dos Estados e, por consequência, podem levantar questionamentos sobre sua validade em relação à Constituição Federal.[6]

Ainda que sejam rotulados como "contribuições", esses fundos exibem características assemelhadas a acréscimos do ICMS, uma vez que incidem sobre os mesmos sujeitos tributários, eventos que desencadeiam a obrigação

5. ATALIBA, Geraldo. *Hipótese de incidência tributária*. 6. ed. São Paulo: Malheiros Editores, 2011.

6. SILVA, José Afonso da. *Curso de direito constitucional positivo*. 43. ed. São Paulo: Malheiros Editores, 2020.

tributária e base de cálculo da referida imposição fiscal. Em consonância com o art. 4º do Código Tributário Nacional, a natureza jurídica de um tributo é definida pelo evento que origina a obrigação, e não pelo rótulo ou por outras formalidades da exação, nem tampouco pela destinação dos recursos provenientes da sua cobrança.

Os impactos desses fundos na estrutura tributária também invocam uma análise profunda dos princípios constitucionais que alicerçam o sistema tributário brasileiro. A possível relação entre os fundos estaduais e os benefícios fiscais levanta questionamentos sobre princípios como a Capacidade Contributiva, a Igualdade Tributária e a Segurança Jurídica. A criação de condicionantes para a obtenção de benefícios fiscais, como defendido por alguns estados, poderia, em teoria, colidir com esses Princípios fundamentais do Direito Tributário.

Ademais, essa controvérsia não se restringe a um debate puramente jurídico; ela também reflete a dinâmica de poder tributário entre os Entes. Embora os Estados tenham o direito legítimo de buscar fontes adicionais de receita para financiar suas políticas, essa busca não deve ser feita em detrimento do equilíbrio federativo ou da estrutura tributária estabelecida. A discussão tangencia a noção de autonomia fiscal dos Estados e a complexa relação entre os diferentes níveis de governo.

Diante disso, constata-se que alguns Estados, ao criarem tais fundos acabaram por vincular este à receita de imposto, o que contraria o Princípio da Não Afetação da Receita de Impostos a órgão, fundo ou despesa, inscrito no art. 167, IV, da Constituição Federal.

Sabe-se que Princípio da Não Afetação da Receita de Impostos significa garantir ao Poder Executivo a disponibilidade de recursos para a realização de políticas públicas de forma discricionária, de acordo com suas metas e prioridades. Pode-se afirmar que a não afetação é a regra, e a vinculação, exceção.

A matéria é de Direito Tributário e Financeiro, os fundos, como estão sendo constituídos hoje, violam princípios, aumentam a carga tributária e tentam passar à margem das limitações constitucionais ao poder de tributar.

Tais arrecadações estatais passaram a ser questionadas no Supremo Tribunal Federal (STF) em algumas ações protocolizadas pela Confederação Nacional da Indústria (CNI), pois as empresas veem suportando o ônus com cortes em incentivos fiscais, até mesmo em isenções legalmente garantidas, posto que a criação de alguns fundos foge à forma legal e são mecanismos arrecadatórios para os estados aumentarem seus ICMS.

Com brilhantismo, em seu voto na ADI 7077, o Ministro André Mendonça rechaçou a criação desordenada dos fundos pelos Estados: "certamente, o descontrole financeiro resultante da expansão excessiva do funcionalismo público não tem o condão de tornar o específico em genérico."[7]

6. Os fundos estaduais na emenda constitucional nº 132/2023– Reforma Tributária

A estratégia adotada pelos Estados em relação à criação dos fundos revela-se especialmente impactante, alcançando até mesmo a Reforma Tributária.

Pois bem, os Estados sabedores que a partir da proposta de reforma tributária terão sua arrecadação impactada, utilizaram das "contribuições" destinadas a fundos estaduais como "moedas de troca" para aprovarem o texto

7. BRASIL. STF. *ADI 7077*. Processo n° 0114304-54.2022.1.00.0000. Relator: Min. Flávio Dino. Disponível em: https://portal.stf.jus.br/processos/detalhe.asp?incidente=6346293.

e, assim, de última hora, foi acrescido o art. 19 na Emenda Aglutinativa de Plenário:

> Art. 19. Os Estados e o Distrito Federal poderão instituir contribuição sobre produtos primários e semielaborados, produzidos nos respectivos territórios, para investimento em obras de infraestrutura e habitação, em substituição a contribuição a fundos estaduais, estabelecida como condição à aplicação de diferimento, regime especial ou outro tratamento diferenciado, relacionados com o imposto de que trata o art. 155, II, da Constituição Federal, prevista na respectiva legislação estadual em 30 de abril de 2023.
>
> Parágrafo único. O disposto neste artigo aplica-se até 31 de dezembro de 2043."O propósito subjacente ao artigo 19 da Emenda Aglutinativa de Plenário é, na verdade, bastante simples: ante o risco de o Poder Judiciário pronunciar a invalidade desses tributos, criou-se uma regra que traz sua convalidação até 2043, ou seja, por 20 anos, via Emenda Constitucional. A previsão acima exposta manteve-se na Emenda Constitucional aprovada (nº 132/2023), inovando, com relação à PEC nas restrições para criação da nova contribuição. O texto aprovado possui a seguinte redação:

> "Art. 2º O Ato das Disposições Constitucionais Transitórias passa a vigorar com as seguintes alterações: (...)
>
> Art. 136. Os Estados que possuíam, em 30 de abril de 2023, fundos destinados a investimentos em obras de infraestrutura e habitação e financiados por contribuições sobre produtos primários e semielaborados estabelecidas como condição à aplicação de diferimento, regime especial ou outro tratamento diferenciado, relativos ao imposto de que trata o art. 155, II, da Constituição Federal, poderão instituir contribuições semelhantes, não vinculadas ao referido imposto, observado que:
>
> I - a alíquota ou o percentual de contribuição não poderão ser superiores e a base de incidência não poderá ser mais ampla que os das respectivas contribuições vigentes em 30 de abril de 2023;
>
> II - a instituição de contribuição nos termos deste artigo implicará a extinção da contribuição correspondente, vinculada ao imposto de que trata o art. 155, II, da Constituição Federal, vigente em 30 de abril de 2023;
>
> III - a destinação de sua receita deverá ser a mesma das contribuições vigentes em 30 de abril de 2023;

> IV - a contribuição instituída nos termos do *caput* será extinta em 31 de dezembro de 2043.
>
> Parágrafo único. As receitas das contribuições mantidas nos termos deste artigo não serão consideradas como receita do respectivo Estado para fins do disposto nos arts. 130, II, "b", e 131, § 2º, I, "b", deste Ato das Disposições Constitucionais Transitórias".

Assim como a Lei Complementar n° 160/2017 fez ao reintroduzir os benefícios fiscais estaduais e estabelecer um marco temporal para conter a guerra fiscal, o art. 136 do ADCT, incluído pela EC nº 132/2023, propõe a validação dos fundos já existentes. Isso ocorre porque, durante a transição do ICMS para o IBS (Imposto sobre Operações com Bens e Serviços), os Fundos como Fundeinfra, FET, Fethab e outros similares permanecerão intactos.

Consequentemente, mesmo com a busca de simplificação tributária pela Reforma, que visa substituir cinco tributos por dois (IBS e CBS), os contribuintes continuarão a pagar por encargos tributários em forma de fundos vinculados aos novos tributos.

A publicação da EC nº 132/2023 corroborou com a declaração de constitucionalidade dos fundos atualmente existentes, isso porque a decisão proferida pelo Plenário na já mencionada ADI nº 7.363/GO afirma que "eventuais dúvidas que pairavam sobre a constitucionalidade da contribuição destinada ao FUNDEINFRA foram enxotadas por esse novo dispositivo constitucional",[8] qual seja o art. 136 do ADCT.

Observa-se, portanto, a reiterada desvantagem dos contribuintes em relação ao Estado, uma vez que permitir aos Entes a criação de fundos sobre operações isentas não apenas representa um retrocesso em termos de garantias

---

8. BRASIL. STF. *Ag. Reg. ADI nº 7.363/GO*. Processo n° 0071496-97.2023.1.00.0000. Plenário. Relator: Min. Dias Toffoli, 09 abr. 2024. Disponível em: https://portal.stf.jus.br/processos/detalhe.asp?incidente=6596963.

constitucionais, mas também configura um abuso da confiança legítima daqueles que planejaram suas atividades econômicas de boa-fé, levando em consideração a isenção de tributos sobre exportações.

Nesse contexto, a admoestação de Norberto Bobbio[9] em "A era dos direitos" permanece válida: "o problema fundamental em relação aos direitos humanos, hoje, não é tanto justificá-los, mas protegê-los".

7. Considerações finais

A complexidade subjacente à problemática dos fundos estaduais, estabelecidos por meio do Convênio ICMS nº 42/2016, é incontestável. A análise da natureza jurídica das contribuições, sua relação com o ICMS e sua validade legal se desenrola em um contexto de argumentos a favor e contra, cada um embasado em distintas interpretações das normas e da própria Constituição. A contribuição das perspectivas de juristas ilustres, a exemplo de Roque Carrazza[10] e Heleno Taveira Torres,[11] enriquece o debate e evidencia a profundidade do tópico.

Entretanto, é importante reconhecer que examinar a legitimidade dos fundos a partir da perspectiva Fisco-Contribuinte pode não resultar em efeitos práticos concretos para a questão em mãos. Nesse sentido, é fundamental concentrar-se na totalidade das operações nas quais os fundos estão envolvidos, a fim de avaliar o impacto financeiro direcionado ao contribuinte. Isso se torna especialmente relevante devido ao claro desalinhamento com o direito positivo, conforme

9. BOBBIO, Norberto. *A Era dos Direitos*. Editora Campus, 1992.

10. CARRAZZA, Roque Antônio. *Curso de direito constitucional tributário*. 32. ed. São Paulo: Malheiros Editores, 2016.

11. TORRES, Heleno Taveira, *op. cit*.

evidenciado pelo argumento utilizado pelos Fiscos estaduais para a criação e defesa desses fundos.

Compreender esta intricada controvérsia é de suma importância para uma análise meticulosa dos desafios tanto jurídicos quanto políticos que os estados enfrentam ao implementar tais fundos.

A condução dessa matéria, inclusive considerando o recente movimento provocado pela Emenda Constitucional nº 132/2023 e a revisão realizada pelo Supremo Tribunal Federal com relação ao FUNDEINFRA, já levando em consideração as alterações promovidas pela Emenda Constitucional, tem repercussões substanciais sobre o panorama tributário do Brasil. Em última análise, o debate sobre a validade constitucional dos fundos estaduais, bem como as recentes reviravoltas tidas no ambiente, servem como um lembrete do caráter dinâmico do direito tributário, capaz de se adaptar às evoluções econômicas e sociais, buscando o equilíbrio entre o estímulo ao progresso e a preservação do arcabouço tributário nacional.

Referências

ATALIBA, Geraldo. *Hipótese de Incidência Tributária*. 6. ed. São Paulo: Malheiros Editores, 2011.

BOBBIO, Norberto. *A Era dos Direitos*. Editora Campus, 1992.

BRASIL. Supremo Tribunal Federal (STF). *ADI 7077*. Processo nº 0114304-54.2022.1.00.0000. Relator: Min. Flávio Dino. Disponível em: https://portal.stf.jus.br/processos/detalhe.asp?incidente=6346293.

______. Supremo Tribunal Federal (STF). *Ag. Reg. ADI 7363/GO*. Processo nº 0071496-97.2023.1.00.0000. Plenário.

Relator: Min. Dias Toffoli, 09 abr. 2024. Disponível em: https://portal.stf.jus.br/processos/detalhe.asp?incidente=6596963.

CARRAZZA, Roque Antônio. *Curso de Direito Constitucional Tributário*. 32. ed. São Paulo: Malheiros Editores, 2016.

MENDES, Gilmar Ferreira; BRANCO, Paulo Gustavo Gonet. *Curso de Direito Constitucional*. Saraiva Educação, 2019.

SILVA, José Afonso da. *Curso de direito constitucional positivo*. 43. ed. São Paulo: Malheiros Editores, 2020.

TORRES, Heleno Taveira. *Direitos fundamentais e tributação*. 2. ed. São Paulo: Revista dos Tribunais, 2010.

TRIBUTAÇÃO DO ICMS NAS QUEBRAS DE GRÃOS VINCULADAS A EXPORTAÇÃO - IMPACTOS NO AGRONEGÓCIO BRASILEIRO

Marco Aurélio de Azevedo[1]

Miguel Porfirio Lima Junior[2]

1. Introdução

Nas últimas décadas, o setor do Brasil que vem chamando a atenção e está nos holofotes de investidores externos e internos devido a sua capacidade de expansão e rentabilidade é o Agronegócio.

---

1. Atuação consolidada há mais de 15 anos focada na área tributária, especialista em tributos indiretos voltados a área do Agronegócio. Profissional com extenso conhecimento na legislação do ICMS de estados do centro-oeste, norte e nordeste brasileiro. Sólida vivência na transformação digital tributária e na automação de processos interligados ao faturamento e ao compliance fiscal. Foco voltado principalmente para economia tributária, planejamento e recuperação de tributos. Graduado em Ciências Contábeis, Faculdade Padrão. Pós-graduado em Contabilidade e Direito Tributário, IPOG.

2. Formado em Ciências Contábeis, pela Unicerrado de Goiatuba. MBA em planejamento tributário e auditoria fiscal, Unialfa. 8 anos atuando na área tributária dentro do agronegócio. Focado principalmente nas obrigações que a operação de exportação no Brasil gera, na ótica do ICMS. Sólida vivência nas constantes formulações da exportação de granéis brasileira.

Historicamente, o agronegócio é um dos pilares responsáveis pelo desenvolvimento social no país. Tratando-se dos produtos com maior relevância no ambiente de exportações, destacamos o milho, a soja e o café como as principais *commodities* produzidas internamente, e, portanto, com importância destacada na economia nacional, na alimentação do Brasil e do mundo e na geração de empregos.

Durante a pandemia mundial da covid-19, em que muitos segmentos sofreram impactos negativos, o agro continuou crescendo. Formado por diversas culturas ou cadeias de produção, representou no ano de 2022, 24,8% do Produto Interno Bruto (PIB).[3] Recentemente, por ser um setor exposto diariamente pela mídia, teve relevante atenção dos Entes Federativos inclusive com relação à grande oportunidade de geração de renda e riqueza para o País.

Em análise à cadeia produtiva de grãos, por perspectiva da CONAB,[4] a projeção para o ciclo 22/23 foi de 150,36 milhões de toneladas de soja produzida, sendo que deste volume, 92 milhões de toneladas destinadas ao mercado externo, ou seja, 61% do total produzido é destinado à exportação. Trazendo para a ótica de tributação, aos olhos do Estado, apenas 39% destes produtos seriam tributados pelo ICMS, uma vez que produtos destinados à exportação não sofrem a incidência do tributo em questão, conforme disciplinado no art. 155, § 2°, inciso X, alínea "a", da Constituição Federal.[5]

3. CEPEA; CNA. PIB do agronegócio brasileiro. *CEPEA Esalq/USP*, São Paulo, 27 jun. 2023. Disponível em: https://www.cepea.esalq.usp.br/br/pib-do-agronegocio-brasileiro.aspx#:~:text=Considerando%2Dse%20os%20desempenhos%20da,pecu%C3%A1rio%20avan%C3%A7ou%202%2C11%25. Acesso em: 25 jul. 2023.

4. CONAB. Safra 2022/23: Produção de grãos pode chegar a 308 milhões de t impulsionada pela boa rentabilidade de milho, soja e algodão. *Conab*, Brasília, DF, 24 ago. 2022, 14:00. Disponível em: https://bit.ly/3VmP6Hb. Acesso em: 25 jul. 2023.

5. BRASIL. [Constituição (1988)]. *Constituição da República Federativa do Brasil de 1988*. Brasília, DF: Presidência da República, [2016]. Disponível em: https://www.planalto.gov.br/ccivil_03/constituicao/constituicao.htm. Acesso em: 25 jul. 2023.

Com a baixa arrecadação, devida às operações de exportação, começam a surgir medidas intensas para equalização que podem ser questionáveis inclusive em âmbito de constitucionalidade, por exemplo, a tributação pelo ICMS nas quebras vinculadas ao processo de exportação de grãos.[6] Neste aspecto, destacamos o breve trecho do artigo publicado pelos Drs. Fabio Calcini e Gabriel Prata a seguir reproduzido:

> O fato é que, via de regra, variações negativas no peso dos produtos são entendidas pelos Fiscos estaduais como sujeitas ao Imposto sobre Circulação de Mercadorias e Serviços (ICMS), já que o exportador não consegue comprovar a exportação dessa diferença para fins da imunidade específica de tal imposto prevista artigo 155, parágrafo 2º, X, "a", da Carta Constitucional de 1988. Tal entendimento encontraria amparo em dispositivos como a Cláusula Sexta do Convênio ICMS 84/2009, frequentemente citado pelos fiscos estaduais para fundamentarem suas autuações. É como se a simples saída da mercadoria que se perdeu configurasse fato gerador do imposto, uma vez que não se comprovou a sua exportação.[7]

Essa brecha encontrada pelo fisco para incidir o ICMS, está ligada ao processo de armazenagem e deslocamento dos grãos e é conhecido por "quebra física e quebra técnica".

A quebra física tem relação ao processo logístico dos grãos, desde a entrada e saída do armazém, transporte rodoviário, transbordo, transporte ferroviário, ou outros tipos de modais que possam ocorrer até seu destino.

A quebra técnica, por sua vez, é um fator biológico, ligado ao processo respiratório dos grãos, que se mantém

---

6. CONAB, *op. cit.*

7. CALCINI, Fábio P.; PRATA, Gabriel M. B. Direito do Agronegócio. Não incidência do ICMS sobre quebras na exportação de produtos agrícolas. *Consultor Jurídico*, 30 jul. 2021, 08:00. Disponível em: https://www.conjur.com.br/2021-jul-30/direito-agronegocio-nao-incidencia-icms-quebras-exportacao-produtos-agricolas. Acesso em: 25 jul. 2023.

mesmo após sua colheita, pois o grão ainda continua sendo um organismo vivo.

Dito isto, nos próximos tópicos, adentraremos um pouco mais nos modais de transporte utilizados na cadeia de grãos do país, nas operações de quebras e perdas vinculadas à exportação; o processo tributário do ICMS sobre elas; os impactos significativos nos resultados das *trading companies*; além dos aspectos questionáveis implementados pelos estados, como forma de contornar o sistema tributário brasileiro.

2. Os modais de transporte mais relevantes na cadeia de produção de grãos

A etapa logística da produção de grãos no Brasil é fundamental para o setor agrícola, e representa um grande desafio para os exportadores, pois além da complexidade, devida aos diversos modais que ocorrem da fazenda até os portos, é nesta etapa que se concentram os maiores custos da operação de exportação de grãos.

Os custos são elevados, devido ao estado de conservação das ferrovias e rodovias brasileiras. Por ser um país com dimensões continentais, longas distâncias são percorridas durante as viagens, o que implica relevantes despesas com combustíveis. No modal predominantemente rodoviário, têm-se custos mais elevados, e logística reversa limitada.

Com vistas a nos aprofundarmos em aspectos vinculados à relação entre os custos envolvidos na operacionalização dos modais e a eficiência obtida em cada uma das alternativas, exploraremos, a seguir, alguns principais aspectos voltados ao transporte de grãos durante toda sua cadeia de produção.

O transporte rodoviário é um dos principais modais utilizados na exportação de grãos no Brasil, considerando que as rodovias conectam regiões produtoras aos portos, permitindo o transporte rápido e flexível dos grãos.[8] O transporte rodoviário de grãos é realizado por meio de caminhões desde a fazenda até os pontos de armazenagem, onde os grãos aguardam o embarque para exportação.

O transporte ferroviário também desempenha um papel importante na etapa logística. Apesar de ser menos utilizado em comparação ao transporte rodoviário, pois não tem conexão direta com as fazendas, é vantajoso para o transporte de grandes volumes de grãos, cenário no qual se mostra mais ágil e menos oneroso.

Outro modal relevante no Brasil é o hidroviário. Os rios brasileiros,considerados vias navegáveis, são utilizados para o transporte de grãos, especialmente nas regiões Norte e Centro-Oeste do país. Balsas e barcaças transportam os grãos dos armazéns até os portos fluviais, onde ocorre a transferência para navios de maior porte.

Além dos modais de transporte, a etapa logística de exportação de grãos também envolve a utilização de armazéns e silos. Nestes locais, é realizado o armazenamento temporário da produção, permitindo que os grãos sejam acondicionados adequadamente para sua conservação antes do embarque. Os armazéns/ silos são estrategicamente localizados próximos às áreas produtoras, facilitando a logística para os terminais portuários.

Os terminais portuários são peças-chave na etapa logística de exportação de grãos. Eles recebem os grãos vindos das fazendas por meio dos diferentes modais de transporte e realizam o embarque nos navios cargueiros. Esses terminais são equipados com modernas estruturas de

8. MINISTÉRIO DOS TRANSPORTES. *Plano Nacional de Logística e Transportes.* Brasília, DF: Ministério dos Transportes, 27 jan. 2022, 14:39. Disponível em: https://www.gov.br/transportes/pt-br/assuntos/transporte-terrestre_antigo/pnlt-plano-nacional-de-logistica-e-transportes. Acesso em: 25 jul. 2023.

armazenagem e maquinário para movimentação dos grãos, garantindo eficiência e rapidez no processo de exportação.

Em suma, a etapa logística de exportação de grãos no Brasil envolve a combinação de diferentes modais de transporte, como rodoviário, ferroviário e hidroviário, de acordo com as características e necessidades de cada região produtora. Essa diversidade de opções garante a eficiência e competitividade do setor agrícola brasileiro no mercado global, contribuindo para o sucesso das exportações de grãos.

3. Quebras de grãos no processo logístico para exportação

O processo de exportação de grãos envolve diversas etapas logísticas que vão desde o armazenamento dos produtos até o embarque nos navios. Durante esse processo, podem ocorrer quebras técnicas e físicas que comprometem a qualidade dos grãos e, consequentemente, reduzem a rentabilidade dos exportadores.

Quebras técnicas de grãos são aquelas que ocorrem durante as etapas de beneficiamento e armazenamento dos produtos. "Essas quebras estão ligadas ao fator biológico do grão, independente de "força humana", mas podem ser mais representativas se não forem bem acompanhadas durante todo o processo de armazenagem, sendo causadas pelos fatores de umidade, respiração e microrganismos".[9]

A umidade dos grãos é um fator crítico para o armazenamento e beneficiamento adequado dos produtos. Caso a umidade esteja muito alta, os grãos podem sofrer problemas

9. D´ARCE, Marisa A. B. R. *Pós colheita e armazenamento de grãos*. Texto compilado para a disciplina LAN 2444 Tecnologia de Produtos Agropecuários II. São Paulo, ESALQ/USP, [2008?]. Disponível: http://www.esalq.usp.br/departamentos/lan/pdf/Armazenamentodegraos.pdf. Acesso em: 25 jul. 2023.

de fermentação e deterioração, além de dificultar o processo de secagem. Por outro lado, se a umidade estiver muito baixa, os grãos podem quebrar facilmente durante o processo de beneficiamento e armazenamento. Portanto, é importante que os grãos sejam armazenados em condições adequadas de umidade, que podem variar de acordo com o tipo de grão e as condições climáticas da região.

O órgão regulamentador que define os padrões de qualidade de exportação no Brasil é a Associação Nacional dos Exportadores de Cereais (ANEC), através de seus contratos: ANEC 41 para soja, estabelecendo o percentual máximo de umidade em 14% e ANEC 43, para o milho, com umidade máxima estabelecida em 14,5%.[10]

A respiração dos grãos consome oxigênio e produz dióxido de carbono, água e energia para manter suas funções vitais. Se os grãos estiverem armazenados em um local com ventilação inadequada ou umidade excessiva, a respiração pode acelerar, o que pode causar um aumento na temperatura dentro do armazém. Esse aumento de temperatura pode levar ao desenvolvimento de mofo, bactérias e insetos que podem causar danos aos grãos e reduzir sua qualidade, os grãos com esses danos causados por mofo ou bactéria são chamados de grãos ardidos ou mofados. Segundo professora pesquisadora Marisa d'Arce:[11] "um grão de milho ardido pesa menos da metade de um grão sadio do mesmo tamanho".

Todos esses fatores contribuem para o descontrole do metabolismo do grão, resultando em sua deterioração, consequentemente perdendo massa e peso, o que causa

---

10. ASSOCIAÇÃO NACIONAL DOS EXPORTADORES DE CEREAIS (ANEC). *ANEC 41*. São Paulo, 2011. Disponível em: http://www.ascb-br.com.br/images/stories/ANEC%2041.pdf. Acesso em: 25 jul. 2023. ASSOCIAÇÃO NACIONAL DOS EXPORTADORES DE CEREAIS (ANEC). *ANEC 43*. São Paulo, 2011. Disponível em: http://www.ascb-br.com.br/images/stories/ANEC%2043.pdf. Acesso em: 27 jul. 2023.

11. D´ARCE, *op. cit.*

diferença no peso da entrada do grão armazenado com a sua saída para o porto.

Quebras físicas de grãos, por sua vez, são aquelas que ocorrem durante o transporte dos produtos, seja por via terrestre, marítima ou fluvial. Essas quebras podem ser causadas por diversos fatores, como o tempo e distância da viagem, vibrações excessivas, impactos, fricção, e outros.

Gráfico 1 - Porcentagem de quebras de grãos no processo logístico para exportação

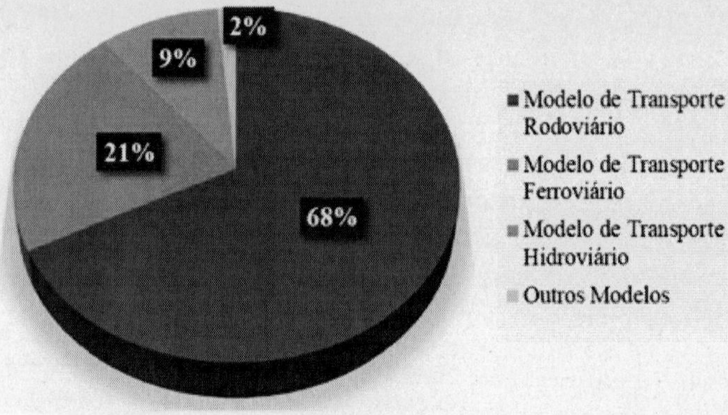

Fonte: elaboração própria[12]

Existem estudos que determinam os percentuais de quebras físicas durante o transporte dos grãos e que variam de acordo com seu modal. O trabalho feito por Thiago Péra,[13] compilado na Figura 1, a seguir reproduzida, apresenta o percentual de perda em cada uma das movimentações da fazenda até o porto:

---

12. Elaborado com base nos dados do Plano Nacional de Logística e Transportes (MINISTÉRIO DOS TRANSPORTES. *Plano Nacional de Logística e Transportes.* Brasília, DF: Ministério dos Transportes, 27 jan. 2022, 14:39. Disponível em: https://www.gov.br/transportes/pt-br/assuntos/transporte-terrestre_antigo/pnlt-plano-nacional-de-logistica-e-transportes. Acesso em: 25 jul. 2023).

13. PÉRA, Thiago G. *Perdas na logística de granéis sólidos agrícolas no Brasil.* Piracicaba, SP: ESALQ-LOG, 26 mar. 2018. Disponível em: https://bit.ly/4fXaMSB. Acesso em: 25 jul. 2023.

Figura 1 – Perdas nas atividades logísticas de grãos

Indicadores referências para quantificação das perdas

Operação agrologística		Indicador de perda (%)
Transporte rodoviário de transferência (fazenda-armazém externo)[1]		0,500%
Transporte rodoviário (destino: portos, centros consumidores e terminais multimodais)	Vias de "boa" qualidade[2]	0,132%
	Vias de "não boa" qualidade[2]	0,267%
Transporte Ferroviário[2]		0,170%
Transporte Hidroviário[2]		0,170%
Armazenagem (nível fazenda ou externa)[3]		0,900%
Terminais Portuários, Ferroviários e Hidroviários[2]		0,250%

[1]Fontes: APROSOJA (2015), Nascimento et al. (2016) e EMBRAPA (1997), [2]Pesquisa com agentes do setor a partir das premissas consideradas e [3]SIARMA (2015).

Fonte: PÉRA, *op. cit.*, p.10.

São estas situações que ensejam a incidência de ICMS (Imposto sobre a circulação de mercadorias e prestação de serviços de transporte interestadual e intermunicipal e de comunicação) e despertam as discussões a seguir exploradas.

4. O Imposto sobre a Circulação de Mercadorias e Prestação de Serviços de Transporte Interestadual e Intermunicipal e de Comunicação (ICMS)

O ICMS é tributo estadual, previsto na Constituição Federal de 1988, que foi instituído a partir da Emenda Constitucional nº 18/65, e sucedeu o IVC (Impostos sobre Vendas e Consignação). Sua criação teve o intuito de promover uma maior simplificação e harmonização na tributação sobre a circulação de mercadorias e serviços em todo o país, em busca de benefícios como uniformidade na tributação, simplicidade fiscal, melhoria na fiscalização, arrecadação tributária e maior transparência na gestão dos recursos arrecadados pelo Estado.

Atualmente, o ICMS é o imposto de maior relevância arrecadado pelos estados. De acordo com dados publicados pelo Governo Federal em maio de 2023, no ano de 2022, o ICMS correspondeu a um montante de arrecadação de R$ 690 bilhões, acima de outros tributos Estaduais (IPVA e ITCMD) que juntos somam R$ 78 bilhões.[14]

A exigência do ICMS está relacionada à ocorrência de seu fato gerador, que, conforme indica o próprio nome do tributo, se materializa na circulação de mercadoria ou prestação de serviços interestaduais ou intermunicipais de transporte e comunicação.

Em se tratando de um tributo de competência estadual, sua configuração pode sofrer algumas variações conforme a localidade em que se dá seu fato gerador. Isso acontece porque cada estado tem sua própria regulamentação, porém sempre orientada por uma única lei, qual seja a Lei Complementar n° 87/96, que estabelece o alcance do poder regulamentador dos Estados (podem definir suas alíquotas, regras de apuração, benefícios fiscais, entre outros aspectos, desde que observem os princípios e limites estabelecidos pela referida lei).[15]

Outro relevante aspecto do ICMS é seu caráter não cumulativo, o qual foi instituído com intuito de promover a neutralidade fiscal, estimular a produção e o investimento, equilibrando as finanças dos estados e contribuindo

---

14. MINISTÉRIO DA FAZENDA. Dados Abertos. *Boletim de Arrecadação dos Tributos Estaduais.* Brasília, DF: Ministério da Fazenda, 2023. Disponível em: https://dados.gov.br/dados/conjuntos-dados/boletim-de-arrecadacao-dos-tributos-estaduais. Acesso em: 25 jul. 2023.

15. BRASIL. *Lei Complementar nº 87, de 13 de setembro de 1996.* Dispõe sobre o imposto dos Estados e do Distrito Federal sobre operações relativas à circulação de mercadorias e sobre prestações de serviços de transporte interestadual e intermunicipal e de comunicação, e dá outras providências. (LEI KANDIR). Brasília, DF: Presidência da República, [1996]. Disponível em: https://www.planalto.gov.br/ccivil_03/leis/lcp/lcp87.htm. Acesso em: 25 jul. 2023.

para um maior controle e transparência na arrecadação do imposto.

A não cumulatividade é uma das características de destaque do ICMS, pois significa, em sua essência que o valor do imposto pago em etapas anteriores da cadeia de circulação de mercadorias é compensado ou abatido nas etapas seguintes, estimulando a neutralidade fiscal e evitando o acúmulo excessivo de tributos sobre uma mesma operação. Sua instituição se deu pelo inciso I, § 2º do art. 155 da Constituição Federal.

5. O ICMS incidente sobre quebras e perdas

Conforme brevemente explorado anteriormente, a circulação de mercadorias e a prestação de serviços de transporte e comunicação interestaduais ou intermunicipais materializam o fato gerador do ICMS, sem o qual não há que se falar sobre a incidência do tributo, uma vez que, independentemente da concessão do poder regulamentador a cada ente federativo, todos devem respeitar as diretrizes do tributo instituídas pela Lei Complementar nº 87/96, popularmente conhecida por Lei Kandir:

> Art. 2º. O imposto incide sobre:
>
> I - Operações relativas à circulação de mercadorias, inclusive o fornecimento de alimentação e bebidas em bares, restaurantes e estabelecimentos similares;
>
> II - prestações de serviços de transporte interestadual e intermunicipal, por qualquer via, de pessoas, bens, mercadorias ou valores;
>
> III - prestações onerosas de serviços de comunicação, por qualquer meio, inclusive a geração, a emissão, a recepção, a transmissão, a retransmissão, a repetição e a ampliação de comunicação de qualquer natureza;
>
> IV - fornecimento de mercadorias com prestação de serviços não compreendidos na competência tributária dos Municípios;

> V - fornecimento de mercadorias com prestação de serviços sujeitos ao imposto sobre serviços, de competência dos Municípios, quando a lei complementar aplicável expressamente o sujeitar à incidência do imposto estadual.
>
> § 1º. O imposto incide também:
>
> I – sobre a entrada de mercadoria ou bem importados do exterior, por pessoa física ou jurídica, ainda que não seja contribuinte habitual do imposto, qualquer que seja a sua finalidade;
>
> II - sobre o serviço prestado no exterior ou cuja prestação se tenha iniciado no exterior;
>
> III - sobre a entrada, no território do Estado destinatário, de petróleo, inclusive lubrificantes e combustíveis líquidos e gasosos dele derivados, e de energia elétrica, quando não destinados à comercialização ou à industrialização, decorrentes de operações interestaduais, cabendo o imposto ao Estado onde estiver localizado o adquirente.
>
> § 2º. A caracterização do fato gerador independe da natureza jurídica da operação que o constitua (Brasil, 1996).

A partir da leitura e interpretação do que se normatiza quanto ao fato gerador do tributo é possível capturar a relevante abrangência conferida ao termo "circulação de mercadorias", o que denota a falta de clareza do texto legal , como foi abordado por Calcini e Prata.[16] Os autores reforçam que a caracterização do fato jurídico exige que: "(i) configure-se uma operação, enquanto negócio jurídico, (ii) ocorra a transferência de titularidade e (iii) que o bem seja caracterizado como mercadoria".[17] Componentes estes que não funcionam isoladamente, exigindo, obrigatoriamente, a presença dos três elementos para que se caracterize a circulação da mercadoria de fato.

Pontua-se ainda que a mera circulação de mercadoria não representa capacidade contributiva, em outras palavras, não há incorporação de margem ao produto, bem

16. CALCINI, Fábio P.; PRATA, Gabriel M. B., *op. cit.*

17. Ibidem.

como não haverá na outra ponta da negociação um terceiro que pague pelo mesmo, visto tratar-se de uma operação meramente física, consistindo simplesmente em movimentação do produto.

Neste ponto, dá-se início à relevante discussão. O apelo dos Estados é que os custos fiscais incorridos na transferência serão incorporados na venda ao consumidor final, uma vez que há a presunção de finalidade de venda, o que, contudo, não está em concordância com a legislação matriz do ICMS, bem como com o que diz a súmula 166 do Superior Tribunal de Justiça:[18] "Em hipótese de mero deslocamento físico da mercadoria, como ocorre na transferência da filial para a matriz e vice-versa, indevida é a existência do imposto, visto incorrer aí a circulação econômica ou jurídica."

Em artigo publicado pelo presidente do Instituto Brasileiro de Estudos de Direito Administrativo, Financeiro e Tributário, Kiyoshi Harada, ex-procurador chefe da Consultoria Jurídica do Município de São Paulo, também reforça tal ilegalidade.

Harada foi breve e incisivo tanto ao contrapor tal a previsão legal, bem como ao denotar os exageros do fisco. Segundo o ex-procurador, "parece inviável a gula fiscal e a falta de bom-senso dos agentes do fisco lançando confusões e provocando lides desnecessárias para tomar o tempo precioso dos tribunais".[19]

É extremamente imprescindível trazer à luz do tema a súmula 166, mencionada. Em 2020, o tema sumulado foi novamente manifestado em outro parecer publicado e

18. SUPERIOR TRIBUNAL DE JUSTIÇA (STJ). Súmula n. 166. *RSSTJ,* a. 4, n. 12, p. 71-86, set. 2010. Disponível em: https://www.stj.jus.br/docs_internet/revista/eletronica/stj-revista-sumulas-2010_12_capSumula166.pdf. Acesso em: 25 jul. 2023.

19. HARADA, Kiyoshi. Conceito de circulação de mercadorias continua suscitando controvérsias colaterais. *Harada Advogados,* 16 maio 2022. Disponível em: https://haradaadvogados.com.br/circulacao-de-mercadorias/. Acesso em: 25 jul. 2023.

ratificado pelo STF, em resposta/retorno ao Recurso Extraordinário com Agravo (ARE) 1255885, Tema 1099, que teve o intuito de esclarecer de uma vez por todas o fato jurídico da circulação de mercadorias.

Sabe-se que a interpretação literal e objetiva do art. 2º da Lei Kandir trata sobre a incidência do ICMS na circulação da mercadoria, e que os Estados não tem interesse em abrir os olhos ou aprofundarem-se mais nesta discussão, razão pela qual optam por tributar toda operação em que se verifique a circulação de mercadorias, inclusive quando esta resultar em perdas e quebras.[20]

Porém, muitos estudiosos do direito tributário, além do STJ e o STF, entendem que a circulação de mercadoria por si só não caracteriza o fato gerador do ICMS. É necessário que essa circulação esteja vinculada a uma operação que envolva a transferência de propriedade ou a saída da mercadoria para terceiros.

A Súmula 166 do STJ,[21] bem como a resolução do Tema 1099 do STF, originário da Ação Declaratória de Constitucionalidade (ADC) 49,[22] que transitou em julgado em outubro de 2020 definindo a tese de que "não incide ICMS no deslocamento de bens de um estabelecimento para outro do mesmo contribuinte localizados em estados distintos, visto não haver a transferência da titularidade ou a realização de ato de mercancia", reforçam esta interpretação,

---

20. BRASIL, 1996, *op. cit.*

21. STJ, *op. cit.*

22. SUPREMO TRIBUNAL FEDERAL (STF). Tema 1099 - Incidência de Imposto Sobre Circulação de Mercadorias e Serviços (ICMS) sobre o deslocamento de mercadorias de um estabelecimento para outro do mesmo contribuinte localizados em estados distintos. *Portal STF*, Brasília, DF, 2021. Disponível em: https://bit.ly/41jHusF. Acesso em: 25 jul. 2023. SUPREMO TRIBUNAL FEDERAL (STF). STF confirma não incidência de ICMS no deslocamento de mercadorias entre estabelecimentos do mesmo contribuinte. *Portal STF*, Brasília, DF, 22 abr. 2021, 11:20. Disponível em: https://portal.stf.jus.br/noticias/verNoticiaDetalhe.asp?idConteudo=464511&ori=1. Acesso em: 25 jul. 2023.

pois afastam a configuração do fato gerador pela simples movimentação da mercadoria.

Contudo, a despeito do movimento em instâncias superiores, aqui aplicado analogamente, no sentido de que o fato gerador do ICMS encontra íntima relação com a ocorrência de operação mercantil, seus reflexos não foram ainda obtidos no âmbito das quebras e perdas ocorridas nas exportações.

Como citado, assim como ocorre com outros tributos sobre consumo, as exportações não são alcançadas pela incidência do ICMS, (art. 155, § 2º, II, "a" da Constituição Federal). Ocorre, porém, que tal não incidência abrange exclusivamente os produtos considerados efetivamente embarcados.

As perdas e quebras sofridas pelos grãos durante todo o processo logístico, conforme anteriormente explorado, configuram, via de regra, a situação de exportações não efetivadas, fato este que torna exigível o ICMS anteriormente dispensado quando a circulação da mercadoria teve início para concluir seu objetivo final de exportação.

Como exemplo do procedimento regularmente adotado pelos estados brasileiros, reproduzimos a seguir o art. 445 do RICMS/SP:

> Art. 445 - O estabelecimento remetente deste Estado fica obrigado ao recolhimento do imposto devido, com observância do disposto no artigo 5º, em relação às saídas previstas nos itens 1 e 3 do § 1º do artigo 7º e no artigo 440 nos casos em que não se efetivar a exportação, ressalvada a hipótese do § 4º (Lei 6.374/89, arts. 6ºe 59, Convênio ICMS 83/06 e Convênio ICMS 84/09):
>
> I – no prazo máximo de 180 (cento e oitenta) dias contados:
>
> a) da data da saída da mercadoria do seu estabelecimento, tratando-se de saídas previstas nos itens 1 e 3 do § 1º do artigo 7º;
>
> b) da data da emissão da primeira Nota Fiscal Eletrônica - NF-e, modelo 55, relativa à remessa para formação do lote, tratando-se de

> saídas previstas no artigo 440; **II - em razão de perda, extravio, furto, roubo, ou perecimento da mercadoria, qualquer que seja a causa** (...)" (Grifo nosso)

Em linha com a clara previsão constante em regulamento, é importante mencionar que as respostas concedidas à consultas elaboradas pelos contribuintes, inclusive em situações especificamente de exportação de grãos em que estes são acolhidos pelo diferimento nas operações que antecedem sua destinação final (a exportação), o posicionamento do fisco estadual reforça o entendimento de que não realizada a exportação, tem-se configurada a exigibilidade do ICMS, uma vez não atingido o objetivo final da mercadoria. Note a posição da Resposta à Consulta Tributária nº 27415/2013, de 06 de junho de 2023:

> ICMS – Perda de mercadoria em seu transporte – Mercadoria adquirida com fim específico de exportação - Café cru.
>
> I. A perda de mercadoria durante seu transporte, após a saída da mercadoria do estabelecimento, ou seja, após a ocorrência do fato gerador, não enseja a emissão da Nota Fiscal prevista no inciso VI do artigo 125 do RICMS/2000.
>
> II. No caso de perdas no transporte de mercadorias que saíram do estabelecimento com destino à exportação, sem incidência do imposto, a mercadoria perdida no transporte é considerada como não exportada (artigo 445, inciso II, RICMS/2000). O estabelecimento remetente deve recolher o imposto devido nos termos do §2º do artigo 445 do RICMS/2000, exceto na hipótese em que o destinatário da mercadoria tiver efetuado o pagamento do débito fiscal (artigo 446 do RICMS/2000).
>
> III. A perda da mercadoria no transporte até o armazém alfandegado ou entreposto aduaneiro interrompe o diferimento a que se sujeitam as operações com café cru, nos termos do inciso III do artigo 428 do RICMS/2000, devendo, portanto, o exportador, efetuar, na qualidade de responsável, o pagamento correspondente às saídas ou prestações anteriores, além do imposto pela operação própria, conforme dispõe o artigo 430 do RICMS/2000.

Importante mencionar, entretanto, que embora este seja o procedimento dos estados de modo geral, no Mato Grosso (MT) e no Maranhão (MA), já existem soluções de consultas e entendimentos proferidos pelos entes pós-autuações, quanto à admissibilidade de um percentual mínimo de quebras e perdas sem incidência de ICMS. Vejamos a resposta conferida aos contribuintes nos respectivos estados:

> Em resposta, a Secretaria de Agricultura através do Of/SAGRI/GS/nº 1189/91, de 09.12.91, preleciona que o índice que mais se avizinha da realidade é de 0,3% (três décimos por cento) ao mês.
>
> Nestas condições, entende-se, S.M.J. que o percentual admitido de 0,3% (três décimos por cento) ao mês para a quebra deve ser estendido para a sobra de estoque na armazenagem de soja.[23]

> Diante das informações presentes no processo, da legislação tributária e do entendimento jurisprudencial sobre a matéria, entende-se pela alteração do Parecer n° 17/2021, emitido por este órgão em 31/05/2021, para declarar que:
>
> a) a quebra admissível (técnica ou de umidade) não constitui fato gerador do ICMS, pois fenômenos de natureza meramente físico-química (as variações de umidade e do consumo de matéria seca decorrente da atividade respiratória dos grãos) não são hipóteses de incidência do imposto;
>
> b) a quebra admissível deverá ser comprovada mediante a apresentação de laudo técnico pelo contribuinte que fundamente os lançamentos contábeis realizados em seus estoques.[24]

Apesar de se tratar de ainda de início de alteração de posicionamento, esta movimentação pró-contribuinte, como ocorreu no caso acima transcrito, pode ser tido como um avanço, principalmente para as *trading companies*,

23. SECRETARIA DA FAZENDA DO ESTADO DO MATO GROSSO. *Informação nº 097/92. Cuiabá*, MT: Fiscal de Tributos Estaduais, 12 jun. 1992. Disponível em: https://bit.ly/3BpXsqB. Acesso em: 25 jul. 2023.

24. SECRETARIA DA FAZENDA DO ESTADO DO MARANHÃO. *Parecer n° 25/2022*. Consulta interna. Processo n° 0096777/2022. Disponível em: https://sistemas1.sefaz.ma.gov.br/portalsefaz/jsp/principal/principal.jsf.

visto que as margens usualmente praticadas são muito apertadas e que o pagamento do ICMS onera fortemente o negócio, prejudicando os *players* brasileiros no mercado internacional, sobretudo com relação a nosso principal concorrente (Estados Unidos), com o qual enfrentamos grandes desafios como maiores custos, dificuldade logística e a complexidade tributária, que são fatores de relevância.

6. Conclusão

Assim sendo, mesmo após todas as relevantes discussões tidas quanto à tributação do ICMS, ainda nos dias de hoje há relevante complexidade sobre a questão da incidência do imposto sobre a quebra dos grãos destinados à exportação. Como demonstrado, a quebra incidente na destinação de *commodities* à exportação ainda é alvo de tributação pelo ICMS, o que se mostra como questão de duplo prejuízo, uma vez já enfrentada a própria perda da mercadoria, que, por si só já se configura como prejuízo. Em termos práticos, implica dizer que um prejuízo também é tributado, simplesmente porque houve circulação de mercadoria. Tal conceito é algo que imprime um absurdo e claramente provoca tributação em decorrência de perda.

Portanto, é defensável que, se existe uma quebra razoável em seu negócio, que possa se justificar através de um laudo técnico que declare estar dentro dos padrões aceitáveis, e ser de impossível ou complexa mitigação, há subsídios para discutir a não incidência do ICMS sobre tal. No entanto, à frente da legislação atual e o predominante posicionamento das consultas administrativas, a discussão ainda precisa ser travada em âmbito judiciário.

Referências

ASSOCIAÇÃO NACIONAL DOS EXPORTADORES DE CEREAIS (ANEC). *ANEC 41*. São Paulo, 2011. Disponível em: http://www.ascb-br.com.br/images/stories/ANEC%2041.pdf. Acesso em: 25 jul. 2023.

______. *ANEC 43*. São Paulo, 2011. Disponível em: http://www.ascb-br.com.br/images/stories/ANEC%2043.pdf. Acesso em: 27 jul. 2023.

BRASIL. [Constituição (1988)]. *Constituição da República Federativa do Brasil de 1988*. Brasília, DF: Presidência da República, [2016]. Disponível em: https://www.planalto.gov.br/ccivil_03/constituicao/constituicao.htm. Acesso em: 25 jul. 2023.

______. *Lei Complementar nº 87, de 13 de setembro de 1996*. Dispõe sobre o imposto dos Estados e do Distrito Federal sobre operações relativas à circulação de mercadorias e sobre prestações de serviços de transporte interestadual e intermunicipal e de comunicação, e dá outras providências. (LEI KANDIR). Brasília, DF: Presidência da República, [1996]. Disponível em: https://www.planalto.gov.br/ccivil_03/leis/lcp/lcp87.htm. Acesso em: 25 jul. 2023.

CALCINI, Fábio P.; PRATA, Gabriel M. B. Direito do Agronegócio. Não incidência do ICMS sobre quebras na exportação de produtos agrícolas. *Consultor Jurídico,* 30 jul. 2021, 08:00. Disponível em: https://www.conjur.com.br/2021-jul-30/direito-agronegocio-nao-incidencia-icms-quebras-exportacao-produtos-agricolas. Acesso em: 25 jul. 2023.

CEPEA; CNA. PIB do agronegócio brasileiro. *CEPEA Esalq/USP,* São Paulo, 27 jun. 2023. Disponível em: https://bit.ly/4ghwb8x. Acesso em: 25 jul. 2023.

CONAB. Safra 2022/23: Produção de grãos pode chegar a 308 milhões de t impulsionada pela boa rentabilidade de milho, soja e algodão. *Conab,* Brasília, DF, 24 ago. 2022,

14:00. Disponível em: https://bit.ly/3VmP6Hb. Acesso em: 25 jul. 2023.

D´ARCE, Marisa A. B. R. *Pós colheita e armazenamento de grãos*. Texto compilado para a disciplina LAN 2444 Tecnologia de Produtos Agropecuários II. São Paulo, ESALQ/USP, [2008?]. Disponível: http://www.esalq.usp.br/departamentos/lan/pdf/Armazenamentodegraos.pdf. Acesso em: 25 jul. 2023.

HARADA, Kiyoshi. Conceito de circulação de mercadorias continua suscitando controvérsias colaterais. *Harada Advogados,* 16 maio 2022. Disponível em: https://haradaadvogados.com.br/circulacao-de-mercadorias/. Acesso em: 25 jul. 2023.

MINISTÉRIO DA FAZENDA. Dados Abertos. *Boletim de Arrecadação dos Tributos Estaduais*. Brasília, DF: Ministério da Fazenda, 2023. Disponível em: https://dados.gov.br/dados/conjuntos-dados/boletim-de-arrecadacao-dos-tributos-estaduais. Acesso em: 25 jul. 2023.

MINISTÉRIO DOS TRANSPORTES. *Plano Nacional de Logística e Transportes*. Brasília, DF: Ministério dos Transportes, 27 jan. 2022, 14:39. Disponível em: https://www.gov.br/transportes/pt-br/assuntos/transporte-terrestre_antigo/pnlt-plano-nacional-de-logistica-e-transportes. Acesso em: 25 jul. 2023.

PÉRA, Thiago G. *Perdas na logística de granéis sólidos agrícolas no Brasil*. Piracicaba, SP: ESALQ-LOG, 26 mar. 2018. Disponível em: https://bit.ly/4fXaMSB. Acesso em: 25 jul. 2023.

SECRETARIA DA FAZENDA DO ESTADO DO MATO GROSSO. *Informação nº 097/92. Cuiabá,* MT: Fiscal de Tributos Estaduais, 12 jun. 1992. Disponível em: https://bit.ly/3BpXsqB. Acesso em: 25 jul. 2023.

SECRETARIA DA FAZENDA DO ESTADO DO MARANHÃO. *Parecer nº 25/2022* - Consulta interna. Processo nº 0096777/2022. Disponível em: https://sistemas1.sefaz.ma.gov.br/portalsefaz/jsp/principal/principal.jsf.

SUPERIOR TRIBUNAL DE JUSTIÇA (STJ). Súmula n. 166. *RSSTJ*, a. 4, n. 12, p. 71-86, set. 2010. Disponível em: https://www.stj.jus.br/docs_internet/revista/eletronica/stj-revista-sumulas-2010_12_capSumula166.pdf. Acesso em: 25 jul. 2023.

SUPREMO TRIBUNAL FEDERAL (STF). STF confirma não incidência de ICMS no deslocamento de mercadorias entre estabelecimentos do mesmo contribuinte. *Portal STF*, Brasília, DF, 22 abr. 2021, 11:20. Disponível em: https://portal.stf.jus.br/noticias/verNoticiaDetalhe.asp?idConteudo=464511&ori=1. Acesso em: 25 jul. 2023.

SUPREMO TRIBUNAL FEDERAL (STF). Tema 1099 - Incidência de Imposto Sobre Circulação de Mercadorias e Serviços (ICMS) sobre o deslocamento de mercadorias de um estabelecimento para outro do mesmo contribuinte localizados em estados distintos. *Portal STF*, Brasília, DF, 2021. Disponível em: https://bit.ly/41jHusF. Acesso em: 25 jul. 2023.

CREDITAMENTO DE ICMS SOBRE MATERIAL INTERMEDIÁRIO: ANÁLISE INTEGRADA ENTRE AS DECISÕES DOS TRIBUNAIS SUPERIORES

Nayara Pracucho[1]

Leonardo Pelis[2]

1. Introdução

Dentre os principais temas relacionados ao ICMS (Imposto sobre Circulação de Mercadorias e Serviços), é de extrema relevância a discussão relativa ao direito ao crédito oriundo de aquisições de materiais intermediários, uma questão especialmente fundamental no contexto do

1. Bacharela em Matemática Aplicada a Negócios pela Universidade de São Paulo - USP. Especialista em Direito Tributário pelo Instituto Brasileiro de Estudos Tributários - IBET. Bacharela em Ciências Contábeis pela Trevisan. Pós-graduanda em Business Scientist pela Faculdade de Informática e Administração Paulista – FIAP.

2. Gerente na PwC Brasil com mais de 9 anos de prática em consultoria tributária, especialmente focada em empresas e temas do agronegócio. Bacharel em Direito pela Faculdade de Direito de Franca.

agronegócio. Por anos, esse assunto tem ocupado as manchetes dos noticiários tributários em razão das interpretações divergentes acerca das características necessárias para que um produto se enquadre no conceito de material intermediário.

Embora a definição desse conceito não esteja explícita na legislação do ICMS, busca-se, por meio das decisões dos tribunais administrativos e judiciais sobre o tema, uma uniformidade de entendimentos. Muito se debate sobre as condições que conferem ao material o direito ao crédito do imposto, sendo discutido se deve: 1) ser consumido de forma imediata e integral no processo de industrialização; 2) ser incorporado ao produto final ou até mesmo, 3) possuir elevado grau de imprescindibilidade ao processo produtivo.

No âmbito do agronegócio, que possui cadeia produtiva extensa e diversificada, a compreensão desses critérios ganha dimensão ainda mais significativa.

Para dirimir as divergências que rodeiam esse tema, em busca de maior clareza e consistência nas interpretações jurídicas, antes de adentrar nas discussões administrativas e judiciais, torna-se fundamental explorar o conceito de material intermediário com base puramente no que dispõem as normas tributárias, considerando suas implicações específicas no contexto do agronegócio e atividades inerentes, conforme apresentado a seguir.

2. Conceito de material intermediário pelas normas ributárias

Antes da publicação da Lei Complementar n° 87, de 13 de setembro de 1996, também conhecida como Lei Kandir, o ICMS era regulamentado nacionalmente pelo Convênio ICM nº 66/1988, o qual condicionava a possibilidade de creditamento do imposto na aquisição de insumos ao cumprimento da exigência de que os produtos fossem consumidos no processo de industrialização ou integrassem o produto final na condição de elemento indispensável à sua composição.[3]

No entanto, o referido Convênio perdeu sua eficácia com a publicação da Lei Kandir, a qual assegurou aos contribuintes o direito ao crédito do imposto incidente sobre as operações anteriores que resultem na entrada, seja de maneira física ou simbólica, de mercadorias no estabelecimento. Contudo, essa prerrogativa vem acompanhada de restrições quando se trata de ativo imobilizado, cujo crédito deve ser apropriado em 48 parcelas.

Nesse mesmo sentido, foram previstas também restrições em relação ao creditamento do imposto nas aquisições de materiais de uso e consumo, as quais apenas gerariam direito ao crédito do imposto, após últimas atualizações, apenas a partir de 2033, conforme estabelece o art. 33, inciso I, da citada Lei Complementar.

Já no que tange aos insumos, a Lei Kandir nada dispôs sobre a obrigatoriedade da forma de consumo no processo produtivo (imediato ou gradativo) e da integração do material ao produto final. Por outro lado, para usufruir do crédito do imposto, preconiza que os materiais devam estar vinculados à atividade da empresa e sujeitos à incidência do imposto na saída do produto resultante, exceto nas operações destinadas ao exterior, conforme destaque:

> Art. 20. Para a compensação a que se refere o artigo anterior, é assegurado ao sujeito passivo o direito de creditar-se do imposto anteriormente cobrado em operações de que tenha resultado a entrada de mercadoria, real ou simbólica, no estabelecimento, inclusive a destinada ao seu uso ou consumo ou ao ativo permanente, ou o recebimento de serviços de transporte interestadual e intermunicipal ou de comunicação.

3. Nos termos do art. 31, inciso III, do Convênio ICM 66/88.

§ 1º Não dão direito a crédito as entradas de mercadorias ou utilização de serviços resultantes de operações ou prestações isentas ou não tributadas, ou que se refiram a mercadorias ou serviços alheios à atividade do estabelecimento.

§ 2º Salvo prova em contrário, presumem-se alheios à atividade do estabelecimento os veículos de transporte pessoal.

§ 3º É vedado o crédito relativo a mercadoria entrada no estabelecimento ou a prestação de serviços a ele feita:

I - para integração ou consumo em processo de industrialização ou produção rural, quando a saída do produto resultante não for tributada ou estiver isenta do imposto, exceto se tratar-se de saída para o exterior;

II - para comercialização ou prestação de serviço, quando a saída ou a prestação subsequente não forem tributadas ou estiverem isentas do imposto, exceto as destinadas ao exterior.

A alteração na regra tributária, conforme evidenciado, revela-se bastante significativa e despertou a atenção dos contribuintes para a ampliação de possibilidades de creditamento do imposto que a Lei Complementar nº 87/96 introduziu, trazendo consigo uma série de desdobramentos que demandam análise aprofundada.

Na esfera acadêmica, destaca-se o entendimento de grandes juristas, dentre eles o atual Procurador do Estado do Paraná, Eduardo Moreira Lima Rodrigues de Castro, que respalda essa perspectiva:

Os **produtos intermediários** são aqueles utilizados no processo industrial das empresas, integrando-se ao produto final a ser revendido, a exemplo de peças adquiridas por indústria automobilística para fabricação de veículos ou mesmo o aço alienado pela indústria siderúrgica à fabricante de eletrodomésticos. A Lei Complementar nº 87/96 condiciona o aproveitamento dos créditos relativos à aquisição de produtos intermediários apenas à comprovação de que eles **estão aptos a serem utilizados** para a consecução das atividades que constituem o objeto social do estabelecimento empresarial, não se exigindo mais prova de consumo imediato e integral no processo

> produtivo, como ocorria à época da vigência do Convênio ICM nº 66/88.[4]

Na visão do jurista Roque Carrazza, não se trata de uma mera *"ampliação do alcance do princípio da não cumulatividade do ICMS, mas, apenas, da remoção de uma inconstitucional limitação a ela imposta pelo Convênio 66/88"*.[5] Em termos mais claros, essa linha de pensamento interpreta que o ar. 31, do Convênio ICM 66/88, desnatura a não cumulatividade do ICMS, vício, este, que foi superado com a publicação da Lei Complementar n° 87/96. Por fim, Roque Carrazza complementa:

> Desdobrando um pouco a ideia, o Convênio 66/1988 deveria apenas ter veiculado normas provisórias necessárias à criação do ICMS no exercício financeiro de 1989. Ao invés disso, *usurpou* a função de lei complementar e, a pretexto de 'viabilizar' o *princípio da não cumulatividade* (que, tornamos a dizer, já estava viabilizado na própria Constituição), 'criou' restrições totalmente teratológicas.
>
> Mais não é preciso escrever para concluir que, pelo menos nestes pontos, o Convênio 66/1988 era manifestamente inconstitucional.
>
> Infelizmente, o art. 31 do Convênio 66/1988 abriu espaço para que a legislação ordinária dos Estados e do Distrito Federal everdasse pela mesma trilha.[6]

Atentas foram as observações de Carrazza, pois, a partir da análise das legislações ordinárias dos Estados e do Distrito Federal, é perceptível a ausência de uma orientação uniforme no que tange ao conceito de material intermediário.

---

4. CASTRO, Eduardo M. L. Rodrigues; LUSTOZA, Helton Kramer; GOUVÊA, Marcus de Freitas. *Tributos em Espécie*. 5 ed. Salvador: Ed. Juspodivm, 2018. p. 753.

5. CARRAZZA, Roque Antonio. *ICMS*. 18. ed. São Paulo: Malheiros, 2020. p. 429.

6. Ibidem.

No Estado de São Paulo, a título de exemplo, a definição é normatizada pela Decisão Normativa CAT 1, de 25 de abril de 2001. Segundo esta normativa, são passíveis de crédito de ICMS os produtos consumidos na etapa industrial ou integrados ao produto objeto da atividade de industrialização.[7] Importante frisar que este conceito assemelha-se com o antigo Convênio ICM 66/88.

No Estado de Minas Gerais, o entendimento acompanha a definição trazida pela Instrução Normativa SLT n° 01/86, que também se alinha de maneira semelhante ao disposto no Convênio 66/88. Mesmo se tratando de norma antiga, referida Instrução continua válida, e é utilizada como argumento em Consultas de Contribuinte[8] que apresentam entendimento segundo o qual *"produto intermediário é aquele que integra o produto final na condição indispensável à sua composição"*.[9]

Contudo, é essencial destacar que o Estado de Minas Gerais também publicou a Instrução Normativa Sutri n° 2/2008, que aborda a apropriação de créditos do ICMS em aquisições de mercadorias utilizadas como materiais intermediários no cultivo da cana-de-açúcar e na produção industrial de açúcar e etanol.

---

7. De forma geral, a Decisão Normativa CAT 1/2001 aduz o conceito de insumo com base no doutrinador Aliomar Baleeiro, que diz que "*insumos são os ingredientes da produção, mas há quem limite a palavra aos 'produtos intermediários' que, não sendo matérias-primas, são empregados ou se consomem no processo de produção*" (*Direito Tributário Brasileiro*. 9 ed. Rio de Janeiro: Ed. Forense, 1980. p. 214).

8. Consultas de Contribuintes são instrumentos disponibilizados pela Sefaz de Minas Gerais para que os contribuintes possam esclarecer dúvidas da legislação tributária estadual relacionadas à sua atividade.

9. Texto extraído da Consulta de Contribuinte n° 154/2019 - PTA n° 45.000018411-65. (MINAS GERAIS. Secretaria de Estado da Fazenda de Minas Gerais. *Consulta de Contribuinte n° 154/2019*. PTA n° 45.000018411-65. Uberlândia, 26 jul. 2019. Disponível em: https://www.fazenda.mg.gov.br/empresas/legislacao_tributaria/consultas_contribuintes/2019/cc154_2019.html).

Segundo disposições da mencionada IN Sutri nº 2/2008, as indústrias de açúcar e álcool situadas em Minas Gerais teriam o direito de usufruir do crédito de ICMS na aquisição de eletrodos para equipamentos de moagem, bem como de produtos químicos utilizados no tratamento de água destinada ao processo de produção de açúcar e etanol – tratamento essencial para embebição do bagaço e para facilitar a extração da sacarose.

Ademais, a referida Instrução Normativa faz menção a produtos que, em seu entendimento, não se alinham ao conceito de material intermediário, uma vez que não são consumidos de forma imediata e integral durante a industrialização de seus produtos, tampouco mantêm contato físico com o produto em elaboração. Dentre esses produtos que seriam excluídos do conceito de material intermediário destacam-se graxa, óleo lubrificante, substâncias químicas utilizadas em análises laboratoriais e, por fim, partes e peças de máquinas, aparelhos e equipamentos (correntes, mancais, correias, rolamentos, casquilhos e rodetes) que são considerados meros componentes de uma estrutura estável e duradoura.

Diante dessa discrepância de conceitos entre as leis estaduais ordinárias e a Lei Complementar nº 87/96, no intuito de trazer maior segurança jurídica à operação, os contribuintes se veem obrigados a buscar a uniformização do conceito nas esferas administrativa e judicial.

3. Cenário na esfera administrativa – Estado de São Paulo

Observa-se, no âmbito administrativo, uma pluralidade de interpretações acerca do direito ao crédito de ICMS sobre produtos intermediários. Ao analisar as decisões proferidas pelo Tribunal de Impostos e Taxas (TIT) do Estado de São Paulo, o cenário contraria a pretensão dos contribuintes, pois muitas decisões consideram, para fins de creditamento do imposto, os requisitos previstos no Convênio nº 66/1988. Outrossim, interpretam as disposições da Decisão Normativa CAT 01/2001 no sentido de que apenas ensejariam direito a crédito do imposto materiais consumidos no processo produtivo (aqui interpretados apenas como aqueles que sofrem desgaste imediato e integral) ou que constituem parte integrante do produto final.

No tocante a esses fundamentos, destaca-se decisão proferida em primeira instância, direcionada a um contribuinte cuja atividade principal consiste na fabricação de tratores agrícolas, peças e acessórios, que resume o atual posicionamento do órgão em relação ao tema sob análise:

> Em 2001 a SEFAZ/SP editou a Decisão Normativa CAT 1/1. Simplificou o regime ao equiparar material secundário e intermediário e trazer ambos ao campo dos bens creditáveis, abandonando, portanto, a diferenciação estabelecida em 1982. Mas, a novel Decisão Normativa não se pronunciou sobre eventual necessidade de o insumo se desgastar imediata e integralmente no processo produtivo. Ao citar Aliomar Baleeiro, diz apenas que *"insumos são os ingredientes da produção, mas há quem limite a palavra aos 'produtos intermediários' que, não sendo matérias-primas, são empregados ou se consomem no processo de produção" (Direito Tributário Brasileiro, Forense Rio de janeiro, 1980, 9ª edição, pág.214). Nessa linha, como tais têm-se a matéria-prima, o material secundário ou intermediário, o material de embalagem, o combustível e a energia elétrica, consumidos no processo industrial ou empregados para integrar o produto objeto da atividade de industrialização, própria do contribuinte ou para terceiros, ou empregados na atividade de prestação de serviços".* Depois, traz alguns exemplos do que poderia ser tido como insumo creditável pelo ICMS. Muitos deles entram em contato diretamente com o bem em produção, tal como o instrumento de corte, mas, outros não, como os bens utilizados nos efluentes e no controle de qualidade e de teste de produtos. (...)
>
> A falta de definição levou o TIT/SP a decisões variadas ao longo do tempo, no entanto, a atual corrente majoritária deste Tribunal, capitaneada pela Câmara Superior, entende que, além da necessidade de integração ao produto ou consumo no processo industrial, o crédito do ICMS sobre materiais intermediários

> está condicionado **ao seu desgaste imediato pelo contato com o bem em fabricação.**[10] (grifo no original)

Conforme se depreende da mencionada decisão, ao longo do tempo, nota-se ausência de uniformidade nas decisões proferidas pelo TIT em sede de 1ª e 2ª instâncias, ou seja, nos julgamentos dos Autos de Infração e Imposição de Multa (AIIM) nas Delegacias Regionais Tributárias (DRT) e dos Recursos Ordinários (ROs).

No período compreendido entre 2016 e meados de 2021, observa-se frequentemente decisões que se baseavam na Lei Complementar 87/96, afirmando que:

> houve uma mudança de critério em relação ao Convênio 66/88, sendo que, pela regra atual, o crédito é vedado apenas quando 'não houver qualquer vínculo ou inerência' entre a mercadoria e o processo industrial, ou comercial, ou de prestação de serviços, desenvolvido pelo estabelecimento.[11]

Contudo, no cenário atual, as decisões proferidas pela Câmara Superior do TIT; instância máxima do Tribunal Administrativo do Estado de São Paulo, trazem o entendimento acerca da necessidade de que o produto esteja vinculado à atividade do estabelecimento, devendo ser constatada sua incorporação à mercadoria fim ou o seu consumo no processo industrial, de forma imediata e integral.[12]

---

10. SÃO PAULO. TIT. *AIIM 4.146.060-1*. Terceira Câmara Julgadora. Relator: Adolpho Bergamini, 30. mar. 2023.

11. SÃO PAULO. TIT. *Recurso Ordinário AIIM 4.121.632*-5. Segunda Câmara Julgadora. Relator: Christian Pierre Sandrini, 07 jul. 2021.

12. Várias decisões administrativas da Câmara Superior trazem este entendimento, tais quais: (i) SÃO PAULO. TIT. *AIIM nº 4.111.123-0*. Relator: Klayton Munehiro Furuguem. 06 abr. 22. (ii) SÃO PAULO. TIT. *AIIM nº 4.073.771-8*. Relator: Joao Maluf Junior. 10 ago. 18. (iii) SÃO PAULO. TIT. *AIIM nº 4.010.842-9*. Relator: Fábio Henrique Bordini Cruz. 24 nov. 17. (iv) SÃO PAULO. TIT. *AIIM nº 4.070.210-8*. Relator: Fábio Henrique Bordini Cruz, 12 abr. 17.

Todavia, com a devida vênia ao entendimento das cortes administrativas, a interpretação por elas trazida não traduz o melhor significado das normas jurídicas aplicadas ao tema, motivo pelo qual, os contribuintes têm manifestado uma tendência crescente de buscar soluções através da via judiciária.

4. Cenário na esfera judicial: sob a perspectiva do STJ

Trazida a discussão para o Judiciário, o que se observa no âmbito dos Tribunais de Justiça dos Estados é a persistente falta de uniformidade de entendimento quanto ao tema sob análise.

O Tribunal de Justiça do Estado de São Paulo, por exemplo, mantém uma diversidade de interpretações dentro de sua corte.

Isso se evidencia na análise sistemática entre o acórdão da 1ª Câmara de Direito Público, proferido quando do julgamento do recurso de apelação nº 1001664-23.2021.8.26.0581, interposto por empresa dedicada ao cultivo de cana-de-açúcar para produção e comercialização de álcool, açúcar e demais derivados e subprodutos da industrialização da cana-de-açúcar, e o acórdão proferido pela 13° Câmara de Direito Público no julgamento do recurso apelação n° 1001892-77.2021.8.26.0296, interposto por empresa cujo objeto social é a extração de basalto. Ambos os acórdãos foram proferidos em 2022, com intervalo de quatro meses entre um em outro.

Abaixo, segue destaque extraído do referido acórdão proferido pela 1ª Câmara de Direito Público:

> A norma estadual, lida em conjunto com o supracitado artigo20 da Lei Kandir, **não alude à necessidade de um consumo imediato e integral do material adquirido**, para que se proceda à compensação de créditos e débitos. A *contrario sensu*, reconhece-se

> ***o direito ao aproveitamento do crédito de ICMS sobre a aquisição de bens utilizados genericamente na atividade-fim do contribuinte***, como produtos intermediários (**insumos**) do processo de produção. (...)
>
> Nessas circunstâncias, com o devido respeito, afigurava-se realmente necessária **a realização de prova pericial, apta a revelar o fato de que os insumos mencionados na inicial** (*"pneus e câmaras de ar; materiais para colhedoras, máquinas agrícolas, caminhões e implementos rodoviários e agrícolas e demais veículos utilizados na atividade-fim..."*) **são efetivamente empregados nas atividades relacionadas ao objeto social da sociedade empresária ora apelante**, ainda que não se integrem concretamente nas mercadorias produzidas ou sejam consumidos total e imediatamente em sua produção.[13] (grifo no original)

Em contrapartida, o destaque abaixo foi extraído do acórdão proferido pela 13ª Câmara de Direito Público:

> A verdade, o que se pode aferir dos elementos de convicção coligidos aos autos é que os produtos e peças indicados como insumos (abraçadeiras, amortecedores, filtros, arruelas, chapas, correias, graxa, juntas, lâmpadas, mangueiras, óleo lubrificante, peças aplicadas em caminhões etc), embora sofram algum desgaste natural pelo uso da máquina e decurso do tempo, não podem ser considerados consumidos no processo produtivo, tal como alegado.
>
> A bem da verdade, sua substituição é inerente à atividade industrial. Cumpre registrar que esses produtos adquiridos não são consumidos (de maneira direta e imediata) no processo industrial nem tampouco integram o produto final dele decorrente.[14]

Desse modo, é possível verificar que a decisão proferida pela 1ª Câmara de Direito Público não traz a necessidade de que o material seja consumido imediata e integralmente para que seja permitido o aproveitamento dos créditos

---

13. SÃO PAULO. TJSP. *Apelação nº 1001664-23.2021.8.26.0581*. 1ª Câmara de Direito Público. Foro de São Manuel. 2ª Vara. Relator: Marcos Pimentel Tamassia, 28 jun. 22.

14. SÃO PAULO. TJSP. *Apelação Cível nº 1001892-77.2021.8.26.0296*. 13ª Câmara de Direito Público. Foro de Jaguariúna. 1ª Vara. Relator: Djalma Lofrano Filho, 19 out. 22.

de ICMS. Prevê, apenas, a condição de que o material seja utilizado na consecução do objeto social da empresa. Já a decisão da 13ª Câmara de Direito Público, de outro modo, apresenta o entendimento de que os produtos não podem ser creditados por não serem consumidos (de forma direta e imediata) no processo produtivo ou por não serem integrados ao produto resultante da industrialização.

No Superior Tribunal de Justiça (STJ), o referido impasse também não era diferente: A Primeira Turma, desde meados de 2013, apresenta o entendimento de que à luz do Convênio ICM n° 66/88 o direito ao crédito oriundo de produtos intermediários era condicionado ao consumo imediato e integral no processo produtivo ou à composição do produto final. Todavia, após a publicação da Lei Kandir e consequente perda da eficácia do referido Convênio, as hipóteses de creditamento do ICMS foram ampliadas, em razão da norma assegurar aos contribuintes o direito à apropriação de créditos sobre materiais que se consumam gradativamente e não integrem o produto final, com a condição de que sua utilização seja vinculada ao objeto social da empresa.

O posicionamento desta Corte, conforme delineado no Recurso Especial n° 2.049.119/RS, interposto pelo Estado do Rio Grande do Sul contra uma decisão unânime em favor do contribuinte, atuante no comércio atacadista de álcool carburante, biodiesel, gasolina e demais derivados de petróleo, se deu no seguinte sentido:

> Esta Corte adota o posicionamento segundo o qual a Lei Complementar n. 87/1996 autoriza o aproveitamento dos créditos de ICMS referentes à aquisição de quaisquer produtos intermediários, ainda que consumidos ou desgastados gradativamente, desde que comprovada a necessidade de utilização dos mesmos para a realização do objeto social (atividade-fim) do estabelecimento empresarial.[15]

---

15. BRASIL. STJ. *REsp nº 2.049.119/RS*. Primeira Turma. Relatora: Min. Regina Helena Costa, 22 fev. 2023.

Contra a decisão monocrática proferida pela Ministra Regina Helena Costa, dando provimento ao Recurso Especial do contribuinte, o ente fazendário interpôs Agravo Interno no Recurso Especial, todavia, em sua fundamentação, deixou de enfrentar o entendimento trazido pela ministra no sentido de que, para o aproveitamento do crédito de ICMS, os itens podem ser consumidos gradativamente, de forma que não seja imprescindível seu consumo de forma integral, fundamentando sua pretensão recursal exclusivamente no entendimento de que os produtos mencionados pelo contribuinte, tais como bombas e tanques de combustível cedidos em comodato, são alheios à atividade do estabelecimento e, portanto, não seriam capazes de gerar crédito.

Por se tratar de matéria que evidentemente demanda o revolvimento de questões fáticas, foi negado provimento ao Agravo Interno, mantendo-se a conclusão trazida pelo tribunal de origem.

Assim, não resta dúvida de que a Primeira Turma apresenta posicionamento uniforme em relação ao tema, no sentido de reconhecer como única condicionante ao aproveitamento de créditos sobre produtos intermediários a vinculação desses materiais à atividade-fim do estabelecimento, conforme inúmeros precedentes,[16] inclusive utilizados pela Ministra Regina Helena Costa para fundamentar sua decisão retromencionada.

Todavia, este referido panorama não é observado nas decisões da Segunda Turma.

> No caso do Recurso Especial n° 1.860.994/SC, por exemplo, o contribuinte, que atua com a fabricação de chapas e embalagens de papelão ondulado, bem como com o cultivo de eucaliptos e pinus,

---

16. Outros exemplos de decisões proferidas pela Primeira Turma para contribuintes vinculados ao agronegócio são REsp n° 2.046.988/SP de 13/03/2023 e AgInt no REsp 1.971.647/PR de 16/08/2023. Em relação à outras atividades além do agronegócio, cita-se o REsp 2.056.381/RS de 16/03/2023 e AgInt no REsp 2.053.167/RS de 16/08/2023.

> teve negado seu provimento monocraticamente, pelo Ministro Francisco Falcão, da Segunda Turma, sob o fundamento de que o material deve ser consumido (leia-se de forma imediata e integral) na industrialização ou ser incorporado à matéria-fim do estabelecimento, o que, em tese, não se aplicaria ao caso levado a sua análise. Da referida decisão, merece atenção especial o seguinte trecho: "Não assiste razão ao recorrente, para obter o creditamento de ICMS recolhido na aquisição de produtos intermediários faz-se impositivo que o produto se incorpore ao produto final ou que sejam consumidos no curso do processo de industrialização".[17]

A despeito do ente federativo ter interposto agravo interno contra a decisão proferida, o entendimento permaneceu inalterado, mantido de forma unânime. O contribuinte também apresentou agravo interno, contudo, foi determinada a suspensão de seu julgamento até que fossem julgados os Embargos de Divergência em Recurso Especial (EAREsp) nº 1.775.781/SP.

Importante frisar que os Embargos de Divergência consistem em recurso o qual objetiva uniformizar o entendimento sobre matéria específica nas hipóteses em que haja divergência interna nos tribunais superiores (STJ e STF) quando do julgamento de Recurso Especial ou Recurso Extraordinário, respectivamente.

Nesse sentido, os EAREsp nº 1.775.781 discutem exatamente a possibilidade de aproveitamento de crédito de ICMS de materiais intermediários, sendo originado da divergência de entendimento entre a Primeira e a Segunta Turma de Direito Público do STJ, sendo que aquela reflete a ampliação do conceito de materiais intermediários introduzida pela Lei Kandir e esta, com inúmeras decisões em sentido oposto,[18] que fazem a leitura da legislação

---

17. BRASIL. STJ. *REsp nº 1.860.994/SC*. Segunda Turma. Relator: Min. Francisco Falcão, 19 jul. 2022.

18. Outras decisões proferidas pela Segunda Turma com o mesmo posicionamento podem ser vistas nos AgInt no AREsp 1631502 de 18/08/2020, EAREsp 1.522.282 de 16/09/2019 e EDcl no AgInt no EAREsp 991.299 de 10/12/2018.

conforme preceito do Convênio ICM 66/88, como de fato pôde ser observado no caso do pleito do contribuinte do setor da agroindústria sucroalcooleira, a qual cultiva de cana-de-açúcar e fabrica açúcar bruto.

Os referidos embargos de divergência se originaram do julgamento desfavorável ao contribuinte do REsp n° 1.775.781/SP pela 2ª Turma de Direito Público do STJ, de relatoria do Min. Francisco Falcão. Dessa forma, interpostos os EAREsp e demonstrado o dissenso entre paradigmas das 1ª e 2ª Turma da 1ª Seção, foi reconhecida a divergência entre os julgados e admitidos os EAREsp.

O julgamento unânime dos EAREsp 1.775.781/SP pela Primeira Seção do STJ, formada por Ministros de ambas as Turmas de Direito Público (1ª e 2ª), realizado em 11 de outubro de 2023, coroou o entendimento solidificado pela 1ª Turma do STJ, segundo o qual enseja direito ao crédito de ICMS sobre aquisições de materiais intermediários sempre que comprovada sua utilização e essencialidade para a atividade-fim da empresa, nos termos do voto da Ministra Relatora Regina Helena Costa:

> Ocorre que a Lei Complementar n. 87/1996, em relação à disciplina legal anterior – Decreto-Lei n. 406/1968 e Convênio ICM n. 66/1988 –, ampliou as hipóteses de creditamento de ICMS, permitindo a compensação concernente à aquisição de produtos intermediários empregados no processo produtivo, ainda que não ocorra: (i) o consumo imediato e integral do item; (ii) bem como a integração física ao produto, por exemplo o açúcar.
>
> Nesse aspecto, relevante consignar, a título de premissa, que a essencialidade do item obtido para viabilizar a atividade-fim da indústria informa a sistemática de compensação do ICMS, cumprindo sublinhar, uma vez mais, o teor do disposto (i) no § 1°, do art. 20: "Não dão direito a créditos alheios à atividade do estabelecimento; e (ii) no inciso III do art. 21 "O sujeito passivo deverá efetuar o estorno do imposto de que se tiver creditado sempre que [...] a mercadoria entrada no estabelecimento: vier a ser utilizada em fim alheio à atividade do estabelecimento".

> Adequado, portanto, o deslinde radicado nos paradigmas, mormente por ter sido prestigiado, naqueles precedentes, o critério da essencialidade dos materiais utilizados na consecução da atividade-fim da indústria, consoante disciplina normativa do ICMS (arts. 20, 21 e 33, todos da Lei Complementar n. 87/1996).
>
> Logo, à luz das normas plasmadas nos arts. 20, 21 e 33 da Lei Complementar n. 87/1996, revela-se cabível o creditamento referente à aquisição de materiais empregados no processo produtivo (produtos intermediários), inclusive os consumidos ou desgastados gradativamente, desde que comprovada a necessidade de sua utilização para a realização do objeto social da empresa, é dizer, a essencialidade em relação à atividade-fim.[19]

Em que pese os Embargos de Divergência não possuírem efeito vinculante, referido julgamento gerou precedente que tem sido considerado como paradigma que embasou posteriores decisões, inclusive da 2ª Turma, reconhecendo este como entendimento consolidado no STJ acerca do tema, como podemos observar no voto do Ministro Relator, Herman Benjamin, no Agravo Interno no Recurso Especial nº 2.136.036/RS:

> A decisão recorrida apenas aplicou o entendimento da Primeira Seção do Superior Tribunal de Justiça de que é cabível o creditamento referente à aquisição de materiais (produtos intermediários) empregados no processo produtivo, inclusive os consumidos ou desgastados gradativamente, desde que comprovada a necessidade de sua utilização para a realização do objeto social da empresa — essencialidade em relação à atividade-fim.[20]

5. O tratamento da matéria no Supremo Tribunal Federal

Em que pese a exaustiva discussão do tema no Superior Tribunal de Justiça, verifica-se também no âmbito do

19. BRASIL. STJ. *EAREsp 1.775.781/SP*. Primeira Seção. Relatora: Min. Regina Helena Costa, 11 out. 2023.

20. BRASIL. STJ. *AgIntnt no REsp 2.136.036/RS*. Primeira Seção. Segunda Turma. Relator: Min. Herman Benjamin, 22 ago. 2024.

Supremo Tribunal Federal - STF, discussão a respeito da matéria sob análise.

Ainda se encontram pendentes de julgamento, nesse contexto, uma série de recursos que abordam o tema sob outra perspectiva, dentre elas a que defende que a não efetivação do direito ao crédito violaria o princípio constitucional da não cumulatividade.[21]

Como a não cumulatividade se trata de matéria de ordem constitucional, é imprescindível ao entendimento do tema a compreensão de como a Suprema Corte tem abordado a temática em discussão.

Nesse sentido, vejamos trecho extraído do Recurso Extraordinário 689.001/RS, julgado em 2018:

> Conforme consignado na decisão agravada, o Supremo Tribunal Federal firmou o entendimento de que somente os produtos intermediários que integrem fisicamente o produto final, por se sujeitarem ao regime de crédito físico, são capazes de gerar o direito ao creditamento de ICMS, o que, definitivamente, não ocorre na presente lide, uma vez que o Tribunal de origem assentou que o caso em tela refere-se à aquisição de bens intermediários que, **sem se integrarem ao produto final**, são utilizados ou consumidos no processo de industrialização. (...)
>
> Por fim, como já reportado na decisão recorrida, o princípio constitucional da não cumulatividade é uma garantia do emprego de técnica escritural que evite a sobreposição de incidências, sendo que as minúcias desse sistema e o contencioso que daí se origina repousam na esfera da legalidade.
>
> Desse modo, após a Lei Complementar nº 87/96, nasceu o benefício fiscal referente ao direito ao crédito em operações de ativo fixo e bens de consumo, sendo certo que esse benefício tributário foi assegurado não diretamente pelo texto da Constituição, mas por legislação infraconstitucional. Assim, cumpre ressaltar que os produtos intermediários foram mantidos

---

21. Imposta pela Constitucional Federal de 1988 (CF), o princípio da não cumulatividade consiste em técnica de arrecadação de tributos em que o valor recolhido de tributo de um produto é compensado com os montantes pagos nas operações anteriores – art. 155, §2º, I, CF.

> sob o regime de crédito físico, haja vista que tais mercadorias só dão oportunidade ao lançamento escritural se incorporados ao produto final, o que não ocorreu no caso em tela. (RE nº 541.166-2º/RS-AgR-segundo, Segunda Turma, Relator o Ministro Ricardo Lewandowski, DJe de 28/5/12 e RE nº 604.736/SC-AgR, Primeira Turma, de minha relatoria, DJe de 26/4/13).[22]

Pela exegese do acórdão acima, extrai-se o entendimento de que somente darão direito ao crédito de ICMS os materiais intermediários que integrem fisicamente o produto final, ou seja, o STF interpreta o texto constitucional no sentido de que a não cumulatividade constitucional do ICMS sujeita-se ao regime de crédito físico.

No que tange à sistemática de crédito físico, sua aplicação restringe-se à permissibilidade de créditos exclusivamente para mercadorias e produtos que, ao ingressarem no estabelecimento, estejam destinadas diretamente aos produtos finais observados nas saídas do contribuinte. Em outras palavras, referidas mercadorias devem manter-se em circulação física, seja permanecendo na mesma condição inicial, como no caso de revendas, seja a partir de sua integração ao produto industrializado pelo contribuinte como parte constituinte de sua composição.

Pela sistemática do crédito físico, portanto, não é permitido o creditamento em relação a mercadorias introduzidas no estabelecimento com o propósito de incorporação ao ativo permanente, para uso ou consumo interno, ou que, mesmo sendo aplicadas no processo produtivo, não constituam, ao final do processo produtivo, parte integrante do produto acabado objeto de sua saída.

A sistemática de crédito financeiro, por sua vez, abre espaço para a concessão de crédito não apenas relativo aos

---

22. BRASIL. STF. *AgR no RE nº 689.001/RS*. Segunda Turma. Relator: Ministro Dias Toffoli, 26 fev. 2018.

produtos que foram incorporados fisicamente às mercadorias produzidas.

Nesse sentido, o Supremo Tribunal Federal adota as sistemáticas de crédito físico e financeiro como fundamento de suas decisões. Com o intuito de aprimorar a compreensão dessa metodologia discutida ao longo de décadas, enfatiza-se o trecho de acórdão de relatoria do Ministro Joaquim Barbosa em seu voto no Ag.Reg no AI n° 493.183/RS:

> A melhor doutrina registra importante discussão acerca da caracterização da não-cumulatividade aplicável ao Imposto sobre Circulação de Mercadorias e Serviços - ICMS, isto é, se o crédito usado para compensar o que devido nas operações anteriores é financeiro ou físico. Porém, **a jurisprudência desta Corte tem sistematicamente validado normas que se aproximam do conceito de crédito físico, que condiciona o direito à entrada de bens que, de algum modo, se integrem na operação da qual resultará a saída da mesma ou de outra mercadoria** (industrialização ou comercialização).
>
> Nesse contexto, o Convênio ICM-66/88, em seu art. 31, III, estabelecia que 'não implicará crédito para compensação com o montante do imposto devido a entrada de bens destinados a consumo ou à integração no ativo fixo do estabelecimento', considerado aplicável por esta Corte: [...]
>
> Em síntese, **a aplicação de sistema que use conceito próximo ao de crédito financeiro depende de previsão Constitucional ou legal expressa e, portanto, não pode ser inferido diretamente do texto constitucional para toda e qualquer hipótese de creditamento calcado na não cumulatividade.** [23] (grifo no original)

Reitera-se, portanto, que a Constituição tem abordado historicamente o tema aplicando o regime de crédito físico à não cumulatividade, sendo este argumento frequentemente utilizado pelos Estados e pelo Distrito Federal quando dos seus recursos ao STF.

---

23. BRASIL. STF. *AI n° 493.183/RS-AgR*. Segunda Turma. Relator: Min. Joaquim Barbosa, 8 out. 2010.

Entretanto, cumpre asseverar que referida constatação de que a CF tenha adotado a sistemática do crédito físico não obsta que a legislação complementar amplie as possibilidades de compensação e de creditamento do ICMS adotando-se, nessas hipóteses, o regime de crédito financeiro. No mencionado julgamento, o Ministro Gilmar Mendes adentrou ao mérito da discussão da seguinte forma:

> Quanto às formas de creditamento do ICMS, há confortável consenso doutrinário e jurisprudencial, conforme se demonstrará mais adiante, no sentindo de que a CF/88 adotou a técnica do crédito físico, e não a do crédito financeiro. De acordo com o último, todo e qualquer bem ou insumo utilizado na elaboração da mercadoria, ainda que consumido durante o processo produtivo, daria direito à crédito de ICMS. Por sua vez, pela técnica do crédito físico, apenas aqueles bens que se integrem fisicamente à mercadoria dão ensejo ao creditamento, eis que apenas eles se submetem à dupla incidência tributária (tanto na entrada quanto na saída da mercadoria).
>
> Naturalmente, **não se tem objeções quanto à possibilidade da legislação complementar ampliar as possibilidades de compensação e de creditamento do ICMS, de maneira a adotar o crédito misto ou mesmo o crédito financeiro em sua inteireza.**[24] (grifo no original)

Nesse sentido, mesmo que a CF se ocupe exclusivamente do crédito físico quando da aplicação da não cumulatividade, não traz objeção à possibilidade de a norma infraconstitucional ampliar as hipóteses de creditamento do ICMS, como deveras o fez a Lei Kandir ao prever a possibilidade de creditamento de ICMS nos termos já apresentados.

Insta realçar que essa compreensão evidencia que, apesar da Constituição se ocupar exclusivamente do crédito físico na não cumulatividade, não traz objeção ao creditamento de ICMS por meio da incorporação de bens no

---

24. BRASIL. STF. *Tema 633*. Leading Case: RE n° 704.815/SC. Voto-vista do Ministro Gilmar Mendes, 27 out. 2023.

processo industrial na qualidade de material intermediário, que se limita ao âmbito infraconstitucional.

Outrossim, o fato de a Lei Complementar 87/96 ampliar as possibilidades de creditamento do ICMS condicionando-as à vinculação dos materiais intermediários à atividade fim do estabelecimento restringe a discussão da matéria ao âmbito infraconstitucional, matéria esta a ser analisada, em última instância, pelo Superior Tribunal de Justiça.

Nesse mesmo sentido tem se manifestado recentemente o STF, conforme a decisão fundamentada nos seguintes termos:

> Analisados os autos, verifica-se que, para ultrapassar o entendimento do Tribunal de origem, seria necessário analisar a causa à luz da interpretação dada à legislação infraconstitucional pertinente e reexaminar os fatos e as provas dos autos, o que não é cabível em sede de recurso extraordinário, pois a afronta ao texto constitucional, se houvesse, seria indireta ou reflexa e a Súmula 279 desta Corte impede o reexame de provas.[25]

Tendo em vista, portanto, a análise integrada das decisões do STF e STJ, é possível extrair que o ambiente jurisprudencial judiciário tem apresentado entendimento propício aos contribuintes quanto à matéria sob discussão, desde que seja efetivamente comprovado no bojo do processo a utilização dos materiais intermediários na atividade-fim da empresa.

Não obstante, haja vista o elevado número de processos acerca dessa matéria ainda em curso, é imprescindível que o tema seja constantemente monitorado, de forma a acompanhar sua evolução e possíveis mudanças de curso do entendimento dos órgãos julgadores.

---

25. BRASIL. STF. *RE com Agravo n° 1.452.107/RS*. Relatora: Ministra Presidente Rosa Weber, 23 ago. 2023.

Referências

ALEXANDRE, Ricardo. *Direito tributário*. 12. ed. Salvador: Ed. JusPodivm, 2018.

_____. Supremo Tribunal Federal (STF). AI nº 493.183/RS-AgR. Segunda Turma. Relator: Min. Joaquim Barbosa, 8 out. 2010.

_____. Supremo Tribunal Federal (STF). AgR no RE nº 689.001/RS. Segunda Turma. Relator: Ministro Dias Toffoli, 26 fev. 2018.

_____. Supremo Tribunal Federal (STF). RE com Agravo n° 1.452.107/RS. Relatora: Ministra Presidente Rosa Weber, 23 ago. 2023.

_____. Supremo Tribunal Federal (STF). *Tema 633*. Leading Case: RE n° 704.815/SC. Voto-vista do Ministro Gilmar Mendes, 27 out. 2023.

_____. Superior Tribunal de Justiça (STJ). AgIntnt no REsp 2.136.036/RS. Primeira Seção. Segunta Turma. Relator: Min. Herman Benjamin, 22 ago. 2024.

_____. Superior Tribunal de Justiça (STJ). EAREsp 1.775.781/SP. Primeira Seção. Relatora: Min. Regina Helena Costa, 11 out. 2023.

_____. Superior Tribunal de Justiça (STJ). REsp nº 1.860.994/SC. Segunda Turma. Relator: Min. Francisco Falcão, 19 jul. 2022.

_____. Superior Tribunal de Justiça (STJ). REsp nº 2.049.119/RS. Primeira Turma. Relatora: Min. Regina Helena Costa, 22 fev. 2023.

CARRAZZA, Roque Antonio. *ICMS*. 18. ed. São Paulo: Malheiros, 2020.

CASTRO, Eduardo M. L. Rodrigues; LUSTOZA, Helton Kramer; GOUVÊA, Marcus de Freitas. *Tributos em Espécie.* 5 ed. Salvador: Ed. Juspodivm, 2018.

MINAS GERAIS. Secretaria de Estado da Fazenda de Minas Gerais. *Consulta de Contribuinte n° 154/2019.* PTA n° 45.000018411-65. Uberlândia, 26 jul. 2019. Disponível em: https://www.fazenda.mg.gov.br/empresas/legislacao_tributaria/consultas_contribuintes/2019/cc154_2019.html).

RENATTINI, Luiz Henrique. ICMS e produtos intermediários: do Surgimento do conceito na legislação nacional à sua definição pelo Supremo Tribunal Federal. *Revista Direito Tributário Atual,* São Paulo, IBET, n. 41, ano 37, p. 276-294, 1. sem./ 2019.

SAMPAIO, Marcus Vinícius de Abreu. *Os Embargos de Divergência e a força vinculante de suas decisões.* 2022. Tese (Doutorado em Direito) - Pontifícia Universidade Católica de São Paulo, São Paulo, 2022.

SÃO PAULO. Tribunal de Impostos de Taxas (TIT). *AIIM 4.146.060-1.* Terceira Câmara Julgadora. Relator: Adolpho Bergamini, 30. mar. 2023.

______. Tribunal de Impostos de Taxas (TIT). *Recurso Ordinário AIIM 4.121.632-5.* Segunda Câmara Julgadora. Relator: Christian Pierre Sandrini, 07 jul. 2021.

______. Tribunal de Justiça do Estado de São Paulo (TJSP). *Apelação n° 1001664-23.2021.8.26.0581.* 1ª Câmara de Direito Público. Foro de São Manuel. 2ª Vara. Relator: Marcos Pimentel Tamassia, 28 jun. 22.

______. Tribunal de Impostos de Taxas (TIT). *Apelação Cível n° 1001892-77.2021.8.26.0296.* 13ª Câmara de Direito Público. Foro de Jaguariúna. 1ª Vara. Relator: Djalma Lofrano Filho, 19 out. 22.

SUPERIOR TRIBUNAL DE JUSTIÇA (STJ). *A admissibilidade e o dissídio jurisprudencial nos embargos de divergência.* Notícias. 21 fev. 2021. Disponível em: https://www.stj.jus.br/sites/portalp/Paginas/Comunicacao/Noticias/21022021-A-admissibilidade-e-o-dissidio-jurisprudencial-nos-embargos-de-divergencia.aspx#:~:text=%E2%80%8B%E2%80%8B%E2%80%8BNo%20%C3%A2mbito,aplicarem%20a%20mesma%20legisla%C3%A7%C3%A3o%20federal.

EXCLUSÃO DO ICMS DA BASE DE CÁLCULO DO PIS E DA COFINS INCIDENTE NAS VENDAS REALIZADAS PELOS PRODUTORES DE ETANOL HIDRATADO

Tais de Lima Cheade[1]

Gilsom Machado Bento[2]

1. Introdução

A exclusão do ICMS da base de cálculo da contribuição ao PIS e da COFINS é motivo de debates no direito tributário há décadas, sendo que após a decisão do Supremo

1. E-mail: tais.cheade@pwc.com.

2. E-mail gbento@adecoagro.com. Mestre em Direito Tributário pelo Instituto Brasileiro de Estudos Tributários (IBET); Especialização em Direito Tributário pelo Instituto Brasileiro de Estudos Tributários (IBET); MBA em Controladoria, Auditoria e Finanças pela Fundação Getulio Vargas - FGV; Bacharel em Direito e Ciências Contábeis pelo Centro Universitário da Fundação Educacional Guaxupé (UNIFEG). Cargo: Gerente Tributário - Agroindústria.

Tribunal Federal no Recurso Extraordinário nº 574.706/PR-RG,[3] esta discussão ganhou novos contornos.

A expectativa era a de que a referida decisão colocasse fim às discussões relacionadas ao tema, porém ainda existem controvérsias que merecem atenção, como as vendas realizadas pelos produtores de Etanol Hidratado, nas situações em que a tributação ocorre mediante a aplicação de alíquotas fixadas por metro cúbico "*ad rem*".[4]

Pois bem. Os contribuintes entendem que, mesmo estando sob um regime especial de apuração e pagamento da contribuição ao PIS e da COFINS – RECOB,[5] as vendas de etanol hidratado estariam no alcance da decisão da Suprema Corte. Entretanto, esse não é o entendimento da Receita Federal, que já se manifestou de forma contrária ao entendimento dos contribuintes na Solução de Consulta COSIT nº 177/2019[6] e recentemente pela Solução de Consulta DISIT/SRRF04 nº 4028/2024.[7]

---

3. BRASIL. STF. *Recurso Extraordinário nº 574.706/PR*. Repercussão Geral. Relatora: Ministra Cármen Lucia 15/03/2017. Disponível em: https://portal.stf.jus.br/jurisprudenciaRepercussao/pesquisarProcesso.asp. Consulta em: 15 nov. 2023.

4. Art. 339 da IN nº 2.121 de 2022 (RECEITA FEDERAL DO BRASIL. *Instrução Normativa 2.121 de 15 de dezembro de 2022*. Consolida as normas sobre a apuração, a cobrança, a fiscalização, a arrecadação e a administração da Contribuição para o PIS/Pasep, da Cofins, da Contribuição para o PIS/Pasep-Importação e da Cofins-Importação. Disponível em: http://normas.receita.fazenda.gov.br/sijut2consulta/link.action?idAto=127905# 2401450. Consulta em: 15 nov. 2023.

5. RECOB – Regime Especial de Apuração e Pagamento das Contribuições Incidentes sobre a Receita dos Produtores e Importadores de Combustíveis. Instrução Normativa 2.121 de 15 de dezembro de 2022. "Art. 342. A opção pelo regime especial de que trata o art. 339 deve ser requerida no Portal e-CAC". (Ibidem).

6. RECEITA FEDERAL DO BRASIL. *Solução de Consulta COSIT nº 177, de 31 de maio de 2019*. Disponível em: http://normas.receita.fazenda.gov.br/sijut2consulta/link.action?visao=anotado&idAto=101310. Consulta em: 15 nov. 2019.

7. RECEITA FEDERAL DO BRASIL *Solução de Consulta DISIT/SRRF04 nº 4028, de 06 de agosto de 2024*. Disponível em: http://normas.receita.fazenda.gov.br/sijut2consulta/link.action?idAto=139639. Consulta em: 13 ago. 2024.

No presente artigo, temos o objetivo de estudar os aspectos que norteiam as discussões desta controvérsia, bem como o alcance da decisão do Supremo Tribunal Federal nas vendas realizadas pelos produtores de etanol hidratado que optaram pelo RECOB.

Como metodologia de estudo, propõe-se a análise da decisão do Supremo Tribunal Federal no Recurso Extraordinário nº 574.706/PR-RG, das orientações e posicionamentos da Receita Federal do Brasil (RFB), bem como dos posicionamentos jurisprudenciais e doutrinários sobre o tema.

Busca-se responder, de acordo com as pesquisas realizadas no decorrer do estudo, à seguinte questão: Os produtores podem excluir o ICMS da Base de Cálculo do PIS e da COFINS nas vendas de etanol hidratado tributados pela alíquota *ad rem*? Ressalta-se que este trabalho não tem a pretensão de esgotar as discussões sobre o tema e se espera, ao final, seja ele capaz de contribuir com a identificação e indicação de critérios que devem ser observados pelos produtores no momento de excluir o ICMS da base de cálculo do PIS e da COFINS, nas operações de etanol hidratado tributado no regime RECOB (com aplicação de alíquotas fixadas por metro cúbico "ad rem").

2. Incidência de ICMS, PIS e COFINS na venda realizada pelos produtores de etanol hidratado

Para análise do tema proposto, faz-se mister avaliar a tributação do ICMS e da contribuição ao PIS e da COFINS nas vendas realizadas pelos produtores de etanol hidratado, com objetivo de identificarmos os possíveis impactos da aplicação da decisão relacionada à exclusão do ICMS da Base de Cálculo do PIS e COFINS.

Devido às inúmeras exceções relacionadas ao regramento legal de tais tributos, delimitaremos nossas avaliações, analisando apenas as operações de venda do etanol hidratado nas operações internas do estado de Minas Gerais, com destino à comercialização, distribuição ou revenda. Destacamos que a limitação proposta não trará, em nosso entendimento, nenhum prejuízo às conclusões finais.

Importante destacar que o ICMS é calculado "por dentro", ou seja, é embutido em sua própria base de cálculo, conforme legislação complementar.[8] Dessa forma, na composição do preço final será considerado o valor do produto e o ICMS incidente da operação, sendo este o valor da base de cálculo do ICMS.[9]

As contribuições ao PIS e da COFINS têm como base de cálculo a receita do contribuinte. O ICMS não se enquadra no conceito de faturamento, sendo receita da Fazenda Pública Estadual e não do contribuinte e, por este motivo, não deve compor a base de cálculo da contribuição ao PIS e da COFINS, tendo sido esse o entendimento firmado pelo Supremo Tribunal Federal no Recurso Extraordinário nº 574.706/PR,[10] como veremos mais adiante.

---

8. Lei Complementar nº 87 de 13 de dezembro de 1996. Art. 13. A base de cálculo do imposto é: (...) § 1º. Integra a base de cálculo do imposto, inclusive nas hipóteses dos incisos V, IX e X do *caput* deste artigo: I - o montante do próprio imposto, constituindo o respectivo destaque mera indicação para fins de controle. (Disponível em: https://www.planalto.gov.br/ccivil_03/leis/lcp/lcp87.htm. Consulta em: 15 nov. 2023).

9. Importante mencionar que outros valores, tais como, despesas de frete e seguro, em algumas situações também devem ser inclusos no valor da base de cálculo do ICMS.

10. Em referido julgamento, em linhas gerais, o que se decidiu pelo Supremo Tribunal Federal tem como premissa a impossibilidade de se incluir na tributação para fins de PIS e COFINS, quanto ao faturamento e/ou receita bruta, tributos da esfera da competência de outros entes da federação – ICMS, por exemplo -, uma vez que não integrariam o patrimônio de forma definitiva do contribuinte. (CALCINI, Fábio Pallaretti. *Tributação no Agronegócio:* Algumas Reflexões. Londrina, PR: Editora Thoth, 2023, pag. 235).

3. Tributação do ICMS, PIS e COFINS nas vendas de produtores de etanol hidratado nas operações internas do estado de Minas Gerais

Nas vendas internas para distribuidor de combustíveis no estado de Minas Gerais, o etanol hidratado (NCM 22071090) é tributado pelo ICMS à alíquota de 13,08% (treze inteiros e oito centésimos por cento)[11], sendo o PIS tributado à alíquota de 1,5% (um ponto cinco por cento) e a COFINS à alíquota de 6,9% (seis ponto nove por cento)[12] pelo regime geral, no qual não há qualquer dúvida em relação à aplicação da decisão do STF "RE nº 574.706",[13] pois o ICMS a ser excluído da base de cálculo do PIS e da COFINS é o valor destacado na nota fiscal.

No entanto, alternativamente ao regime geral de tributação, o § 4º do art. 5º da Lei nº 9.718/98 concedeu ao produtor e ao importador a possibilidade de optar por um regime especial de apuração do PIS e da COFINS, no qual as alíquotas dessas contribuições são fixadas por metro cúbico de álcool - "*ad rem*".

Sobre essa sistemática, a alíquota é estipulada por uma quantia específica devida a título de PIS e de COFINS, relativa a cada metro cúbico de álcool comercializado. Referido tema, inclusive, já foi objeto de estudo do professor Hugo de Brito Machado. Vejamos:

---

11. (Decreto nº 48.782/24): Art. 1º - item 3. (Disponível em: https://www.fazenda.mg.gov.br/empresas/ legislacao_tributaria/decretos/2024/d48782_2024.html. Consulta em: 13 ago. 2024).

12. (Lei 9.718 de 27 de novembro de 1998): Art. 5º , inciso I. (Disponível em: https://www.planalto.gov.br/ccivil_03/leis/l9718.htm. Consulta em: 15 ago. 2023).

13. A Procuradoria da Fazenda Nacional publicou o Parecer SEI Nº 7.698/2021/ME, por meio do qual autorizou seus agentes para dispensa de contestar e recorrer em processos sobre o Tema.

> A alíquota, repita-se, nem sempre é indicada em forma de percentagem, embora isto ocorra na generalidade dos casos. Existem pelo menos duas formas de expressão da alíquota dos tributos. Uma – a mais raramente utilizada – diz-se alíquota específica. A outra – a mais geralmente utilizada – diz-se alíquota "ad valorem", isto é, sobre o valor, indicada como percentagem". Alíquota específica é aquela utilizada para o cálculo do tributo sem levar em consideração o valor do objeto tributado, mas sua quantidade.[14]

Nesse regime, o produtor recolhe o PIS e a COFINS nos valores atuais de R$ 23,38 e R$ 107,52, respectivamente, ambos por metro cúbico vendido, conforme disposto no art. 5º da Lei nº 9.718/98:

> Art. 5º. A Contribuição para o PIS/Pasep e a COFINS incidentes sobre a receita bruta auferida na venda de álcool, inclusive para fins carburantes, serão calculadas com base nas alíquotas, respectivamente, de:
>
> [...] § 4º. O produtor, o importador e o distribuidor de que trata o caput deste artigo poderão optar por regime especial de apuração e pagamento da Contribuição para o PIS/Pasep e da COFINS, no qual as alíquotas específicas das contribuições são fixadas, respectivamente, em:
>
> I – R$ 23,38 (vinte e três reais e trinta e oito centavos) e R$ 107,52 (cento e sete reais e cinquenta e dois centavos) por metro cúbico de álcool, no caso de venda realizada por produtor ou importador;
>
> II – R$ 58,45 (cinquenta e oito reais e quarenta e cinco centavos) e R$ 268,80 (duzentos e sessenta e oito reais e oitenta centavos) por metro cúbico de álcool, no caso de venda realizada por distribuidor.[15]

Tratando-se de operações de venda de etanol, esse regime seria juridicamente indiferente no que se refere à possibilidade de exclusão do ICMS da base de cálculo do

---

14. MACHADO, Hugo de Brito. *Curso de direito tributário*. 33. ed. Malheiros Editores, 2012, pag. 421.

15. Lei nº 9.718/98 – Art. 5º. (Disponível em: https://www.planalto.gov.br /ccivil_03/leis/l9718.htm. Consulta em: 15 nov. 2023).

PIS e da COFINS, pois o regime especial representaria presunção da receita a ser tributada.

Isso porque os valores *ad rem* previstos para o PIS e para a COFINS foram apurados mediante mecanismos que visam à equivalência em relação à arrecadação dessas contribuições por meio das alíquotas *ad valorem.*[16] Contudo, existe uma controvérsia entre o entendimento dos contribuintes, que sustentam a existência do direito em excluir o ICMS da operação, mesmo no regime especial de apuração e pagamento (alíquota *ad rem*), e da Receita Federal que, por sua vez, sustenta que o direito estaria restrito apenas ao regime geral (alíquota *ad valorem*). Ponto que voltaremos a tecer comentários adicionais mais adiante.

Primeiramente, faz-se necessário analisar a decisão do Supremo Tribunal Federal no Recurso Extraordinário 574.706/PR-RG.[17]

4. Histórico da decisão do STF no Recurso Extraordinário Nº 574.706/PR

A tese fixada pelo "Tema 69" do Supremo Tribunal Federal teve seu início em 13 de dezembro de 2007, com o protocolo do Recurso Extraordinário 574.506 da empresa Imcopa Importação, Exportação, e Indústria de Óleos Ltda., localizada no Estado do Paraná. A empresa ingressou, em primeira instância, com Mandado de Segurança na Comarca de Curitiba/PR em face do Delegado da Receita Federal requerendo a segurança para excluir o ICMS da base de cálculo do PIS e da COFINS.

16. Aquelas definidas sobre um percentual a ser aplicado sobre a base de cálculo.

17. BRASIL. Supremo Tribunal Federal. *Tema n. 69*. Leading Case RE nº 574.706/PR. Relatora: Min. Cármen Lucia, 15 mar. 2017. Disponível em: https://portal.stf.jus.br/jurisprudenciaRepercussao/tema.asp?num=69. Consulta em: 15 nov. 2023.

Em 25 de abril de 2008, em julgamento do Plenário Virtual, foi reconhecida a sua repercussão geral, ou seja, o STF identificou haver impacto social, econômico, político ou jurídico da discussão, de modo que a decisão tomada pelo Plenário, composto pelos 11 ministros da Suprema Corte, deve ser aplicada em todos os processos do país que tratam da mesma matéria.

No dia 15/03/2017, o STF, ao apreciar o Tema 69 de repercussão geral, deu provimento ao Recurso Extraordinário representativo da controvérsia e fixou a seguinte tese: *"O ICMS não compõe a base de cálculo para a incidência do PIS e da COFINS"*. O inteiro teor do acórdão teve sua publicação meses depois, em 02/10/2017, cuja ementa transcrevemos a seguir:

> RECURSO EXTRAORDINÁRIO COM REPERCUSSÃO GERAL. EXCLUSÃO DO ICMS NA BASE DE CÁLCULO DO PIS E COFINS. DEFINIÇÃO DE FATURAMENTO. APURAÇÃO ESCRITURAL DO ICMS E REGIME DE NÃO CUMULATIVIDADE. RECURSO PROVIDO.
>
> 1. Inviável a apuração do ICMS tomando-se cada mercadoria ou serviço e a correspondente cadeia, adota-se o sistema de apuração contábil. O montante de ICMS a recolher é apurado mês a mês, considerando-se o total de créditos decorrentes de aquisições e o total de débitos gerados nas saídas de mercadorias ou serviços: análise contábil ou escritural do ICMS.
>
> 2. A análise jurídica do princípio da não cumulatividade aplicado ao ICMS há de atentar ao disposto no art. 155, § 2º, inc. I, da Constituição da República, cumprindo-se o princípio da não cumulatividade a cada operação.
>
> 3. O regime da não cumulatividade impõe concluir, conquanto se tenha a escrituração da parcela ainda a se compensar do ICMS, não se incluir todo ele na definição de faturamento aproveitado por este Supremo Tribunal Federal. O ICMS não compõe a base de cálculo para incidência do PIS e da COFINS.
>
> 4. Se o art. 3º, § 2º, inc. I, in fine, da Lei n. 9.718/1998 excluiu da base de cálculo daquelas contribuições sociais o ICMS transferido integralmente para os Estados, deve ser enfatizado que não há como se excluir a transferência parcial decorrente do regime

> de não cumulatividade em determinado momento da dinâmica das operações.
>
> 5. Recurso provido para excluir o ICMS da base de cálculo da contribuição ao PIS e da COFINS.[18]

Em resumo, a Suprema Corte entendeu que o ICMS não se enquadra no conceito de faturamento, sendo receita da Fazenda Pública Estadual e não do contribuinte e, por este motivo, não deve compor a base de cálculo das contribuições ao PIS e da COFINS.

Após a publicação do acórdão, a Procuradoria da Fazenda Nacional opôs Embargos de Declaração, requerendo, principalmente, o esclarecimento sobre os seguintes temas: (i) modulação dos efeitos da decisão para definir claramente seus efeitos para considerar aqueles contribuintes que já haviam ingressado em juízo para elucidação do tema e para aqueles que não o fizeram e (ii) identificação do valor do ICMS que deveria ser excluído das bases de cálculo das contribuições, se o valor destacado em nota fiscal ou se o valor efetivamente pago, considerando a aplicação do princípio da não cumulatividade.

O julgamento dos Embargos de Declaração foi incluído e excluído da pauta de julgamento do Plenário pelo Presidente do STF por algumas vezes, até que em 12 de maio de 2021 teve início, tendo sido suspenso, retomado e finalizado no dia seguinte.

A decisão acolheu, em parte, os pedidos da Procuradoria da Fazenda Nacional nos Embargos de Declaração, nos seguintes termos:

i) Quanto à modulação dos efeitos da decisão, ficou definido que somente seriam verificados após 15/03/2017, data do julgamento do mérito do

18. Ibidem.

recurso, ressalvadas as ações judiciais e administrativas protocoladas até a data da sessão de julgamento (15/03/2017);

ii) Prevaleceu o entendimento de que o ICMS que deve ser excluído das bases de cálculo do PIS e da COFINS é o ICMS destacado na nota fiscal de venda.

Antes mesmo da publicação do inteiro teor do acórdão que julgou os Embargos Declaratórios, a Procuradoria da Fazenda Nacional publicou o Parecer SEI Nº 7.698/2021/ME, por meio do qual autorizou seus agentes para dispensa de contestar e recorrer em processos sobre o Tema.

A publicação do inteiro teor do Acórdão ocorreu em 12/08/2021 e, em 17/09/2021, foi expedida a certidão de trânsito em julgado do Recurso Extraordinário.

Oportuno mencionar que, no decorrer do julgamento do "Tema 69", a Receita Federal nunca fez qualquer óbice acerca do direito do contribuinte em excluir o ICMS da base de cálculo das contribuições quando este tivesse optado por efetuar o recolhimento pela alíquota *ad rem*. Em nossa percepção, isso se justifica pelo fato que a sistemática de regime especial de apuração e pagamento das contribuições do PIS e da COFINS (RECOB) não altera a materialidade das contribuições do PIS e da COFINS. Tema que teremos a oportunidade de especificar de forma mais detalhada no decorrer deste trabalho.

5. Entendimento da Receita Federal

No intervalo entre a decisão do Recurso Extraordinário, em 2017, e a decisão dos Embargos de Declaração, em 2021, a Receita Federal do Brasil manifestou seu entendimento sobre o tema, mediante a publicação, em 31 de maio de 2019, da Solução de Consulta Cosit nº 177, cuja ementa transcrevemos:

> EXCLUSÃO DO ICMS DA BASE DE CÁLCULO DA COFINS. RECURSO EXTRAORDINÁRIO Nº 574.706/PR. FATURAMENTO. INCIDÊNCIA POR UNIDADE DE MEDIDA. NÃO APLICABILIDADE. Em relação à exclusão do ICMS da base de cálculo da COFINS de que trata à decisão proferida pelo STF em sede do RE nº 574.706/PR: a) alcança somente as hipóteses nas quais o faturamento ou a receita bruta faz parte da base de cálculo da COFINS; e b) não é autorizada nas hipóteses em que a pessoa jurídica optante pelo regime especial de que trata o § 4º do art. 5º da Lei nº 9.718, de 1998, apura o valor devido dessa contribuição aplicando alíquotas específicas ou ad rem sobre volume (medido em metros cúbicos) por ela comercializado.[19]

A leitura inicial da ementa pode levar a um entendimento equivocado sobre o objeto da dúvida da consulente: se a decisão do STF poderia ser aplicada às operações tributadas por alíquotas *ad rem* sobre o volume comercializado. No entanto, a leitura atenta ao documento revela que a consulente em momento algum teve dúvidas sobre esta aplicabilidade. Sua dúvida era pura e simplesmente sobre a forma como deveria proceder a fim de aplicar a decisão do STF, considerando a opção pelo regime especial de tributação.

A argumentação do Fisco recai na ideia de que a decisão alcança apenas o faturamento e, portanto, *"não faz sentido a exclusão do ICMS da base de cálculo do PIS e da COFINS, quando esse imposto nem chegou a fazer parte da referida base de cálculo"*.

Em outro trecho da decisão, verifica-se a insistência das autoridades fiscais na argumentação de que o ICMS

---

19. RECEITA FEDERAL DO BRASIL. *Solução de Consulta COSIT nº 177, de 31 de maio de 2019*. Disponível em: http://normas.receita.fazenda.gov.br/sijut2consulta/link.action?visao=anotado&idAto=101310. Consulta em: 15 nov. 2019.

não integra a base de cálculo das contribuições, quando o contribuinte opta pelo regime especial de tributação: *"19.2. Constata-se, assim, que nesse caso, o ICMS não integra a base de cálculo do PIS e da COFINS".*

No entanto, conforme veremos mais adiante, tal argumentação não se sustenta quando se comprova, mediante publicações oficiais, que o ICMS compõe a base de cálculo das alíquotas *ad rem*.

6. Entendimento do Conselho Administrativo de Recursos Fiscais – CARF

Importante também ressaltar que, diferentemente do entendimento da Receita Federal, em 29 de fevereiro de 2024, em sessão realizada pela 3ª Seção de Julgamento do Conselho Administrativo de Recursos Fiscais (CARF), foi realizado o julgamento do Recurso Voluntário da empresa "AMBEV S.A", na qual foi admitida a aplicação da decisão do STF no RE 574.706/PR às operações tributadas pelo regime especial, neste caso específico para bebidas frias. Vejamos abaixo a ementa do referido acordão:

> ASSUNTO: CONTRIBUIÇÃO PARA O FINANCIAMENTO DA SEGURIDADE SOCIAL (COFINS)
>
> Exercício: 2021
>
> EXCLUSÃO DO ICMS DA BASE DE CÁLCULO DE PIS E COFINS. REGIME ESPECIAL DE TRIBUTAÇÃO. BEBIDAS FRIAS.
>
> O conceito de receita e/ou faturamento independe do tipo de tributação que se submete o contribuinte, se especial por alguma peculiaridade de sua atividade econômica, e, não deve, portanto, haver qualquer tipo de limitação à exclusão de ICMS da base de cálculo das contribuições.[20]

---

20. BRASIL. CARF. *Acórdão nº 3302-014.106*. Processo nº 10880.908971/2022. 3ª Seção de Julgamento. 3ª Câmara. 2ª Turma Ordinária. Relator: Mariel Orsi Gameiro, 29 fev. 2024. Disponível em: https://acordaos.economia.gov.br/acordaos2/pdfs/pro-

Em que pese a decisão tratar especificamente de operações de bebidas frias, entendemos que as premissas aplicadas para a referida decisão, se aplicam às operações de vendas realizadas pelos produtores de etanol hidratado, optantes pelo regime especial de tributação do PIS/COFINS "ad rem".

7. Entendimento dos Tribunais Regionais Federais

Apesar de ainda escassas as decisões proferidas pelos Tribunais Regionais Federais, identificamos algumas cujos posicionamentos não admitem a aplicação da decisão do STF no RE 574.706/PR às operações tributadas pelo regime especial citado neste estudo.

O Tribunal Regional Federal da 1ª Região ("TRF1"), por exemplo, já decidiu que "*não se mostra viável excluir o ICMS da base de cálculo do PIS e da COFINS nas hipóteses em que essas contribuições não têm como base de cálculo o faturamento/receita e assim, nem sequer poderiam ser apuradas levadas em conta os valores atinentes ao ICMS, como ocorre no regime especial de tributação do álcool*". Veja-se a ementa do julgado:

> PROCESSUAL CIVIL. TERCEIROS EMBARGOS DE DECLARAÇÃO CONTRA ACÓRDÃO DA TURMA. IS E COFINS. PRODUTOR, IMPORTADOR E DISTRIBUIDOR DE ÁLCOOL. REGIME ESPECIA (§§ 4º E SEGUINTES DO ART. 5º DA LEI n. 9.718/98). APLICAÇÃO DA REGRA GERAL (ART. 5º, caput, DA LEI n. 9.718/98): IMPOSSIBILIDADE. REGRAS E LIMITES DISCIPLINADOS NO RG-RE Nº 574.706/PR C/TEMA/STF-69: INAPLICABILIDADE AO CASO CONCRETO. EMBARGOS DE DECLARAÇÃO REJEITADOS. [...] 2. O que a embargante requer é que seja expressamente consignada a aplicabilidade da conclusão alcançada no RE 574.706/PR c/c Tema 69/STF ao regime previsto no artigo 5º, § 4º e seguintes, da Lei nº 9.718/98 (incluído pela Lei nº 11.727, de 23 de julho de 2008), ao qual está

cessados/10880908971202217_7077792.pdf. Consulta em: 13 ago. 2024.

> submetida. [...] 6. Não tem a distribuidora de combustíveis, sujeita ao regime especial de que trata o art. 5º, § 4º e seguintes, da Lei nº 9.718, de 1998, o direito de excluir da base de cálculo do PIS e da COFINS os valores de ICMS alegadamente integrados à base de cálculo. 6.1. Enfim, não tem o contribuinte o direito de excluir da base de cálculo do PIS e da COFINS os valores de ICMS alegadamente integrados a ela nos casos em que aplicadas alíquotas *ad rem* das contribuições, em virtude da opção pelo regime especial de tributação do álcool. [...] (...)[21]

O Tribunal Regional Federal da 3ª Região ("TRF3") também já se manifestou sobre o tema, sendo sua posição na decisão citada abaixo contrária à aplicação do Tema 69 do STF aos produtos enquadrados no regime especial de tributação:

> DIREITO CONSTITUCIONAL. TRIBUTÁRIO. PROCESSUAL CIVIL. PIS/COFINS. REGIME ESPECIAL DE APURAÇÃO E PAGAMENTO DAS CONTRIBUIÇÕES INCIDENTES SOBRE COMBUSTÍVEIS E BEBIDAS (RECOB). LEI 9.718/1998, ARTIGO 5º, § 4º. TESE VINCULANTE FIRMADA NO TEMA 69/STF (RE 574.706). **INAPLICABILIDADE. ALÍQUOTA AD REM. INEXISTÊNCIA DE REPERCUSSÃO DE ICMS PRÓPRIO NA APURAÇÃO DO TRIBUTO DEVIDO. FALTA DE SUBSUNÇÃO AO PARÂMETRO FÁTICO-JURÍDICO ANALISADO PELA CORTE SUPREMA**. 1. A tese vinculante firmada por ocasião do julgamento do RE 574.706 ("O ICMS não compõe a base de cálculo para a incidência do PIS e da COFINS") não aproveita à sistemática de recolhimento de PIS/COFINS prevista no artigo 5º, §§ 4º e seguintes, da Lei 9.718/1998 (RECOB). Trata-se de regime de tributação em que o cálculo das contribuições sociais é feito a partir de alíquota ad rem, sobre o metro cúbico do bem comercializado. Logo, não há referência ao faturamento da empresa, tampouco de incidência de ICMS na formação do preço, que não possui qualquer lastro em valor agregado e tributação em cascata. [...]3. O "preço médio de venda dos bens no varejo" (§ 10 do artigo 5º da Lei 9.718/1998) é utilizado no âmbito do RECOB apenas para definir o teto das exações sob o sistema especial, de modo que estas não ultrapassem o quanto seria devido pela tributação em regime geral, obstando distorções da

21. BRASIL. TRF-1. *AP nº 1025964-22.2019.4.01.3500*. Relator: Des. Gilda Sigmaringa Seixas, Sétima Turma, 22 jul. 2022.

> benesse legal. É dizer, trata-se de um simples limitador matemático, objetivo, que nada altera a composição da regra matriz de incidência tributária no RECOB, senão definindo-lhe um valor máximo - a favor do contribuinte. O fato de, alegadamente, a fórmula do componente limitante da obrigação pecuniária tributária utilizar, como referência comparativa, imposto federal com reflexo de ICMS, não quer dizer que a apuração direta das contribuições devidas pelo contribuinte, mediante alíquota ad rem, esteja embutindo o imposto estadual no *quantum debeatur*. 4. A existência de ICMS embutido no preço médio de varejo de combustíveis comercializados por terceiros é questão para a qual a autora não detém legitimidade ad causam para discutir, já que diz respeito a relações obrigacionais tributárias das quais não faz parte. Além disso, esta Turma tem entendimento no sentido de que o contribuinte detém direito de excluir, do PIS/COFINS que deve pagar, somente o ICMS referente à própria participação na cadeia produtiva, o que igualmente resulta no descabimento de pretender a modificação da fórmula de capeamento de tributação no RECOB para excluir a suposta repercussão do imposto estadual referente à atividade econômica de terceiros. 5. Apelação fazendária e remessa oficial providas.[22]

Dessa forma, embora existam sólidos argumentos no sentido de ser possível a exclusão do ICMS da base de cálculo do PIS/COFINS para operações alcançadas pelo regime especial da alíquota *ad rem*, este não é o entendimento que tem sido aplicado, até o presente momento, pelos Tribunais Regionais Federais.

Os principais argumentos que sustentam este entendimento dos Tribunais Regionais Federais podem ser resumidos em: (i) a decisão do STF se refere apenas ao faturamento, não se referindo a outras bases cálculo; (ii) O ICMS não compõe o preço do produto comercializado no caso das operações tributadas pela pauta e (iii) a tributação pela pauta, como opção do contribuinte, tem natureza de benefício fiscal, por isso não tem o contribuinte o direito de

22. BRASIL. TRF-3. *ApCiv n. 50075518520224036100*. São Paulo. 3ª Turma. Relator: Desembargador Federal Luis Carlos Hiroki Muta, j. 16 dez. 2022, p. 21 dez. 2022.

aplicar a decisão do STF para as operações tributadas pelo regime especial.

8. Aplicabilidade da decisão do STF no RE Nº 574.706/PR para as operações de venda de etanol hidratado

No decorrer deste trabalho, restou demonstrado que o Supremo Tribunal Federal reconheceu o direito dos contribuintes em excluir o ICMS da base de cálculo das Contribuições ao PIS e da COFINS.

Foram apresentadas as premissas aplicáveis à exclusão do ICMS da base de cálculo do PIS e da COFINS para as vendas realizadas pelos produtores de etanol hidratado, sendo claro, na nossa percepção, o direito relacionado às operações de vendas tributadas pelo regime geral de apuração.[23]

No entanto, permanece o embate acerca do direito dos produtores relacionado às vendas de etanol hidratado quando o contribuinte faz a opção pelo RECOB, ou seja, quando o valor das contribuições ao PIS e à COFINS são determinadas por um valor fixo por metro cúbico.[24]

Tal restrição, inicialmente, foi apontada pela Receita Federal em resposta à Solução de Consulta COSIT nº 177/2019 e recentemente pela Solução de Consulta DISIT/SRRF04 nº 4028/2024, sendo ambas no sentido de que a decisão proferida pelo STF no RE nº 574.706/PR alcança somente as hipóteses nas quais o faturamento ou a receita bruta formam a base de cálculo da COFINS, não sendo possível sua extensão para as hipóteses em que a pessoa

23. Em relação ao regime geral de apuração nas vendas de etanol anidro alcançadas pelo diferimento ou suspensão, não há o que se falar em exclusão do ICMS da base de cálculo do PIS e da COFINS.

24. Em relação ao regime especial de apuração e pagamento (RECOB), não visualizamos distinção entre as premissas do etanol anidro diferido, comparado às operações de etanol hidratado, objeto deste trabalho.

jurídica, optante pelo regime especial de que trata o § 4º do art. 5º da Lei nº 9.718/98, apura o valor devido dessa contribuição aplicando alíquotas *ad rem* (por metros cúbicos).[25]

O Tribunal Federal Regional da 3º Região também já decidiu que a tese vinculante firmada por ocasião do julgamento do RE 574.706 não aproveita a sistemática de recolhimento de PIS/COFINS prevista no ar. 5º, §§ 4º e seguintes, da Lei 9.718/98 (RECOB), sob o argumento que se trata de um regime de tributação em que o cálculo das contribuições sociais é feito a partir de alíquota *ad rem*, sobre o metro cúbico do bem comercializado. Desta forma, no entendimento da colenda turma, não há referência ao faturamento da empresa, tampouco de incidência de ICMS na formação do preço.[26]

Porém, o Conselho Administrativo de Recursos Fiscais (CARF), em decisão recente no Acordão nº 3302014.106,[27] reconheceu o direito da AMBEV S.A em excluir o ICMS da base de cálculo do PIS e COFINS, para os produtos enquadrados em regime especial de tributação, afirmando não haver qualquer tipo de limitação acerca do tema.

---

25. RECEITA FEDERAL DO BRASIL. *Solução de Consulta COSIT nº 177, de 31 de maio de 2019*. Disponível em: http://normas.receita.fazenda.gov.br/sijut2consulta/link.action?visao=anotado&idAto=101310. Consulta em: 15/11/2019.

26. BRASIL. TRF-3. *ApCiv n. 50075518520224036100*. São Paulo. 3ª Turma. Relator: Desembargador Federal Luis Carlos Hiroki Muta, j. 16 dez. 2022, p. 21 dez. 2022.

27. ASSUNTO: CONTRIBUIÇÃO PARA O FINANCIAMENTO DA SEGURIDADE SOCIAL (COFINS) - Exercício: 2021 - EXCLUSÃO DO ICMS DA BASE DE CÁLCULO DE PIS E COFINS. REGIME ESPECIAL DE TRIBUTAÇÃO. BEBIDAS FRIAS. O conceito de receita e/ou faturamento independe do tipo de tributação que se submete o contribuinte, se especial por alguma peculiaridade de sua atividade econômica, e, não deve, portanto, haver qualquer tipo de limitação à exclusão de ICMS da base de cálculo das contribuições. (BRASIL. CARF. *Acórdão nº 3302-014.106*. Processo nº 10880.908971/2022. 3ª Seção de Julgamento. 3ª Câmara. 2ª Turma Ordinária. Relator: Mariel Orsi Gameiro, 29 fev. 2024. Disponível em: https://acordaos.economia.gov.br/acordaos2/pdfs/processados/10880908971202217_7077792.pdf. Consulta em: 13 ago. 2024).

Adicionalmente, é importante mencionar que a Fazenda Nacional, no decorrer do julgamento do "Tema 69", não fez qualquer restrição acerca do direito do contribuinte em excluir o ICMS da base de cálculo das contribuições quando optar por efetuar o recolhimento pela alíquota *ad rem*.

Em nossa percepção, a ausência de questionamento da Receita Federal acerca do tema se justifica pelo fato de que a sistemática de regime especial de apuração e pagamento das contribuições ao PIS e da COFINS (RECOB) não altera a materialidade dessas contribuições, pois, embora a alíquota esteja fixada em metros cúbicos, tais contribuições continuam a ter como fundamento de incidência o art. 195, I, "b", da Constituição Federal.[28]

Analisando o tema sob outra perspectiva, dentre as razões de decidir da Suprema Corte está a impossibilidade de um tributo no caso do PIS e da COFINS ter em sua cobrança a inclusão do ICMS. Dessa forma, a incidência do PIS e da COFINS é devida apenas sobre o valor pago pelo álcool, sem inclusão do ICMS, sendo esse o entendimento do professor Fábio Pallaretti Calcini, senão vejamos:

> Como segunda razão, cabe lembrar que, na essência, as razões de decidir do Supremo Tribunal Federal no RE 574.706 estão claramente vinculadas à impossibilidade de um tributo, no caso do PIS e da COFINS, sofrer em sua cobrança a inclusão de um tributo de competência de outro Estado, ou seja, o ICMS. Equivale dizer: a tributação de PIS e COFINS incide sobre o valor pago pelo álcool sem inclusão do ICMS.[29]

---

28. A primeira razão, embora exista uma sistemática de tributação relacionada ao metro cúbico, tais contribuições continuam a ter por fundamento o artigo 195, I, b, da Constituição Federal, exatamente o texto constitucional que serve de principal razão de decidir para o julgamento do Supremo Tribunal Federal. (CALCINI, Fábio Pallaretti. *Tributação no Agronegócio:* Algumas Reflexões, Londrina, PR: Editora Thoth, 2023, pag. 237).

29. Ibidem, pag. 237.

Pois bem. Se a materialidade não se altera em relação ao regime geral e ao regime especial RECOB, o ICMS não deve ser incluído na base de cálculo das contribuições em análise desde que se demonstre que o valor do ICMS foi considerado na presunção da alíquota *ad rem* fixada, para que, desse modo, seja respeitada a decisão da Suprema Corte.

Esse racional se justifica, principalmente, quando levamos em consideração que o regime especial representa presunção da receita a ser tributada, sobretudo pelo fato que os valores *ad rem* são apurados mediante mecanismos que visam à equivalência em relação à arrecadação dessas contribuições por meio das alíquotas *ad valorem.*[30]

O entendimento supramencionado pode ser identificado na leitura da Nota CETAD/Coest nº 132/2017, na qual a própria Receita Federal manifesta que o ICMS está incluído no cálculo da presunção da alíquota *ad rem* fixada para o etanol hidratado. Se não, vejamos:

> Para o óleo diesel e a gasolina, utilizou-se o chamado Preço de Realização, publicado pelo Ministério das Minas e Energia e para o etanol, foram utilizados dados disponibilizados pela Única – União da Indústria de Cana-de-Açúcar. Nesta verificação, foram também consideradas alíquotas médias para o ICMS. (...) **Para apuração do valor devido dos tributos PIS e COFINS incidentes sob o regime *ad valorem* foi utilizada a fórmula abaixo, considerando que tanto o ICMS e o PIS/COFINS, incidem sobre o preço final do produto a consumidor final**. (Grifo nosso).

Fonte: Nota CETAD/Coest nº 132/2017[31]

30. Aquelas definidas sobre um percentual a ser aplicado sobre a base de cálculo.

31. Documento divulgado no sítio de Acesso à Informação Governo Federal. (Disponível em: https://buscalai.cgu.gov.br/?handler=search&ConsultaBasica.TermoPesquisa=Nota+CETAD% 2FCoest+n%C2% BA+132%2F2017+&ConsultaBasica.IdOuvidoriaSelecionada=&ConsultaBasica.OuvidoriaSelecionada=Selecione+o+item&ConsultaBasica.IdTipoDecisaoSelecionada=&ConsultaBasica.TipoDecisaoSelecionada=Selecione+o+item&estados-simples= 0&numPagina= 0&maximoRegistros PorPagina= 30. Consulta em: 15nov. 2023).

3. A tabela abaixo apresenta o comparativo da carga incidente sobre o regime geral (*ad valorem*) e o regime optativo (*ad rem*), cujas alíquotas serão ajustadas:

	Combustíveis			
	Gasolina A	**Diesel**	**Etanol - Usina e Importador**	**Etanol - Distribuidor**
Preço de Realização*	1,35	1,59	1,35	1,78
ICMS Alíquota**	25,00%	13,00%	12,00%	0,00%
Pis/Cofins Alíquota Ad Valorem (%)	28,52%	23,63%	8,40%	21,00%
Pis/Cofins Calculado Ad Valorem (R$)	0,8284	0,5929	0,1425	0,4732
Pis/Cofins Ad Rem PROPOSTO (R$)	0,7925	0,4615	0,1309	0,1964
EXCESSO	-	-	-	-

(*) Fonte: MME e Única.

(**) Alíquota média Brasil estimada.

Ante o exposto, apesar da negativa por parte da Receita Federal na Solução de Consulta nº 177/2019, a leitura da íntegra da Nota CETAD/Coest nº 132/2017 demonstra o entendimento de que o ICMS comporia a presunção estabelecida da alíquota *ad rem* do produto etanol hidratado.

O professor Fábio Pallaretti Calcini, em artigo publicado no CONJUR,[32] demonstrou entendimento semelhante, mencionando outra manifestação da Receita Federal, qual seja:

> Nota SIC CETAD/COEST nº 089, de 8 de março de 2019 - e-Dossiê nº 13.035.100180/2019-91
>
> "3. As alíquotas do PIS/COFINS ad rem para o etanol são calculadas para buscar a arrecadação de 1,65% de PIS e 7,6% de COFINS pois este é o limite legal máximo permitido, conforme disposto no § 10 do artigo 5º da lei 9.718 de 27 de novembro de 1998. O valor que é utilizado para a determinação das alíquotas é preço médio de venda no varejo ponderado com base nos volumes de álcool comercializado nos Estados e no Distrito Federal nos 12 (doze) meses anteriores.
>
> 4. **Como o ICMS compõe preço de venda no varejo pode-se afirmar que o ICMS considerado no cálculo das alíquotas PIS/COFINS ad rem, ainda que de forma indireta, é o ICMS médio**

32. Consultor Jurídico é uma revista eletrônica especializada em notícias ligadas a temas jurídicos com uma linguagem mais simples para que mesmo aqueles que não possuem uma formação na área as possam compreender.

> **ponderado com base nos volumes de álcool comercializado nos Estados e no Distrito Federal nos 12 (doze) meses anteriores".**[33] (Grifo nosso)

Como demonstrado pelo professor, mais uma vez a Receita Federal reconhece expressamente que o ICMS compõe o preço de venda no varejo, sendo possível, dessa forma, afirmar que o ICMS foi considerado no cálculo das alíquotas *ad rem* do PIS e da COFINS, ainda que de forma indireta, entendimento que também verificamos em recente decisão do Conselho Administrativo de Recursos Fiscais (CARF), no Acordão nº 3302.014-106, já mencionada acima.

Adicionalmente, referidas notas esclarecem que as alíquotas *ad rem* para o etanol deveriam guardar equivalência ao que seria exigido pelo regime geral (com alíquota *ad valorem),* ou seja, que no regime especial restariam mantidos os aspectos da hipótese de incidência do PIS e da COFINS.

A distinção aceita seria apenas na consequência da aplicação dos aspectos da hipótese de incidência, não nos aspectos legalmente estabelecidos propriamente ditos, sendo que, como mencionado, a materialidade das contribuições continuaria sendo a de auferir a receita por meio da venda do etanol hidratado, de forma que, alternativamente, apenas o resultado quantitativo passaria a ser estabelecidos nos patamares fixados pela Lei nº 9.718/98.

Ademais, o regime especial, previsto no § 4º do art. 5º da Lei nº 9.718/98, não visa a conceder qualquer isenção tributária, mas tão somente a desestimular práticas artificiais de redução de tributos, mediante a fixação de preços de

33. CALCINI, Fabio Pallaretti. A exclusão do ICMS do PIS Cofins para o setor sucroalcooleiro. *CONJUR,* 07 maio 21. Disponível em: https://www.conjur.com.br/2021-mai-07/direito-agronegocio-exclusao-icms-pis-cofins-setor-sucroalcooleiro/. CALCINI, Fábio Pallaretti. *Tributação no Agronegócio: Algumas Reflexões.* Londrina, PR: Editora Thoth, 2023, pag. 236.

comercialização em descompasso com a realidade de mercado (subfaturamento).

Essa interpretação pode ser extraída da exposição de motivos da Medida Provisória nº 413/2008,[34] a qual foi convertida na Lei nº 11.727/2008, entendimento esse também reconhecido pelo Supremo Tribunal Federal, quando do julgamento da ADI nº 5.277:

> Os dispositivos impugnados tratam da possibilidade de o Poder Executivo fixar coeficientes para reduzir as alíquotas da contribuição ao PIS/PASEP e da COFINS incidentes sobre a receita bruta auferida na venda de álcool, inclusive, para fins carburantes, alíquotas essas previstas no caput e no § 4º do art. 5º da Lei nº 9.718/98, redação dada pela Lei nº 11.727/08, as quais podem ser alteradas, para mais ou para menos, em relação a classe de produtores, produtos ou sua utilização. A lei estabeleceu os tetos e as condições a serem observados pelo Poder Executivo. **Ademais, a medida em tela está intimamente conectada à otimização da função extrafiscal presente nas exações em questão.** Verifica-se, ainda, que o diálogo entre a lei tributária e o regulamento se dá em termos de subordinação, desenvolvimento e complementariedade.[35] (Grifo nosso)

Como podemos observar, a decisão da colenda Corte reforça o que até aqui foi exposto: ao admitir que o legislador ordinário outorgasse ao Poder Executivo a prerrogativa de fixar o referido critério quantitativo de PIS/COFINS sobre o álcool, todos os demais critérios da regra-matriz de incidência tributária continuariam absolutamente intocados.[36]

---

34. BRASIL. *Exposição de Motivos nº 00003/2008* – Medida Provisória nº 413, de 3 de janeiro de 2008. Casa Civil, Subchefia para Assuntos Jurídicos, Guido Mantega, 2 jan. 2008. Disponível em: https://www.planalto.gov.br/CCIVIL_03/_Ato2007-2010/2008/Exm/EM-3-MF-MPV-413.htm. Consulta em: 15/11/2023.

35. BRASIL. STF. *Ação Direta de Inconstitucionalidade nº 5.277/DF*. Relator: Ministro Dias Toffoli, 13 maio 2021. Disponível em: https://portal.stf.jus.br/processos/ detalhe.asp?incidente=4739288. Consulta em: 15 nov. 2023.

36. Norma Jurídica, que traz de forma organizada os elementos existentes no mundo jurídico (lei que instituiu o tributo), necessários para a incidência do crédito tributário. A composição da regra matriz em estudo decorre da análise intelectual do

Desse modo, resta claro que não estamos diante de um benefício fiscal, mas de um regime especial de apuração e pagamento que visa simplesmente a possibilitar um melhor controle do setor, concentrando o recolhimento dos tributos e favorecendo a concorrência.

Adicionalmente, o §11 do art. 5º da Lei nº 9.718/98 estabelece que as alíquotas previstas no caput e no § 4º levam em consideração justamente o preço médio do volume de etanol comercializado nos estados e no Distrito Federal nos "*12 (doze) meses anteriores ao da fixação dos coeficientes de que tratam os §§ 8º e 9º deste artigo*".

Desta forma, tendo em vista que o preço é fator determinante para o arbitramento das alíquotas específicas instituídas pelo regime especial em comento, não seria correto afastar a inclusão do ICMS deste montante, uma vez que o ICMS, como demonstrado, faz parte da composição do preço médio do volume do etanol para fixação da alíquota *ad rem.*

Em face do exposto, estando demonstrado que o ICMS foi incluído na presunção da alíquota *ad rem* do etanol hidratado, ao contrário do entendimento da Receita Federal exposto na Solução de Consulta nº 177/2019, são robustos os argumentos de que a decisão da Suprema Corte no Recurso Extraordinário nº 574.706 – "Tema 69" pode ser aplicada pelas agroindústrias sucroalcooleiras nas vendas de etanol hidratado.[37]

---

intérprete da legislação, que através das normas pré-existentes vai identificar os elementos essenciais para a incidência do tributo, sendo: Antecedente - critério material, temporal, espacial e Consequente - critério pessoal e quantitativo.

37. Em tais condições, ao contrário do enunciado na Solução de Consulta 177/2019, o precedente vinculante do Supremo Tribunal Federal (RE 574706) é plenamente aplicável para fins de exclusão do ICMS na tributação do PIS e COFINS, nos termos do artigo 5º, da Lei n. 9.718/98, quanto ao setor sucroalcooleiro. (CALCINI, Fábio Pallaretti. *Tributação no Agronegócio:* Algumas Reflexões, Londrina, PR: Editora Thoth, 2023, pag. 238).

9. Considerações finais

A exclusão do ICMS da base de cálculo das contribuições ao PIS e da COFINS foi tema de embate entre o fisco e contribuintes por décadas, sendo que, no ano de 2017, o Supremo Tribunal Federal reconheceu esse direito no Recurso Extraordinário nº 574.706/PR, tema decidido no rito de Repercussão Geral "*Tema 69 - O ICMS não compõe a base de cálculo para a incidência do PIS e da COFINS*".

Entretanto, a expectativa dos produtores de etanol hidratado, em ver encerradas as discussões acerca do tema, foi parcialmente frustrada pela Receita Federal que, na Solução de Consulta nº 177/2019 e Solução de Consulta DISIT/SRRF04 nº 4028/2024, se manifestou de forma contrária à aplicação da tese fixada pela suprema corte nas hipóteses em que o produtor de etanol for optante regime especial de apuração e pagamento (RECOB).

Segundo o entendimento da Receita Federal, a decisão da Suprema Corte se restringe **às** hipóteses nas quais o faturamento ou a receita bruta compõe a base de cálculo das contribuições ao PIS e **à** COFINS, de modo que os efeitos da decisão não alcançam o regime especial de tributação e apuração com aplicação de alíquotas *ad rem*. Nesse contexto, já existem decisões externando o mesmo entendimento no âmbito dos Tribunais Federais da Primeira e da Terceira região.[38]

Porém é oportuno destacar que o Conselho Administrativo de Recursos Fiscais (CARF), já decidiu de forma favorável ao entendimento dos contribuintes, em relação **à** possibilidade de aplicação da decisão do STF, para os produtos tributados por regime especial de tributação.[39]

---

38. BRASIL. TRF-3. *ApCiv nº 50075518520224036100 SP*. 3ª Turma. Relator: Desembargador Federal Luis Carlos Hiroki Muta, j. 16 dez. 2022, p. 21 dez. 2022.

39. BRASIL. CARF. *Acórdão nº 3302-014.106*. Processo nº 10880.908971/2022. 3ª Sessão de Julgamento. 3ª Câmara. 2ª Turma Ordinária. Relator: Mariel Orsi Gameiro,

A despeito disso, a própria Receita Federal, por meio da Nota SIC CETAD/COEST nº 089/2019, reconheceu que o ICMS foi considerado no cálculo para definição da alíquota *ad rem*:

> 4. Como o ICMS compõe preço de venda no varejo pode-se afirmar que o ICMS considerado no cálculo das alíquotas PIS/COFINS ad rem, ainda que de forma indireta, é o ICMS médio ponderado com base nos volumes de álcool comercializado nos Estados e no Distrito Federal nos 12 (doze) meses anteriores.

O professor Fábio Pallaretti Calcini também já se manifestou de forma positiva acerca da aplicabilidade do precedente do Supremo Tribunal para as hipóteses de tributação do PIS e COFINS pelo regime especial de apuração e pagamento (RECOB), sob o argumento de haver verdadeira integração entre a fixação coeficiente da alíquota e o valor do metro cúbico ad rem, o que vem ao encontro do racional aqui apresentado.

Ante o exposto e em conclusão às pesquisas que nos propusemos a realizar, entendemos que os produtores de etanol hidratado que optam pelo regime especial de apuração e pagamento RECOB possuem argumentos robustos para sustentar a aplicação da decisão do Supremo Tribunal Federal no Recurso Extraordinário nº 574.706/PR nas vendas do etanol hidratado.

Referências

ARAUJO. Clarice von Oertzen. Capítulo III - Fato e evento tributário - uma análise semiótica. In: SANTI, Eurico Marcos Diniz de (Org.). *Curso de Especialização em Direito Tributário:* Estudos analíticos em homenagem a Paulo de Barros Carvalho. 1. ed. Rio de Janeiro: Forense, 2005, v. 1.

---

29 fev. 2024. Disponível em: https://acordaos.economia.gov.br/acordaos2/pdfs/processados/10880908971202217_7077792.pdf. Consulta em: 13 ago. 20214.

BENTO, Gilsom. IRPJ e CSSL: aplicação do benefício fiscal da depreciação acelerada rural na lavoura canavieira pelas "agroindústrias sucroalcooleiras", à luz dos precedentes da Câmara Superior de Recursos Fiscais – CSRF. *Revista Fórum de Direito Tributário – RFDT*, Belo Horizonte, v. 19, n. 112, p. 123-141, jul./ago. 2021.

BRASIL. Conselho Administrativo de Recursos Fiscais (CARF). *Acórdão nº 3302-014.106*. Processo nº 10880.908971/2022. 3ª Seção de Julgamento. 3ª Câmara. 2ª Turma Ordinária. Relator: Mariel Orsi Gameiro, 29 fev. 2024. Disponível em: https://acordaos.economia.gov.br/acordaos2/pdfs/processados/10880908971202217_7077792.pdf. Consulta em: 13 ago. 20214.

______. *Exposição de Motivos nº 00003/2008* – Medida Provisória nº 413, de 3 de janeiro de 2008. Casa Civil, Subchefia para Assuntos Jurídicos, Guido Mantega, 2 jan. 2008. Disponível em: https://www.planalto.gov.br/CCIVIL_03/_Ato2007-2010/2008/Exm/EM-3-MF-MPV-413.htm. Consulta em: 15 nov. 2023.

______. Tribunal Regional Federal da 1ª Região (TRF-1). *AP nº 1025964-22.2019.4.01.3500*. Relator: Des. Gilda Sigmaringa Seixas, Sétima Turma, 22 jul. 2022.

______. Tribunal Regional Federal da 3ª Região (TRF-3). *ApCiv nº 50075518520224036100*. São Paulo. 3ª Turma. Relator: Des. Luis Carlos Hiroki Muta, j. 16 dez. 2022, p. 21 dez. 2022.

______. BRASIL. Supremo Tribunal Federal. *Tema n. 69*. Leading Case RE nº 574.706/PR. Relatora: Min. Cármen Lucia, 15 mar. 2017. Disponível em: https://portal.stf.jus.br/jurisprudenciaRepercussao/tema.asp?num=69. Consulta em: 15 nov. 2023.

______. Supremo Tribunal Federal (STF). *Ação Direta de Inconstitucionalidade nº 5.277/DF*. Relator: Ministro Dias

Toffoli, 13 maio 2021. Disponível em: https://portal.stf.jus.br/processos/ detalhe.asp?incidente=4739288. Consulta em: 15 nov. 2023.

BURANELLO, Renato. *Manual do direito do agronegócio*. São Paulo: Saraiva Educação, 2018.

CALCINI, Fabio Pallaretti. A exclusão do ICMS do PIS Cofins para o setor sucroalcooleiro. CONJUR, *07 maio 21*. Disponível em: https://www.conjur.com.br/2021-mai-07/direito-agronegocio-exclusao-icms-pis-cofins-setor-sucroalcooleiro/.

______. O Conceito de agroindústria e Suas Repercussões no Âmbito Tributário. In: MASSARA, Luiz Henrique, *et. al*. *A Tributação do Agronegócio*. Belo Horizonte: Casa do Direito. 2020.

______. *Tributação no Agronegócio:* Algumas Reflexões. Londrina, PR: Editora Thoth, 2023.

CARVALHO, Paulo de Barros. *Direito tributário:* fundamentos jurídicos da incidência. 9. ed. São Paulo: Saraiva, 2014.

MACHADO, Hugo de Brito. *Curso de direito tributário*. 33. ed. Malheiros Editores, 2012.

RECEITA FEDERAL DO BRASIL. *Instrução Normativa 2.121 de 15 de dezembro de 2022.* Consolida as normas sobre a apuração, a cobrança, a fiscalização, a arrecadação e a administração da Contribuição para o PIS/Pasep, da Cofins, da Contribuição para o PIS/Pasep-Importação e da Cofins-Importação. Disponível em: http://normas.receita.fazenda.gov.br/sijut2consulta/link.action?idAto=127905# 2401450. Consulta em: 15 nov. 2023.

______. *Solução de Consulta COSIT nº 177 de 31 de maio de 2019*. Disponível em: http://normas.receita.fazenda. gov.br/sijut2consulta/link.action?visao=anotado&idAto=101310. Consulta em: 15 nov. /2019.

______. *Solução de Consulta DISIT/SRRF04 nº 4028 de 06 de agosto de 2024.* Disponível em: http://normas.receita.fazenda.gov.br/sijut2consulta/link.action?idAto=139639. Consulta em: 13 ago. 2024.

A POSSIBILIDADE DO APROVEITAMENTO DE CRÉDITOS DE PIS E COFINS SOBRE GASTOS AMBIENTAIS DECORRENTES DE IMPOSIÇÃO LEGAL

Jimir Doniak Jr.[1]

Gabriela Sampaio Lunardelli[2]

1. Introdução

O art. 3º, inciso II, das Leis nºs 10.637/2002 e 10.833/2003 estabelece que a pessoa jurídica poderá descontar créditos calculados em relação a bens e serviços, utilizados como insumo na prestação de serviços e na produção ou fabricação de bens ou produtos destinados à venda, inclusive combustíveis e lubrificantes, exceto em relação ao pagamento de que trata o art. 2º da Lei nº 10.485/2002, devido pelo fabricante ou importador, ao concessionário, pela intermediação

1. Doutor e Mestre em direito tributário na PUC/SP.

2. Pós-graduada em direito tributário pelo IBET. Pós-graduanda em direito processual civil pela PUC/SP.

ou entrega dos veículos classificados nas posições 87.03 e 87.04 da Tipi.

Para o que interessa ao presente artigo, nos ateremos à primeira parte dos dispositivos, a qual prevê a possibilidade de aproveitamento de créditos relacionados a bens e serviços qualificados como "insumos" nas atividades de produção e fabricação de bens e nas prestações de serviço.

Observa-se que as Leis que regulam a contribuição para o PIS e a COFINS não cumulativas deixaram de definir o que seriam insumos. Em razão disto, a Receita Federal do Brasil, por meio das Instruções Normativas SRF nºs 247/2002 e 404/2004 (posteriormente revogadas pela Instrução Normativa nº 1.911/2019, por sua vez substituída pela atual IN-RFB 2.121/2022), restringiu o conceito àqueles bens e serviços empregados fisicamente na prestação de serviços e na produção ou fabricação de bens ou produtos destinados à venda.

Esta restrição fez com que o Superior Tribunal de Justiça – STJ, por oportunidade do julgamento do Recurso Especial nº 1.221.170/PR, apreciado sob a sistemática dos recursos repetitivos, definisse que o conceito de insumo para fins de creditamento da contribuição para o PIS e da COFINS "*deve ser aferido à luz dos critérios de essencialidade ou relevância, ou seja, considerando-se a imprescindibilidade ou a importância de determinado item - bem ou serviço - para o desenvolvimento da atividade econômica desempenhada pelo contribuinte*".[3]

Em termos práticos, a Primeira Seção do STJ estabeleceu que deve ser considerado insumo tudo aquilo que seja não somente imprescindível para o desenvolvimento da

3. BRASIL. STJ. Recurso Especial nº 1.221.170 – PR. Relator: Min. Napoleão Nunes Maia Filho, Brasília, 22 fev. 2018. Disponível em: https://processo.stj.jus.br/processo/revista/documento/mediado/?componente=ITA&sequencial=1350777&num_registro=201002091150&data=20180424&formato=PDF.

atividade econômica, mas também relevante, análise a ser feita de forma casuística, porquanto sensivelmente dependente dos fatos e da instrução probatória.

Esta definição, então, leva a questionar se podem ser entendidos como insumos os gastos incorridos por produtores rurais, derivados de exigências ambientais e por imposição legal, tais como aqueles com o objetivo de recuperação e/ou manutenção de áreas de preservação permanente ou reserva legal.[4] De tal modo que, assim se qualificando, esteja autorizada a tomada de créditos de PIS/COFINS.

2. Do conceito de insumos geradores de créditos da não cumulatividade da contribuição ao PIS/PASEP e da COFINS

Como mencionado, o STJ definiu o conceito de insumos geradores de créditos da não cumulatividade da contribuição para o PIS/Pasep e da Cofins, a que se refere o inciso II do *caput* do art. 3° da Lei n° 10.637/2002 e da Lei n° 10.833/03, conforme ementa abaixo:

> TRIBUTÁRIO. PIS E COFINS. CONTRIBUIÇÕES SOCIAIS. NÃO CUMULATIVIDADE. CREDITAMENTO. CONCEITO DE INSUMOS. DEFINIÇÃO ADMINISTRATIVA PELAS INSTRUÇÕES NORMATIVAS 247/2002 E 404/2004, DA SRF, QUE TRADUZ PROPÓSITO RESTRITIVO E DESVIRTUADOR DO SEU ALCANCE LEGAL. DESCABIMENTO. DEFINIÇÃO DO CONCEITO DE INSUMOS À LUZ DOS CRITÉRIOS DA ESSENCIALIDADE OU RELEVÂNCIA. RECURSO ESPECIAL DA CONTRIBUINTE PARCIALMENTE CONHECIDO, E, NESTA EXTENSÃO, PARCIALMENTE PROVIDO, SOB O RITO DO ART. 543-C DO CPC/1973 (ARTS. 1.036 E SEGUINTES DO CPC/2015). (...)

---

4. Não é objeto de análise, aqui, o tratamento contábil de tais gastos, se eles devem ser ativados, talvez como um ativo intangível, ou tratados como despesas. Estamos partindo da premissa de ao menos parte desses gastos ser reconhecida como despesa.

> **2. O conceito de insumo deve ser aferido à luz dos critérios da essencialidade ou relevância, vale dizer, considerando-se a imprescindibilidade ou a importância de determinado item – bem ou serviço – para o desenvolvimento da atividade econômica desempenhada pelo contribuinte.** (...)
>
> 4. Sob o rito do art. 543-C do CPC/1973 (arts. 1.036 e seguintes do CPC/2015), assentam-se as seguintes teses: (a) é ilegal a disciplina de creditamento prevista nas Instruções Normativas da SRF ns. 247/2002 e 404/2004, porquanto compromete a eficácia do sistema de não cumulatividade da contribuição ao PIS e da COFINS, tal como definido nas Leis 10.637/2002 e 10.833/2003; e (b) **o conceito de insumo deve ser aferido à luz dos critérios de essencialidade ou relevância, ou seja, considerando-se a imprescindibilidade ou a importância de determinado item - bem ou serviço - para o desenvolvimento da atividade econômica desempenhada pelo Contribuinte.**[5]

Ainda extrai-se do voto exarado pela Min. Regina Helena Costa que por <u>essencial</u> deve ser entendido aquele item "*(...) do qual dependa, intrínseca e fundamentalmente, o produto ou o serviço, constituindo elemento estrutural e inseparável do processo produtivo ou da execução do serviço, ou, quando menos, a sua falta lhes prive de qualidade, quantidade e/ou suficiência*"; e por <u>*relevante*</u> o item "*(...) cuja finalidade, embora não indispensável à elaboração do próprio produto ou à prestação do serviço, integre o processo de produção, seja pelas singularidades de cada cadeia produtiva, seja por imposição legal*".[6]

A Receita Federal do Brasil, subsequentemente, editou o Parecer Normativo COSIT/RFB nº 05, de 2018, assim ementado:

> CONTRIBUIÇÃO PARA O PIS/PASEP. COFINS. CRÉDITOS DA NÃO CUMULATIVIDADE. INSUMOS. DEFINIÇÃO ESTABELECIDA NO RESP 1.221.170/PR. ANÁLISE E APLICAÇÕES.

---

5. Ibidem.

6. Ibidem.

> Conforme estabelecido pela Primeira Seção do Superior Tribunal de Justiça no Recurso Especial 1.221.170/PR, o conceito de insumo para fins de apuração de créditos da não cumulatividade da Contribuição para o PIS/Pasep e da Cofins deve ser aferido à luz dos critérios da essencialidade ou da relevância do bem ou serviço para a produção de bens destinados à venda ou para a prestação de serviços pela pessoa jurídica.
>
> Consoante a tese acordada na decisão judicial em comento:
>
> a) o "critério da essencialidade diz com o item do qual dependa, intrínseca e fundamentalmente, o produto ou o serviço":
>
> a.1) "constituindo elemento estrutural e inseparável do processo produtivo ou da execução do serviço";
>
> a.2) "ou, quando menos, a sua falta lhes prive de qualidade, quantidade e/ou suficiência";
>
> b) **já o critério da relevância "é identificável no item cuja finalidade, embora não indispensável à elaboração do próprio produto ou à prestação do serviço, integre o processo de produção, seja"**:
>
> b.1) "pelas singularidades de cada cadeia produtiva";
>
> b.2) **"por imposição legal"**. (grifos nossos)

Ainda que a Receita Federal tenha procurado se adaptar aos conceitos definidos no *leading case* do STJ (com efeito vinculante no âmbito da Receita Federal),[7] o tema continua a suscitar debates.

Realmente, analisando comparativamente a ementa e o voto da Min. Regina Helena Costa, identificamos a possibilidade de dúvidas acerca do que deve, exatamente, ser considerado insumo: se aquilo que participa da atividade econômica desempenhada pelo contribuinte ou se somente

---

7. (Lei nº 10.522/2002) Art. 19. Fica a Procuradoria-Geral da Fazenda Nacional dispensada de contestar, de oferecer contrarrazões e de interpor recursos, e fica autorizada a desistir de recursos já interpostos, desde que inexista outro fundamento relevante, na hipótese em que a ação ou a decisão judicial ou administrativa versar sobre:
II - tema que seja objeto de parecer, vigente e aprovado, pelo Procurador-Geral da Fazenda Nacional, que conclua no mesmo sentido do pleito do particular; (Redação dada pela Lei nº 13.874, de 2019)

aquilo que participa do processo de produção ou da execução do serviço. Explicamos.

Como transcrito acima, a ementa do REsp nº 1.221.170/PR pontua que "*o conceito de insumo deve ser aferido à luz dos critérios de essencialidade ou relevância, ou seja, considerando-se a imprescindibilidade ou a importância de determinado item - bem ou serviço -* ***para o desenvolvimento da atividade econômica desempenhada pelo Contribuinte***".[8]

Em contrapartida, no voto da Min. Regina Helena Costa menciona-se que o insumo é aquele item essencial ou relevante para **processo produtivo ou para a execução do serviço**.

Apesar de aparentemente singela, esta diferença deve ser considerada. Identificar a essencialidade/relevância à atividade econômica representa grandeza mais ampla do que identificar a essencialidade/relevância de determinado item especificamente ao processo produtivo ou à execução do serviço. Daí o ponto que levantamos de dúvida: bastaria que o item tivesse relação com a atividade exercida pelo contribuinte ou devemos considerar insumo gerador de crédito de PIS/COFINS tão somente aquele item que esteja relacionado especificamente ao processo produtivo/execução do serviço?

A análise do inteiro teor do acórdão soluciona essa dúvida.

Expôs-se ao longo dos votos que a não cumulatividade das contribuições diverge daquela própria de impostos incidentes sobre operações que tenham por objeto bens, no caso, do Imposto sobre Produtos Industrializados, bem como da disciplina administrativa do PIS/COFINS que então vigorava, segundo a qual insumos seriam apenas as despesas efetuadas com a aquisição de bens e serviços

---

8. BRASIL. STJ. Recurso Especial nº 1.221.170 – PR. Relator: Min. Napoleão Nunes Maia Filho, Brasília, 22 fev. 2018. Disponível em: https://processo.stj.jus.br/processo/revista/documento/mediado/?componente=ITA&sequencial=1350777&num_registro=201002091150&data=20180424&formato=PDF.

utilizados na produção ou fabricação de bens ou produtos destinados à venda, ou na prestação de serviços.

Justamente por entender que esta interpretação restringiria a eficácia da não cumulatividade do PIS/COFINS é que o STJ entendeu por ilegal a disciplina de creditamento estatuída pelas Instruções Normativas SRF nºs 247/2002 e 404/2004.

Pontuando a diferença de tratamento a ser dado à não cumulatividade do ICMS/IPI e do PIS/COFINS, a 1ª Seção do STJ afastou essa interpretação restritiva. Esclareceu que a não cumulatividade das contribuições opera com base na importância de determinado item para o desenvolvimento da atividade econômica desempenhada pelo contribuinte.

É com base nessa premissa que inicialmente deve ser investigado se os gastos incorridos pelos produtores rurais para manter ou recuperar áreas de preservação permanente ou reserva legal se qualificam como insumos, de modo a possibilitar o aproveitamento de créditos das contribuições. Convém, entretanto, ir além e averiguar se assim se qualificam mesmo na visão restritiva que persiste na Administração Fiscal Federal.

3. Da classificação dos gastos ambientais como insumos para fins de creditamento do PIS e da COFINS

Inicialmente, deve ser mencionado que o artigo 225 da Constituição Federal impõe não só ao Poder Público, mas também à coletividade o dever de preservar e defender o meio ambiente para que a sociedade atual e futura possa desfrutá-lo de maneira segura, mantendo a sua continuidade.

Para tanto, previu o Constituinte, no inciso III do § 1º do mencionado dispositivo, que ao Poder Público caberia definir, em todas as unidades da Federação, espaços territoriais e seus componentes a serem especialmente protegidos. Nesse sentido, vigorava a Lei nº 4.771/65 (antigo Código Florestal), que veio a ser revogada pela Lei nº 12.651/2012 (que passou a ser conhecida como novo Código Florestal). Essa nova norma prescreve:

> Art. 3º. Para os efeitos desta Lei, entende-se por:
>
> II - Área de Preservação Permanente - APP: área protegida, coberta ou não por vegetação nativa, com a função ambiental de preservar os recursos hídricos, a paisagem, a estabilidade geológica e a biodiversidade, facilitar o fluxo gênico de fauna e flora, proteger o solo e assegurar o bem-estar das populações humanas;
>
> III - Reserva Legal: área localizada no interior de uma propriedade ou posse rural, delimitada nos termos do art. 12, com a função de assegurar o uso econômico de modo sustentável dos recursos naturais do imóvel rural, auxiliar a conservação e a reabilitação dos processos ecológicos e promover a conservação da biodiversidade, bem como o abrigo e a proteção de fauna silvestre e da flora nativa;

Ainda com vistas a dar efetividade ao art. 225 da Constituição, o atual Código Florestal, em seus arts. 7º, 12 e 17, previu a obrigatoriedade de manutenção das áreas de preservação permanente e reserva legal por parte dos proprietários, possuidores ou ocupantes dessas áreas. Veja:

> Art. 7º. **A vegetação situada em Área de Preservação Permanente deverá ser mantida** pelo proprietário da área, possuidor ou ocupante a qualquer título, pessoa física ou jurídica, de direito público ou privado.
>
> § 1º. Tendo ocorrido supressão de vegetação situada em Área de Preservação Permanente, o proprietário da área, possuidor ou ocupante a qualquer título **é obrigado a promover a recomposição da vegetação**, ressalvados os usos autorizados previstos nesta Lei.
>
> § 2º. A obrigação prevista no § 1º tem natureza real e é transmitida ao sucessor no caso de transferência de domínio ou posse do imóvel rural.

> § 3º. No caso de supressão não autorizada de vegetação realizada após 22 de julho de 2008, é vedada a concessão de novas autorizações de supressão de vegetação enquanto não cumpridas as obrigações previstas no § 1º.
>
> Art. 12. **Todo imóvel rural deve manter área com cobertura de vegetação nativa, a título de Reserva Legal**, sem prejuízo da aplicação das normas sobre as Áreas de Preservação Permanente, observados os seguintes percentuais mínimos em relação à área do imóvel, excetuados os casos previstos no art. 68 desta Lei: (Redação dada pela Lei nº 12.727, de 2012).
>
> I - localizado na Amazônia Legal:
>
> a) 80% (oitenta por cento), no imóvel situado em área de florestas;
>
> b) 35% (trinta e cinco por cento), no imóvel situado em área de cerrado;
>
> c) 20% (vinte por cento), no imóvel situado em área de campos gerais;
>
> II - **localizado nas demais regiões do País: 20% (vinte por cento).**
>
> Art. 17. **A Reserva Legal deve ser conservada com cobertura de vegetação nativa** pelo proprietário do imóvel rural, possuidor ou ocupante a qualquer título, pessoa física ou jurídica, de direito público ou privado.

Como se observa, há um dever legal imposto aos proprietários de imóveis rurais de manter e preservar as áreas especialmente protegidas, sob pena de virem a sofrer sanções administrativas e até criminais expressamente previstas na Lei nº 9.605/98, abaixo citada a título exemplificativo:

> Art. 38. Destruir ou danificar floresta considerada de preservação permanente, mesmo que em formação, ou utilizá-la com infringência das normas de proteção:
>
> Pena - detenção, de um a três anos, ou multa, ou ambas as penas cumulativamente.
>
> Parágrafo único. Se o crime for culposo, a pena será reduzida à metade.

> Art. 48. Impedir ou dificultar a regeneração natural de florestas e demais formas de vegetação:
>
> Pena - detenção, de seis meses a um ano, e multa.
>
> Art. 70. Considera-se infração administrativa ambiental toda ação ou omissão que viole as regras jurídicas de uso, gozo, promoção, proteção e recuperação do meio ambiente.
>
> Art. 72. As infrações administrativas são punidas com as seguintes sanções, observado o disposto no art. 6º:
>
> I - advertência;
>
> II - multa simples;
>
> III - multa diária;
>
> IV - apreensão dos animais, produtos e subprodutos da fauna e flora, instrumentos, petrechos, equipamentos ou veículos de qualquer natureza utilizados na infração;
>
> V - destruição ou inutilização do produto;
>
> VI - suspensão de venda e fabricação do produto;
>
> VII - embargo de obra ou atividade;
>
> VIII - demolição de obra;
>
> IX - suspensão parcial ou total de atividades;
>
> X – (VETADO)
>
> XI - restritiva de direitos.

Ora, ao se analisar sistemicamente as normas citadas anteriormente, depreende-se que produtores rurais estão obrigados a incorrer em gastos direcionados, justamente, à obrigação legal de preservação/manutenção de Áreas de Preservação Permanente e Reserva Legal.

Veja que essas imposições de custos nada mais são do que limitações ao uso/fruição do próprio bem que gera a produção – a terra. E a consequência lógica disto é a limitação da produção, de forma a reduzi-la.

Nesta situação, não estamos frente a custos administrativos – tais como uma assessoria de recursos humanos –, ou custos próprios de qualquer empresa – como de contabilidade –, ou até custos externos e/ou posteriores à produção – como marketing. Trata-se, em verdade, de um custo que interfere na produção mesma do contribuinte, por limitar/restringir a realização do uso da terra destinada à produção agropecuária.

Para facilitar a compreensão, façamos uma analogia. Imagine-se que o Poder Público estabeleça um limitador de produção para determinada máquina utilizada no processo produtivo de uma indústria (tal como uma caldeira ou uma coluna de destilação), de tal forma que a empresa talvez se veja forçada a adquirir uma segunda máquina, com vistas a alcançar o volume de produção desejado. Ou seja, a limitação de uso de um ativo imobilizado utilizado na produção gera aumento de custos no processo produtivo.

O mesmo se passa com a restrição ambiental na produção agropecuária: a extensão total da propriedade rural não pode, por expressa determinação legal, ser utilizada na produção. Assim, para além de uma parcela da terra ficar sem uso produtivo, os produtores rurais ainda devem incorrer em custos para manter referida área preservada. Dizendo de outra maneira: para produzir na propriedade rural, o produtor deve incorrer em custos de conservação ambiental em outra parcela da propriedade.

Em suma, o que a legislação faz, então, é prescrever que, para exercer a atividade econômica, é preciso manter uma parte da propriedade sem uso econômico e ter gastos de recuperação e manutenção. Sem isso, a própria produção agropecuária torna-se irregular a ponto de possivelmente caracterizar crime, como antes visto.

Por conta disto, é que entendemos que estes gastos estão relacionados intrinsecamente à atividade por eles desenvolvida, enquadrando-se na categoria de gasto relevante para as suas atividades-fim, eis que a sua ausência pode implicar desde a cobrança de multas até a suspensão das atividades praticadas no imóvel rural. Daí o direito à tomada de créditos.

Mais até. Como visto anteriormente, na visão restritiva da Receita Federal, para a caracterização como insumo gerador de crédito, o gasto deve atender aos critérios de essencialidade ou relevância *em relação especificamente ao processo de produção* (inclusive por imposição legal), caracterizando-se como um custo de produção. Ora, a vedação à exploração de parte da proprietária rural (devido ao respeito às Áreas de Preservação Permanente e de Reserva Legal) é imposição à própria produção rural e por imposição legal.

Com efeito, para se produzir em área rural, é necessário não só preparar o solo, adubá-lo, semeá-lo, irrigá-lo e aplicar defensivos contra pragas – gastos que se qualificam como insumos geradores de crédito de PIS/COFINS –, mas também manter as Áreas de Preservação Permanente e de Reserva Legal. Estes são gastos sem os quais a produção rural é inviabilizada, dificultada ou reduzida.

Por tais razões, mesmo partindo da interpretação restritiva da Receita Federal, impõe-se a conclusão segundo a qual os gastos para preservação ou manutenção das Áreas de Preservação Permanente e Reserva Legal atendem aos critérios de essencialidade ou relevância, porque decorrem, como visto, de expressa imposição legal. A rigor, estes gastos se mostram ainda mais relevantes do que aqueles incorridos com fertilizantes e defensivos, pois a ausência destes gastos pode reduzir a produção, já sem os gastos de preservação ambiental a produção simplesmente não pode ocorrer regularmente, nos termos do ordenamento jurídico brasileiro.

A Receita Federal já analisou o direito ao crédito de PIS/COFINS em razão de gastos ambientais, mas especificamente os gastos com descarte de resíduos e com o tratamento de efluentes. Nas Soluções de Consulta COSIT nºs

55[9] e 60,[10] de 2023, ela aplicou, na prática, os critérios de essencialidade e relevância e concluiu pela possibilidade da tomada de créditos.

Nas situações analisadas, uma das empresas consulentes informou prestar serviços laboratoriais e, no desenvolvimento de suas atividades, gerar resíduos químicos, os quais devem ter destinação adequada, evitando contato com o lixo comum e com o meio ambiente. Já a outra empresa informou prestar serviços têxteis e afirmou que, no processo de fabricação e beneficiamento, emite resíduos líquidos, denominados efluentes, que precisam ser tratados para evitar danos ao meio ambiente.

Acertadamente, a Receita Federal entendeu que, em razão de sua relevância, são insumos dos processos de produção de bens os itens que, embora não indispensáveis à elaboração do produto final, integrem o processo de produção por imposição legal. Confira, respectivamente:

> NÃO CUMULATIVIDADE. CRÉDITOS. INSUMOS. IMPOSIÇÃO LEGAL. DESPESAS COM O DESCARTE DE RESÍDUOS. CONTROLE AMBIENTAL.
>
> O descarte de resíduos sujeitos a tratamento especial, previsto em legislação específica, como medida de controle ambiental, pode gerar crédito da Cofins na modalidade aquisição de insumos por imposição legal.
>
> SOLUÇÃO DE CONSULTA PARCIALMENTE VINCULADA À SOLUÇÃO DE CONSULTA COSIT Nº 1, DE 6 DE JANEIRO DE 2021. (...)[11]

---

9. RECEITA FEDERAL DO BRASIL. *Solução de Consulta COSIT n° 55*. Coordenação-Geral de Tributação (Cosit), 02 mar. 2023. Disponível em: http://normas.receita.fazenda.gov.br/sijut2consulta/link.action?idAto=129554.

10. RECEITA FEDERAL DO BRASIL. *Solução de Consulta COSIT n° 60*. Coordenação-Geral de Tributação (Cosit), 13 mar. 2023. Disponível em: http://normas.receita.fazenda.gov.br/sijut2consulta/link.action?idAto=129674

11. RECEITA FEDERAL DO BRASIL. *Solução de Consulta COSIT n°* 55. Op. Cit.

> NÃO CUMULATIVIDADE. CRÉDITO. INSUMOS. TRATAMENTO DE EFLUENTES. POSSIBILIDADE.
>
> Observadas as demais condições estabelecidas na legislação de regência, os dispêndios com o tratamento de efluentes por indústria têxtil, exigido em legislação específica como medida de controle ambiental, podem gerar crédito da Cofins na modalidade aquisição de insumos por imposição legal. (...)[12]

Veja que igualmente à situação tratada neste artigo – gastos com a preservação/manutenção de Áreas de Preservação Permanente e Reserva Legal – tratou a Receita Federal de analisar cenário no qual os gastos incorridos pelas empresas consulentes decorriam, justamente, de imposições legais destinadas à proteção ao meio ambiente.

E pelo critério da relevância ora abordado, consignou que gastos com medidas de proteção ambiental impostos pela legislação devem ser considerados insumos geradores de créditos de PIS/COFINS.

Em sentido semelhante a este, o CARF se manifestou pela possibilidade de aproveitamento dos créditos das contribuições sobre gastos incorridos com a contratação de serviços necessários à recuperação do meio ambiente. Veja:

> REGIME NÃO CUMULATIVO.UTILIZAÇÃO DE CRÉDITOS. Os pagamentos referentes às aquisições de serviços de terraplanagem e destinação final de resíduos sólidos, monitoramento do ar e outros serviços necessários a recuperação do meio ambiente, conferem direito a créditos de Cofins porque esses serviços são aplicados ou consumidos diretamente na produção de bens destinados à venda, em consonância com o disposto na legislação de regência.
>
> REGIME DA NÃO CUMULATIVIDADE. CONCEITO DE INSUMOS. Insumo dedutível para efeito de Cofins não cumulativa é todo aquele relacionado direta ou indiretamente com a produção do contribuinte e que afete as receitas tributadas pela contribuição social. E quando o cumprimento

12. RECEITA FEDERAL DO BRASIL. *Solução de Consulta COSIT n° 60*. Op. Cit.

> das obrigações ambientais impostas pelo Poder Público, como condição para o funcionamento da empresa, gere despesas, estas devem ser consideradas insumo. Também devem ser considerada insumo a depreciação dos bens do ativo imobilizado.[13]

Façamos, ainda, um paralelo com os gastos incorridos pelas indústrias de processamento de alimentos com indumentária. Nesta situação, elas são obrigadas a prover vestimentas adequadas aos empregados para fins de viabilizar a fabricação de carnes, sob pena de estarem em desacordo com as exigências sanitárias. Por decorrerem estes gastos de imposição legal, a Câmara Superior de Recursos Fiscais, nos autos do PAF nº 13053.000112/200518, entendeu pela legalidade do crédito:

> COFINS. INDUMENTÁRIA. INSUMOS. DIREITO DE CRÉDITO. ART. 3º LEI 10.833/2003. Os dispêndios, denominados insumos, dedutíveis da Cofins não cumulativa, são todos aqueles relacionados diretamente com a produção do contribuinte e que participem, afetem, o universo das receitas tributáveis pela referida contribuição social. A indumentária imposta pelo próprio Poder Público na indústria de processamento de alimentos exigência sanitária que deve ser obrigatoriamente cumprida é insumo inerente à produção da indústria avícola, e, portanto, pode ser abatida no cômputo de referido tributo.
>
> Recurso Especial do Procurador Negado.[14]

É certo que o objeto aqui não são insumos aplicados na produção alimentícia. No entanto, da mesma forma que estes insumos decorrem da expressa exigência sanitária, as

13. BRASIL. CARF. *Acórdão nº 3301005.603.* Processo nº 13963.000565/200573. 3ª Câmara. 1ª Turma Ordinária. Relator: Liziane Angelotti Meira, 29 jan. 2019. Disponível em: https://acordaos.economia.gov.br/acordaos2/pdfs/processados/13963000565200573_5968452.pdf.

14. BRASIL. CARF. *Acórdão nº 9303-001.740.* Processo nº 13053.000112/200518. 3ª Câmara. Turma Superior Recursos Fiscais. Relator: Nanci Gama, 09 nov. 2011. Disponível em: https://acordaos.economia.gov.br/acordaos2/pdfs/processados/13053000112200518_5252776.pdf

despesas incorridas pelos produtores rurais para manutenção ou preservação das Áreas de Preservação Permanente e Reserva Legal decorrem de imposição do Poder Público, de forma a inviabilizar conduta diversa por parte dos contribuintes na produção, ante o risco de suspensão total das atividades geradoras de receita.

A conclusão, portanto, é que os gastos incorridos pelos produtores rurais para manter ou preservar áreas de proteção especial delimitadas pelo Poder Público podem ser entendidos como imprescindíveis ou, quando menos, relevantes para a atividade econômica por eles praticada. Mesmo entendendo o precedente do STJ de forma restritiva, para caracterizar como insumo somente o que for elemento do processo produtivo, deve-se entender que a restrição territorial da área rural é uma restrição de exploração do bem – o imóvel rural – do qual decorre o produto agropecuário. Portanto, restringir o uso da área rural é regulamentar e restringir o processo produtivo. Logo, tais gastos classificam-se como insumos aptos a gerar créditos de PIS e de COFINS, nos termos do inciso II do art. 3º das Leis nºs 10.637/2002 e 10.833/2003.

4. Conclusão

De todo o exposto, chegamos às seguintes conclusões:

a) O art. 3º, inciso II, das Leis nºs 10.637/2002 e 10.833/2003 estabelece que a pessoa jurídica poderá descontar créditos calculados em relação a bens e serviços, utilizados como insumo na prestação de serviços e na produção ou fabricação de bens ou produtos destinados à venda.

b) O STJ definiu o conceito de insumo para fins de creditamento da contribuição ao PIS e à COFINS, no sentido de que deve ser aferido à luz dos critérios de essencialidade ou relevância, ou seja, considerando-se a imprescindibilidade ou a importância de determinado item – bem ou serviço – para o desenvolvimento da atividade econômica desempenhada pelo Contribuinte.

c) A Receita Federal oficializou seu entendimento de ser relevante o item que, mesmo quando não indispensável à elaboração do produto ou à prestação do serviço, integre o processo de produção ou a execução do serviço, seja pelas singularidades de cada cadeia produtiva, seja por imposição legal.

d) Os gastos com preservação ou manutenção de Áreas de Preservação Permanente e Reserva Legal decorrem da obrigatoriedade imposta aos produtores rurais nos termos das Leis nºs 12.651/2012 e 9.605/98.

e) Esses gastos obrigatórios restringem o uso da propriedade rural e dessa propriedade é que se originam os produtos agropecuários. Por isso, esses gastos caracterizam-se como relevantes à atividade exercida e ao processo produtivo e, por consequência, como insumos aptos a legitimarem os créditos de PIS/COFINS com base no inciso II do art. 3º das Leis nºs 10.637/2002 e 10.833/2003.

Referências

BRASIL. Conselho Administrativo de Recursos Fiscais (CARF). *Acórdão nº 3301005.603*. Processo nº 13963.000565/200573. 3ª Câmara. 1ª Turma Ordinária. Relator: Liziane Angelotti Meira, 29 jan. 2019. Disponível em: https://acordaos.economia.gov.br/acordaos2/pdfs/processados/13963000565200573_5968452.pdf.

______. Conselho Administrativo de Recursos Fiscais (CARF). *Acórdão nº 9303-001.740.* Processo nº 13053.000112/200518. 3ª Câmara/Turma Superior Recursos Fiscais. Relator: Nanci Gama, 09 nov. 2011. Disponível em: https://acordaos.economia.gov.br/acordaos2/pdfs/processados/13053000112200518_5252776.pdf.

______. Superior Tribunal de Justiça (STJ). *Recurso Especial nº 1.221.170 – PR.* Relator: Min. Napoleão Nunes Maia Filho, Brasília, 22 fev. 2018. Disponível em: https://processo.stj.jus.br/processo/revista/documento/mediado/?componente=ITA&sequencial=1350777&num_registro=201002091150&data=20180424&formato=PDF.

RECEITA FEDERAL DO BRASIL. *Solução de Consulta COSIT n° 55.* Coordenação-Geral de Tributação (Cosit), 02 mar. 2023. Disponível em: http://normas.receita.fazenda.gov.br/sijut2consulta/link.action?idAto=129554.

______. *Solução de Consulta COSIT n° 60.* Coordenação-Geral de Tributação (Cosit), 13 mar. 2023. Disponível em: http://normas.receita.fazenda.gov.br/sijut2consulta/link.action?idAto=129674.

CRÉDITO PRESUMIDO DO PIS E DA COFINS DA LEI Nº 10.925/2004 - ASPECTOS CONTROVERSOS

Analelia Galhardo[1]

Beatriz Pazini[2]

Cesar Pezzotti[3]

---

1. Sócia na área de consultoria tributária e societária na PwC Ribeirão Preto. Atua em diversos setores de negócios, com ênfase nas empresas agribusiness. Forte experiênca em serviços de consultoria e compliance, especialmente relacionados aos tributos sobre a renda, faturamento e lucros. Também apresenta experiência em trabalhos de planejamento tributário, reestruturação societária e apoio aos projetos de auditoria. Advogada, é bacharel em Direito pela Faculdade de Direito de Franca e em Ciências Contábeis pela FIPECAFI e pós-graduada em Direito Tributários pelo Instituto Brasileiro de Estudos Tributários - IBET.

2. Gerente Sênior na PwC Brasil com mais de 8 anos de prática em consultoria tributária especialmente focada em empresas e temas do agronegócio. Bacharela em Direito pela Faculdade de Direito de Ribeirão Preto da USP. Bacharela em Ciências Contábeis pela FIPECAFI. Cursando LLM em Direito Tributário na FGV.

3. MBA Executivo em Finanças e Controladoria pela FGV-SP. Graduado em Ciências Contábeis. CFO com mais de 20 anos de experiência em Planejamento Tributário e Societário, FP&A, Planejamento Estratégico, Governança e Compliance Societário e Tributário. Grande experiência em empresas do Agronegócio.

1. Contexto legislativo: crédito presumido no agronegócio e a Lei nº 10.925/2004

As contribuições ao PIS e à Cofins foram inicialmente instituídas considerando exclusivamente o regime cumulativo, não havendo, em tal modalidade, permissão ao aproveitamento de crédito ao longo da cadeia de produção ou comercialização de bens.

Objetivando combater o efeito "cascata" da apuração cumulativa, a Emenda Constitucional nº 42/2003 acrescentou o § 12 ao art. 195 da Constituição Federal, determinando que legislação infraconstitucional pudesse definir o regime não cumulativo para PIS e Cofins para determinados setores da atividade econômica.

Nesse contexto, foram editadas as Medidas Provisórias nº 66 de 2002 e nº 135 de 2003, convertidas, respectivamente, nas Leis nº 10.637/2002 e nº 10.833/2003, disciplinando o regime não cumulativo para o PIS e a Cofins, e definindo sistema de débito e crédito para as operações, buscando atingir a neutralidade tributária ao garantir a não cumulatividade ao longo da cadeia produtiva.

Considerando a importância de manter um equilíbrio na transição entre sistema cumulativo e não cumulativo, bem como garantir a aplicação dos mencionados princípios para as contribuições em comento, a Lei nº 10.684/2003 (ao alterar a Lei nº 10.63720/02 – PIS) e a Medida Provisória nº 135/2003 (convertida na Lei nº 10.833/2003 – Cofins) permitiram que pessoas jurídicas que produzissem mercadorias de origem animal ou vegetal classificadas em capítulos específicos da Nomenclatura Comum do Mercosul (NCM) descontassem crédito presumido na aquisição de insumos de pessoas físicas residentes no País (arts. 3º, § 10 da Lei nº 10.637/2002 e art. 3º, § 5º, da Lei nº 10.833/2003).

Conforme esclarecido na exposição de motivos da Medida Provisória nº 66 de 2002 (cujos dispositivos foram recuperados pela Medida Provisória nº 107 de 2003, a qual foi convertida na Lei nº 10.684/2003) e da Medida Provisória nº 135/2003 (convertida na Lei nº 10.833/2003), o crédito presumido concedido teve como finalidade minorar o desequilíbrio entre débitos e créditos no setor agroindustrial, uma vez que, neste setor, há relevante aquisição de insumos que, no modelo não cumulativo, não iriam gerar crédito de PIS e Cofins posto que não sujeitos à tributação (como é o caso de insumos adquiridos de pessoa física).

Em 2004, a Medida Provisória nº 183 revogou o benefício do crédito presumido previsto nas Leis nº 10.637/2002 e nº 10.833/2003. A revogação se deveu ao fato de a referida Medida Provisória também ter atribuído alíquota zero à comercialização de fertilizantes e defensivos agropecuários classificados no Capítulo 31 da Tabela de Incidência do Imposto sobre Produtos Industrializados – TIPI e, conforme esclarecido em sua exposição de motivos "*com a redução a zero dos já mencionados insumos, por decorrência lógica, haveria de se extinguir o crédito presumido, por afastada sua fundamentação econômica*",[4] uma vez que "*o mencionado crédito presumido foi instituído com a única finalidade de anular a acumulação do PIS e da Cofins nos preços dos produtos dos agricultores e pecuaristas pessoas físicas, dado que estes não são contribuintes dessas contribuições, evitando-se, assim, que dita acumulação repercutisse nas fases subsequentes da cadeia de produção e comercialização de alimentos*".

Após referida Medida Provisória, foi apresentado Projeto de Lei de Conversão nº 40, transformado na Lei nº 10.92520/04, a qual entendeu que a manutenção do crédito presumido e a redução à alíquota zero dos insumos agrícolas não são medidas excludentes, sendo necessário avaliar os produtos abrangidos pela redução e calibrar o percentual de

---

4. BRASIL. *Exposição de Motivos da Medida Provisória n. 183 - MF Nº 00047/2004.* 30 abr. 2004. Disponível em: https://www.planalto.gov.br/ccivil_03/_Ato2004-2006/2004/Exm/EM-47-MF-04.htm.

presunção do crédito. Nesse contexto, além de ampliar o rol de produtos sujeitos à alíquota zero, observando a não cumulatividade das referidas contribuições, a legislação, em seu art. 8º, previu o aproveitamento de crédito presumido por pessoas jurídicas que produzam determinadas mercadorias destinadas à alimentação humana ou animal, sobre a aquisição de insumos utilizados em tal produção, adquiridos não só de pessoa física ou cooperado pessoa física, mas também de cerealistas que exerçam cumulativamente as atividades de limpar, padronizar, armazenar e comercializar café e outros grãos (trigo, centeio, cevada etc.), pessoa jurídica que exerça cumulativamente as atividades de transporte, resfriamento e venda a granel de leite *in natura* e pessoa jurídica que exerça atividade agropecuária e cooperativa de produção agropecuária.

O Superior Tribunal de Justiça (STJ), no julgamento do Recurso Especial nº 1.438.140 - PR, reforçou o objetivo de garantia da não cumulatividade do PIS e da Cofins com a instituição da referida Lei:

> No tocante aos contribuintes que atuam na indústria de alimentos, a Lei n. 10.925/2004 instituiu um regime especial de tributação da Contribuição ao PIS e da COFINS, que sobreveio com o precípuo objetivo de, em observância ao princípio da não cumulatividade, assegurar o aproveitamento de créditos, ainda que não tenha sido gerado para o produtor crédito ordinário na operação anterior. (...)
>
> O mencionado microssistema busca desonerar a cadeia produtiva e estabelece a possibilidade de dedução de crédito presumido da contribuição ao PIS/PASEP e da COFINS tão somente pelas pessoas jurídicas descritas no artigo 8º, caput, da Lei n. 10.925/04, ou seja, pelos produtores de alimentos, caso da ora recorrente.

Atualmente, o art. 8º está assim disciplinado na Lei nº 10.925/2004:

> Art. 8º As pessoas jurídicas, inclusive cooperativas, que produzam mercadorias de origem animal ou vegetal, classificadas nos

capítulos 2, 3, exceto os produtos vivos desse capítulo, e 4, 8 a 12, 15, 16 e 23, e nos códigos 03.02, 03.03, 03.04, 03.05, 0504.00, 0701.90.00, 0702.00.00, 0706.10.00, 07.08, 0709.90, 07.10, 07.12 a 07.14, exceto os códigos 0713.33.19, 0713.33.29 e 0713.33.99, 1701.11.00, 1701.99.00, 1702.90.00, 18.01, 18.03, 1804.00.00, 1805.00.00, 20.09, 2101.11.10 e 2209.00.00, todos da NCM, destinadas à alimentação humana ou animal, poderão deduzir da Contribuição para o PIS/Pasep e da Cofins, devidas em cada período de apuração, crédito presumido, calculado sobre o valor dos bens referidos no inciso II do caput do art. 3º das Leis nºs 10.637, de 30 de dezembro de 2002, e 10.833, de 29 de dezembro de 2003, adquiridos de pessoa física ou recebidos de cooperado pessoa física.

§ 1º O disposto no caput deste artigo aplica-se também às aquisições efetuadas de:

I - cerealista que exerça cumulativamente as atividades de limpar, padronizar, armazenar e comercializar os produtos in natura de origem vegetal classificados nos códigos 09.01, 10.01 a 10.08, exceto os dos códigos 1006.20 e 1006.30, e 18.01, todos da Nomenclatura Comum do Mercosul (NCM);

II - pessoa jurídica que exerça cumulativamente as atividades de transporte, resfriamento e venda a granel de leite in natura; e

III - pessoa jurídica que exerça atividade agropecuária e cooperativa de produção agropecuária

Apesar de a concessão do crédito presumido em questão ter sido prevista em 2004, ainda há aspectos discutidos envolvendo a interpretação de diversos termos da legislação, sendo alguns tratados adiante.

2. Produção x comercialização dos produtos mencionados no *caput* do art. 8º da Lei nº 10.925/2004

O direito ao crédito presumido previsto no art. 8º da Lei nº 10.925/2004 está condicionado, entre outros requisitos, à utilização dos insumos adquiridos para a produção das mercadorias relacionadas no *caput*. Tal artigo não esclarece, contudo, se é necessário que os produtos mencionados no *caput* sejam comercializados pelo contribuinte ou se podem ser utilizados como insumo para produção de outras mercadorias a serem comercializadas, mas que não constem do *caput* do dispositivo em questão.

A Instrução Normativa nº 2.121/2022 esclarece tal situação ao definir, em seu artigo 574, § 4º, que "*aplica-se o disposto neste artigo também em relação às mercadorias relacionadas no caput quando, produzidas pela própria pessoa jurídica ou sociedade cooperativa, forem por ela utilizadas como insumo na produção de outras mercadorias*".

Reforçando o significado de tal artigo, a Receita Federal do Brasil (RFB) se manifestou na Solução de Consulta Cosit nº 36 de 29 de agosto de 2022:

> Pode ser descontado crédito presumido da Contribuição para o PIS/Pasep em relação à aquisição de insumos efetuada de pessoa física, ou de pessoa jurídica com suspensão da exigência da contribuição, para a produção dos produtos agroindustriais constantes no caput do art. 8º da Lei nº 10.925, de 2004, sendo que estes podem ser destinados tanto à venda quanto à utilização como insumos na produção de outros produtos não relacionados naquele dispositivo.[5]

A mencionada solução de consulta examinou situação em que o consulente, a partir de raiz de mandioca e lenha, produz fécula de mandioca (NCM 1108.14.00), a qual pode ser vendida ou utilizada como insumo de outros produtos, tais como o polvilho azedo e amidos modificados (ambos classificados no NCM 3505.10.00) e tapioca (NCM 1903.00.00), sendo que, destes, apenas a fécula de mandioca encontra-se prevista no *caput* do art. 8º da Lei nº 10.925/2004. Na visão da RFB, a legislação não obriga a que o produto disposto no *caput* seja destinado à venda para consumo final, podendo, portanto, ser utilizado como

5. RECEITA FEDERAL DO BRASIL. Solução de Consulta Cosit nº 36, de 29 de agosto de 2022. Disponível em: http://normas.receita.fazenda.gov.br/sijut2consulta/link.action?idAto=126440.

insumo em produtos não listados no *caput* e, dessa forma, possível o aproveitamento de crédito presumido sobre as aquisições dos insumos destinados à produção de fécula de mandioca, ainda que esta não seja vendida ao consumidor final, mas sim utilizada como insumo na produção de mercadorias não dispostas no *caput* do art. 8º.

A interpretação dada pela RFB apresenta razoabilidade com o disposto na própria legislação, a medida em que o caput do artigo 8º da Lei nº 10.925/2004 menciona a necessidade de produção das mercadorias listadas, não trazendo a correlação de produção e comercialização das mesmas mercadorias.

Ainda que possa ser argumentado que a RFB teria extrapolado sua função regulamentadora ao criar nova hipótese de creditamento presumido,[6] é importante destacar que os contribuintes que seguirem referido posicionamento, em eventual fiscalização e glosa, não estarão sujeitos à imposição de penalidades, cobrança de juros de mora e atualização do valor monetário da base de cálculo dos tributos, nos termos definidos pelo parágrafo único do art. 100 do Código Tributário Nacional:

> Art. 100. São normas complementares das leis, dos tratados e das convenções internacionais e dos decretos:
>
> I - os atos normativos expedidos pelas autoridades administrativas;
>
> [...]
>
> Parágrafo único. A observância das normas referidas neste artigo exclui a imposição de penalidades, a cobrança de juros de mora e a atualização do valor monetário da base de cálculo do tributo.

---

6. Vide acórdão proferido pela Terceira Turma do Tribunal Regional Federal da 5ª Região no processo nº 0801666-36.2012.4.05.8300 (BRASIL. TRF-5. *Apelação Cível nº 0801666-36.2012.4.05.8300*. Terceira Turma. Relator: Des. Federal Paulo Machado Cordeiro, 03 set. 2015. Disponível em: https://pje.trf5.jus.br/pjeconsulta/ConsultaPublica/DetalheProcessoConsultaPublica/listView.seam?signedIdProcessoTrf=c8889b9409bb793be012898207fb932a)

Em resumo, portanto, no caso de contribuinte que adquira insumo a ser utilizado para fabricação de produto classificado no *caput* do art. 8º da Lei nº 10.925/0204 e este não ser comercializado, mas sim utilizado como insumo para produção de mercadoria não prevista no *caput*, é possível a interpretação pelo aproveitamento do crédito presumido discutido, seja porque a legislação não determina que o produto mencionado no *caput* deva ser destinado à venda, ou porque a RFB permitiu tal possibilidade, afastando, em caso de fiscalização e glosa, a aplicação de penalidades (sendo devido o principal no caso de adoção dessa segunda linha interpretativa).

3. Insumo do insumo e a possibilidade de crédito presumido

Conforme demonstrado, a interpretação dada pela RFB é no sentido de ser possível o crédito presumido no caso de aquisição de insumos para produção de mercadorias constantes no *caput* do art. 8º da Lei nº 10.925/2004, ainda que estas sejam utilizadas como insumo para produção de outros bens não constantes no rol do mencionado dispositivo. Nota-se que a interpretação não abrange a possibilidade de creditamento no caso de itens adquiridos para a produção do próprio insumo quando este, apesar de ser utilizado para a produção de mercadoria a ser comercializada prevista no *caput*, não conste, ele próprio, em tal rol.

É o caso, por exemplo, de pessoa jurídica que produz suco de laranja (NCM 2009.1) destinado ao mercado interno[7] e, para tanto, adquire lenha de eucalipto e a transforma em cavaco de eucalipto a ser utilizado como insumo para alimentar fornalhas e caldeiras que geram energia para a

7. O suco de laranja destinado à exportação não está mais previsto no *caput* do artigo 8º da Lei nº 10.925/04, conforme parágrafo único do artigo 17 da Lei nº 12.794/13.

produção do suco. Nessa hipótese, apenas o NCM do suco de laranja está no *caput* do art. 8º da Lei nº 10.925/2004, sendo que o cavaco de madeira (NCM 4401.22.00) não consta no mencionado rol. A discussão travada, portanto, envolve a possibilidade de creditamento na aquisição da lenha de eucalipto, uma vez que o produto diretamente produzido por ela (cavaco de eucalipto) não consta no *caput* do art. 8º, mas o produto final (suco de laranja), sim.

Da mesma forma, no caso de pessoa jurídica que realize o procedimento de engorda e abate de boi vivo para a comercialização de preparações e conserva de carne bovina, pode haver o questionamento sobre a possibilidade de aproveitamento de crédito presumido na aquisição de insumos utilizados no processo de engorda do gado em questão. É o caso, por exemplo, da aquisição de milho para a produção de ração (NCM 23.09) a ser utilizada no procedimento de engorda do boi a ser abatido – nessa hipótese, apenas as preparações e conserva de carne bovina (NCM 1602.50.00) constam no *caput* do art. 8º da Lei nº 10.925/2004,[8] ao passo em que a ração produzida a partir do milho adquirido (NCM 23.09)[9] não consta no mencionado rol.[10]

Apesar de tal possibilidade não estar expressa na legislação e/ou Instrução Normativa, é possível depreender sua aplicação considerando o conceito de insumo definido pelo STJ no REsp 1.221.170/PR e posteriormente regulamentado pela Instrução Normativa RFB nº 2.121/2022.

8. O artigo 37 da Lei nº 12.058/09 retirou algumas mercadorias derivadas do boi vivo do caput do artigo 8º da Lei nº 10.925/04 – contudo, os NCMs não retirados permanecem sujeitos ao microrregime disciplinado pela mencionada lei.

9. O artigo 57 da Lei nº 12.350/2010 determinou a não aplicação do artigo 8º da Lei nº 10.925/2004 ao NCM 23.09.90.

10. Por meio da Solução de Consulta Cosit nº 41 de 18 de outubro de 2022, foi questionado à RFB a possibilidade de aproveitamento de crédito presumido sobre a aquisição de bens utilizados no manejo e durante o processo de engorda do gado bovino – sob a ótica da Lei nº 10.925/2004. Contudo, considerando que a pergunta foi formulada de forma genérica, o questionamento foi considerado ineficaz.

No mencionado julgamento, o STJ definiu o conceito de insumo sob a luz dos critérios de essencialidade ou relevância, considerando a imprescindibilidade ou importância de determinado item para a produção das mercadorias ou serviços a serem prestados. A RFB, por sua vez, normatizou o entendimento e definição de insumos no art. 176 da Instrução Normativa nº 2.12120/22, esclarecendo que, consideram-se insumo, inclusive "*bens ou serviços necessários à elaboração de insumo em qualquer etapa anterior de produção de bem destinado à venda ou na prestação de serviço a terceiros (insumo do insumo)*" (art. 176, § 1º, I).

Dessa forma, considerando que o art. 8º da Lei nº 10.925/2004 permite o aproveitamento de crédito presumido sobre a aquisição de bens utilizados como **insumo** para a produção das mercadorias listadas em seu *caput* e diante do conceito de insumo firmado pelo STJ e regulamentado pela RFB, torna-se irrelevante se o bem adquirido é utilizado diretamente na produção das mercadorias previstas na legislação ou se é utilizado como insumo do insumo de tais mercadorias, ainda que apenas a mercadoria final esteja no rol previsto na legislação como passível de creditamento.

Cumpre destacar que tal interpretação permite o aproveitamento de crédito presumido sobre a aquisição de itens classificados como "insumo do insumo", ou seja, que serão utilizados para a produção de insumos (não constantes no *caput* do art. 8º da Lei nº 10.925/2004) destinados à produção das mercadorias listadas no referido *caput*, não sobre o custo de produção total do insumo do insumo produzido. Ou seja, no caso de produção própria de insumo destinado à produção de mercadorias listadas no *caput* do art. 8º da Lei nº 10.925/2004, só serão passíveis de creditamento de forma presumida os insumos adquiridos para que a produção própria seja viabilizada, não sendo objeto de crédito a totalidade do custo de produção do insumo próprio.

Cumpre destacar, ainda, que tal possibilidade de creditamento está sujeita a todos os demais requisitos estabelecidos pela legislação – por exemplo, a necessidade de a aquisição ser realizada por pessoa física, cerealista, pessoa jurídica que exerça cumulativamente as atividades de transporte, resfriamento e venda a granel de leite in natura e pessoa jurídica que exerça atividade agropecuária.

4. Lei nº 10.925/2004: produção x industrialização por encomenda

Conforme visto, o art. 8º da Lei nº 10.925/2004 permite o desconto de crédito presumido no caso de aquisição de insumos por pessoas jurídicas que **produzam** mercadoria de origem animal ou vegetal disciplinadas no *caput*. A Instrução Normativa nº 2.121/2022, por sua vez, ao regulamentar sobre o crédito presumido em questão, determina, em seu art. 574, que o creditamento é permitido no caso de aquisição de insumos utilizados na **fabricação** dos produtos mencionados nos arts. 560 e 561.

Apesar de tais dispositivos mencionarem os termos "produção" e "fabricação", não há, em tais normas, definição do que está englobado em tais situações, podendo ser discutida sua abrangência em situações específicas, tais como no caso de industrialização por encomenda, ou seja, no caso em que a pessoa jurídica adquira insumos para a produção das mercadorias listadas na legislação, mas remeta a terceiros para que a industrialização seja realizada.

A Receita Federal do Brasil (RFB) já se manifestou no sentido de vedar o creditamento em tais situações, entendendo que a legislação é clara ao permitir o creditamento apenas no caso em que a produção seja própria. Questionada por contribuinte[11] que adquiria café *in natura* de pessoa

11. RECEITA FEDERAL DO BRASIL. Solução de Consulta Cosit nº 330, de 21 jun.

física e o remetia a terceiro para realização das atividades de padronização, beneficiamento, preparo e *blend* (atividades classificadas como produção de café pelo parágrafo 6º do art. 8º da Lei 10.925/2004 – vigente à época da consulta), a RFB entendeu que a produção deve ser própria e que, como essa situação é clara na legislação, não haveria a possibilidade de aplicação de analogia a conceitos de industrialização e industrialização por encomenda adotados para fins de Imposto sobre Produtos Industrializados (IPI). Ainda sob a óptica da RFB, nesse caso não estaria caracterizada ofensa ao princípio da isonomia, a medida em que as condições para o creditamento de forma presumida estariam na legislação, sendo que o próprio contribuinte, sabendo de tais condições, teria se submetido a tratamento diferenciado.

Por outro lado, em manifestação mais recente, a RFB não foi tão clara ao responder dúvida do consulente, deixando margem para interpretação e questionamentos. A Solução de Consulta nº 241 de 23 de outubro de 2023 tratou de caso em que o consulente caracteriza-se como cerealista que adquire arroz em casca de produtor rural, revendendo-o para outra pessoa jurídica que faz o beneficiamento do arroz, sendo que tal beneficiamento será realizado via industrialização por encomenda da consulente (ou seja, quem está adquirindo o arroz não irá realizar o beneficiamento, mas sim irá remetê-lo para a pessoa jurídica de quem comprou o insumo para que esta realize o beneficiamento via industrialização por encomenda). Entre diversos outros aspectos, a consulente questiona sobre a aplicação da suspensão no caso da venda e se há a possibilidade de o adquirente, para quem ela está vendendo o arroz, apropriar-se de crédito presumido.

2017. Disponível em: http://normas.receita.fazenda.gov.br/sijut2consulta/link.action?naoPublicado=&idAto=84030&visao=anotado.

Antes de adentrar no entendimento proferido pela RFB, cumpre destacar que a suspensão discutida está prevista no art. 9º da Lei nº 10.925/2004 e arts. 558 e 563 da Instrução Normativa nº 2.121/2022, trazendo, entre seus requisitos de aplicação, a necessidade de o adquirente utilizar o produto vendido para ele com suspensão como insumo na fabricação dos produtos mencionados no *caput* do art. 8º da Lei nº 10.925/2004. Dito isto, em relação à suspensão, a RFB entendeu que os requisitos estão presentes; por outro lado, não solucionou o questionamento quanto à possibilidade de creditamento pelo adquirente por entender que o consulente não teria legitimidade para formular consulta sobre obrigação tributária da qual não é o sujeito passivo.

Apesar de não ter entrado, no mérito, quanto à questão do creditamento, ao entender pela obrigatoriedade de aplicação da suspensão sobre as vendas do contribuinte e tendo em vista que, nos fatos narrados, fica claro que a destinatária das vendas irá realizar o beneficiamento do arroz via industrialização por encomenda (não havendo produção própria), é possível entender que, indiretamente, a RFB enquadrou a industrialização por encomenda como "produção" para fins da aplicação da Lei nº 10.925/2004. Assim, embora as autoridades fiscais tenham ressalvado seu entendimento ao mencionar que a suspensão é aplicável "*desde que atendidos os demais requisitos exigidos na legislação*" e tenha se abstido na definição da possibilidade de creditamento no caso do adquirente, possível a interpretação de reconhecimento indireto pelo direito ao creditamento no caso dos fatos narrados.

O Conselho Administrativo de Recursos Fiscais (CARF) também já se manifestou de forma contrária ao contribuinte, entendendo que a legislação, ao determinar que o contribuinte deve produzir as mercadorias do *caput* do art. 8º da Lei 10.925/2004, indica produção própria, uma vez que, quando a legislação deseja equiparar industrialização própria e de terceiros, o faz de forma explícita[12] e que, tratando-se de benefício fiscal concedido, aplicável o art. 111 do Código Tributário Nacional, devendo o benefício ser interpretado de forma restritiva, não permitindo, portanto, que as situações sejam tratadas como equiparáveis.[13]

Apesar das manifestações contrárias proferidas pela RFB e CARF e de não termos identificado manifestações específicas favoráveis no Judiciário, é possível a construção de linha argumentativa que permita o creditamento nas situações em que o contribuinte que adquire insumos para produção das mercadorias elencadas no *caput* do art. 8º da Lei nº 10.925/2004 não realize produção própria, mas sim, contrate terceiros para sua produção.

Isso porque, diferentemente do argumentado pela RFB e pelo CARF, ao mencionar o termo "produção" e "fabricação" não resta claro na legislação se essas devem ser próprias ou não. Mesmo nos casos em que a produção seja terceirizada (industrialização por encomenda), ainda é o adquirente o responsável por tal produção, ficando evidente nas notas fiscais de venda do produto que a operação não trata de mera revenda, mas sim de venda de produção própria, escrituradas com CFOP (Código Fiscal de Operações e de Prestações) 5101 ou 6101 (venda de produção do estabelecimento).

Além de a legislação não deixar claro quais formas de produção estariam abarcadas nas hipóteses de crédito presumido, a avaliação do objetivo da norma nos leva a entender pela possibilidade de creditamento também no caso de industrialização por encomenda, uma vez que a previsão do crédito presumido decorre da necessidade de evitar

12. BRASIL. CARF. *Acórdão nº 3301-002.999*. Processo nº 10983.721188/2013-93. 3ª Câmara, 1ª Turma Ordinária. Relator Conselheiro Marcelo Costa Marques de Oliveira, 21 de junho de 2016.

13. BRASIL. CARF. *Acórdão nº 3302-010.220*. Processo nº 16349.000043/2009-31. 3ª Seção de Julgamento, 3ª Câmara, 2ª Turma Ordinária. Relator: Raphael Madeira Abad, 15 dez. 2020.

resíduos tributários ao longo do segmento do agronegócio e concretizar a não cumulatividade do PIS e da Cofins prevista constitucionalmente. A vedação ao creditamento nos casos de industrialização realizada por terceiros impediria a concretização de tal objetivo, à medida em que os tributos acumulados na comercialização dos insumos não seriam recuperados por nenhum elo da cadeia, uma vez que não há previsão de creditamento sobre tais insumos para a pessoa jurídica que realiza a industrialização.

Além de não cumprir com o objetivo da norma, a ausência de reconhecimento de tal direito pode também representar ofensa aos princípios da igualdade, livre-concorrência e neutralidade tributária, uma vez que concederia tratamento desigual entre contribuintes que exercem a mesma atividade final pelo simples fato de optarem por exercer de formas diferentes, beneficiando apenas os contribuintes com produção própria, ainda que estes e aqueles que optam por terceirizar sua produção possam adquirir, dos mesmos fornecedores e comercializar, ao final, os mesmos produtos.

Por fim, em mais de uma oportunidade,[14] o Superior Tribunal de Justiça (STJ) ao julgar a (im)possibilidade de empresas que exercem as atividades de limpeza secagem, classificação e armazenagem de produtos *in natura*, poderem beneficiar-se do crédito presumido previsto no art. 8º da Lei nº 10.925/2004, discorreu sobre o conceito de "produção" previsto na legislação. Nessas situações, apesar de

14. REsp 1.667.214/PR. REsp 1.670.777/RS e REsp 1.681.189/RS. (BRASIL. STJ. *REsp 1.667.214/PR*. Segunda Turma. Relator: Min. Og Fernandes, 15 out. 2019. Disponível em: https://processo.stj.jus.br/SCON/GetInteiroTeorDoAcordao?num_registro=201700862328&dt_publicacao=03/02/2020). (BRASIL. STJ. *REsp 1.670.777/RS*. Segunda Turma. Relator: Min. Og Fernandes, 15 out. 2019. Disponível em: https://processo.stj.jus.br/SCON/GetInteiroTeorDoAcordao?num_registro=201701073895&dt_publicacao=03/02/2020). (BRASIL. STJ. *REsp 1.681.189/RS*. Segunda Turma. Relator: Min. Og Fernandes, 15 out. 2019. Disponível em: https://processo.stj.jus.br/SCON/GetInteiroTeorDoAcordao?num_registro=201701512264&dt_publicacao=03/02/2020).

questionável o conceito adotado pelo Tribunal, foi equiparado ao de industrialização, sendo necessário que a empresa realize a transformação do produto, conforme depreende-se do voto do Ministro Relator Og Fernandes no julgamento do Recurso Especial nº 1.670.777 – RS:

> Conforme bem destacado pela Ilustre Subprocuradora-Geral da República Denise Vinci Túlio, "pelos termos da lei (art. 8º, caput, da Lei 10.925/04), verifica-se que o legislador entende por produção a atividade que modifica os produtos animais ou vegetais, transformando-os em outros, tais, por exemplo, a indústria de doces obtidos a partir da produção de frutas; a indústria de queijos e outros laticínios, obtidos a partir do leite" (e-STJ, fl. 580).
>
> Correto referido raciocínio, pois, no meu entender, para fazer jus ao benefício fiscal, a sociedade interessada deve produzir mercadorias, ou seja, deve realizar processo de industrialização a partir de grãos de soja, milho e trigo adquiridos de pessoa física, cooperado pessoa física ou cerealista, transformando-os em outros (v.g. óleo de soja, farelo de soja, leite de soja, óleo de trigo, farinha de trigo, pães, massas, biscoitos, fubá, polenta etc.).[15]

O Decreto nº 7.212/2010, que regulamenta a cobrança, fiscalização, arrecadação e administração do Imposto sobre Produtos Industrializados – IPI, definiu, em seu art. 4º, o conceito de industrialização, esclarecendo, em seu parágrafo único, que *"são irrelevantes, para caracterizar a operação como industrialização, o processo utilizado para obtenção do produto e a localização e condições das instalações ou equipamentos empregados"*. Ainda, o art. 9º, IV, do mesmo diploma legal equipara o estabelecimento industrial *"os estabelecimentos comerciais de produtos cuja industrialização tenha sido realizada por outro estabelecimento da mesma firma ou de terceiro, mediante a remessa, por eles efetuada, de matérias-primas, produtos intermediários, embalagens, recipientes, moldes, matrizes ou modelos"*.

15. BRASIL. STJ. REsp 1.670.777/RS. Op. Cit.

Assim, partindo-se do entendimento do STJ de que produção e industrialização são equiparáveis para fins de aplicação do art. 8º da Lei nº 10.925/2004, e considerando a definição trazida pelo Decreto nº 7.212/2010, determinando que é irrelevante o processo utilizado para a obtenção do produto industrializado e sendo o estabelecimento comercial que encomenda a industrialização equiparável a estabelecimento industrial, a empresa que adquire insumos e os remete para industrialização dos produtos disciplinados no caput do art. 8º da Lei nº 10.925/2004 poderia ser classificada como "produtora" e, portanto, sujeita ao crédito presumido disciplinado na legislação em questão.

Ainda em relação à aplicação da legislação própria do IPI, o STJ julgou, repetidas vezes, a aplicação do crédito presumido previsto na Lei nº 9.363/96 no caso de industrialização por encomenda, entendendo que:

> o benefício fiscal consistente no crédito presumido do IPI é calculado com base nos custos decorrentes da aquisição dos insumos utilizados no processo de produção da mercadoria final destinada à exportação, não havendo restrição à concessão do crédito pelo fato de o beneficiamento do insumo ter sido efetuado por terceira empresa, por meio de encomenda.[16]

Assim, considerando que não foram identificadas manifestações do STJ sobre o tema específico discutido (possibilidade de o termo "produção" previsto no art. 8º da Lei nº 10.925/2004 compreender também industrialização por encomenda para fins de crédito presumido do PIS e da Cofins), possível a utilização de entendimento análogo adotado pelo STJ quando do julgamento sobre o crédito presumido de IPI.

---

16. BRASIL. STJ. *EDcl no REsp 1.474.353/RS*. Segunda Turma. Relator: Min. Mauro Campbell Marques, 13 dez. 2018.

Em resumo, apesar de posicionamentos contrários da RFB e do CARF, há argumentos que fundamentam o aproveitamento de crédito presumido para os contribuintes que, cumprindo todos os requisitos do art. 8º da Lei nº 10.925/2004, não realizem a produção própria das mercadorias definidas no *caput*, fazendo-a através de industrialização por encomenda.

5. Considerações finais

A possibilidade de crédito presumido no caso de pessoas jurídicas que produzam determinadas mercadorias destinadas à alimentação humana ou animal e adquiram insumos utilizados para tal produção de pessoas físicas, pessoas jurídicas que exerçam a atividade agropecuária e cerealistas está prevista, há tempos, no ordenamento jurídico brasileiro, havendo ainda, muita discussão sobre o alcance de seus termos.

A possibilidade de aproveitamento de crédito nas situações em que a produção não é própria, mas sim terceirizada, é um dos temas discutidos sendo que, apesar de encontrar óbice nos entendimentos proferidos pela RFB e CARF, encontra argumentos para sua utilização, especialmente considerando o objetivo da norma ao instituir tal creditamento, buscando garantir o princípio da não cumulatividade garantido constitucionalmente e diante do fato de sua vedação poder representar ofensa aos princípios constitucionais da igualdade, livre- concorrência e neutralidade tributária. Além disso, a equiparação do conceito de "produção" ao de "industrialização" promovida pelos Ministros do STJ para fins de aplicação da legislação nos leva a conceito definido pela legislação do IPI, o qual equipara pessoa jurídica comerciante, cuja industrialização tenha sido encomendada a terceiros, a estabelecimento industrial.

Situações em que, apesar de a pessoa jurídica ter produzido os produtos mencionados no *caput* do art. 8º da Lei nº 10.833/2003, não ter destinado tais produtos à comercialização, mas sim à produção de novas mercadorias não listadas no *caput*, também geram dúvidas e discussões, sendo que, a partir da leitura do art. 574, § 4º da Instrução Normativa nº 2.121/2022 e do posicionamento da RFB proferido na Solução de Consulta Cosit nº 36 de 29 de agosto de 2022, restou claro o entendimento pela possibilidade, uma vez que não há previsão legal de que os produtos do *caput* sejam destinados à comercialização, apenas que eles sejam produzidos pela pessoa jurídica.

Por fim, em relação às hipóteses de produção de insumo próprio destinado à fabricação das mercadorias do *caput* do art. 8º da Lei nº 10.925/2004, possível argumentar pela viabilidade do creditamento de forma presumida sobre a aquisição de bens utilizados como insumo em tal produção ("insumo do insumo"), ainda que o insumo próprio produzido não conste no *caput* do art. 8º da legislação, uma vez que o conceito de insumo abarca todos os bens essenciais ou relevantes para o desenvolvimento da atividade econômica desempenhada pelo contribuinte, não havendo necessidade de o bem ser utilizado diretamente na produção.

Referências

BRASIL. Conselho Administrativo de Recursos Fiscais (CARF). *Acórdão nº 3301-002.999.* Processo nº 10983.721188/2013-93. 3ª Câmara, 1ª Turma Ordinária. Relator: Marcelo Costa Marques d›Oliveira, 21 jun. 2016.

______. Conselho Administrativo de Recursos Fiscais (CARF). *Acórdão nº 3302-010.220.* Processo nº 16349.000043/2009-31.3ª Seção de Julgamento, 3ª Câmara, 2ª Turma Ordinária. Relator: Raphael Madeira Abad, 15 dez. 2020.

______. *Exposição de Motivos da Medida Provisória n. 183 - MF Nº 00047/2004*. 30 abr. 2004. Disponível em: https://www.planalto.gov.br/ccivil_03/_Ato2004-2006/2004/Exm/EM-47-MF-04.htm.

______. Superior Tribunal de Justiça (STJ). *EDcl no REsp 1.474.353/RS*. Segunda Turma. Relator: Min. Mauro Campbell Marques, 13 dez. 2018.

BRASIL. Superior Tribunal de Justiça (STJ). *REsp 1.670.777/RS*. Segunda Turma. Relator: Min. Og Fernandes, 15 out. 2019. Disponível em: https://processo.stj.jus.br/SCON/GetInteiroTeorDoAcordao?num_registro=201701073895&dt_publicacao=03/02/2020.

______. Superior Tribunal de Justiça (STJ). *REsp 1.667.214/PR*. Segunda Turma. Relator: Min. Og Fernandes, 15 out. 2019. Disponível em: https://processo.stj.jus.br/SCON/GetInteiroTeorDoAcordao?num_registro=201700862328&dt_publicacao=03/02/2020.

______. Superior Tribunal de Justiça (STJ). *REsp 1.681.189/RS*. Segunda Turma. Relator: Min. Og Fernandes, 15 out. 2019. Disponível em: https://processo.stj.jus.br/SCON/GetInteiroTeorDoAcordao?num_registro=201701512264&dt_publicacao=03/02/2020.

______. Tribunal Regional Federal da 5ª Região. *Apelação Cível nº 0801666-36.2012.4.05.8300*. Terceira Turma. Relator: Des. Federal Paulo Machado Cordeiro, 03 set. 2015. Disponível em: https://pje.trf5.jus.br/pjeconsulta/ConsultaPublica/DetalheProcessoConsultaPublica/listView.seam?signedIdProcessoTrf=c8889b9409bb793be012898207fb932a.

RECEITA FEDERAL DO BRASIL. *Solução de Consulta Cosit nº 36, de 29 de agosto de 2022*. Disponível em: http://normas.receita.fazenda.gov.br/sijut2consulta/link.action?idAto=126440.

______. *Solução de Consulta Cosit nº 330, de 21 jun. 2017*. Disponível em: http://normas.receita.fazenda.gov.br/sijut2consulta/link.action?naoPublicado=&idAto=84030&visao=anotado.

CRÉDITOS DE PIS E COFINS SOBRE ROYALTIES: PERSPECTIVA DO PROCESSO PRODUTIVO

Prof. Msc. Rafael Garabed Moumdjian[1]

1. Introdução

Este artigo traz uma breve visão sobre uma série de desafios e complexidades no que tange à possibilidade de recuperação de créditos de PIS (Programa de Integração

1. O autor é Graduado em Direito pela Universidade Municipal de Mogi das Cruzes, Graduado em Contabilidade pela Universidade Paulista, Pós-graduado em Direito Público pela Universidade de São Paulo, Mestre em Direito Tributário pela Faculdade de Direito de São Paulo e possui certificação academia SAP em "Material Management" pela SAP Scotland. Atua como Professor em diversas Instituições de Ensino em Direito Tributário e Direito Público, sendo que atualmente é Coordenador do Curso de Gestão e Tributação no Agronegócio pelo Instituto de Ensino BSSP e Professor Convidado do MBA em Direito Tributário e Empresarial da Fundação Getúlio Vargas e Faculdade de Ciências Aplicadas da Universidade de Campinas – Unicamp. Autor de diversos artigos em renomadas Instituições de Ensino, palestrante nos mais diversos fóruns empresariais do setor e membro do Board da Live University na Gestão 2023/2024. No âmbito empresarial, ocupa a posição de "Head of Indirect Tax & LTOs", responsável pelas funções de reporte, compliance, tecnologia e planejamento tributário do Syngenta Group.

Social) e Cofins (Contribuição para o Financiamento da Seguridade Social) em relação aos royalties.

Importante ressaltar que "*tributar de forma diferenciada o setor do agronegócio não é privilégio mas, verdadeiramente, cumprir o que determina a Constituição Federal e o sistema jurídico brasileiro*".[2]

Os bens intangíveis e/ou incorpóreos, tais como: marcas, patentes, softwares e direitos autorais, têm ganhado cada vez mais importância na economia. No entanto, a legislação nem sempre acompanha a evolução desses ativos, gerando dúvidas e incertezas quanto à forma correta de tratá-los sob a óptica tributária e contábil.

Muitas empresas brasileiras, para executar suas atividades, celebram contrato de licenciamento de tecnologia com as empresas que são suas detentoras. Tais contratos são principalmente firmados com partes não relacionadas no Brasil, e ainda contemplam a necessidade de envolver o direito de realizar testes, produzir modelos até chegar à multiplicação em grande escala para comercialização, como se verifica nos casos das sementes.

De forma geral, dos Contratos de Licenciamento, decorrem custos com *royalties* para que determinada empresa (licenciada) possa usar tecnologia desenvolvida por terceiro (licenciante), merecendo destaque dois critérios:

1. Produção em escala comercial do produto agrícola estabelecido com base em um preço fixo por hectare, consumo, estoque ou qualquer outro indicador que seja de acordo entre as partes;
2. Comercialização do produto acabado, em relação ao qual deverá ter previsão que o valor devido ao

2. CALCINI, Fábio Pallaretti. Tributação diferenciada no agronegócio não é privilégio. *Conjur*, 20 out. 2017. Disponível em: https://www.conjur.com.br/2017-out-20/direito-agronegocio-tributacao-diferenciada-agronegocio-nao-privilegio/.

licenciante seja calculado com base um uma percentagem do volume de vendas realizado pelo licenciado aos clientes.

É importante que as autoridades tributárias e demais aplicadores do Direitos entendam, apliquem e se sensibilizem com as particularidades e, principalmente, necessidades de uma interpretação que não seja restritiva como é a que vimos na jurisprudência nos últimos anos.

Partindo de tais considerações iniciais, apresentamos, em detalhes, as nuances e desafios relacionados ao crédito de PIS e Cofins sobre *royalties*, que é ainda motivo de discussão e controvérsia, sendo abordados aspectos conceituais e legais, bem como posicionamento e jurisprudências relevantes sobre o tema.

2. O regime não cumulativo do PIS e da COFINS

O art. 195, § 12 confirma a não cumulatividade para as contribuições nos seguintes termos:

> (...) § 12º A lei definirá os setores da atividade econômica para os quais as contribuições incidentes na forma dos incisos I, b; e IV do caput, serão não-cumulativas.

O texto constitucional combinado com as Leis nº 10.637/2002 e nº 10.833/2003 ao consagrar de forma expressa a não cumulatividade, deveria ser utilizado como um vetor de interpretação de maior relevância na aplicação das devidas contribuições e seus respectivos créditos.

Com base na premissa constitucional acima, podemos confirmar que o PIS e a Cofins sobre o faturamento foram inicialmente instituídos com a metodologia cumulativa de tributação, porém com a publicação em 2002 da Medida Provisória n. 66, posteriormente convertida na Lei nº 10.637/2002 para o PIS e, em 2003 para a Cofins com a conversão da Medida Provisória nº 135/2003 na Lei nº 10.833/2003, também foi criado o regime não cumulativo dessas contribuições

No regime não cumulativo, o PIS e a Cofins são devidos à alíquota combinada de 9,25%, incidente sobre a receita bruta auferida pela pessoa jurídica, independentemente de sua denominação ou classificação contábil.

Como regra, as pessoas jurídicas que apuram o seu Imposto de Renda e a Contribuição Social sobre o Lucro Líquido pela sistemática do lucro real, devem recolher o PIS e a Cofins de acordo com o regime não cumulativo das respectivas contribuições.

O regime da não cumulatividade permite que os contribuintes reconheçam créditos relativamente a certos custos e despesas especificados em lei, em especial quando utilizados em seu processo produtivo, que pode referir-se tanto à produção de mercadorias como à prestação de serviços a terceiros. Via de regra, os créditos das respectivas contribuições são calculados mediante aplicação da mesma alíquota de apuração dos débitos, qual seja, 1,65% para PIS e 7,6% para Cofins, incidentes sobre o valor de custos e despesas incorridos.

Os custos e as despesas passíveis de apropriação de créditos destas contribuições são, originalmente, somente aqueles mencionados no art. 3º das Leis nº 10.637/2002 e nº 10.833/2003, dentre os quais destaca-se o descrito no inciso II, qual seja:

> (...) bens e serviços, utilizados como insumo na prestação de serviços e na produção ou fabricação de bens ou produtos destinados à venda, inclusive combustíveis e lubrificantes (...)

O conteúdo previsto na norma, entre todas as hipóteses de créditos de PIS e Cofins previstas nos referidos dispositivos, é de longe a mais controversa, tendo em vista que as Leis nº 10.637/2002 e nº 10.833/2003 não traziam consigo o conceito de "insumo" para a aplicação correta da norma tributária vigente.

No que concerne à Receita Federal do Brasil (RFB), as instruções Normativas nº 247/2002 e nº 404/2004 que foram revogadas pela Instrução Normativa nº 1.911/2019 que por sua vez, novamente, foi revogada pela Instrução Normativa nº 2.121/2022, continham dispositivos destinados a demonstrar a interpretação do conceito de "insumo" aos olhos do Fisco.

De acordo com os dispositivos inseridos nas Instruções Normativas nº 247 e nº 404, poderiam ser considerados insumos utilizados na produção de bens destinados à venda ou na prestação de serviços:

1. Matérias-primas, produtos intermediários, material de embalagem e quaisquer outros bens que sofram alterações, tais como desgaste o dano ou a perda de propriedades físicas ou químicas, em função da ação direta no consumo exercido sobre o produto que está em fabricação, desde que não estejam incluídos no ativo imobilizado;
2. Bens aplicados ou consumidos na prestação de serviços, desde que não estejam incluídos no ativo imobilizado do contribuinte;
3. Serviços prestados por pessoa jurídica devidamente instalada no Brasil, aplicados ou consumidos na fabricação dos produtos ou na prestação de serviços.

Com base nas Instruções Normativas supracitadas, a grande maioria das autoridades fiscais interpretava e adotava a corrente mais restritiva do conceito "insumo" que, normalmente gerava uma interpretação literal da legislação do Imposto sobre Produtos Industrializados (IPI), a qual somente autoriza a recuperação de créditos sobre custos e despesas relacionadas à aquisição de matéria-prima, produtos intermediários e de embalagem, quando estes são efetivamente consumidos no processo produtivo desenvolvido pelo contribuinte.

Entretanto, levando-se em consideração que a base de cálculo das contribuições do PIS e da Cofins envolve toda a receita bruta de uma empresa, a aplicação do conceito mais restritivo de insumo que está previsto na legislação do IPI não parece corresponder como a melhor interpretação do termo aplicado na legislação brasileira.

Neste sentido, a aplicação do conceito mais amplo de insumos foi aplicada pela maioria dos contribuintes, aumentando o rol de custos e despesas que podem ser considerados para o cálculo dos créditos de tributários de PIS e Cofins nos termos do inciso II do art. 3º das Leis nº 10.637/2002 e nº 10.833/2003, sendo que o tema foi e ainda é amplamente discutido nos tribunais administrativos e judiciais.

Com base nas mais diversas jurisprudências que abriram precedentes nos últimos anos, surgiram três principais correntes doutrinárias e jurisprudenciais relacionadas a interpretações para fins de qualificação de determinado custo ou despesa como insumo.

Dentre elas, a que se considera mais **restrita**, definindo Insumos nos termos da legislação do IPI é a posição normalmente adotada pelo Fisco, pois se trata de uma posição mais restritiva do conceito de insumo para fins de registro dos créditos das contribuições do PIS e da Cofins, normalmente não autorizando a apropriação de créditos derivados de custos e despesas não relacionados com a aquisição de bens ou serviços diretamente e fisicamente aplicados no processo produtivo do contribuinte, conforme era a disposição das Instruções Normativas nº 247 e nº 404.

Outra posição doutrinária que merece destaque é a posição "ampliada" onde custos e despesas dedutíveis estão em linha com a legislação do IRPJ, para defender que a não cumulatividade do Pis e da Cofins deveria ser interpretada conforme incidência destes tributos. Como o Pis e Cofins incidem sobre receitas da pessoa jurídica, a verdadeira não cumulatividade somente se implementaria se a totalidade de custos, despesas e encargos despendidos para a obtenção de tais receitas dessem direito a créditos destas contribuições. Logo a interpretação correta do termo insumo deveria ser ampla o suficiente para possibilitar a tomada de créditos sobre tais gastos.

Por fim, temos a posição classificada como intermediária para fins de conceituar insumo em função da essencialidade ou relevância do bem ou serviço adquirido, uma vez que nessa interpretação, o conceito de insumo não seria tão restrito como indicado pela legislação do IPI, nem tão amplo como se defende na posição do IRPJ/CSLL. Diante disso, poderiam ser calculados créditos de PIS e Cofins sobre os custos e despesas considerados como essenciais ao processo produtivo, ainda que não direta e fisicamente aplicados no processo produtivo, mas não seria autorizado o registro de créditos sobre outros custos ou despesas que não fossem essenciais ou relevantes ao processo produtivo.

Diante desta "quebra de paradigma" sobre o conceito restrito de insumos, diversas decisões sobre o tema foram proferidas pelo Conselho Administrativo de Recursos Fiscais (CARF), no período entre 2006 até 2010, e os julgados do CARF que analisaram o conceito de insumo decidiram recorrentemente pela sua interpretação restritiva, em linha com a corrente atrelada à legislação o IPI.[3]

---

3. Fundamentação amparada no Parecer Normativo nº 65/1979 e pelas Instruções Normativas nº 247 e nº 404 que é a interpretação da Receita Federal do Brasil.

Entretanto, a partir de 2010, determinadas câmaras do CARF e da Câmara Superior de Recursos Fiscais[4] passaram a adotar a interpretação "intermediária" do conceito de insumos, sendo a mais aderente ao conceito de essencialidade e relevância ao processo produtivo. Ou seja, para a caracterização do insumo como suscetível ao direito de crédito de PIS/Cofins, deveria ser demonstrada a essencialidade do bem ou do serviço para o exercício da atividade econômica do contribuinte, mesmo que os bens ou serviços adquiridos não fossem utilizados diretamente no processo produtivo do contribuinte.

Pois bem, no ano de 2018, o debate tomou maiores proporções e recebeu resoluções bem mais claras ao ser dado direcionamento definitivo após o julgamento "divisor de águas" do Superior Tribunal de Justiça em referência ao Recurso Especial n º 1.221.170/PR,[5] afetado pelo rito repetitivo,[6] em que foi adotado o entendimento no sentido de que o conceito de insumo deve ser aferido sob os critérios de "essencialidade" e "relevância", considerando-se ser imprescindível ou importante um determinado item, seja

4. A CSRF funciona como um tribunal de "terceiro grau" no âmbito dos processos administrativos fiscais federais e tem como objetivo uniformizar decisões divergentes do CARF.

5. BRASIL. Superior Tribunal de Justiça. *Recurso Especial nº 1.221.170/PR*. Relator: Min. Napoleão Nunes Maia Filho, Brasília, 22 fev. 2018. Disponível em: https://processo.stj.jus.br/SCON/GetInteiroTeorDoAcordao?num_registro=201002091150&dt_publicacao=24/04/2018.

6. Sistemática prevista no artigo 543-C, da Lei 5.869/73 (Código de Processo Civil ("CPC") de 1973) vigente à época. O julgamento de recursos repetitivos impede o seguimento aos recursos especiais sobrestados na origem, pendentes de juízo de admissibilidade, nos casos em que o acórdão recorrido coincidir com a orientação do tribunal superior. Já nos casos em que o processo suspenso tenha sido decidido diversamente da orientação dos tribunais superiores, será determinada a adequação da decisão. Caso os processos tenham sido suspensos em primeira ou segunda instância, retomarão seu curso para serem julgados em consonância com a tese firmada pelo tribunal superior (art. 543-C, § 7º, do CPC/73, e art. 1.040 do CPC/2015 (Lei nº 13.105/2015)).

bem ou serviço, para o desenvolvimento da atividade econômica desempenhada pelo contribuinte.

Em breves linhas, a decisão do Superior Tribunal de Justiça determinou que os custos e as despesas incorridos com bens ou serviços considerados como essenciais e/ou relevantes para a consecução da atividade econômica do contribuinte podem gerar créditos de PIS e Cofins, não sendo aplicável o disposto nas Instruções Normativas nº 247 e nº 404, que considerava vertente mais restritiva, imposta pela Receita Federal do Brasil.

Com base no exposto, entendemos que cabe prosseguir com algumas breves análises sobre o importantíssimo precedente do Superior Tribunal de Justiça e, principalmente, sua repercussão no âmbito da RFB, que traz impactos diretos à matéria em debate sobre a possibilidade de aproveitamento de créditos de royalties atrelados ao processo produtivo.

3. STJ e sua decisão no Recurso Especial nº 1.221.170/PR classificado como "divisor de águas"

O "Leading case" que baseou a discussão do conceito de insumo foi um mandado de segurança impetrado pelo contribuinte Anhambi Alimentos Ltda, empresa fabricante de alimentos para animais, buscando o direito de apropriação de créditos de PIS e Cofins sobre os denominados custos indiretos, dentre quais água, combustível, veículos, testes de laboratório, EPI, material de limpeza e algumas despesas que classificamos como comerciais, dentre as quais estão combustíveis, comissão sobre vendas e outras despesas relacionadas com a comercialização do produto final.

Neste contexto é que o Superior Tribunal de Justiça, ao analisar a matéria, decidiu que a classificação de um item como "insumo" para fins de créditos de PIS e Cofins depende de sua **essencialidade ou relevância**[7] para a produção de bens ou a prestação de serviços pela empresa contribuinte, independentemente se o bem ou serviço for consumido direta ou indiretamente no processo de fabricação ou na prestação do serviço.

Além disso, ao darmos continuidade no procedente do STJ, o mesmo deixa claro que a relevância a ser considerada como critério definidor de insumo, é identificável no item cuja finalidade, embora não indispensável à elaboração do próprio produto ou à cadeia produtiva, seja necessário em função de imposição legal, por exemplo, um equipamento de proteção individual (EPI) ou material de limpeza que, nesta medida, distancia-se da acepção de pertencimento, caracterizada nos termos propostos, pelo emprego da expressão aquisição para utilização na produção de produtos ou na execução do serviço.

Ou seja, de forma resumida, os conceitos de essencialidade e de relevância foram definidos da seguinte maneira:

Essencialidade: itens aplicados no processo produtivo ou prestação de serviços sem os quais não haveria a produção ou a prestação de serviços, ou haveria uma redução da qualidade dos produtos e serviços oferecidos aos clientes:

Relevância: itens que não são indispensáveis para o processo produtivo ou prestação de serviços, mas que fazem parte dele, devido a características do processo de produção ou dos serviços prestados ou porque são exigidos por lei.

---

7. "Demarcadas tais premissas, tem-se que o critério da essencialidade diz com o item do qual dependa, intrínseca e fundamentalmente, o produto ou o serviço, constituindo elemento estrutural e inseparável do processo produtivo ou da execução do serviço, ou, quando menos, a sua falta lhes prive de qualidade, quantidade e/ou suficiência" (BRASIL. Superior Tribunal de Justiça. *Recurso Especial nº 1.221.170/PR*. Relator: Min. Napoleão Nunes Maia Filho, Brasília, 22 fev. 2018. Disponível em: https://processo.stj.jus.br/SCON/GetInteiroTeorDoAcordao?num_registro=201002091150&dt_publicacao=24/04/2018, pág. 34).

Após publicação e determinação de tais parâmetros, o Superior Tribunal de Justiça estabeleceu retorno dos autos ao juiz original para que fosse realizada uma nova análise das evidências do caso sob os novos conceitos apresentados quanto à possibilidade de créditos de PIS e Cofins, sendo necessário analisar caso a caso por estar diretamente ou indiretamente ao custo ou despesa relacionado à atividade efetivamente praticada pelo contribuinte, obrigando-se a comprovar a classificação do bem ou serviço como essencial ou relevante para o processo produtivo.

Além da macroavaliação do conceito de insumo, a decisão do STJ, de 2018, no Resp nº 1.221.170/PR, ainda cuidou de tratar nuances desta modalidade de créditos intrinsecamente relacionadas à produção agroindustrial. Isso porque os termos utilizados na legislação matriz do PIS e da Cofins permitiam a interpretação de que apenas os dispêndios incorridos na produção industrial ensejariam o direito ao crédito, deixando de fora os dispêndios incorridos com os produtos agropecuários cultivados ou criados pelas agroindústrias para posterior destinação ao processo de industrialização.

Contudo, a partir do julgamento, restou clara a possibilidade de apropriação dos créditos relacionados à produção de "insumo-do-insumo", considerando a inafastabilidade de sua essencialidade ao produto final produzido pela agroindústria.

Apenas a título de trazer robustez à questão, pode-se aplicar a conclusão de que o crédito das contribuições não deve ser interpretado de forma restritiva como um benefício fiscal, eis que o mesmo decorre da própria não cumulatividade conforme previsto nas Leis nº 10.637/2002 e Lei nº 10.833/2003, de tal sorte que não se deve aplicar o art. 111 do Código Tributário Nacional.[8]

---

8. BRASIL. Superior Tribunal de Justiça. *Recurso Especial nº 1.221.170/PR.*

A mais disso, outra razão que merece destaque é que a legislação deve ser interpretada de forma sistemática e harmônica, significando dizer que, salvo específica determinação legal em sentido contrário, um determinado conceito ou mesmo a expressão produção deve ser interpretada e aplicada em sentido único pela legislação.[9]

Dada a importância do tema e a discrepância entre os posicionamentos anteriores, é decisão do STJ, quando finalizada a discussão do recurso repetitivo, a Receita Federal uniformizou suas interpretações àquelas proferidas pelo repetitivo por meio do Parcer Normativo Cosit nº 5, de 17 de dezembro de 2018, no qual, inclusive, é reconhecida a atividade rural como um processo de produção, como se vê:

> (...) a "produção de bens" aludida no mencionado dispositivo refere-se às atividades que, conquanto não sejam consideradas industrialização, promovem a transformação material de insumos em um bem novo destinado a venda ou o desenvolvimento de seres vivos até alcançarem condição de serem comercializados.

Fica nítido que a produção não estaria, única e exclusivamente, vinculada à industrialização, pois até mesmo a atividade rural seria uma das formas a aplicar. Contudo, não significa dizer que a mera e simples revenda de produtos agrícolas seria uma forma de industrialização, pois existe a necessidade de algum processo, seja humano ou natural, mesmo não configurando uma industrialização de fato.

Por fim, faz-se necessário destacar que outros aspectos relacionados com a matéria também foram debatidos

---

Relator: Min. Napoleão Nunes Maia Filho, Brasília, 22 fev. 2018. Disponível em: https://processo.stj.jus.br/SCON/GetInteiroTeorDoAcordao?num_registro=201002091150&dt_publicacao=24/04/2018.

9. CALCINI, Fábio Pallaretti. Tributação diferenciada no agronegócio não é privilégio. *Conjur,* 20 out. 2017. Disponível em: https://www.conjur.com.br/2017-out-20/direito-agronegocio-tributacao-diferenciada-agronegocio-nao-privilegio/. Acesso em 07 jul. 2023.

no Supremo Tribunal Federal[10] que ainda busca delimitar os contornos e preceitos do "sistema" não cumulativo, pois mesmo havendo a definição da Tese da Exclusão do ICMS da base de cálculo do PIS e da Cofins, não se pode negar que a não cumulatividade permanece um regime de cálculo, pois em sua essência as contribuições permanecem no regime cumulativo, nos termos da Lei nº 9.718/98, principalmente ao nos depararmos com o disposto pela Emenda Constitucional nº 42/2023 e no parágrafo único do art. 195 da Constituição Federal.

4. Impactos na esfera administrativa da Receita Federal do Brasil

Com a definição do conceito de insumo pelo Superior Tribunal de Justiça dentro da sistemática de recursos repetitivos, a Receita Federal do Brasil foi obrigada a se inclinar à mudança sobre a matéria que resultou na publicação do Parecer Normativo COSIT/RFB nº 5[11] ao que se seguiu a publicação da IN RFB nº 1.911/2019 e da IN RFB nº 2.121/2022, trazendo esclarecimentos a respeito do conceito de insumo para fins de apuração e registro de créditos de PIS e Cofins, à luz dos critérios da essencialidade ou relevância do bem ou serviço para a produção de bens destinados à venda ou para prestação de serviços pela pessoa jurídica.

A publicação da Instrução Normativa RFB nº 2.121/2022,[12] em 20 de dezembro de 2022, inovou reforçando

---

10. Caso o STF adote tal interpretação, a sistemática de créditos de PIS e de COFINS estaria mais próxima da Posição 2 comentada no item 2.2, o que seria ainda mais favorável para os contribuintes do que a Posição 3, adotada pelo STJ.

11. Coordenação-Geral de Tributação (COSIT) da Receita Federal do Brasil.

12. A IN ratifica o entendimento adotado no julgamento do ***Tema 69 do STF***, de que o montante a ser excluído das bases do PIS e da Cofins é o ICMS destacado no documento fiscal alterando o dispositivo que versava sobre tal tema na IN 1.911/2019, o qual definia que a exclusão deveria se dar considerando o valor do ICMS a recolher. Ainda sob a ótica de manutenção

as recentes interpretações e conceitos sobre temas que até então eram controversos.

Pois bem, no que tange à definição de insumo para fins das contribuições, a Instrução Normativa ampliou o rol de incisos que definem os bens e serviços possíveis de serem caracterizados como insumo, bem como esclarece quais não se classificam como tal. De forma a trazer maiores esclarecimentos, a regulamentação reforça que embora despesas decorrentes de imposição legal sejam consideradas insumos, excluem-se as situações em que a exigência se dá devido à celebração de contratos ou convenções coletivas.

Com base no disposto acima, passa-se a adotar o seguinte entendimento:

1. O critério da essencialidade: item do qual dependa, intrínseca e fundamentalmente, o produto ou serviço;

   a. Constituindo elemento estrutural de inseparável do processo produtivo ou da execução do serviço;

   b. Ou, quando menos, sua falta prive de qualidade, quantidade ou suficiência para produção;

2. O critério de relevância é identificável no item que integre o processo de produção, embora não seja indispensável à elaboração do próprio produto ou à prestação do serviço. Sua relevância pode-se dar:

   a. Pela particularidade de cada processo produtivo;

   b. Por imposição legal

É importante destacar que a Receita Federal do Brasil formalizou o entendimento sobre pontos que foram decididos

---

do imposto estadual na base dos créditos das contribuições, a nova regulamentação esclarece sobre tal possibilidade, em linha com o entendimento da PGFN sobre o tema, emitido em 2021.

no precedente do Superior Tribunal de Justiça, principalmente pelo efeito de sentença repetitiva e vinculante.

De forma prática, isto significa que o aproveitamento de créditos de PIS e Cofins não deveria levar a divergências por parte do Fisco, mas, por outro lado, a adoção de um entendimento diferente daquele incorporado pela RFB na IN nº 2.121/2022 ainda pode carecer de argumentos adicionais e ser definido por Tribunais Administrativos e Judiciais.

Nesta mesma linha, a IN nº 1.911/2019, que foi revogada pela IN nº 2.121/2022, trouxe, pela primeira vez, a seguinte definição para o termo insumo:

> Artigo 172. Para efeitos do disposto nesta Subseção, consideram-se insumos, os bens ou serviços **considerados essenciais ou relevantes para o processo de produção ou fabricação de bens destinados à venda ou de prestação de serviços** (Lei nº 10.637/02, art. 3º, caput, inciso II, com redação dada pela Lei nº 10.865/2004, art. 37; e Lei nº 10.833/2003, art. 3º inciso II, com redação dada pela Lei nº 10.865/2004, art. 21)
>
> §1º Consideram-se insumos, inclusive: (...)
>
> §2º Não são considerados insumos, entre outros (...)
>
> §3º Para efeitos do disposto nesta Subseção, considera-se:
>
> I - Serviço qualquer atividade prestada por pessoa jurídica a outra pessoa jurídica mediante retribuição; e
>
> **II - Bem não só produtos e mercadorias, mas também os intangíveis**. (grifos nossos)

Em que pese este texto tenha sido revogado, a Instrução Normativa atualmente vigente (IN RFB nº 2.121/22) manteve a equiparação dos intangíveis aos produtos e mercadorias, para fins de apropriação de créditos de PIS e Cofins. A previsão agora consta no § 4º do art. 176, e tem relevância para a interpretação da possibilidade de apropriação de créditos sobre *royalties*.

Ou seja, a maior extensão atribuída ao conceito de insumos, principalmente quando comparamos com as Instruções Normativas anteriores e com o *caput* do art. 176, e a expressa equiparação dos intangíveis a produtos e mercadorias representam importantes elementos para construção da possibilidade de registro de créditos de PIS e Cofins sobre *royalties*, como será melhor analisando no transcorrer deste artigo.

5. Conceito de insumo tangível e intangível na produção rural

Conforme detalhadamente exposto nos tópicos anteriores, o conceito de insumo para PIS e Cofins não encontra embasamento em texto legal, tendo sido construído a partir das discussões administrativas e judiciais que levaram o tema ao STJ, que proferiu decisão em sede de recurso repetitivo mitigando uma série de dúvdas que circundavam a matéria.

O mesmo ocorre com o termo "produção", que assim como os insumos, não encontra conceituação explícita na legislação de PIS e Cofins, razão pela qual se busca sua interpretação em outras fontes da legislação tributária e não tributária. Como exemplo, citamos discussões atreladas à previdência social no contexto de atividade rural e agroindustrial, apresentada na Solução de Consulta COSIT nº 34/2016:

> ASSUNTO: CONTRIBUIÇÕES SOCIAIS PREVIDENCIÁRIAS
> EMENTA: AGROINDÚSTRIA. REGIME SUBSTITUTIVO. ENQUADRAMENTO. BASE DE CÁLCULO.
>
> Agroindústria é a produtora rural pessoa jurídica, que desenvolve atividades de produção rural e de industrialização da produção rural própria ou da produção rural própria e da adquirida de terceiros. **Produção rural são os produtos de origem animal ou vegetal, em estado natural ou submetidos a processos de beneficiamento ou de industrialização rudimentar, bem como os subprodutos e os resíduos obtidos por esses processos.**

> "Industrialização", para fins de enquadramento do produtor rural pessoa jurídica como agroindústria, é a atividade de beneficiamento, quando constituir parte da atividade econômica principal ou fase do processo produtivo, e concorrer, nessa condição, em regime de conexão funcional, para a consecução do objeto da sociedade.
>
> Se a atividade exercida pela consulente preencher os elementos do conceito analítico de agroindústria, ainda que em dado mês não utilize madeira de produção própria, a mesma não deixará de ser, nesse mês específico, agroindústria.
>
> A receita obtida com o exercício de atividade econômica diversa das atividades rural ou industrial, como aquela decorrente da revenda de mercadorias, integra a base de cálculo da contribuição social previdenciária substitutiva (incidente sobre a receita bruta), exceto no caso das operações praticadas pela consulente relativas à prestação de serviços a terceiros. (Grifo nosso)

Assim, denota-se que, para fins previdenciários, a etapa de produção rural é considerada como parte integrante do processo produtivo da agroindústria, seja quando se refira a mero cultivo do produto agrícola ou quando esta etapa é seguida de beneficiamento antes da destinação à industrialização. Diante dessas considerações, pode-se concluir que, no desenvolvimento de produtos rurais rudimentares e naqueles regularmente sujeitos a processo de industrialização tradicional conforme Decreto nº 7.212/2010,[13] com

13. "Art. 4 º Caracteriza industrialização qualquer operação que modifique a natureza, o funcionamento, o acabamento, a apresentação ou a finalidade do produto, ou o aperfeiçoe para consumo, tal como: I - a que, exercida sobre matérias-primas ou produtos intermediários, importe na obtenção de espécie nova (transformação); II - a que importe em modificar, aperfeiçoar ou, de qualquer forma, alterar o funcionamento, a utilização, o acabamento ou a aparência do produto (beneficiamento); III - a que consista na reunião de produtos, peças ou partes e de que resulte um novo produto ou unidade autônoma, ainda que sob a mesma classificação fiscal (montagem); IV - a que importe em alterar a apresentação do produto, pela colocação da embalagem, ainda que em substituição da original, salvo quando a embalagem colocada se destine apenas ao transporte da mercadoria (acondicionamento ou reacondicionamento); ou V - a que, exercida sobre produto usado ou parte remanescente de produto deteriorado ou inutilizado, renove ou restaure o produto para utilização (renovação ou recondicionamento). Parágrafo único. São irrelevantes, para caracterizar a operação como industrialização, o processo utilizado para

a classificação tributária e contábil realizada corretamente como um custo de produção, a apropriação de créditos de PIS e Cofins sobre esses gastos é possível.

Outro tópico relevante à definição de conceitos é a interpretação do que são os bens tangíveis e intangíveis sujeitos à apropriação de créditos de PIS/Cofins. Nesse contexto, temos que são bens tangíveis aqueles conhecidos como corpóreos ou materiais, que existem fisicamente, como móveis, máquinas, peças, dinheiro, inventário, dentre outros, que também integram o patrimônio da empresa

Bens intangíveis, por sua vez, são as propriedades de uma empresa, que não existem fisicamente, como é o caso de marcas, patentes, licenças, direitos autorais, softwares, desenvolvimento de tecnologia, receitas, fórmulas, know-how etc.

Tanto os bens tangíveis como os intangíveis têm valor econômico e para o contribuinte podem ser convertidos em receita e substância econômica para fins de perpetuar a existência do negócio.

Os bens intangíveis são classificados como ativos desde a promulgação da Lei nº 11.638/2007, que fez alterações na legislação sobre demonstrações financeiras. Eles passaram a integrar o grupo dos ativos não circulantes, que devem aparecer no balanço patrimonial.

Como mencionado nesta breve introdução combinada com o disposto no art. 3º das Leis nº 10.637/2002 e 10.833/2003, existe a possibilidade de recuperar créditos de PIS e Cofins em relação a "bens e serviços utilizados como insumos na prestação de serviços ou na produção ou na fabricação de bens ou produtos destinados à venda". Diante dessa autorização, é necessário analisar se os dispêndios

---

obtenção do produto e a localização e condições das instalações ou equipamentos empregados".

com *royalties* com Inscrição de Campo estariam abrangidos por este dispositivo, uma vez que não há nenhum outro item específico na legislação que autorize o registro de créditos sobre tais gastos.[14]

Em razão deste contexto e com base no art. 3º, inciso II das Leis nº 10.637/2002 e nº 10.833/2003, é possível discutir a possibilidade de se apropriar créditos de PIS e Cofins sobre despesas de royalties incorridas pela pessoa jurídica, caso a aquisição do direito de uso da tecnologia seja considerado como: (1) "bens ou serviços"; (2) "utilizados como insumo na produção ou fabricação de bens ou produtos destinados à venda".

Desta forma, entendemos que chegamos ao momento e com o devido suporte técnico para iniciarmos nossos comentários a respeito do direito de uso de tecnologia como "bem ou serviços" utilizados como insumo na produção.

De acordo com o art. 22 da Lei nº 4.506/64, os *royalties* correspondem à remuneração paga pelo uso, fruição ou exploração de direitos, como o uso ou a exploração de invenções, processos, fórmulas de fabricação e de marcas de indústria e comércio.

Os direitos e obrigações que estão intrinsecamente relacionados aos direitos de propriedade industrial no Brasil são regulados pela Lei nº 9.279/96 que deixa expresso em

14. Desde a edição da Lei nº 12.973/2014, que modificou a Lei nº 10.833 (artigo 3º, item XI), é possível que os contribuintes reconheçam créditos de PIS e COFINS sobre despesas de amortização relacionadas a bens incorporados ao ativo intangível, adquiridos para utilização na produção de bens destinados a venda ou na prestação de serviços. De acordo com a posição da COSIT/RFB no PN 5/18 – com a qual concordamos – apuração de créditos de PIS e COFINS na "modalidade aquisição de insumos" é a regra geral de recuperação de créditos aplicável às atividades de produção de bens e de prestação de serviços no âmbito da não cumulatividade das contribuições e, consequentemente, se o dispêndio efetuado pela pessoa jurídica não se enquadrar em nenhuma outra modalidade específica de recuperação de créditos, ele permitirá a apuração de créditos das contribuições caso se enquadre na definição de insumos e não haja qualquer vedação legal, independentemente das regras contábeis aplicáveis ao dispêndio (transcrição do item 105 do PN 5/18).

seu art. 5º, que os direitos relativos à propriedade industrial são considerados bens móveis para efeitos legais. [15]

A doutrina civilista também classifica "direitos" como bens móveis, por determinação legal, e incorpóreos, conforme trecho transcrito abaixo:

> Bens corpóreos são aqueles que nossos sentidos podem perceber: um automóvel, um animal, um livro. **Os bens incorpóreos não têm existência tangível. São direitos das pessoas sobre as coisas, sobre o produto de seu intelecto, ou em relação a outra pessoa, com valor econômico: direitos autorais, créditos, invenções.**
>
> **As coisas corpóreas podem ser objeto de compra e venda, enquanto as incorpóreas prestam-se à cessão.** As coisas incorpóreas não podem ser objeto de usucapião nem de transferência pela tradição, a qual requer a entrega material da coisa.
>
> Em que pese ao silêncio da legislação, essa distinção, que vem desde o Direito Romano, é de importância relativa.
>
> **Os bens incorpóreos são entendidos como abstração do Direito; não têm existência material, mas existência jurídica.** As relações jurídicas podem ter como objeto tanto os bens materiais quanto os imateriais.[16]

Considerando que o direito privado define expressamente os direitos de propriedade industrial e os direitos pessoais como bens móveis para fins legais, vale ressaltar que a lei tributária deveria seguir essa mesma qualificação, a menos que outra fosse a regulação na própria lei tributária, conforme nos termos do art. 109 do Código Tributário Nacional.[17]

---

15. No mesmo sentido, o art. 83, inciso III, da Lei nº 40.406/2002 (popularmente conhecido como Código Civil) prescreve os direitos pessoais de caráter patrimonial são considerados bens móveis para fins legais.

16. VENOSA, Sílvio de Salvo. *Direito Civil:* parte geral. 13. ed. São Paulo: Atlas, 2013, p. 309.

17. Art. 109. Os princípios gerais de direito privado utilizam-se para pesquisa da definição, do conteúdo e do alcance de seus institutos, conceitos e formas, mas não para definição dos respectivos efeitos tributários.

Com base na Lei nº 9.279/96 e no Código Civil, o direito de uso de propriedade industrial pode ser considerado como o direito de uso de bens móveis e, dessa forma, os dispêndios dos royalties incorridos com a sua aquisição poderiam ser objeto de registro de créditos de PIS e Cofins.[18]

Vale destacar que a publicação das Instruções Normativas nº 1.911/2019 e nº 2.121/2022, alteraram substancialmente a posição do Fisco sobre o conceito de insumo, uma vez que a Receita Federal do Brasil tinha antes posição contrária a esse entendimento, como consta na Solução COSIT nº 195/2017, na qual expressa a opinião de que o pagamento de *roaylties* pelo uso de direitos não permitiriam o registro de créditos de PIS e Cofins por não remunerar a aquisição de um bem, uma vez que a propriedade do direito não é transferida para aquele, juridicamente denominado licenciado ou franqueado.[19]

Embora o posicionamento desse entendimento não pareça ser o mais coerente com o recente posicionamento da Receita Federal do Brasil, presente nas Instruções Normativas nº 1.911/2019 e nº 2.121/2022, ressalta-se que, mesmo no intervalo entre as Instruções Normativas comentadas, a Solução de Consulta COSIT nº 117/2020 deixa-nos compreender que os royalties advindos à obtenção de direitos autorais não representariam "aquisição de bens".[20]

A comentada COSIT não deixa margens à discussão, porém também não considera nenhuma referência ao conceito de intangível explorado pela Instrução Normativa nº 1.911/2019.

---

18. Esse entendimento, parece inclusive ter sido adotado pela IN 2.121/2022 que, conforme citamos anteriormente, deixa expresso que o conceito de "bem" utilizados na definição de insumo alcança os intangíveis.

19. No mesmo sentido, Solução de Consulta COSIT nº 99.019/2017.

20. No mesmo sentido, Solução de Consulta COSIT nº 99.014/2020.

A argumentação da respectiva COSIT para negar tal possibilidade de tomada de crédito na modalidade insumos "ignora" a qualificação dos royalties como "bens", tendo direcionado sua conclusão à desqualificação dos royalties como "serviços", principalmente por influência do Supremo Tribunal Federal que enquadrou franquia na regra de incidência do ISSQN, sendo que existe, inclusive, código de serviço específico na Lei Complementar nº 116/2003 no código de serviços 17.08 – Franquia – Franchising.[21]

Entretanto, em relação ao enquadramento como "bem", a omissão na COSIT nº 117/2020 quanto à definição trazida pela Instrução Normativa nº 1.911/2019 e posteriormente também incorporada à IN nº 2121/2022 gera um sentimento de estranheza, uma vez que há menção expressa de que intangível qualifica-se como bem ou direito para fins de apropriação de créditos.

O acima disposto é reforçado até porque o direito ao crédito sobre a aquisição de ativos intangíveis (e não a aquisição de direitos de uso de ativos intangíveis remunerada por royalties, direitos de uso e similares) está prevista expressamente em outro dispositivo legal, qual seja o inciso XI do art. 3º das Leis nº 10.637/2002 e nº 10.833/2003, hipótese diferente daquela em que os intangíveis são tratados como insumos.[22]

A mesma posição, agora com fundamentação bem mais extensa, foi formalizada pelo Fisco na COSIT nº 116/2021,[23]

21.

22. Itens 102 a 107 do PN 5/18. Note que a consideração sobre a "modalidade aquisição de insumos" como regra geral para a apropriação de créditos de PIS e COFINS olocada pela COSIT/RFB justamente para reconhecer que o registro de créditos sobre intangíveis como insumo tem fundamento em outras razões (orientadas pelo conceito de essencialidade e pelo de relevância definidos pelo STJ) que não na previsão expressa que autoriza o registro de créditos de PIS e COFINS sobre ativos intangíveis incorporadas à legislação após a Lei nº 12.973/2014.

23. Na SC COSIT nº 116/2021, o consulente indagava se os pagamentos pelo know-how adquirido em um contrato de franquia seriam creditáveis para fins das contribuições sociais. No caso, além de afastar a qualificação de royalties como serviço, a

na qual as autoridades fiscais reforçaram seu argumento de que royalties não configuram serviços e não permitem, por esse motivo, o registro de créditos sobre serviços adquiridos para serem utilizados como insumos, bem como retomou o seu argumento anterior de que, ainda que os direitos a que estão vinculados sejam qualificados como um "bem", o pagamento dos referidos direitos não configuraria uma aquisição a possibilitar, nos termos da lei, o registro de créditos.

No âmbito da discussão sobre a possibilidade de apropriação de créditos sobre *royalties* relacionados à atividade agrícola, destacamos inicialmente o que dispõe o art. 2º, inciso XXXVIII, da Lei nº 10.711/2003. Mencionado dispositivo estabelece que seria semente o *"material de reprodução vegetal de qualquer gênero, espécie ou cultivar, proveniente de reprodução sexuada ou assexuada, que tenha finalidade específica para semeadura"*.

A "produção" de sementes e sua comercialização pelos produtores (sementeiros) se dá por um processo de multiplicação que, na maioria das vezes, depende de uso de "tecnologia"[24] para uma produção sustentável e o detentor da tecnologia é remunerado através de *royalties*.

Como já comentado, o art. 195, § 12, da Constituição Federal, consagra a não cumulatividade para as contribuições ao PIS e à Cofins. Assim, podemos confirmar que a

---

RFB entendeu que o dispositivo que autoriza o crédito exige que haja "aquisição" de um bem ou serviço e como royalties são devidos pelo uso/exploração/fruição de um bem e não pela sua aquisição não seria possível permitir o crédito de PIS e COFINS, como indicado acima.

24. CALCINI, Fábio Pallaretti. *Tributação no Agronegócio:* algumas reflexões. Londrina, PR: Toth, 2023. "Tecnologia de sementes tem ralação com o tipo de cultivar, pois a variedade de qualquer gênero ou espécie vegetal superior que seja claramente distinguível de outras cultivares conhecidas, por margem mínima de descritores, por sua denominação própria, que seja homogênea e estável quanto aos descritores através de gerações sucessivas e seja de espécie passível de uso pelo complexo agroflorestal, descrita em publicação especializada disponível e acessível ao público, bem como a linhagem componente de híbridos, conforme artigo 2º da Lei nº 10.711/2003.

robustez da supremacia material e formal da CF impõe ao legislador infraconstitucional a observância dos critérios específicos e perfil próprio relacionado com o aspecto vinculado à receita/faturamento, de maneira que não é adequada a adoção dos critérios do IPI e ICMS, pois o caso de que trata este artigo está relacionado à receita gerada por aquele que aplica o item em sua atividade econômica.

A não cumulatividade prevista na Constituição Federal de 1988 não é um benefício fiscal, mas direito subjetivo do contribuinte de não ter impacto no ciclo da atividade econômica, uma tributação que seja cumulativa.

Nesse sentido, a partir do texto constitucional, o legislador opta por aplicar a tributação da receita de um modo muito mais amplo. Em contrapartida, ao estabelecer a não cumulatividade e a respectiva concessão de créditos, não poderá optar por medida de peso diversa quanto à amplitude aplicável nestes casos, tendo em vista os Princípios da Igualdade, Razoabilidade e Moralidade, pois se a tributação e a não cumulatividade se dão em função da receita, o critério há de ser o mesmo para as contribuições. [25]

Bem por isso, o entendimento sobre a noção de insumos para fins de PIS e Cofins é abrangente, combinado com os critérios aplicados ao IPI e IRPJ, ou seja, comportando as despesas, custos e dispêndios que contribuam de forma direta ou indireta para o exercício da atividade econômica, visando à obtenção de receita, salvo expressa previsão legal em sentido contrário. [26]

---

25. CALCINI, Fábio Pallaretti. Pis e Cofins. Algumas ponderações acerca da não cumulatividade. *Revista Dialética de Direito Tributário*. São Paulo: Dialética, v. 176. p. 62. 2010; CALCINI, Fábio Pallaretti. Pis/Cofins, não cumulatividade e insumo. In: ROCHA, Valdir de Oliveira (coord.). *Aspectos constitucionais e legais*: Grandes questões atuais do direito tributário. São Paulo: Dialética, 2015. v. 19. p. 35-59.

26. CALCINI, Fábio Pallaretti. Pis/Pasep e Cofins na Agroindústria: Insumo do Insumo e o Precedente do Superior Tribunal de Justiça. XV Congresso Disponível em: https://www.ibet.com.br/pis-pasep-e-cofins-na-agroindustria-insumo-do-insumo-e-o-precedente-do-superior-tribunal-de-justica-por-fabio-pallaretti-calcini/.

Em suma, os bens e serviços adquiridos com incidência dos tributos, os quais em conexão direta ao exercício da atividade econômica do contribuinte para que se concretize a geração de receita, devem ser considerados insumos e, consequentemente, gerarão direito ao crédito do PIS e da Cofins para o abatimento de tributos.

Desse modo, levando em consideração as fundamentações anteriormente demonstradas, entende-se que a multiplicação de sementes,[27] reprodução de genomas, criação de tecnologias mais robustas a pragas para fins de maior produção rural, bem como a utilização da tecnologia de terceiros cujo ônus financeiro seja o pagamento dos *royalties*, em nosso caso, deveriam ser base dos créditos.

Corroborando com o entendimento do Superior Tribunal de Justiça, nos parece evidente que o pagamento de royalties tem total conexão com o requisito da essencialidade, eis que, sem tais conhecimentos, o contribuinte não produz seu produto intermediário ou final com a mesma qualidade, mesmo se o dispêndio não se integrar materialmente ao produto.

Diante de tais condições, considerando o fato de que existe um ônus financeiro e dependência essencial para consecução econômica subsequente, do dispêndio com itens incorpóreos empregados na atividade fim do contribuinte, é possível sustentar a possibilidade de recuperação de créditos, especialmente na medida em que se aplica o regime da não cumulatividade estabelecido na Constituição Federal, em seu art. 195, § 12 da Constituição Federal, bem como a noção de insumos prevista no art. 3º, II, das Leis nº 10.637/2002 e nº 10.833/2003.

27. "Artigo 8º. O RNC é o registro único que tem a finalidade de habilitar previamente cultivares para a produção, o beneficiamento e a comercialização de sementes e mudas no Brasil", conforme Decreto nº 10.856/2020 que regulamenta a Lei nº 10.711, de 5 de agosto de 2003, que dispõe sobre o Sistema Nacional de Sementes e Mudas.

6. Posicionamento do Conselho Administrativo de Recursos Fiscais e do Conselho Superior de Recursos Fiscais

Em recentes decisões, a CSRF já se posicionou favoravelmente à possibilidade de registro de créditos de PIS e da Cofins sobre pagamento de *royalties* por transferência de tecnologia, popularmente chamado de know-how, com base no entendimento de que correspondem à remuneração, pelo uso de bens móveis e, consequentemente, podem ser enquadrados como "bens" sobre os quais é autorizado o registro de crédito no ativo pelo art. 3º das Leis nº 10.637/2002 e nº 10.833/2003, desde que todos os requisitos e demais critérios da legislação sejam atendidos. [28]

A título de exemplo, para uma análise mais minuciosa, destacamos a Ementa do Acórdão CSRF nº 9303-010.248, de 11/03/2020, pois durante o debate do direito material e após a análise e ponderação das provas apresentadas pelo contribuinte sobre o respectivo processo produtivo (também confirmado através do objeto social no Contrato Social), os pagamentos a título de royalties foram considerados como essenciais ao processo produtivo e o direito ao registro do crédito foi autorizado pela Câmara Superior de Recursos Fiscais, conforme segue breve transcrição da Ementa a seguir:

> Ementa do Acórdão CSRF nº 9303-010.248, de 11 de março de 2020
>
> CRÉDITOS. NÃO CUMULATIVIDADE. CONCEITO DE INSUMO. STJ. ESSENCIALIDADE OU RELEVÂNCIA. PROCESSO PRODUTIVO.

28. Nos acórdãos CSRF nº 9303-010.248, de 11 de março de 2020, e nº 9303-008.742, de 13 de junho de 2019 (ambos da KSPG Automative Brazil Ltda.), o CSRF analisou a possibilidade de registro de créditos de PIS e COFINS sobre royalties pagos por uma empresa da indústria automotiva à sua matriz no exterior pela transferência de tecnologia, suporte, experiência e conhecimento (isto é, know-how) necessários à produção realizada no Brasil (no caso em questão, de pistões).

O STJ, no julgamento do REsp nº 1.221.170/PR, decidiu pelo rito dos Recursos Repetitivos no sentido de que o conceito de insumo, para fins de creditamento das contribuições sociais não cumulativas (arts. 3º, II das Leis nºs 10.833, de 2003 e 10.637, de 2002), deve ser aferido segundo os critérios de essencialidade ou de relevância para o processo produtivo da contribuinte. (...)

COFINS. CRÉDITOS. REGIME NÃO CUMULATIVO. ROYALTIES

Os royalties tratados como transferência de tecnologia - know-how devem ser considerados como bens móveis nos termos do artigo 83 do Código Civil e, consequentemente, enquadrados como "bens" nos termos do artigo 3º da Lei nº 10.833, de 2003 e geram crédito da contribuição nos casos em que for comprovado o pagamento da COFINS importação, na sua remessa ao exterior.[29]

Ementa do Acórdão CSRF nº 9303-008.742, de 13 de junho de 2019.

COFINS. CONTRIBUIÇÃO NÃO CUMULATIVA. CONCEITO DE INSUMOS.

Com o advento da NOTA SEI PGFN MF 63/18, restou clarificado o conceito de insumos, para fins de constituição de crédito das contribuições não cumulativas, definido pelo STJ ao apreciar o REsp 1.221.170, em sede de repetitivo qual seja, de que insumos seriam todos os bens e serviços que possam ser direta ou indiretamente empregados e cuja subtração resulte na impossibilidade ou inutilidade

29. A decisão da Câmara Superior de Recursos Fiscais (CSRF) sobre a não incidência de PIS e Cofins nas remessas relativas a royalties representa um importante esclarecimento no âmbito tributário, trazendo segurança jurídica para as empresas que realizam este tipo de operação. O entendimento da CSRF alinha-se com a interpretação de que os royalties não se enquadram no conceito de receita bruta, base de cálculo para as contribuições do Pis e da Cofins, pois os royalties são pagamentos por direitos de propriedade intelectual ou uso de tecnologia, e não configuram faturamento ou resultado de atividade operacional da empresa. Portanto, não devem ser incluídos na base de cálculo do Pis e da Cofins. Essa decisão não é relevante apenas para as empresas que pagam royalties, mas também para as que os recebem, pois esclarece que esses valores não devem ser tributados pelo Pis e pela Cofins, sendo que isso pode representar uma economia significativa para as empresas que atuam com propriedade intelectual, estimulando a inovação e o desenvolvimento tecnológico. No entanto, é muito importante que os contribuintes estejam atentos aos requisitos e condições estabelecidos pela CSRF para que as remessas relativas a royalties sejam consideradas como não tributáveis pelo Pis e pela Cofins, garantindo assim a conformidade com a legislação tributária.

> da mesma prestação do serviço ou da produção. Ou seja, itens cuja subtração ou obste a atividade da empresa ou acarrete substancial perda da qualidade do produto ou do serviço daí resultantes.

Além das respectivas jurisprudências apresentadas acima, carece destacar que os Tribunais Superiores devem aplicar a Repercussão Geral e necessidade de reprodução das decisões pelo CARF, pois nos termos do artigo 62, §1º, inciso II, alínea "b" e §2º do Regimento Interno do Conselho Administrativo de Recursos Fiscais, aprovado pela Portaria do Ministério da Fazenda nº 343/2015, os membros do Conselho devem observar as decisões definitivas do Supremo Tribunal Federal ou do Superior Tribunal de Justiça, em sede de julgamento realizado nos termos dos ar. 543-B e 543-C da Lei nº 5.869/73.

Diante do exposto neste tópico, embora não seja possível afastar o risco de questionamento do Fisco, ainda mais em momentos onde até "o passado pode mudar", quando falamos em matéria de direito tributário, chegamos à conclusão preliminar que existem bons argumentos para defender que as despesas a título de royalties pelo direito de uso de tecnologia podem ser enquadrados no conceito de "bens" para apropriação de créditos de PIS e da Cofins, sendo que este entendimento é reforçado pelos precedentes do CARF e regulamentação atual da matéria na Instrução Normativa nº 2.121/2022.

Contribui com o ponto, neste sentido a decisão do CARF, na Câmara Superior, elencada a seguir:

> CONTRIBUIÇÃO PARA O FINANCIAMENTO DA SEGURIDADE SOCIAL (COFINS). Período de apuração: 01/07/2008 a 31/01/2008 COFINS. CONTRIBUIÇÃO NÃO-CUMULATIVA. CONCEITO DE INSUMOS. Com o advento da NOTA SEI PGFN MF 63/18, restou clarificado o conceito de insumos, para fins de constituição de crédito das contribuições não cumulativas, definido pelo STJ ao apreciar o REsp. nº 1.221.170, em sede repetitivo – qual seja, de que insumos,

> seriam todos os bens e serviços que possa ser direta ou indiretamente empregados e cuja subtração ou obste a atividade da empresa ou acarrete substancial perda de qualidade do produto ou do serviço daí resultantes.[30]

No caso em tela, inicialmente o Fisco adotou a postura restritiva conforme já era esperado, com o entendimento que bens e serviços só poderiam ser considerados insumos se aplicados diretamente ao processo produtivo, ou seja, o critério tinha a previsão de que o contato físico do insumo com o produto era obrigatório.

Como resultado natural da aderência a um critério tão restritivo vinculado ao contato físico do insumo, não seria possível o crédito de serviços que são, em teoria, vinculados indiretamente ao processo produtivo, bem como não seria possível calcular créditos de PIS e Cofins sobre pagamento de *royalties*.[31]

Esta posição é semelhante àquela adotada na Solução de Consulta SRRF da 6ª Região Fiscal nº 14/2011 e na Solução de Consulta SRRF da 7ª Região Fiscal nº 357/2012.

Contudo, depois de tantos anos de debates nos Tribunais Administrativos e Judiciais, finalmente a posição restritiva do Fisco foi superada e ficou consolidado o

---

30. BRASIL. CARF. *Acórdão nº 9303-008.742*. Processo nº 13888.721085/2013-08. 3ª Turma da CSRF. Relatora: Vanessa Marini Cecconello, 13 jun. 2019. Disponível em: https://carf.fazenda.gov.br/sincon/public/pages/ConsultarJurisprudencia/listaJurisprudenciaCarf.jsf.
Neste sentido: BRASIL. CARF. *Acórdão nº 9303-010.248*. Processo nº 10865.002467/2006-71. 3ª Turma da CSRF. Relator: Luiz Eduardo de Oliveira Santos, 11 mar. 2022. Disponível em: https://carf.fazenda.gov.br/sincon/public/pages/ConsultarJurisprudencia/listaJurisprudenciaCarf.jsf.

31. Por exemplo, na SC COSIT 195/2017, comentada anteriormente, as autoridades fiscais expressaram a opinião de que os royalties pagos pelo arrendamento de direito de jazida de minério de ferro não poderia gerar créditos de PIS e de COFINS como insumos por não constituírem bens ou serviços diretamente aplicados na produção de bens destinados à venda, no contexto da interpretação que requeria a necessidade da existência de contato físico entre o insumo e o bem produzido para venda (ou o bem ou pessoa beneficiado pelo serviço).

entendimento de que para fins de recuperação e registros de créditos de PIS e Cofins, o "insumo" deve considerar todos os bens e serviços essenciais e/ou relevantes que integram o processo produtivo de um certo bem ou para que seja realizada uma prestação de serviços, não havendo nenhuma fundamentação jurídica adicional para a exclusão de custos ou despesas de *royalties* pela utilização de tecnologia e que é essencial para o processo de produção do contribuinte no exercício de sua atividade e consecução econômica.

A nosso ver, o disposto acima é o entendimento mais aderente ao da legislação e das atuais jurisprudências administrativas e judiciais sobre a matéria, uma vez que o regime não cumulativo do PIS e Cofins previsto pelo legislador tem por objetivo a limitação dos efeitos da incidência tributária nas cadeias de produção e circulação mais extensas, ou seja, deve ser interpretada de forma a alcançar este resultado.

De forma sintética, como a base de cálculo do PIS e da Cofins é a receita bruta mensal auferida pela pessoa jurídica, autorizar o registro de créditos sobre todos os custos e despesas relacionados a "insumos" aplicados direta ou indiretamente nos produtos ou serviços que geram receita bruta tributável, nada mais é do que alcançar a não cumulatividade plena.

Neste diapasão, importante frisar que o disposto no art. 111 do Código Tributário Nacional[32] não constitui qualquer obstáculo ou instrumento de interpretação das regras relativas ao regime não cumulativo.

O dispositivo determina que o texto de norma tributária que resulte em suspensão, exclusão do crédito tributário,

---

32. Art. 111. Interpreta-se literalmente a legislação tributária que disponha sobre: I - suspensão ou exclusão do crédito tributário; II - outorga de isenção; III - dispensa do cumprimento de obrigações tributárias acessórias.

outorga de isenção ou dispensa de obrigações tributárias acessórias, deve ser interpretado literalmente.

Os créditos tributários ora discutidos neste artigo, no entanto, não envolvem nenhuma das situações supracitadas, pois o sistema não cumulativo é um mecanismo legal para determinação da base de cálculo das contribuições e não instrumento de concessão de benefícios fiscais.

7. O momento do reconhecimento e registro dos créditos de PIS e COFINS sobre despesas intangíveis

Nos termos da legislação vigente, em regra, o desconto de créditos de PIS e Cofins apurados sobre insumos deve ocorrer quando da aquisição dos referidos insumos utilizados no processo produtivo do contribuinte, conforme previsão do § 1º, inciso I, do art. 3º da Lei nº 10.833/2003.[33]

> § 1º Observado o disposto no §15º deste artigo, o crédito será determinado mediante a aplicação da alíquota prevista no caput do artigo 2º desta Lei sobre o valo:
>
> I – dos itens mencionados nos incisos I e II do caput, **adquiridos no mês.**

No mesmo sentido, o art. 175 da IN RFB nº 2.121/2022, deixa expresso:

> Artigo 175. Compõem a base de cálculo dos créditos a descontar da Contribuição para o Pis/Pasep e da Cofins, no regime de apuração não cumulativa, os valores de aquisições, efetuadas no mês, de (Lei nº 10.637 de 2002, art. 3º, caput, inciso II, com redação dada pelas Lei nº 10.865 de 2004, art. 37; e Lei nº 10.833, de 2003, art. 3º, caput, inciso II com redação dada pela Lei nº 10.865 de 2004, art. 21):

33. Mesma disposição se aplica ao PIS de acordo com o art. 3º, § 1º, inciso I da Lei nº 10.637/2002.

> I – bens e serviços, utilizados como insumo na produção ou fabricação de bens ou produtos destinados à venda; e
>
> II – bens e serviços, utilizados como insumo na prestação de serviços.

Ou seja, seguindo as melhores práticas tributárias e contábeis, visando a tratar o reconhecimento de créditos sobre insumos incorpóreos, a melhor interpretação da legislação leva à conclusão de que o registro dos créditos deve ocorrer no momento em que estes se tornam definitivamente devidos, tanto de uma perspectiva jurídica – com base no regime de competência, que orienta e dirige a apuração do resultado tributário da pessoa jurídica, quanto numa perspectiva contábil, por conta da relação imposta por lei entre a apuração tributária das pessoas jurídicas brasileiras e o registro e a elaboração das demonstrações contábeis, se existentes, para o seu reconhecimento por mensuração. [34]

Em vista disso, e considerando toda a discussão apresentada e que qualifica os créditos sobre royalties como insumos, entende-se que a melhor interpretação da legislação permite a conclusão de que o registro dos créditos deve ocorrer no momento em que estes se tornam definitivamente devidos, tanto na perspectiva jurídica, quanto na perspectiva contábil.

Portanto, diante da identidade conceitual entre os critérios adotados pela legislação tributária com o regramento contábil, de uma perspectiva prática, seria possível afirmar que os créditos deveriam ser registrados no momento em que efetivamente incorrida a despesa correspondente. Desse modo, valores que venham a ser registrados somente

---

34. Com base em nossos estudos, entendemos que não se sustenta as hipóteses de insumos somente ao que for indispensável para a industrialização, pois se este possuir relação com a atividade também há insumo. Podemos utilizar insumos na cadeia produtiva inteira (serviço, comércio e indústria) que permita uma maior produtividade ou mesmo qualidade (blend), não se tratando de um insumo como essencial ou indispensável, mas de total relevância para o processo produtivo.

como uma provisão não seriam passíveis de registro de crédito em um primeiro momento, uma vez que, enquanto provisão, não há certeza quanto ao pagamento da despesa, o que impossibilita o registro do crédito.

Ainda falando sobre a Forma e não mais sobre matéria de Direito, deve-se lembrar que através de malha fiscal das mais diversas obrigações tributárias, tais quais: (1) Escrituração Contábil Digital - ECD; (2) Escrituração Contábil Fiscal – ECF; (3) Sistema Pública de Escrituração Digital – Sped; (4) Escrituração Fiscal Digital das Contribuições – EFDc, o Fisco Estadual e Federal tem rápido e claro acesso aos dados financeiros, estoque, produção e outros correlacionados que estão sendo considerados no objeto fim do contribuinte.

Pois através dos diversos "Blocos" registrados é possível antecipar o julgamento do Fisco perante as operações realizadas pelo contribuinte. São exemplos: Bloco A – notas fiscais de serviço; Bloco C – notas fiscais de mercadorias; Bloco D – conhecimento de transporte sujeitos ao ICMS; Bloco E – Apuração do ICMS e IPI; Bloco F – demais documentos que não sejam notas fiscais e operações financeiras; Bloco G – Controle de Crédito de ICMS do Ativo Permanente CIAP; Bloco H – Controle de Inventário Físico; Bloco K – Controle de Produção e Movimentação de Estoque; Bloco M – apuração do Pis e Cofins e Bloco P – Apuração da contribuição previdenciária sobre a Receita Bruta Substitutiva.

Neste sentido, diante da identidade conceitual entre os critérios adotados pela legislação tributária combinado com o regramento contábil, de uma perspectiva prática, entendemos que o crédito pode e deve ser registrado no momento do efetivo registro da despesa correspondente vinculado à produção.

8. Considerações finais

À luz das análises realizadas neste artigo, é possível concluir que com base em toda legislação e normas infralegais vigentes, as pessoas jurídicas que exercem atividade agroindustrial, inclusive as sociedades cooperativas, sujeitas ao regime de apuração não cumulativa, poderão descontar créditos de PIS e Cofins em cada período de apuração.

Percebe-se que é indevida qualquer interpretação do processo produtivo sem levar em consideração toda a cadeia ou ciclo de produção do contribuinte, conforme cada caso e sua atividade econômica, sob pena de indiretamente e sem uma fundamentação legal específica se restringir à própria noção de insumo, pois não existe uma segregação de conceitos para o mesmo insumo.

O insumo não é somente aquele ligado diretamente ao processo produtivo. Para sua determinação, deve-se levar em consideração sua "essencialidade" e "relevância", no processo produtivo do contribuinte, caso a caso, daí porque será também insumo aquele serviço, produto ou intangível que seja utilizado na elaboração de um produto que será utilizado posteriormente para produção do bem a ser vendido.

Vale dizer que não existe uma completude na noção de processo produtivo e esta análise se torna significativa a partir do momento em que o contribuinte consegue provar um ciclo, não importando se é uma indústria, agroindústria, cooperativa e qualquer outra característica que se enquadre como um processo produtivo, mesmo sendo complexo ou não, pois não faz sentido o destrinchar do conceito.

Quanto aos aspectos contábeis, entendemos que o crédito a registrar contábil e tributariamente se dá no exato momento em que a empresa incorre na despesa vinculada à tecnologia, royalties, “know-how”, direitos autorais ou qualquer outro insumo incorpóreo correspondente.[35]

Por estas razões, caminhamos para a interpretação de aplicação do art. 3º, inciso II, das Leis nº 10.637/2002 e nº 10.833/2003, reforçado pela decisão da Câmara Superior de Recursos Fiscais do CARF, que permite o desconto de créditos de PIS e Cofins no regime não cumulativo para as usinas de açúcar e álcool com relação aos insumos utilizados na fase agrícola.[36]

Ademais, no que tange à possibilidade de créditos sobre royalties, considerando as alterações sofridas nos dispositivos infralegais, bem como os elementos coletados na jurisprudência administrativa, é possível agrupar relevantes argumentos favoráveis ao aproveitamento de créditos de PIS e Cofins sobre tais dispêndios quando o direito de uso remunerado se mostre essencial ou relevante ao desenvolvimento do processo produtivo do contribuinte.

---

35. “O Princípio da Essência sob a Forma Contábil é um conceito contábil que visa garantir que as demonstrações financeiras representem a realidade econômica e financeira das transações e eventos registrados, em vez de se limitarem apenas à forma legal ou documental em que são apresentados. Esse princípio reconhece que, em algumas situações, a forma jurídica ou a documentação de uma transação pode não refletir sua substância econômica real, ou seja, o foco está na essência econômica da transação em vez de sua forma contábil ou legal. Em outras palavras, o Princípio da Essência sobre a Forma Contábil exige que contadores e profissionais da área contábil avaliem a substância econômica das transações e eventos, levando em consideração sua essência econômica real e não apenas os documentos ou acordos formais”. (MARTINS, Eliseu. *Contabilidade de custos.* São Paulo: Ed. Atlas, 2009).

36. “serviço de análise de calcário e fertilizantes, serviços de carregamento, análise de solo e adubos, transportes de adubo/gesso, transportes de bagaço, transportes de barro, argila, transporte de calcário/fertilizante, transporte de combustíveis, transporte de sementes, transporte de equipamentos/materiais agrícolas e industrial, transporte de fuligem/cascalho/pedras/terra/troncos, transporte de materiais diversos”. (CALCINI, Fábio Pllaretti. *Tributação no agronegócio:* algumas reflexões. Londrina: Thoth, 2023).

Referências

ARAUJO, Massilon J. *Fundamentos do agronegócio.* 4. ed. São Paulo: Atlas, 2013.

BECHO, Renato Lopes. *Tributação das cooperativas.* 4. ed. São Paulo. RT, 2019.

BRASIL. Conselho Administrativo de Recursos Fiscais (CARF). *Acórdão nº 9303-008.742.* Processo nº 13888.721085/2013-08. 3ª Turma da CSRF. Relatora: Vanessa Marini Cecconello, 13 jun. 2019. Disponível em: https://carf.fazenda.gov.br/sincon/public/pages/ConsultarJurisprudencia/listaJurisprudenciaCarf.jsf.

______. Conselho Administrativo de Recursos Fiscais (CARF). Acórdão nº 9303-010.248. Processo nº 10865.002467/2006-71. 3ª Turma da CSRF. Relator: Luiz Eduardo de Oliveira Santos, 11 mar. 2022. Disponível em: https://carf.fazenda.gov.br/sincon/public/pages/ConsultarJurisprudencia/listaJurisprudenciaCarf.jsf.

______. Superior Tribunal de Justiça (STJ). *Recurso Especial nº 1.221.170/PR.* Relator: Min. Napoleão Nunes Maia Filho, Brasília, 22 fev. 2018. Disponível em: https://processo.stj.jus.br/SCON/GetInteiroTeorDoAcordao?num_registro=201002091150&dt_publicacao=24/04/2018.

CALCINI, Fábio Pallaretti. De Royalties a créditos de Pis e Cofins, o que decidiu o CARF no último ano. *Conjur,* 03 jan. 2018. Disponível em: https://www.conjur.com.br/2018-jan-03/royalties-creditos-pisconfins-destaques-carf/. Acesso em 16 jun. 2023.

______. Pis e Cofins. Algumas ponderações acerca da não cumulatividade. *Revista Dialética de Direito Tributário,* São Paulo, Dialética, v. 176.

______. Pis/Cofins, não cumulatividade e insumo: aspectos constitucionais e legais. In: ROCHA, Valdir de Oliveira (coord.). *Grandes questões atuais do direito tributário*. São Paulo: Dialética, 2015. p. 35-59. v.19.

______. Tributação diferenciada no agronegócio não é privilégio. *Conjur,* 20 out. 2017. Disponível em: https://www.conjur.com.br/2017-out-20/direito-agronegocio-tributacao-diferenciada-agronegocio-nao-privilegio/.

______. *Tributação no agronegócio*: algumas reflexões. Londrina, PR: Toth, 2023.

CARVALHO, Paulo de Barros. Princípio da Segurança Jurídica em Matéria Tributária. *Revista Diálogo Jurídico*, Salvador, DP, n.16, maio-ago./2007.

DONIAK JR. Jimir. Agroindústria pode ser beneficiada com depreciação. *Conjur*, 29 mar. 2011. Disponível em: https://www.conjur.com.br/2011-mar-29/agroindustrias-direito-beneficio-fiscal-depreciacao-acelerada/. Acesso em 20 jun. 2023.

GOMES, Orlando. *Introdução ao direito civil*. 12 ed. Rio de Janeiro: Forense, 1997.

IUDÍCIBUS. Sérgio de; MARION, José Carlso; BERTUCCI, Neide Maria de Oliveira. *Manual de Contabilidade das sociedades por ações*. 12. ed. São Paulo: Atlas, 2019.

MARINS, Ricardo Mariz. Planejamento tributário: limites éticos e a jurisprudência do STF. *Revista de Direito Tributário Contemporâneo,* São Paulo, v. 8, n.1, p.21-46, jan/jun, 2019.

MARTINS, Eliseu. *Contabilidade de custos*. São Paulo: Ed. Atlas, 2009.

MONTEIRO, Washington de Barros. *Curso de Direito Civil.* 38 ed. São Paulo: Saraiva. 2001.

PAULSEN, Leandro. MELO, José Eduardo Soares de. *Impostos: Federais, Estaduais e Municipais*. 4. ed. Porto Alegre: Livraria do Advogado, 2008.

RECEITA FEDERAL DO BRASIL. Manual de Integração do EFD contribuições. Disponível em: Guia_pratico_EFD_Contribuicoes_Versao_1_35 em PDF (rfb.gov.br). Acesso em 10 jun. 2023.

______. Manual de Integração do Sped Fiscal. Disponível em: Manuais e Guias Práticos (rfb.gov.br). Acesso em 03 jun. 2023.

VENOSA, Sílvio de Salvo. *Direito Civil*: parte geral. 13. ed. São Paulo: Atlas, 2013

UM BREVE ESTUDO SOBRE O SISTEMA DE PRODUÇÃO INTEGRADA E A POSSIBILIDADE DE ANALOGIA AO PROCESSO DE INDUSTRIALIZAÇÃO

Débora Prestes[1]

Juliana Regueira[2]

1. Introdução

O agronegócio é de extrema relevância no Brasil em todos os aspectos: econômico, político e social. O setor

---

1. Débora Prestes é administradora pela PUC-Campinas e especialista em Controladoria pela Universidade Mackenzie. Possui mais de 23 anos de experiência em grandes empresas, com ampla vivência em Planejamento Tributário. Atualmente, é Gerente de Planejamento Tributário Internacional na empresa Seara Alimentos e professora no Instituto J&F. Aprofundou seus estudos em liderança na Universidade de Ohio – EUA, atuando também como mentora de Carreira e Liderança. Linkedin: https://www.linkedin.com/in/tributaristadeboraprestes. Website: www.deboraprestes.

2. Juliana Regueira é advogada formada pela PUC-Rio e especialista em Agronegócio pela Escola Paulista de Direito. Possui mais de 10 anos de experiência, tendo passado por grandes empresas e, atualmente, atuando como *head* das áreas contratual e de agronegócio do VBD Advogados. Linkedin: https://www.linkedin.com/in/juliana-regueira-11700166.

obteve nos últimos anos uma participação crescente no PIB,[3] sendo de 25,7% e 26,6%, nos anos de 2020 e 2021 respectivamente. Em 2022, embora tenha experimentado uma queda, fechando o ano com uma participação correspondente a 24,8%, tal fato é inequivocamente imputável à alta dos custos com insumos, e não a um desaquecimento ou retração do setor.

No Brasil, o agronegócio possui características muito singulares, seja pela extensão territorial que aqui temos, pela tecnologia empregada ou mesmo pela vocação nacional. Não é à toa que o País é referenciado como o celeiro do mundo: o Brasil é o único país que chega a 3 (três) safras ao ano. E, nessa linha, em diversas áreas de produção, a relação estabelecida entre a agroindústria e os produtores rurais tem seguido uma tratativa e desenvolvimento muito próprios, como vemos nos chamados Contratos de Integração. Destaca-se que, ao contrário do que possa parecer, não obstante a Lei nº 13.288/2016,[4] que dispõe sobre os Contratos de Integração, tenha sido sancionada em 2016, as relações de integração em algumas cadeias de produção agroindustriais já são praticadas desde a década de 1960 e eram tratadas como atípicas contratuais, aquelas para as quais não há regramento próprio previsto em lei.

O objetivo do presente estudo é trazer algumas reflexões referentes ao processo abarcado nas relações de produção integrada e como estas constituem, em suma, um único processo com diversas etapas contempladas desde o seu início ao fim, estando todas direcionadas ao mesmo

3. CEPEA; ESALQ. *PIB do Agronegócio Brasileiro.* Disponível em: https://www.cepea.esalq.usp.br/br/pib-do-agronegocio-brasileiro.aspx. Acesso em: 27 ago. 2023.

4. BRASIL. Lei nº. 13.288, de 16 de maio de 2016. Dispõe sobre os contratos de integração, obrigações e responsabilidades nas relações contratuais entre produtores integrados e integradores, e dá outras providências. Disponível em: https://www.planalto.gov.br/ccivil_03/_ato2015-2018/2016/lei/l13288.htm. Acesso em: 06/07/2023.

objetivo, que é disponibilizar a produção agroindustrial ao mercado consumidor.

Assim, serão expostos nesse trabalho: (i) os conceito legais previstos na Lei nº 13.288/2016 – Lei dos Contratos de Integração ("LCI"), visando contextualizar o leitor sobre o processo de produção integrada; (ii) esclarecimentos relativos ao processo de industrialização; e, (iii) sobre a possibilidade de que o sistema de integração pecuária possa, mediante analogia, ser classificado como um processo de industrialização.

2. O sistema de produção integrada

A aplicação do sistema de produção integrada no Brasil data da década de 1960, tendo sido, desde então, de grande importância ao desenvolvimento das atividades agrárias nas quais é aplicado, em especial em relação à avicultura e suinocultura nacionais.

Conforme preceitua a doutrina sobre o tema, as relações agroindustriais baseadas na produção integrada constituem o estabelecimento de uma empreitada conjunta entre integrador e produtor integrado, de tal forma que ambos assumem, cada qual na sua proporção, os riscos da produção agrária.

Sendo assim, por um lado, a agroindústria investe no "antes da porteira", responsabilizando-se pelo padrão de qualidade da matéria-prima ou bens a serem recebidos para o processo de industrialização, assumindo aí a responsabilidade pelo fornecimento e/ou orientação acerca de ração, qualidade das mudas, conforme o caso, disponibilização de remédios, manejo e prestação de assistência técnica especializada ao produtor integrado e, muito frequentemente, com o "depois da porteira", quando se responsabiliza pelo transporte, armazenagem, industrialização e distribuição. O produtor rural, por sua vez, investe no "dentro da porteira", com o manejo da propriedade sob sua posse, por vezes também sob sua propriedade, de forma adequada, com o emprego das orientações recebidas para o trato da produção.

Ao fim, ambos objetivam um fim comum, a saber: o produtor integrado busca garantir a comercialização de sua produção, nos termos e condições previamente estabelecidos ao início do ciclo produtivo, podendo contar, assim, com uma previsibilidade e segurança e, a agroindústria busca atender ao seu mercado consumidor final, com a disponibilização da sua produção à comercialização nos termos sanitários e de qualidades estabelecidos. Até a promulgação da LCI, em 16 de maio de 2016, as relações de produção integrada ocorriam por meio da celebração de contratos atípicos entre a agroindústria e o produtor integrado.

Os contratos atípicos são aqueles formados com base no consensualismo e na aplicação do princípio da liberdade de contratar, conforme preceitua o art. 421[5] da Lei nº 10.406/2002 ("Código Civil"). Os contratos atípicos formam-se a partir de elementos totalmente originais ou podem resultar da fusão de elementos próprios de outros contratos.[6]

Sem a intenção de formar doutrina, partimos do entendimento de que o Contrato de Produção Integrada contempla em si elementos de outros contratos típicos, por exemplo o contrato de parceria, previsto na Lei nº 4.504/1964 ("Estatuto da Terra") e no Decreto nº 59.566/1966, e os contratos aleatórios, cujas previsões são contempladas nos arts. 458 a 461 do Código Civil. Em que pese necessária a distinção entre o contrato de parceria previsto no Estatuto da Terra e a denominação "parceria", sob a qual o Contrato

5. BRASIL. Lei nº. 10.406, de 10 de janeiro de 2002. Institui o Código Civil. Disponível em: https://www.planalto.gov.br/ccivil_03/leis/2002/l10406compilada.htm. Acesso em: 27 ago. 2023.

6. GOMES, Orlando. *Contratos*. 26. ed. Rio de Janeiro: Editora Forense, 2008. p.120.

de Integração era comumente constituído, como não poderia ser diferente, dado que o contrato de parceria típico reserva em si a natureza da álea, se por um lado há um compartilhamento de riscos entre as partes no desenvolvimento da atividade agropecuária, por outro lado há uma clara assunção de tal risco da coisa ou fato futuro regrado no contrato vir a não existir. A esse apanhado de premissas, somam-se as particularidades do Contrato de Integração, as quais se encontram atualmente previstas na LCI.

Pois bem, como fruto do cenário de incertezas trazidas pela atipicidade contratual, em 2016 teve-se a promulgação da LCI dispondo sobre os Contratos de Integração e sobre as obrigações e responsabilidades existentes na relação contratual entre produtores integrados e integradores. Teve-se, enfim, a devida tipificação dos Contratos de Integração, prescrevendo a LCI o conceito de seus agentes e o tipo de atividade que constitui seu objeto.

Nos termos definidos em lei, a integração vertical é a relação contratual entre produtores integrados e integradores que visa a planejar e a realizar a produção e a industrialização ou comercialização de matéria-prima, bens intermediários ou bens de consumo final, com responsabilidades e obrigações recíprocas estabelecidas. Nesse cenário, o produtor integrado é a pessoa física ou jurídica, que, individualmente ou de forma associativa, independentemente de contar com a cooperação de empregados, se vincula ao integrador por meio de contrato de integração vertical, recebendo bens ou serviços para a sua produção e fornecimento de matéria-prima, bens intermediários ou bens de consumo final. Por fim, o ator faltante nessa relação é o integrador, que é aquele que se vincula ao produtor integrado por meio do Contrato de Integração, fornecendo bens, insumos e serviços e recebendo matéria-prima, bens intermediários ou bens de consumo final utilizados no processo industrial ou comercial.

Assim, produtor integrado e integrador acordam entre si os termos para desenvolvimento da relação de integração entre eles; e o fazem com a celebração do Contrato de Integração, que é o contrato que estabelece a finalidade, as respectivas atribuições de cada parte no processo produtivo, os compromissos financeiros, os deveres sociais, os requisitos sanitários, as responsabilidades ambientais, entre outros temas que regularão o relacionamento entre as partes contratuais. Destaca-se que o Contrato de Integração tem como princípio orientador da sua formação a conjugação de recursos e esforços entre os sujeitos de direito, bem como a busca pela distribuição justa dos resultados.

Como se pode deduzir, a LCI trouxe em seu texto os requisitos materiais essenciais a serem previstos no bojo do Contrato de Integração, destacando de pronto que, sob pena de nulidade, o Contrato de Integração deve ser formal, isto é, celebrado por escrito, com clareza, precisão, ordem lógica e prever, além de outras questões contempladas no texto da LCI, as características gerais do sistema de integração pretendido e as exigências técnicas e legais aplicáveis; as responsabilidades e obrigações assumidas pelas partes, inclusive no que concerne ao cumprimento da legislação ambiental e tributária; os padrões de qualidade dos insumos fornecidos pelo integrador e dos produtos a serem entregues pelo integrado; as fórmulas para o cálculo da eficiência da produção; as formas e os prazos de distribuição dos resultados entre os contratantes; o prazo para aviso prévio e as sanções para os casos de inadimplemento.

Em apertada síntese, o Contrato de Integração deve ser compreensível e ordenado de tal forma que nenhuma das partes tenha qualquer dúvida sobre os deveres e obrigações assumidos.

Delimitando o presente texto à exposição do tema, e não ao aprofundamento sobre a efetividade e aplicabilidade dos institutos criados pela LCI, a intenção do legislador foi louvável ao criar mecanismos e órgãos para controle e ajustes do poder diretivo das partes dentro da relação de produção integrada.

De início, pontua-se que foram criadas as Comissões para Acompanhamento, Desenvolvimento e Conciliação da Integração ("CADEC"), que devem contar com membros paritários de representantes dos produtores integrados e integradores.[7] Uma das principais missões da CADEC é promover e garantir a transparência contratual entre as partes, não apenas formal, no papel, mas também na execução dos contratos.

Outro mecanismo trazido pela LCI foi o Documento de Informação Pré-Contratual ("DIPC"), que deve ser elaborado e disponibilizado pela integradora. Trazendo características de um pré-contrato, o DIPC contempla as informações a serem formalizadas no contrato definitivo. Observa-se que os parâmetros técnicos e econômicos utilizados para o cálculo da viabilidade do projeto, e as estimativas de remuneração, elementos do DIPC, devem ser aprovados pela CADEC local.[8]

O DIPC é de suma relevância para o produtor integrado, pois representa a possibilidade de previamente analisar o projeto de integração apresentado, avaliando se é viável e se está alinhado com o seu plano de negócio. Com o DIPIC tem-se um mecanismo capaz de evitar possíveis condutas abusivas e contrárias à boa-fé e à função social dos contratos.

Outra mecânica também prevista na RCA é a apresentação, pelo integrador ao produtor integrado, do Relatório de Informações da Produção Integrada ("RIPI"), que é um

7. Integração entre Produtores Rurais e Agroindústrias. (CNA. *Programa CADEC Brasil.* Integração entre Produtores Rurais e Agroindústrias. Disponível em: https://cnabrasil.org.br/projetos-e-programas/cadec-brasil. Acesso em: 20 ago. 2023).

8. SISTEMA FAEP; NÚCLEO CADECs. *Lei nº 13.288/2016* – Lei da Integração: Contratos e Cadecs. Disponível em: https://www.sistemafaep.org.br/wp-content/uploads/2021/12/CADECs-Lei-da-Integracao_web.pdf. Acesso em: 13 ago. 2023.

demonstrativo periódico da produção que deve ser fornecido até a data do acerto financeiro, com todos os dados atingidos pelo lote ou produção entregue e, ainda, indicadores técnicos, a quantidade produzida, os índices de produtividade e os insumos fornecidos.

O RIPI é, assim, uma importante ferramenta para a transparência e simetria de informações na relação de integração.

O RIPI também permitirá à CADEC que analise as informações periódicas de seus produtores, possibilitando a gestão e fiscalização coletiva dos contratos de integração de sua unidade industrial.

A LCI também estabeleceu o Fórum Nacional de Integração ("FONIAGRO") que tem como atribuição definir diretrizes para o acompanhamento e desenvolvimento do sistema de integração, promovendo o fortalecimento das relações entre o produtor integrado e o integrador. Não obstante a essencialidade de tal atribuição, o FONIAGRO tem como principal objetivo a elaboração da metodologia para o cálculo do valor de referência para a remuneração do integrado, que deverá observar os custos de produção, os valores de mercado dos produtos *in natura*, o rendimento médio dos lotes, dentre outras variáveis para cada cadeia produtiva.

Outro avanço trazido pela LCI foi posicionar o integrado face à eventual recuperação judicial do integrador; hipótese em que o produtor integrado poderá pleitear a restituição dos bens desenvolvidos até o valor de seu crédito ou requerer a habilitação de seus créditos com privilégio especial sobre os bens desenvolvidos na recuperação judicial.

Diante do exposto, podemos constatar que a LCI buscou não apenas tipificar o contrato de integração, mas também prover todo um arcabouço de órgãos e documentos capazes de estabelecer entre as partes evolvidas – produtor integrado e integrador – uma relação transparente, com simetria de informações, capazes de prover um cenário com maior segurança jurídica, o que naturalmente estabelece um ambiente mais próspero ao desenvolvimento de economias.

Na sequência, partiremos para nossas reflexões sobre o processo de industrialização.

3. O processo de industrialização

O produto final, podendo ser entendido como o resultado do processo de produção, passou por diversas transformações, migrando gradativamente pós-revolução industrial, de suas etapas majoritariamente artesanais, nas quais se predomina a baixa complexidade e escalabilidade, para o processo de industrialização, que apresenta maior complexidade e padronização, com produções em larga escala. Assim, em outras palavras, variadas atividades que antes eram executadas com a predominância da ação humana, sendo esta responsável por todo o processo, foram transicionadas para a produção industrial que, em determinadas situações, possui longas e fracionadas cadeias, além, é claro, do emprego das máquinas capazes de operar em larga escala.

Dessa forma, as já aludidas atividades agropecuárias de silvicultura, aquicultura, pesca ou extrativismo vegetal, foram, de igual modo, impactadas e influenciadas por essa transformação, tornando-se, por vezes, uma etapa intermediária inerente ao complexo processo agroindustrial.

Portanto, lançaremos luz sobre o conceito de "processo de industrialização" ou simplesmente de "industrialização", sob um prisma jurídico que empresta esclarecimentos contidos em Normas Tributárias. Assim, podemos nos valer do que dispõe o Regulamento do Imposto de Produtos Industrializados (RIPI),[9] em seu art. 4º, conforme segue:

9. BRASIL. Decreto 7.212, de 15 de junho de 2010. Regulamenta a cobrança, fiscalização, arrecadação e administração do Imposto sobre Produtos Industrializados - IPI. Disponível em: https://www.planalto.gov.br/ccivil_03/_ato2007-2010/2010/decreto/d7212.htm. Acesso em: 20 jul. 2023.

> Artigo 4º. Caracteriza industrialização qualquer operação que modifique a natureza, o funcionamento, o acabamento, a apresentação ou a finalidade do produto, ou o aperfeiçoe para consumo, tal como:
>
> I - a que, exercida sobre matérias-primas ou produtos intermediários, importe na obtenção de espécie nova (transformação);
>
> II - a que importe em modificar, aperfeiçoar ou, de qualquer forma, alterar o funcionamento, a utilização, o acabamento ou a aparência do produto (beneficiamento);
>
> III - a que consista na reunião de produtos, peças ou partes e de que resulte um novo produto ou unidade autônoma, ainda que sob a mesma classificação fiscal (montagem);
>
> IV - a que importe em alterar a apresentação do produto, pela colocação da embalagem, ainda que em substituição da original, salvo quando a embalagem colocada se destine apenas ao transporte da mercadoria (acondicionamento ou reacondicionamento); ou
>
> V - a que, exercida sobre produto usado ou parte remanescente de produto deteriorado ou inutilizado, renove ou restaure o produto para utilização (renovação ou recondicionamento).

Em conformidade com o conceito trazido pelo Regulamento do Imposto sobre Produtos Industrializados (IPI), podemos depreender que a industrialização consiste em qualquer intervenção que feita sobre determinado produto possa alterar suas propriedades, características, destinação, formato ou, ainda, simplesmente o torne apto ao consumo.

Adicionalmente, o parágrafo único desse mesmo artigo do RIPI esclarece que: "*São irrelevantes, para caracterizar a operação como industrialização, o processo utilizado para obtenção do produto e a localização e condições das instalações ou equipamentos empregados*".

Por fim, como sabemos, o resultado desse processo é o que se denomina produto industrializado, que é definido no mesmo Regulamento, em seu art. 3º, como: "*resultante de qualquer operação definida neste Regulamento como industrialização,* ***mesmo incompleta, parcial ou intermediária.***"

Assim, mesmo que intermediária, uma operação pode ser considerada e enquadrada como parte integrante de um processo de industrialização. Nesses termos, a seguir avaliaremos a possibilidade de tratamento da relação de integração vertical, de forma análoga ao processo de industrialização.

4. O sistema de produção integrada e a possibilidade de analogia ao processo de industrialização

No tópico que se precedeu, buscamos contextualizar o leitor quanto aos aspectos concernentes à industrialização. Nessa etapa atual, traremos subsídios teóricos que demonstram que o sistema de integração, cujo conceito também trouxemos nesse texto, pode ser enquadrado no campo da industrialização, tendo em vista, o formato e características que apresenta.

Nesse sentido, o art. 2º da Lei nº 13.288/2016 quando faz alusão aos Contratos de Integração de seus agentes, bem como do tipo de atividade objeto deste contrato, relaciona o termo "industrialização" em tal conceitualização, como a seguir se demonstra:

> Art. 2º - Para os efeitos desta Lei, entende-se por:
>
> I - integração vertical ou integração: relação contratual entre produtores integrados e integradores que **visa a planejar e a realizar a produção e a industrialização** ou comercialização de matéria-prima, bens intermediários ou bens de consumo final, com responsabilidades e obrigações recíprocas estabelecidas em contratos de integração; **(grifo nosso)**

Conforme se pode observar, o texto da lei de integração traz, na própria definição de integração vertical, a previsão de que esta é uma relação que visa a planejar e a realizar a produção e a industrialização.

Ao avaliar outras normas, chamou-nos a atenção normas estaduais pertencentes ao Estado de São Paulo que trazem importantes precedentes e reflexões que corroboram a analogia apresentada, ou seja, o ente federativo, ao tratar do ICMS, traz no Regulamento deste imposto importante preceito que fortalece tal entendimento, além de Decisão Normativa e Consulta nesse sentido.

Iniciaremos pela avaliação da Decisão Normativa CAT nº. 01, de 23 de outubro de 1990, ano que ainda era vigente antigo Regulamento do ICMS, e que dispõe da seguinte forma:

> 4.3 - ora, se a produção do estabelecimento agropecuário, pessoa jurídica, é considerada como industrial, nada mais coerente que esteja abrangida pelas disposições do artigo 259 e seguintes do RICM-81, sendo o caso;
>
> 4.4 - assemelhando-se a produção agropecuária à industrial, especialmente no que diz respeito à criação de aves, deve ser dito que tal similitude não desaparece pela circunstância de a criação de aves ser desenvolvida por pessoa jurídica ou por simples produtor, uma vez que nos dois casos a produção destina-se a comercialização e futuro abate por parte de firmas especializadas, supondo-se, portanto, idêntica tecnologia e idênticos cuidados no processo criatório (instalações, alimentação racional, higiene, medicação, etc.) [10]

Corroborando com esse entendimento, desde dezembro de 2021, por meio do Decreto nº 66.393/2021, que passou a viger a partir de janeiro de 2022,[11] foram inseridas

---

10. SÃO PAULO. Decreto nº 17.727, de 25 de setembro de 1981. Aprova o Regulamento do Imposto de Circulação de Mercadorias - RICM. Disponível em: https://www.al.sp.gov.br/repositorio/legislacao/decreto/1981/decreto-17727-25.09.1981.html#:~:text=Decreta%3A,ficando%20revogado%20o%20Decreto%20n.. Acesso em: 20 ago. 2023.

11. SÃO PAULO. Decreto 66.393, de 28 de dezembro de 2021. Introduz alterações no Regulamento do Imposto sobre Operações Relativas à Circulação de Mercadorias e sobre Prestação de Serviços de Transporte Interestadual e Intermunicipal e de Comunicação – RICMS. Disponível em: https://www.al.sp.gov.br/repositorio/legislacao/decreto/2021/decreto-66393-28.12.2021.html. Acesso em: 20 ago. 2023.

alterações no Regulamento do ICMS do Estado de São Paulo,[12] sendo que seu art. 402 passou a dispor sobre a integração dentro do tópico relativo à industrialização, trazendo a seguinte redação:

> Art. 402 - O lançamento do imposto incidente na saída de mercadoria com destino a outro estabelecimento ou a trabalhador autônomo ou avulso que prestar serviço pessoal, num e noutro caso, **para industrialização**, observado o disposto nos artigos 409 e 410, fica suspenso, devendo ser efetivado no momento em que, **após o retorno dos produtos industrializados ao estabelecimento de origem,** autor da encomenda, por este for promovida a subsequente saída dos mesmos produtos.
>
> § 4º. - O disposto neste capítulo:
>
> 1 - ressalvados os casos de regime especial, concedido com anuência de outro Estado, não se aplica às operações interestaduais efetuadas com sucata de metais e com produtos primários de origem animal, vegetal ou mineral;
>
> 2 - aplica-se, também, na saída de mercadoria com destino a outro estabelecimento ou a trabalhador autônomo ou avulso que prestar serviço pessoal, em relação ao qual o autor da encomenda mantiver contrato de produção rural integrada. (grifo nosso)

No mesmo sentido, este entendimento também é trazido em recente Resposta à Consulta Tributária nº 25.007/2022, de 06 de maio de 2022, que dispõe da seguinte forma:

> 7. **Inicialmente, ressalta-se que a criação de frangos é etapa do processo de produção agropecuári**a, estando, portanto, inserida no campo de incidência do ICMS. Quando essa etapa é realizada por terceiro (integrado - produtor rural), com a utilização dos insumos remetidos pela integradora (pinto de um dia, ração, medicamentos e outros), **temos o que se conhece como criação de aves por "sistema de integração"**.

---

12. SÃO PAULO. *Decreto nº 45.490, de 30 de novembro de 2000.* Aprova o Regulamento do Imposto Sobre Operações Relativas à Circulação de Mercadorias e Sobre Prestações de Serviços de Transporte Interestadual e Intermunicipal e de Comunicação - RICMS. Disponível em: https://www.al.sp.gov.br/repositorio/legislacao/decreto/2000/decreto-45490-30.11.2000.html. Acesso em: 2 ago. 2023.

> 8. Sobre esse assunto, este órgão consultivo já se manifestou favoravelmente à aplicação, por analogia, da disciplina da industrialização por conta de terceiros (artigo 402 e seguintes) à produção agropecuária em decorrência de sua semelhança à produção industrial.
>
> 9. Entretanto, tal entendimento considerou que caso houvesse regras específicas de diferimento ou desoneração aplicáveis às saídas internas de remessa e retorno das mercadorias relacionadas ao processo de criação de aves por sistema de integração, não se aplicariam, em relação à tributação, as regras gerais de industrialização por conta de terceiro. No entanto, caso fosse necessário, seria possível a utilização dos procedimentos relativos às obrigações acessórias desse tipo de industrialização, ainda que a tributação fosse diversa (aplicação da isenção do imposto em lugar da suspensão, por exemplo).
>
> 10. Ocorre que o Decreto nº 66.393/2021, editado em 28/12/2021, alterou a redação do § 4º do artigo 402 do RICMS/2000, determinando expressamente a aplicação da disciplina da industrialização por conta de terceiros na saída de mercadoria com destino a outros estabelecimentos em relação aos quais o encomendante mantiver contrato de produção rural integrada [...] [13] (grifo nosso)

Assim, como pudemos verificar, o Estado de São Paulo, ente apto à cobrança do ICMS, vem historicamente demonstrando sua interpretação quanto ao enquadramento da integração na industrialização, buscando consolidar seu entendimento sobre o tema, até que em dezembro de 2021 incluiu o dispositivo em seu próprio normativo.

O enquadramento da integração como um tipo de industrialização pode trazer importantes reflexões sobre eventuais tratamentos jurídicos e tributários, ao lançarmos olhar sobre toda essa cadeia produtiva, em vez de considerá-la de maneira fracionada, **sobretudo em relação à incidência do ICMS**, por exemplo. Ainda, fato é que essa

---

13. SÃO PAULO. Resposta à Consulta Tributária 25.007/2022. 06 maio 2022. Disponível em: https://legislacao.fazenda.sp.gov.br/Paginas/RC25007_2022.aspx. Acesso em: 06 ago. 2023.

tal cadeia produtiva possui muitas peculiaridades, possibilitando inúmeros outros desdobramentos ao tema.

5. Conclusão

Sob uma óptica conjunta do processo produtivo, em que a integração seria um processo de industrialização intermediário, do qual a agroindústria se utiliza para fabricar seu produto final, bem como para disponibilizá-lo ao consumidor final, poder-se-iam levantar algumas possibilidades de desdobramentos do tema, inclusive de natureza tributária.

Dado o conjunto de fatores envolvidos na relação de integração, que regula uma cadeia de produção complexa e dotada de variáveis não controláveis, por exemplo fatores climáticos, podemos concluir que, como tudo no universo do agronegócio, a equiparação ora vislumbrada entre os processos de integração e de industrialização desencadeiam todo um novo cenário de possibilidades e consequências de ordem jurídica e econômica, o qual sem dúvidas merece um olhar atento e crítico dos operadores desse sistema.

Referências

BRASIL. *Decreto 7.212, de 15 de junho de 2010.* Regulamenta a cobrança, fiscalização, arrecadação e administração do Imposto sobre Produtos Industrializados - IPI. Disponível em: https://www.planalto.gov.br/ccivil_03/_ato2007-2010/2010/decreto/d7212.htm. Acesso em: 20 jul. 2023.

______. *Lei nº. 10.406, de 10 de janeiro de 2002.* Institui o Código Civil. Disponível em: https://www.planalto.gov.br/ccivil_03/leis/2002/l10406compilada.htm. Acesso em: 27 ago. 2023.

______. *Lei nº. 13.288, de 16 de maio de 2016.* Dispõe sobre os contratos de integração, obrigações e responsabilidades nas relações contratuais entre produtores integrados e integradores, e dá outras providências. Disponível em: https://www.planalto.gov.br/ccivil_03/_ato2015-2018/2016/lei/l13288.htm. Acesso em: 06 jul. 2023.

CEPEA; ESALQ. *PIB do Agronegócio Brasileiro.* Disponível em: https://www.cepea.esalq.usp.br/br/pib-do-agronegocio-brasileiro.aspx. Acesso em: 27 ago. 2023.

GOMES, Orlando. *Contratos.* 26. ed. Rio de Janeiro: Editora Forense, 2008.

CONFEDERAÇÃO DA AGRICULTURA E PECUÁRIA DO BRASIL (CNA). *Programa CADEC Brasil.* Integração entre Produtores Rurais e Agroindústrias. Disponível em: https://cnabrasil.org.br/projetos-e-programas/cadec-brasil. Acesso em: 20 ago. 2023.

SISTEMA FAEP; NÚCLEO CADECs. *Lei n° 13.288/2016* – Lei da Integração: Contratos e Cadecs. Disponível em: https://www.sistemafaep.org.br/wp-content/uploads/2021/12/CADECs-Lei-da-Integracao_web.pdf. Acesso em: 13 ago. 2023.

SÃO PAULO. *Decreto nº 17.727, de 25 de setembro de 1981.* Aprova o Regulamento do Imposto de Circulação de Mercadorias - RICM. Disponível em: https://www.al.sp.gov.br/repositorio/legislacao/decreto/1981/decreto-17727-25.09.1981.html#:~:text=Decreta%3A,ficando%20revogado%20o%20Decreto%20n.. Acesso em: 20 ago. 2023.

______. *Decreto n° 45.490, de 30 de novembro de 2000.* Aprova o Regulamento do Imposto Sobre Operações Relativas à Circulação de Mercadorias e Sobre Prestações de Serviços de Transporte Interestadual e Intermunicipal e de Comunicação - RICMS. Disponível em: https://www.al.sp.gov.br/repositorio/legislacao/decreto/2000/decreto-45490-30.11.2000.html. Acesso em: 20 ago. 2023.

______. *Decreto 66.393, de 28 de dezembro de 2021.* Introduz alterações no Regulamento do Imposto sobre Operações

Relativas à Circulação de Mercadorias e sobre Prestação de Serviços de Transporte Interestadual e Intermunicipal e de Comunicação – RICMS. Disponível em: https://www.al.sp.gov.br/repositorio/legislacao/decreto/2021/decreto-66393-28.12.2021.html. Acesso em: 20 ago. 2023.

______. *Resposta à Consulta Tributária 25.007/2022*. 06 maio 2022. Disponível em: https://legislacao.fazenda.sp.gov.br/Paginas/RC25007_2022.aspx. Acesso em: 06 ago. 2023.

A TRIBUTAÇÃO DA SUCESSÃO DA PROPRIEDADE RURAL E OS DESAFIOS DO AGRONEGÓCIO ORIUNDO DE NÚCLEOS FAMILIARES

Maria Angélica Feijó[1]

Renato Conchon[2]

1. Introdução

O agronegócio é um dos setores que mais impulsiona a economia do país. A cada ano, nossa produção agropecuária apresenta novos recordes,[3] que traduzem o empenho e

1. Advogada licenciada. Assessora Técnica do Núcleo Econômico da Diretoria Técnica da Confederação da Agricultura e Pecuária do Brasil. Conselheira do CARF. Professora.

2. Economista. Coordenador do Núcleo Econômico da Diretoria Técnica da Confederação da Agricultura e Pecuária do Brasil. Professor e ex-conselheiro do CODEFAT.

3. Conforme notícias recentes do IBGE: "Estimativa de maio prevê safra recorde de 305,4 milhões de toneladas em 2023". (NERY, Carmen; ALBERTO, Carlos. *Estimativa de maio prevê safra recorde de 305,4 milhões de toneladas em 2023*. Agência IBGE Notícias. 13 jun. 2023. Disponível em: https://bit.ly/4iobCZZ).

a capacidade do nosso produtor rural, desde o pequeno ao grande. Não é à toa que o Brasil, ao longo dos anos, tem se consolidado como um dos maiores produtores de alimentos do mundo. O alcance dessa marca demanda cuidado pelo Estado para a promoção adequada de políticas públicas e incentivos fiscais para o agronegócio e, em especial, para aqueles que são mais vulneráveis dentro desse setor: os pequenos produtores rurais.

Segundo a Organização das Nações Unidas para Alimentação e Agricultura (FAO - *Food and Agriculture Organization of United Nations*), pequenos agricultores familiares produzem mais de um terço dos alimentos no mundo, tendo em suas mãos apenas um pouco mais do que um décimo das terras agrícolas[4] do nosso planeta. No Brasil, a agricultura familiar produz contribuições materiais e imateriais, sendo crescente o seu reconhecimento pela população, principalmente do ponto de vista da sustentabilidade econômica e ambiental. Publicação oriunda dos anos 90, elaborada pelo INCRA e FAO,[5] aponta que no Brasil 85% das propriedades rurais pertenciam a grupos familiares. Ocorre que do ponto de vista econômico e social, é importante fomentar a pequena propriedade rural. Isso é capaz de desacelerar o êxodo rural, gerar riqueza não só para famílias de baixa renda, como também para o Brasil.

O incentivo para crescimento da produção na pequena propriedade rural tem lugar desde a promoção de políticas públicas de financiamento e custeio – como o Programa Nacional de Fortalecimento da Agricultura Familiar (Pronaf),

---

4. Segundo dados da FAO, as pequenas fazendas familiares produzem cerca de 35% dos alimentos do mundo. (LOWDER, Sarah K.; SÁNCHEZ, Marco V.; BERTINI, Raffaele. Which farms feed the world and has farmland become more concentrated? *World Development*, v. 142, n. 105455, jun. 2021. Disponível em: https://www.sciencedirect.com/science/article/pii/S0305750X2100067X).

5. FAO/INCRA - *Food and Agriculture Organization/Instituto Nacional de Colonização e Reforma Agrária. Relatório Final de Projeto de Cooperação Técnica.* Brasília: INCRA, 1994.

criado em 1995 – como também na estruturação do sistema tributário nacional. Isso porque, para além do caráter fiscal dos tributos, a *extrafiscalidade* é elemento que traduz a capacidade das regras tributárias incentivarem comportamentos. Nesse sentido, cabe a nós questionarmos: como o sistema tributário poderia incentivar a pequena propriedade rural no país? Aqui reside um importante eixo de aprimoramento, para além da isenção da produção agrícola do pequeno produtor, que é a de desoneração da tributação da propriedade rural, principalmente no caso de transmissão via sucessão familiar.

Não é incomum que o falecimento do familiar mais velho, responsável pelo sustento, acabe por dificultar a continuidade do agronegócio naquele núcleo. Diversos são os empecilhos, desde as questões emocionais e técnicas, até as financeiras. Aquela família provavelmente terá dificuldades de acessar crédito rural e outros instrumentos legais se não promover a regularização da terra por meio da sua sucessão para os herdeiros. Um dos principais desafios aqui para as famílias consiste no pagamento do tributo sobre essa transmissão, o ITCMD (Imposto sobre Transmissão Causa Mortis e Doação), que é condição para troca formal da titularidade da terra do *de cujus* para os seus sucessores.

Assim, a desoneração do ITCMD na sucessão da propriedade rural familiar é uma medida tributária relevante para incentivar a manutenção do agronegócio oriundo de pequenos núcleos familiares. Tal medida é importante para incentivar o comportamento dos sucessores em proceder à regularização fundiária, além de garantir a subsistência não só destes pequenos produtores, mas também da comunidade e do próprio município em que estão situados. Isso porque, segundo o Censo Agropecuário do IBGE,[6] 90% dos

6. De acordo com os dados Censo Agropecuário de 2017, realizado pelo IBGE (Disponível em: https://censoagro2017.ibge.gov.br/resultados-censo-agro-2017.html).

municípios brasileiros com até 20 mil habitantes têm a pequena propriedade rural, administrada pelo núcleo familiar, como importante base econômica.

É por esta razão que o presente estudo analisa a importância da desoneração tributária na sucessão da propriedade rural familiar e os seus impactos no agronegócio. Para tanto, analisamos quais os países da OCDE (*Organisation for Economic Co-operation and Development*) possuem algum modelo de desoneração e quais são os impactos econômicos. Por meio de revisão bibliográfica descritiva, demonstraremos quais modelos o Brasil poderia se valer para incentivar a continuidade da pequena propriedade rural.

2. A importância do agronegócio oriundo de núcleos familiares no brasil e no mundo

A prática da agropecuária estruturou a formação e o desenvolvimento da nossa sociedade. Desde eras passadas,[7] o cultivo de espécies vegetais e a criação de animais foram os primeiros passos dados pela nossa civilização para avançarmos na produção de alimentos, que foi desde da ideia mais primordial de subsistência até o ideal de atender às necessidades da sociedade como um todo. É o que chamamos hoje de *segurança alimentar*, que consiste no acesso regular e contínuo a alimentos em quantidade e qualidade suficientes para alimentação humana adequada.

Do ponto de vista contemporâneo brasileiro, temos o direito à alimentação adequada como um *direito fundamental* em nossa Constituição Federal. A consagração deste direito como fundamental se deu por meio da inclusão

---

7. Aproximadamente, desde o período neolítico. Nesse sentido: BARBIERI, José Carlos *et al.* Inovação e Sustentabilidade: Novos Modelos e Proposições. *Revista RAE*, FGV, São Paulo, v. 50, n. 2, abr./jun. 2010, p. 146-154.

expressa da alimentação no *caput* do art. 6º[8] da nossa Constituição, quando da alteração promovida pela Emenda Constitucional nº 64/2010.[9] Antes, tal direito já ostentava caráter constitucional por meio da internalização do *Pacto Internacional de Direitos Humanos, Econômicos, Sociais e Culturais* conforme Decreto nº 591/92. Tal pacto já havia adotado pela XXI Sessão da Assembleia-Geral das Nações Unidas, em 19 de dezembro de 1966, ou seja, 26 anos da internalização pelo Brasil (art. 11).

Não é coincidência que o contexto histórico da formação do direito à alimentação como um direito fundamental humano está relacionado com o desenvolvimento da agropecuária nas últimas décadas – principalmente do desenvolvimento de um cuidado maior para as propriedades dedicadas às atividades do agronegócio familiar. Nos dois tópicos deste primeiro capítulo, analisaremos os dados que demonstram a importância do agronegócio familiar níveis interno e mundial. Essa é a premissa para a análise tributária que será realizada nos próximos momentos deste *paper*.

2.1 O modelo do agronegócio familiar no Brasil

Falar do agronegócio em núcleos familiares nos remete ao conceito de agricultura familiar. Tal conceito é controverso no Brasil e fora dele. A agricultura familiar é uma forma de produção agrícola que envolve a participação ativa da família em todas as etapas do processo produtivo, desde o plantio até a colheita e comercialização dos produtos.

8. É o que prevê o caput do artigo 6º: "Art. 6º São direitos sociais a educação, a saúde, a alimentação, o trabalho, a moradia, o transporte, o lazer, a segurança, a previdência social, a proteção à maternidade e à infância, a assistência aos desamparados, na forma desta Constituição."

9. BRASIL. *Emenda Constitucional nº 64, de 4 de Fevereiro de 2010*. Altera o art. 6º da Constituição Federal, para introduzir a alimentação como direito social. Disponível em https://www.planalto.gov.br/ccivil_03/constituicao/emendas/emc/emc64.htm.

Tecnicamente, a definição de agricultura familiar pode variar de acordo com a legislação e os critérios adotados por cada país ou região, mas existem algumas características gerais que costumam estar presentes nessas estruturas.

Uma delas diz respeito à produção agrícola ser gerenciada e operada principalmente pela família, onde seus membros desempenham papéis fundamentais na tomada de decisões, no trabalho no campo e em outras atividades relacionadas. Outra característica diz respeito ao tamanho da terra. Geralmente, a agricultura familiar é praticada em propriedades de tamanho relativamente pequeno em comparação com grandes operações. A mão de obra empregada na agricultura familiar é predominantemente composta pelos membros da família. Os trabalhadores contratados, se houver, geralmente são utilizados apenas em situações específicas, como no período da colheita ou de alguns tratos culturais específicos. Há também, a característica de diversidade de cultivos: a agricultura familiar, muitas vezes, envolve a produção de uma variedade de cultivos e/ou criação de animais. Essa diversidade contribui para a segurança alimentar e a resiliência dos sistemas agrícolas. Do ponto de vista tecnológico, ainda que o agro hoje seja permeado de novas tecnologias, a agricultura familiar muitas vezes envolve o uso de técnicas tradicionais e conhecimento acumulado ao longo das gerações.[10]

Também há características importantes ligadas ao vínculo com a terra e a comunidade. Isso contribui para a sustentabilidade da produção e para a coesão social. Enquanto a agricultura familiar frequentemente atende às necessidades de subsistência da família, também pode haver um componente de produção destinada ao mercado local,

---

10. SAVOLDI, Andréia; CUNHA, Luiz Alexandre. Uma abordagem sobre a agricultura familiar, PRONAF e a modernização da agricultura no sudoeste do Paraná na década de 1970. *Revista Geografar*, Curitiba, v.5, n.1, p.25-45, jan./jun. 2010. Disponível em: www.ser.ufpr.br/geografar.

regional ou até mesmo nacional. Muitas práticas de agricultura familiar têm um enfoque em sustentabilidade, buscando utilizar os recursos naturais de maneira equilibrada e preservar a fertilidade do solo para as gerações futuras.[11]

No Brasil, a Lei nº 11.326/2004, estabeleceu as diretrizes sobre o que é considerado como aditividade econômica de agricultura familiar. É considerado como produtor rural familiar aquele que pratica atividades no meio rural, possui área de cultivo ou produção de até quatro módulos fiscais, mão de obra oriunda da própria família, percentual mínimo de renda familiar originada de atividades econômicas do seu estabelecimento rural, além do gerenciamento do estabelecimento ou empreendimento também pela própria família.

Do ponto de vista histórico, os dados do Levantamento Sistemático da Produção Agrícola (LSPA), nos revelam a evolução da nossa produção agrícola. Antes da Constituição Federal de 1988, nossa produção não era suficiente para alimentar a população brasileira. Atualmente, o Brasil é um dos maiores produtores mundiais de alimentos.[12] A assertividade das políticas públicas e o aperfeiçoamento do conhecimento e das técnicas empregadas pelos produtores rurais em suas propriedades foram fundamentais para esse crescimento.[13]

No país, as propriedades pertencentes a núcleos da agricultura familiar somam 3,9 milhões, representando cerca de 77% de todos os estabelecimentos agrícolas. Em termos de

---

11. SILVA, Sandro Pereira. *A agricultura familiar e suas múltiplas interações com o território*: uma análise de suas características multifuncionais e pluriativas. 2076 - Texto para Discussão. Brasília: Ipea, abr. 2015. Disponível em: https://repositorio.ipea.gov.br/bitstream/11058/4162/1/td_2076.pdf.

12. VIEIRA FILHO, José Eustáquio Ribeiro. *Expansão da fronteira agrícola no Brasil*: desafios e perspectivas. Texto para Discussão. Brasília: Ipea, 2016. Disponível em: https://repositorio.ipea.gov.br/bitstream/11058/6909/1/td_2223.PDF.

13. Nesse sentido, vide dados e histórico retratado pela EMBRAPA em "Visão 2030: o futuro da agricultura brasileira" (Disponível em: https://www.embrapa.br/visao/trajetoria-da-agricultura-brasileira).

área ocupada, abrangem 23% do total, correspondendo a aproximadamente 80,8 milhões de hectares. Para se ter uma comparação, isso equivale a quase toda a extensão do estado do Mato Grosso. Essas propriedades desempenham um papel crucial, contribuindo com 23% do valor bruto da produção agropecuária nacional e sustentando 67% das ocupações no campo, com um contingente de 10,1 milhões de trabalhadores. Do total de trabalhadores, 46,6% estão concentrados no Nordeste, seguidos pelo Sudeste (16,5%), Sul (16%), Norte (15,4%) e Centro-Oeste (5,5%).

Além da relevância da produção de alimentos pelas pequenas propriedades rurais, são notórios o favorecimento e a contribuição desse público na dinâmica da economia, sejam em âmbito municipal, estadual ou nacional. Dado à dinâmica intersetorial, fica clara a complementariedade entre a produção de pequenos produtores rurais com os grandes produtores.

Nos últimos anos, a produção de aves e suínos, atividades reconhecidamente produzidas por pequenos produtores, foram favorecidas devido ao aumento da produção de grãos, tornando a ração animal mais competitiva e favorecendo tanto a produção em pequenos núcleos familiares como também a exportação de *commodities*.

Ainda, comparando o Valor Bruto da Produção (VBP), entre os Censos Agropecuários de 2006 e 2017, das classes de renda "D" e "E",[14] constata-se que o VBP ganhou participação na composição de sua renda total, comprovando que essas classes não ficaram imunes à onda de crescimento de toda produção agropecuária. Mesmo que outras fontes de renda como aposentadorias e pensões tenham participação relevante na composição da renda total desse público.

---

14. Compõem as classes de renda "D" e "E" os estabelecimentos agropecuários com renda bruta anual total de até R$ 21.790,00/ano (dados de 2017).

Em outras palavras, o agronegócio familiar não é relevante apenas do ponto de vista setorial, mas também para o país como um todo, tendo impacto econômico e social relevante para a sociedade.

2.2 O modelo do agronegócio familiar no mundo

A relevância social e econômica do agronegócio promovido por pequenos produtores rurais também pode ser observada em nível mundial. A Organização das Nações Unidas para Alimentação e Agricultura, a FAO, divulgou recentemente um novo estudo que explora o crescimento da agricultura familiar na produção global de alimentos. Ao contrário do que podemos observar no Brasil, em nível mundial, a agricultura familiar já contribui com cerca de 35% do fornecimento alimentar total. A participação de pequenos agricultores na produção alimentar varia consideravelmente entre os países, sendo de aproximadamente 80% na China, mas inferior a 10% no Brasil e na Nigéria, por exemplo.[15]

O critério usado pela FAO é semelhante ao nosso critério interno para verificação do que é um pequeno produtor rural familiar. Segundo dados coletados pela instituição, cinco em cada seis áreas destinadas à produção de alimentos possuem uma extensão de menos de dois hectares, equivalente a cerca de 20 mil metros quadrados. As áreas com menos de 2 hectares representam mais de um terço da produção global de alimentos. Para a FAO, esses dados enfatizam a importância de uma compreensão precisa e detalhada das atividades agrícolas para embasar políticas públicas.[16]

---

15. ONU NEWS. *Agricultura familiar produz mais de um terço dos alimentos no mundo*. 23 abr. 2021. Disponível em: https://news.un.org/pt/story/2021/04/1748622.

16. LOWDER, Sarah K. ; SÁNCHEZ, Marco V.; BERTINI, Raffaele. Which farms feed the world and has farmland become more concentrated? *World Development*, v. 142, n. 105455, jun. 2021. Disponível em: https://www.sciencedirect.com/science/article/pii/S0305750X2100067X.

Em 2014, a FAO divulgou um relatório indicando que 90% das áreas de produção de alimentos no mundo eram provenientes da agricultura familiar, totalizando 570 milhões de operações que contribuíam com 80% da produção alimentar global. Com o estudo publicado recentemente, esse número foi atualizado para 608 milhões de unidades de agricultura familiar, que ocupam até 80% das terras aráveis e produtivas.[17]

Além disso, aproximadamente 70% de todas as propriedades agrícolas, abrangendo apenas 7% da terra agricultável, têm uma extensão inferior a um hectare ou 10 mil metros quadrados. Enquanto isso, 14% das propriedades, controlando 4% das terras, situam-se na faixa entre um e dois hectares, e os restantes 10% das operações agrícolas, abarcando 6% da terra, abrangem áreas de 2 a 5 hectares.[18]

Uma compreensão mais precisa do tamanho das operações agrícolas e da participação de pequenos e grandes produtores é fundamental para desenvolver políticas que atendam às diversas realidades. Pequenas propriedades são mais predominantes em regiões como o sul da Ásia e a África Subsaariana. Em países como o Brasil e os Estados Unidos, tem havido uma retomada no desenvolvimento do número de pequenas propriedades agrícolas.

Interessante notar que os dados avaliados pela FAO em nível mundial são obtidos por meio de censos agropecuários de países por eles estudados. Logo, como qualquer fonte de informação, os relatórios de censo agrícola e os próprios censos apresentam limitações, de acordo com as entidades que elaboraram os estudos.

Ainda que existam tais limitações, o estudo realizado pela FAO indica que, em um país onde uma grande parcela

17. Ibidem, n.p.

18. Ibidem, n.p.

do Produto Interno Bruto (PIB) provém da agricultura (em oposição à indústria ou serviços) e onde um grande número de propriedades muito pequenas está em operação, podemos imaginar que uma grande parcela da população está envolvida na agricultura de subsistência. Em uma economia agrícola desse tipo, um aumento no número de pequenas propriedades ao longo do tempo pode suscitar preocupações não só quanto ao bem-estar dos agricultores de pequena escala como também ao grau de transformação agrícola. [19]

O aumento na parcela de terras cultivadas em grandes propriedades, em todo mundo, pode suscitar preocupações de que o desenvolvimento agrícola não esteja favorecendo a agricultura em pequena escala. Inúmeros fatores podem causar mudanças na distribuição de terras agrícolas, e, mais do que isso, na manutenção do seu uso para fins agropecuários. Isso inclui, por exemplo, tributação sobre a propriedade rural, políticas de posse da terra, densidade populacional e crescimento populacional, disponibilidade de terras produtivas e oportunidades de emprego fora da agricultura, entre outros.

Dentre os diversos fatores acima nominados, nossa análise estará focada na tributação da sucessão da propriedade rural familiar, visando a descrever como países da OCDE têm lidado com desonerações tributárias. Isso porque, no âmbito de discussões da reforma tributária, a proposta é implementação de um IVA no Brasil.

Assim, é relevante compreendermos como os países que compartilham desse modelo de tributação lidam com a cobrança de tributos na sucessão da propriedade rural familiar, para verificarmos quais outros modelos tributários podem impactar positivamente o agro no Brasil.

19. Ibidem, n.p.

3. A tributação da sucessão da propriedade rural familiar e o desafio da continuidade da atividade rural

A agricultura familiar não possui a mesma abrangência que se observava em décadas anteriores. A prática deste modelo está em desuso. É possível afirmar que um dos elementos que impactou a produtividade das famílias rurais foi o envelhecimento dos líderes familiares,[20] o que têm resultado na escolha dos filhos por outras atividades fora do ambiente agrícola. Isso também levou a uma redução na produtividade, que têm uma maior dependência de mão de obra interna. Sem a mão de obra dos filhos, não há como desenvolver a agricultura familiar.

Nosso país possui aproximadamente 76,8% dos estabelecimentos rurais classificados como da agricultura familiar, o que corresponde a aproximadamente 3.897.408 propriedades. Desse total, cerca de 81% são proprietários das suas terras, e a característica principal desses produtores rurais é que a faixa etária da maioria ultrapassa os 55 anos.[21] Não à toa, os chefes de família – que eram os protagonistas da agricultura familiar nas décadas passadas – hoje estão alcançando faixas etárias que não lhe permitem a mesma energia para trabalhar com a terra, a lavoura e os animais. Ao lado deste fato, os filhos não têm mais a mesma motivação para dar continuidade à atividade rural familiar desempenhadas pelos seus pais. Os empecilhos que orbitam esse cenário são vários, e são constantemente avaliados pelos pesquisadores.[22] Contudo, é preciso levar em

---

20. De acordo com os dados Censo Agropecuário de 2017, promovido pelo IBGE (Disponível em: https://censoagro2017.ibge.gov.br/resultados-censo-agro-2017.html)

21. Ibidem, n.p.

22. VIEIRA FILHO, José Eustáquio Ribeiro. *Expansão da fronteira agrícola no Brasil*: desafios e perspectivas. Texto para Discussão. Brasília: Ipea, 2016. Disponível em: https://repositorio.ipea.gov.br/bitstream/11058/6909/1/td_2223.PDF.

consideração que a tributação da sucessão da propriedade rural também é um desincentivo à continuidade das atividades agrícolas pelos filhos.

Muitas vezes, a terra que é objeto da produção agropecuária de uma família foi adquirida há muitos anos e por um valor não substancial. Com o passar do tempo, e a depender da região do país, o valor de uma propriedade rural pequena pode estar valorizado, alcançando patamares vultosos muito além do volume de receita que a família obtém diretamente da produção rural. Isso faz com que a base de cálculo do tributo sobre herança seja um valor alto, e que não corresponda, sincronicamente, ao patamar da receita da atividade rural daquela família.

Assim, os filhos, diante da perda dos pais, se veem com o desafio de continuar a atividade rural, contudo, com o empecilho do pagamento do tributo sobre herança. Sem a regularização da propriedade, o acesso a crédito e a outros instrumentos financeiros fica prejudicado, o que causa obstáculo à continuidade do agronegócio dentro daquele núcleo familiar.

No âmbito da Reforma Tributária no Brasil, muito se tem discutido sobre a importação de um modelo de IVA – imposto sobre valor agregado – para o eixo sobre a tributação para o consumo. Contudo, nas discussões legislativas,[23] houve pequenos ajustes sugeridos na tributação sobre patrimônio. Um deles diz respeito ao formato de cobrança do ITCMD – que é o Imposto sobre Transmissão Causa Mortis e Doação, ou famoso imposto sobre herança no Brasil. Por

23. Conforme versão da Reforma Tributária enviada pela Câmara dos Deputados ao Senado em agosto de 2023 (AGÊNCIA SENADO. *Senado recebe reforma tributária com 'senso de urgência', diz Pacheco.* Senado Notícias. 03 ago. 2023. Disponível em: https://www12.senado.leg.br/noticias/materias/2023/08/03/senado-recebe-reforma-tributaria-com-senso-de-urgencia-diz-pacheco. PIMENTEL, Carolina. *PEC da Reforma Tributária chega ao Senado.* Agência Brasil. 03 ago. 2023. Disponível em: https://agenciabrasil.ebc.com.br/politica/noticia/2023-08/pec-da-reforma-tributaria-chega-ao-senado).

ocasião destas mudanças sugeridas nesta espécie tributária, abre-se a oportunidade de rever a amplitude a sua incidência, para promoção de desonerações relevantes, tal como essa da sucessão familiar.

Assim, neste segundo capítulo, traremos o panorama da tributação sobre a sucessão da propriedade rural de forma comparada, como meio de perspectiva para identificação dos modelos de desoneração que o Brasil poderia adotar para incentivar o agronegócio promovido por pequenos produtores. Na primeira parte, abordaremos a premissa da tributação como orientadora de comportamentos para, em um segundo momento, trazer a perspectiva tributária da sucessão da propriedade rural familiar no Brasil e, num terceiro momento, a mesma perspectiva de acordo com alguns dos países membros da OCDE.

3.1 A tributação como fator de incentivo e desincentivo à adoção de condutas

Por um longo período, o Direito Tributário, especialmente no contexto brasileiro, foi caracterizado por uma busca intensa por "rigor científico". Isso exigia uma focalização nas normas, especialmente nas normas tributárias, deixando para outros ramos do Direito a análise das disposições normativas relacionadas a outras áreas.[24] Isso levou o Direito em si a se afastar da realidade. O contexto social, o qual é a base para a regulação de condutas, deixou de ser a matéria-prima do Direito.

A partir desse "rigor científico", o Direito tornou-se mais artificial e mais distante da sua proposta, qual seja, a de regular o comportamento humano. As razões por trás

24. SEGUNDO, Hugo de Brito Machado. Ciência do direito tributário, economia comportamental e extrafiscalidade. *Revista Brasileira de Políticas Públicas*, Brasília, v. 8, n. 2, 2018, p. 639-659.

da criação das normas, ou os objetivos que elas buscam alcançar, não seriam considerados como temas jurídicos, sendo atribuídos à Economia, à Política ou à Sociologia. E, na opinião de alguns, não seriam, portanto, relevantes para o estudo do Direito.

Na tentativa de superar essa visão cientificista do Direito,[25] os tributaristas têm tido o desafio de analisar o comportamento humano com base em uma concepção de *homo economicus*, que a Psicologia e a Economia contemporâneas já estudam. Esse novo ponto de vista tem sido levado em conta dentro da perspectiva jurídica, principalmente em um esforço de diálogo com a neurociência e a economia comportamental.[26] Tais pontos de vista revelam o quanto ainda não compreendemos completamente sobre como as pessoas reagem a incentivos. Incorretamente concebidos, tais incentivos podem acabar induzindo comportamentos contrários aos pretendidos pela nossa legislação.

Compreender o Direito é inseparável da compreensão do ser humano, tornando essencial, nessa lógica, ter um conhecimento profundo da mente humana. Nesse sentido, existem diversas áreas onde a neurociência desempenha um papel crucial na compreensão dos fenômenos jurídicos.

No contexto da ideia da extrafiscalidade, sua essência está relacionada, justamente, aos incentivos comportamentais. Em outras palavras, os mecanismos associados à tributação têm a capacidade de impactar de maneira positiva ou negativa os comportamentos das pessoas. Esses

---

25. Sobre este tema: ÁVILA, Humberto Bergmann. Função da ciência do direito tributário: do formalismo epistemológico ao estruturalismo argumentativo. *Revista Direito Tributário Atual*, São Paulo, n. 29, 2013. FOLLONI, André. *Ciência do direito tributário no Brasil*. São Paulo: Saraiva, 2013.

26. COOPER, James C.; KOVACIC, William E. Behavioral economics: implications for regulatory behavior. *Journal of Regulatory Economics*, v. 41, p. 41–58, 2012. KAHNEMAN, Daniel. *Thinking, fast and slow*. New York: Farrar, Straus and Giroux, 2011.

mecanismos atuam como estímulos para promover a adoção de certos comportamentos específicos.

De acordo com a compreensão vigente, um tributo pode desempenhar diferentes funções de acordo com seu propósito e impacto. As funções principais são a fiscal e a parafiscal. A função fiscal envolve a arrecadação de recursos para os cofres públicos da entidade competente por instituir o tributo. No caso de um tributo parafiscal, seus recursos são direcionados para uma entidade diferente daquela que possui a competência para criá-lo. No entanto, além dessas duas funções, há uma terceira conhecida como função extrafiscal. Nesse contexto, o tributo não se limita a uma função exclusiva e mutuamente exclusiva, mas opera em diferentes graus em relação às funções fiscal e parafiscal. O termo "extrafiscal" é aplicado quando tal função prevalece em relação à função fiscal (ou parafiscal).[27]

De maneira mais clara, a noção de extrafiscalidade pode ser definida como o uso do tributo como meio de estimular ou desencorajar certos comportamentos, tornando-os mais ou menos custosos. Isso envolve explorar a capacidade indutora e regulatória do tributo para influenciar ações econômicas e sociais. Assim, o interesse no estudo da desoneração da sucessão da propriedade rural familiar tem relevância do ponto de vista jurídico, econômico e social – visto que a ausência de cobrança de tributo sobre essa transferência será um estimulador à regularização fundiária pelos sucessores e à consequente continuidade das atividades rurais pelas novas gerações.

---

27. SEGUNDO, Hugo de Brito Machado. Ciência do direito tributário, economia comportamental e extrafiscalidade. *Revista Brasileira de Políticas Públicas*, Brasília, v. 8, n. 2, 2018, p. 639-659.

3.2 A tributação da sucessão da propriedade rural familiar no Brasil

O tributo sobre transmissão *causa mortis* e doação é de responsabilidade dos estados e do Distrito Federal, tendo sua base constitucional estabelecida no art. 155, inciso I, da Constituição Federal de 1988. Pela primeira vez, a Constituição Federal de 1934 introduziu a competência dos estados para instituir impostos sobre a transmissão de propriedades em casos de herança, bem como sobre a propriedade imobiliária durante a vida (art. 8º, incisos I, alíneas "b" e "c", respectivamente). Essa disposição foi seguida pelas Constituições Federais subsequentes, até que a atual expandiu a abrangência desse imposto para incluir doações e atribuiu aos municípios a competência para tributar a transmissão de bens imóveis durante a vida. A Constituição Federal de 1988 também estabeleceu diretrizes que o legislador comum deve observar ao instituir o ITCMD, assim como hipóteses de imunidade, além de deixar espaço para que o legislador ordinário estadual dispusesse sobre isenções.

Ocorre que, nenhuma das hipóteses de imunidade ou isenção atualmente previstas em nosso ordenamento jurídico permite o não pagamento de ITCMD na sucessão da propriedade rural familiar. Quando o proprietário de uma fazenda morre, o Estado em que se encontra aquela propriedade fará o cálculo do valor da terra – que nem sempre corresponde ao mesmo valor indicado na Declaração do Imposto Territorial Rural (DITR) – para que seja aplicada a alíquota do imposto. Na maioria dos Estados brasileiros, a alíquota está prevista de forma progressiva – isto é, quanto maior a base de cálculo, maior a alíquota – que pode chegar em até 8%.

Atualmente, é possível afirmar que não há qualquer incentivo aos sucessores dos produtores rurais para abrirem inventário e procederem à regularização da terra. Como consequência, sem o requisito da regularidade fundiária, o sucessor do produtor fica de mãos atadas para dar continuidade à atividade rural no Brasil. Assim, nosso país perde a oportunidade de promover a continuidade da agricultura oriunda de núcleos familiares, assim como o desenvolvimento em si do agronegócio dos pequenos produtores.

3.3 A tributação da sucessão da propriedade rural familiar nos países da OCDE

A OCDE realizou estudo recente sobre a Tributação da Agricultura.[28] Esta última versão do estudo conta com análise da tributação na agricultura em 35 países da OCDE e economias emergentes, descrevendo a diversidade de disposições tributárias que afetam a agricultura. Entre os eixos estudados, está o imposto sobre a terra e a propriedade, assim como aqueles impostos associados à transferência de terras entre gerações – o imposto sobre herança.

A tributação tem impacto nas atividades agrícolas, vez que é por meio dos subsídios ou incentivos que acabam por promover ou desencorajar as transferências de propriedade agrícola. Grande parte do foco na política tributária nesse contexto está relacionada aos impostos sobre propriedades herdadas (também conhecidos como impostos sobre heranças) e incentivos para a sucessão agrícola. Pesquisas anteriores conduzidas pela OCDE destacaram que disposições especiais na área de transferência de terras podem ser necessárias para a agricultura, devido a questões de equidade. Isso ocorre porque os negócios agrícolas frequentemente requerem refinanciamento a cada geração, de forma que altos impostos sobre propriedades herdadas podem

28. OECD ILIBRARY. *Taxation in Agriculture*, Paris, 10 fev. 2020. Disponível em: https://doi.org/10.1787/073bdf99-en.

sobrecarregar indevidamente o sucessor, levando à necessidade de vender parte da propriedade agrícola.[29]

Em diversos países, são adotadas medidas de isenção ou aplicação de taxas reduzidas de impostos sobre heranças que envolvem propriedades rurais passadas para membros da família. Essa abordagem, geralmente está condicionada à continuidade das atividades agrícolas, e tem como principais objetivos assegurar a sustentabilidade e a unidade das fazendas ao longo do tempo.

Essas políticas são implementadas em nações como a França, onde há isenção parcial de encargos de doação ou herança se a propriedade rural for arrendada a longo prazo. Na *Hungria*, apenas 50% do imposto sucessório regular deve ser pago, ou 25% se o herdeiro for um agricultor registrado. Outros países que adotam essa abordagem incluem a *Irlanda*, a *Coreia* (dependendo da relação entre herdeiro e doador), a *Polônia*, a *Eslovênia* (isenção quando a fazenda é transferida para outro agricultor), o *Reino Unido* e os *Estados Unidos*, onde uma taxa de imposto progressiva é aplicada a heranças de todas as empresas familiares acima do limite de US$ 11,18 milhões. Na *Finlândia*, as fazendas são avaliadas com menor valor que o de mercado, para fins tributários, e o herdeiro é obrigado a seguir com a atividade rural pelos próximos 10 anos, pelo menos.

Olhando mais atentamente para o caso dos Estados Unidos, no que diz respeito aos impostos sobre propriedades imobiliárias, os requisitos tributários nesse setor foram relaxados nas últimas duas décadas. Por exemplo, a isenção do imposto sobre heranças individuais sob a legislação dos EUA aumentou de US$ 675.000 em 2001 para US$ 11,18 milhões em 2018 (já acima referido), ao passo que a alíquota do imposto sobre propriedade tributável caiu de

29. OECD ILIBRARY. *Taxation and Social Security in Agriculture*. Paris, 16 nov. 2005. Disponível em: http://dx.doi.org/10.1787/9789264013650-en.

55% para 40%. Devido a essas alterações, é relatado por várias fontes que pouquíssimas propriedades rurais nos EUA estão agora sujeitas a impostos sobre propriedades imobiliárias. Além disso, os proprietários de fazendas que estão sujeitas a impostos sobre heranças devem possuir recursos suficientes para quitar seus tributos sem necessidade de vender a propriedade rural. Isso levou os autores a concluir que os desafios de liquidez decorrentes dos impostos sobre heranças não constituem um impedimento significativo para a transferência intergeracional de fazendas familiares nos Estados Unidos.

Todos os dados acima coletados estão baseados no estudo da OCDE.[30]

Neste cenário da tributação sobre a transferência da propriedade rural nos Estados Unidos, é possível vislumbrar como a mudança na tributação tem causado alteração no comportamento social. Isso porque, com o aumento da hipótese de isenção de terras rurais, os herdeiros não veem maiores problemas na regularização da propriedade rural como meio de dar continuidade ao agronegócio familiar.

Outros países adotaram sistemas de incentivos fiscais para sucessão que buscam facilitar transferências de fazendas de maneira mais previsível, designando um sucessor bem antes da aposentadoria do atual proprietário. No entanto, em relação à eficácia desses programas, as evidências apresentam uma mistura de resultados. Um estudo realizado na Irlanda, por exemplo, utilizando um modelo hipotético de microssimulação para analisar os fatores econômicos que influenciam as transferências de fazendas, sugere que não houve incentivo econômico suficiente para estimular a transferência de terras antes do falecimento do proprietário ou em uma fase gradual. Os autores apontaram que

30. OECD ILIBRARY. *Taxation in Agriculture*, Paris, 10 fev. 2020. Disponível em: https://doi.org/10.1787/073bdf99-en.

esse fenômeno se deveu, em parte, ao fato de que os limites de isenção do imposto sobre herança eram bastante elevados quando o sucessor designado era um filho do proprietário da fazenda. Isso resultava em benefícios comparativos limitados para os proprietários atuais ou sucessores ao optarem pela sucessão antecipada. Curiosamente, embora as simulações indicassem que os incentivos fiscais tinham pouco impacto nas projeções de renda agrícola (e, portanto, no estímulo para acordos de transferência antecipada) em diferentes cenários de transferência, os próprios agricultores demonstravam grande preocupação sobre como a tributação poderia afetar suas decisões de transferência.[31]

Apesar de as disposições fiscais relacionadas à transferência de fazendas terem aparentemente pouco impacto na Irlanda, estudos na Alemanha concluíram que, para um subgrupo de produtores do país que anteciparam a transferência de suas fazendas para um sucessor antes da morte, os regulamentos fiscais ofereciam incentivos financeiros suficientes para acelerar as decisões de planejamento de sucessão. Ao mesmo tempo, os autores desse estudo observaram que outros fatores, como a idade do atual gerente da fazenda e a lucratividade da operação agrícola, também influenciavam as decisões de sucessão.

Isso leva à conclusão de que, embora as famílias rurais reajam aos regulamentos tributários durante o planejamento da sucessão, há muitos outros fatores que influenciam em sua tomada de decisões. A análise comparada sugerida por este estudo da OCDE demonstra que a própria cultura do país e do seu povo é fator importante para a tomada de decisões.

31. Ibidem, p. 14-15.

4. Considerações finais

O modelo de tributação adotado por um país é capaz de gerar efeitos comportamentais. O resultado pode ser positivo ou negativo. Fato é que o Direito Tributário é indutor de comportamentos – é o seu caráter extrafiscal. Dentro dessa perspectiva, o legislador pátrio pode e deve escolher quais comportamentos ele pretende estimular.

O que vislumbramos com os dados trabalhados neste estudo é que, no contexto de Reforma Tributária, atualmente o legislador possui a oportunidade de trazer importante incentivo para a continuidade do trabalho no campo por meio da agricultura e pecuária em modelo familiar. Este incentivo poderá trazer bons resultados para a economia e o cenário social do nosso país.

Atualmente, não há incentivo aos sucessores dos produtores rurais para abrirem inventário e procederem à regularização da terra. Como consequência, sem o requisito da regularidade fundiária, o sucessor do produtor fica de mãos atadas para dar continuidade à atividade rural no Brasil. Não é incomum que o falecimento do familiar mais velho, responsável pelo sustento da família, acabe por dificultar a continuidade do agronegócio familiar naquele núcleo. Diversos são os empecilhos, desde as questões emocionais e técnicas, até as financeiras. Aquela família provavelmente terá dificuldades de acessar crédito rural e outros instrumentos legais se não promover a regularização da terra por meio da sua sucessão para os herdeiros. Um dos principais desafios aqui para as famílias consiste no pagamento do ITCMD, que é condição para troca formal da titularidade da terra do *de cujus* para os seus sucessores.

Se estamos adotando uma política tributária semelhante aos modelos da OCDE, então aqui também podemos nos valer destes países para importar um modelo de desoneração da sucessão da propriedade rural familiar. O propósito é incentivar a manutenção do agronegócio oriundo de pequenos núcleos familiares. Tal medida é importante para incentivar o comportamento dos sucessores em proceder à regularização fundiária, além de garantir a subsistência não só destes pequenos produtores, mas também da comunidade e do próprio município em que estão situados.

Observa-se que em diversos países membros da OCDE, é adotada uma política de desoneração total ou parcial do imposto sobre a herança, quando estamos diante da transferência da propriedade territorial. Nesse sentido, poderíamos adotar critérios mais ou menos abrangentes. Como uma primeira opção, seria possível uma desoneração integral; isto é, qualquer propriedade rural – ao ser transferida aos sucessores – não seria objeto de incidência do ITCMD. Em uma segunda opção, seria possível alocar condicionantes a essa proposta, como: (i) a propriedade rural ser produtiva; (ii) os herdeiros continuarem a produção agropecuária nos anos seguintes; e/ou (iii) que a transferência fosse para outros membros da própria família e não para terceiros. Também poderíamos pensar em uma terceira opção, com limitadores ao primeiro, no sentido de a transferência ser isenta se: (i) o valor da propriedade atingir até um patamar específico de valor, ou (ii) se a renda familiar tiver o teto de outro patamar de valor.

Considerando a premissa de simplificação, ao lado da importância do agronegócio desenvolvido por pequenos produtores, entendemos que o melhor modelo a ser privilegiado pelo legislador deveria abranger uma desoneração integral da sucessão da propriedade rural, sem condicionantes.

Referências

AGÊNCIA SENADO. *Senado recebe reforma tributária com 'senso de urgência', diz Pacheco*. Senado Notícias. 03 ago. 2023.

Disponível em: https://www12.senado.leg.br/noticias/materias/2023/08/03/senado-recebe-reforma-tributaria-com-senso-de-urgencia-diz-pacheco.

ÁVILA, Humberto Bergmann. Função da ciência do direito tributário: do formalismo epistemológico ao estruturalismo argumentativo. *Revista Direito Tributário Atual,* São Paulo, n. 29, 2013.

BRASIL. *Emenda Constitucional nº 64, de 4 de Fevereiro de 2010.* Altera o art. 6º da Constituição Federal, para introduzir a alimentação como direito social. Disponível em https://www.planalto.gov.br/ccivil_03/constituicao/emendas/emc/emc64.htm.

BARBIERI, José Carlos et al. Inovação e Sustentabilidade: Novos Modelos e Proposições. *Revista RAE*, FGV, São Paulo, v. 50, n. 2, abr./jun. 2010, p. 146-154.

CENSO AGRO 2017. Disponível em: https://censoagro2017.ibge.gov.br/resultados-censo-agro-2017.html.

COOPER, James C.; KOVACIC, William E. Behavioral economics: implications for regulatory behavior. *Journal of Regulatory Economics*, v. 41, p. 41–58, 2012. KAHNEMAN, Daniel. *Thinking, fast and slow*. New York: Farrar, Straus and Giroux, 2011.

EMBRAPA. *Visão 2030 / O Futuro da Agricultura Brasileira.* Embrapa. Brasília, 2018. Disponível em: https://www.embrapa.br/visao/trajetoria-da-agricultura-brasileira.

FAO/INCRA - *Food and Agriculture Organization/Instituto Nacional de Colonização e Reforma Agrária. Relatório Final de Projeto de Cooperação Técnica.* Brasília: INCRA, 1994.

FOLLONI, André. *Ciência do direito tributário no Brasil.* São Paulo: Saraiva, 2013.

LOWDER, Sarah K.; SÁNCHEZ, Marco V.; BERTINI, Raffaele. Which farms feed the world and has farmland become more concentrated? *World Development*, v. 142, n. 105455, jun. 2021. Disponível em: https://www.sciencedirect.com/science/article/pii/S0305750X2100067X.

NERY, Carmen; ALBERTO, Carlos. *Estimativa de maio prevê safra recorde de 305,4 milhões de toneladas em 2023*. Agência IBGE Notícias. 13 jun. 2023. Disponível em: https://bit.ly/4iobCZZ.

OECD ILIBRARY. *Taxation and Social Security in Agriculture*. Paris, 16 nov. 2005. Disponível em: http://dx.doi.org/10.1787/9789264013650-en.

______. *Taxation in Agriculture*, Paris, 10 fev. 2020. Disponível em: https://doi.org/10.1787/073bdf99-en.

ONU NEWS. *Agricultura familiar produz mais de um terço dos alimentos no mundo*. 23 abr. 2021. Disponível em: https://news.un.org/pt/story/2021/04/1748622.

PIMENTEL, Carolina. *PEC da Reforma Tributária chega ao Senado*. Agência Brasil. 03 ago. 2023. Disponível em: https://agenciabrasil.ebc.com.br/politica/noticia/2023-08/pec-da-reforma-tributaria-chega-ao-senado).

SAVOLDI, Andréia; CUNHA, Luiz Alexandre. Uma abordagem sobre a agricultura familiar, PRONAF e a modernização da agricultura no sudoeste do Paraná na década de 1970. *Revista Geografar*, Curitiba, v.5, n.1, p.25-45, jan./jun. 2010. Disponível em: www.ser.ufpr.br/geografar.

SEGUNDO, Hugo de Brito Machado. Ciência do direito tributário, economia comportamental e extrafiscalidade. *Revista Brasileira de Políticas Públicas*, Brasília, v. 8, n. 2, 2018, p. 639-659.

SILVA, Sandro Pereira. *A agricultura familiar e suas múltiplas interações com o território*: uma análise de suas características multifuncionais e pluriativas. 2076 - Texto para Discussão. Brasília: Ipea, abr. 2015. Disponível em: https://repositorio.ipea.gov.br/bitstream/11058/4162/1/td_2076.pdf.

VIEIRA FILHO, José Eustáquio Ribeiro. *Expansão da fronteira agrícola no Brasil*: desafios e perspectivas. Texto para Discussão. Brasília: Ipea, 2016. Disponível em: https://repositorio.ipea.gov.br/bitstream/11058/6909/1/td_2223.PDF.

CONTROVÉRSIAS RELACIONADAS À TRIBUTAÇÃO DO GANHO DE CAPITAL APURADO NA ALIENAÇÃO DE IMÓVEIS RURAIS À LUZ DO PRINCÍPIO DA LEGALIDADE TRIBUTÁRIA

Thaís Milograna Crespo[1]

Nayla Almeida[2]

Carolina Miranda Ferreira Pavan[3]

Robson Da Costa Pavan[4]

1. Gerente Sênior na PwC Brasil com mais de 8 anos de prática em consultoria tributária, especialmente focada em empresas e temas do agronegócio. Especialista em Direito Tributário pela Faculdade de Direito de Ribeirão Preto da USP. Bacharela em Direito pela Faculdade de Direito de Ribeirão Preto da USP. Bacharela em Ciências Contábeis pela Trevisan. Advogada.

2. Bacharela em Direito pela Faculdade de Direito de Ribeirão Preto - Universidade de São Paulo - MBA em Gestão Tributária pela MBA/USP Esalq.

3. Graduada pela Faculdade de Direito de Franca, com especialização em direito tributário e 13 anos de experiência em consultoria tributária e advocacia. Advogada com carreira dedicada à tributação do Agro e tributação internacional.

4. Graduado em Ciências Contábeis e em Direito. Carreira desenvolvida nas áreas de auditoria e consultoria tributária, com especialidade em IRPJ e CSLL em diversos setores, incluindo o agronegócio.

1. Introdução

O Agronegócio é um vetor de peso no Produto Interno Bruto (PIB) do Brasil, e o avanço de políticas econômicas e legislativas não é novidade no fomento dessa atividade. Entretanto, em matéria tributária, o enquadramento das operações ou atividades rurais não apresenta conceitos tão cristalinos. Exemplo disso são os tributos sobre a propriedade, cujo enquadramento como rural ou urbana enseja a incidência de diferentes tributos - Imposto Territorial Rural (ITR) ou Imposto sobre a Propriedade Predial Territorial Urbana (IPTU).

Embora não pareça haver complexidade, há, na legislação, diferentes formas de conceituação da propriedade rural na legislação brasileira: enquanto o Código Tributário Nacional (art. 29 da Lei nº 5.172/66) conceitua imóvel rural como aquele localizado fora da zona urbana do Município, a legislação agrária (art. 4º, I, da Lei nº 8.629/93) define imóvel rural a partir da finalidade a que este se destina. De maneira excludente, o enquadramento da propriedade como rural atrai a incidência de tributação pelo ITR, e afasta a tributação IPTU (e o contrário se faz verdadeiro, também).

Assim como sumariamente descrito quanto à tributação da propriedade, nota-se que os ganhos apurados com a venda do imóvel rural são também rodeados de questões que merecem nossa atenção.

A forma de tributação dos ganhos de capital apurados em alienações de imóveis rurais pelo imposto sobre a renda das pessoas físicas e jurídicas (IRPF e IRPJ, respectivamente) e pela contribuição social incidente sobre o lucro líquido (CSLL) é objeto de divergência entre os contribuintes e as autoridades fazendárias, principalmente no tocante à intepretação dos requisitos necessários à aplicação da regra especial contida no art. 19 da Lei nº 9.393/96.

Desde 1º de janeiro de 1997, as operações de alienação de imóvel rural estão sujeitas ao referido regramento especial, o qual determina que, para fins de apuração do ganho de capital, em substituição à regra geral, são considerados como custo de aquisição e valor de alienação os valores da terra nua informados pelo contribuinte em obrigação acessória pertinente à apuração do Imposto sobre a Propriedade Territorial Rural (ITR), respectivamente, nos anos de aquisição e alienação do imóvel.

Por sua vez, a Receita Federal do Brasil, a pretexto de regulamentar o tema, editou Instrução Normativa nº 84/2001, que, em conjunto com manifestações exaradas em outros atos administrativos, trouxe algumas restrições à aplicação da regra especial de apuração de ganho de capital na alienação de imóveis rurais.

Diante desse contexto legislativo, o presente trabalho analisará as principais controvérsias acerca da aplicabilidade do ar. 19 da Lei nº 9.393/96 nas transações com imóveis rurais realizadas por pessoas físicas e pessoas jurídicas à luz do princípio da legalidade tributária.

Para isso, inicialmente, serão feitas breves considerações acerca do princípio da legalidade tributária postulado na Constituição Federal de 1988 (CF/88), pertinentes à compreensão do posicionamento da doutrina e da jurisprudência relacionados à matéria objeto do estudo.

Na sequência, serão expostas as regras gerais de tributação dos ganhos de capital, bem como as peculiaridades da lei que trata da forma especial de apuração de ganho de capital nas transações com imóveis rurais.

Após, serão analisadas as principais discussões em torno dos tributos devidos nas alienações de imóveis rurais, geradas pelas restrições impostas à aplicação da lei especial presentes em atos administrativos.

Por fim, será avaliado o posicionamento da jurisprudência a respeito do tema, para, então, chegar às conclusões quanto à adequada aplicação da norma específica para determinação do valor dos tributos incidentes sobre o ganho de capital com imóveis desta natureza.

2. Breves considerações sobre o princípio da legalidade tributária

A Constituição Federal do Brasil de 1988 (CF/88) não traz um rol de princípios inerentes à matéria tributária, sendo necessário identificá-los no decorrer do texto constitucional. Há, inclusive, princípios que não constam expressamente na CF/88, mas que são constituídos por dedução do Estado de Direito, bem como por indução a partir de outras regras, como é o caso do princípio da segurança jurídica.[5]

Na medida em que acolhido pelo art. 150, I, da CF/88, o princípio da legalidade tributária está expresso no texto constitucional, derivando do princípio geral da legalidade veiculado no ar. 5º, II, da CF/88, sendo este, enquanto direito fundamental, protegido pela cláusula pétrea do ar. 60, § 4º, IV, da CF/88.

A previsão genérica do princípio da legalidade contida no ar. 5º, II, da Constituição Federal, determina que "*ninguém será obrigado a fazer ou deixar de fazer alguma coisa senão em virtude de lei*". Esta noção de legalidade é própria do Estado de Direito, sendo uma garantia concedida aos cidadãos contra abusos por parte daqueles que os governam, fundamental, portanto, à concretização do primado da segurança jurídica.[6]

---

5. PAULSEN, Leandro. *Curso de direito tributário completo*. 8. ed. São Paulo: Saraiva, 2017. p. 68-69.

6. SCHOUERI, Luís Eduardo. *Direito Tributário*. 8. ed. São Paulo: Saraiva Educação, 2018. p. 279.

Já em âmbito tributário, é atribuída severidade ao imperativo da legalidade pela redação do art. 150, I, da CF/88, que determina: "*Sem prejuízo de outras garantias asseguradas ao contribuinte, é vedado à União, aos Estados, ao Distrito Federal e aos Municípios: I - exigir ou aumentar tributo sem lei que o estabeleça*".[7]

Dito de outro modo, o princípio da legalidade tributária se traduz em uma limitação ao poder de tributar, impondo que quaisquer das pessoas políticas de direito público interno somente podem instituir tributos (descrever sua regra-matriz de incidência) ou majorar os existentes (aumentar sua base de cálculo ou alíquota) por meio do procedimento parlamentar específico, ou seja, mediante a expedição de lei.[8]

Nesse sentido, tratando da delimitação do princípio da legalidade, a doutrina leciona que a lei deve conter, não só a descrição do fato gerador do tributo, mas também sua base de cálculo e alíquota, além da definição dos sujeitos passivos e fixação de penalidades e infrações.[9]

Assim, a visão que predomina no Brasil é no sentido de que a fixação de todos os critérios da incidência tributária cabe à lei,[10] sem margem para a criação de obrigação tributária pela Administração Fiscal ou por meio regulamentos expedidos pelo Poder Executivo.[11]

---

7. CARVALHO, Paulo de Barros. *Curso de Direito Tributário.* 24. ed. São Paulo: Saraiva, 2012. p. 176.

8. CARVALHO, *op. cit.*, p. 176.

9. FALCÃO, Amílcar de Araújo. Fato Gerador da Obrigação Tributária. 7. ed. São Paulo: Noeses, 2013, p. 13, apud FEITOSA, Maurine Morgan Pimentel. *O Princípio da Legalidade no Direito Tributário*: Considerações à Luz da Jurisprudência do STF. Revista de Direito da Procuradoria Geral, Rio de Janeiro, v. 74,2018. p. 166.

10. ATALIBA, Geraldo. Regulamento no direito brasileiro. *Revista Forense,* v. 297, Rio de Janeiro, Forense, p. 46, 1987, apud FEITOSA, op. cit., p. 167.

11. BARRETO, Aires Fernandino. O princípio da legalidade e mapas de valores. In: MARTINS, Ives Gandra da Silva (Coord.). *Caderno de Pesquisas Tributárias n° 6,*

Tal entendimento possui sustentação adicional no ar. 97 do Código Tributário Nacional (Lei nº 5.712/66) que, excercendo sua função de "*regular as limitações constitucionais ao poder de tributar*" concedido pelo ar. 146, II, da CF/88, explicita o conteúdo do Princípio da Legalidade, nos seguintes termos:[12]

> Art. 97. Somente a lei pode estabelecer:
>
> I - a instituição de tributos, ou a sua extinção;
>
> II - a majoração de tributos, ou sua redução, ressalvado o disposto nos arts. 21, 26, 39, 57 e 65;
>
> III - a definição do fato gerador da obrigação tributária principal, ressalvado o disposto no inciso I do § 3º do art. 52, e do seu sujeito passivo;
>
> IV - a fixação de alíquota do tributo e da sua base de cálculo, ressalvado o disposto nos arts. 21, 26, 39, 57 e 65;
>
> V - a cominação de penalidades para as ações ou omissões contrárias a seus dispositivos, ou para outras infrações nela definidas;
>
> VI - as hipóteses de exclusão, suspensão e extinção de créditos tributários, ou de dispensa ou redução de penalidades.
>
> § 1º Equipara-se à majoração do tributo a modificação da sua base de cálculo, que importe em torná-lo mais oneroso.
>
> § 2º Não constitui majoração de tributo, para os fins do disposto no inciso II deste artigo, a atualização do valor monetário da respectiva base de cálculo.

Fica evidente, portanto, que não é permitida a instituição ou o aumento do tributo sem que a lei o estabeleça, sendo que a previsão contida no § 1º do dispositivo acima, trata a modificação da base de cálculo do tributo como espécie de majoração do tributo, de forma que também deve ser realizada por meio de lei específica.

Princípio da Legalidade. São Paulo: Editora Resenha Tributária, 1981, apud FEITOSA, p. 20-21, op. cit., p. 167.

12. SCHOUERI, *op. cit.*, p. 290.

Isso não significa que não se admite qualquer atuação do Poder Executivo em matéria tributária. Por exemplo, como espécie de mitigação ao princípio da legalidade, o art. 153, § 1º, da CF/88, prevê hipóteses em que o Poder Executivo pode alterar alíquotas de impostos, exclusivamente nas condições e em relação aos impostos sobre importação, exportação, produtos industrializados e operações de crédito, câmbio e seguro, ou relativas a títulos ou valores imobiliários.

Adicionalmente, há casos em que a lei formal inclui um ato administrativo como condição para o surgimento da obrigação tributária. Nessas situações, a manifestação da administração se faz necessária para a aplicação da lei, porém não inova na matéria, tampouco trata da regra-matriz de incidência do tributo, como explica Luís Eduardo Schoueri:

> Uma coisa é o papel do Poder Executivo na criação do tributo (ou definição da sua hipótese), que é reservado ao legislador, sem qualquer delegação. Outra situação é o legislador, ao descrever a hipótese tributária, incluir atos da Administração. Estes já não aparecem, nesse caso, em sua função normativa, mas como meros fatos jurídicos que, em conjunto com outros tantos fatos previstos na hipótese, dão por concretizado o fato jurídico tributário.[13]

Cumpre mencionar a posição de alguns doutrinadores que entendem que os atuais papéis atribuídos à lei e à Administração Pública no Brasil, norteados pela noção de legalidade clássica precisam ser revisitados, uma vez que a necessidade de aprovação de leis para regular a matéria tributária em sua integralidade implicaria a incapacidade do Estado de endereçar os inúmeros desafios e problemas da sociedade contemporânea.[14]

---

13. SCHOUERI, *op. cit.*, p. 289.

14. TORRES, Silvia Faber. *A flexibilização do princípio da legalidade no Direito do Estado*. Rio de Janeiro: Renovar, 2012. p. 260-261, 266-271, apud FEITOSA, op. cit., p. 168.

Não obstante as críticas à rigidez decorrente da aplicação do princípio constitucional da estrita legalidade tributária, fato é que, no atual sistema jurídico brasileiro, a lei deve conter os elementos essenciais necessários ao nascimento da obrigação tributária, afastando a discricionariedade e a analogia na sua determinação, não deixando margem para atuação do Poder Executivo em relação à conformação da regra-matriz de incidência do tributo.[15]

Dessa forma, conforme pontua Regina Helena Costa, são duas as funções cumpridas pela noção de legalidade tributária, quais sejam, a "*da especificação de todos os aspectos à verificação do fato jurídico tributário e respectiva obrigação (função material), bem como quanto à vinculatividade dos órgãos da Administração a seus comandos (função vinculante)*".[16]

3. Noções gerais acerca da tributação incidente sobre ganhos de capital

As alienações de bens e direitos realizadas em valor superior ao custo de aquisição, em regra, suscitam a apuração de ganho de capital, que, quando auferido por pessoa física, está sujeito à incidência do Imposto sobre a Renda das Pessoas Físicas (IRPF) e, quando auferido por pessoa jurídica, à incidência do Imposto sobre a Renda das Pessoas Jurídicas (IRPJ) e da Contribuição Social Sobre o Lucro Líquido (CSLL), tributos que encontram fundamento constitucional, respectivamente, nos arts. 153, inciso III, e 195, inciso I, da Constituição Federal de 1988. Enquanto aquele atribui a competência de instituir impostos sobre a renda e proventos de qualquer natureza à União, este autoriza a cobrança de contribuição social incidente sobre o

---

15. SCHOUERI, *op. cit.*, p.143.

16. COSTA, Regina Helena. *Curso de direito tributário:* Constituição e Código Tributário Nacional. 4. ed. São Paulo: Saravaiva, 2014. p. 59.

lucro da empresa e da entidade a ela equiparada pelo mesmo ente federativo.

Com relação ao imposto sobre a renda, no âmbito das normas gerais de Direito Tributário, o *caput* do art. 43 do Código Tributário Nacional[17] prevê que é a aquisição da disponibilidade econômica ou jurídica da renda ou de proventos de qualquer natureza que constitui o fato gerador do imposto fundamentado no art. 153, inciso III, da CF/88.

Ainda nos termos do Código Tributário Nacional, a renda é definida como o produto do capital, do trabalho, ou de ambos, enquanto proventos são quaisquer acréscimos patrimoniais não produzidos pelo trabalho ou pelo capital.

Portanto, o acréscimo patrimonial é tributado pelo imposto sobre a renda quando verificada sua disponibilidade jurídica e/ou econômica, situação comumente identificada na legislação fiscal e na doutrina pela expressão "realização da renda", como conceito informador do fato gerador do imposto sobre a renda, ou seja, a partir do momento que existe renda que pode ser tributada.[18]

Já com relação à base de cálculo do imposto sobre a renda, o art. 44 do Código Tributário Nacional a definiu como "*o montante real, arbitrado ou presumido, da renda ou dos proventos tributáveis*."

Nesse contexto, destaca-se que o acréscimo patrimonial sobre o qual recai o imposto sobre a renda tem sua forma de mensuração estabelecida pela lei ordinária, podendo

---

17. Art. 43. O impôsto, de competência da União, sôbre a renda e proventos de qualquer natureza tem como fato gerador a aquisição da disponibilidade econômica ou jurídica:
I - de renda, assim entendido o produto do capital, do trabalho ou da combinação de ambos;
II - de proventos de qualquer natureza, assim entendidos os acréscimos patrimoniais não compreendidos no inciso anterior.

18. OLIVEIRA, Ricardo Mariz. *Fundamentos do Imposto de Renda (2020)*. v. 1. São Paulo: IBDT, 2020. p. 368-388.

diferir a depender da espécie do rendimento ou provento realizado, bem como da qualificação do contribuinte que o auferiu - pessoa física ou pessoa jurídica - dependendo ainda, no caso das pessoas jurídicas, do regime de tributação a que estão submetidas.[19]

No âmbito das pessoas jurídicas, a noção de acréscimo patrimonial tributável pelo IRPJ é associada ao conceito de lucro, seja ele apurado conforme o lucro real, presumido ou arbitrado, observando as particularidades estabelecidas pela legislação ordinária aplicável à cada sistemática de determinação da base de cálculo do tributo.[20]

Nesse aspecto, em que pese os fundamentos legais instituidores do IRPJ e da CSLL sejam distintos e, a rigor, existam algumas diferenças nas formas de apuração destes tributos, há identidade entre suas bases de cálculo.[21]

E, como espécie de operação potencialmente geradora de acréscimos patrimoniais e lucros, os quais são tributáveis, respectivamente, pelo imposto sobre a renda (IRPF e IRPJ) e pela CSLL, estão inseridas as alienações de bens e direitos realizadas em valor superior ao custo de aquisição, que suscitam a apuração de ganho de capital.

Como regra geral, o ganho de capital – que compõe as bases de cálculo do IRPF, do IRPJ e da CSLL - consiste na diferença positiva verificada entre o valor de alienação e o custo de aquisição do bem alienado (para as pessoas físicas) ou o respectivo valor contábil (para as pessoas jurídicas).[22]

---

19. FILHO, Edmar Oliveira Andrade. *Imposto de Renda das Empresas*. 13. ed. São Paulo: Atlas, 2018. p. 40

20. Ibidem, p. 47.

21. Ibidem, p. 40.

22. SCHOUERI, Luís Eduardo; MOSQUERA, Roberto Quiroga. *Manual da tributação direta da Renda*. São Paulo: IBDT, 2020. p. 113.

A norma geral de tributação do ganho de capital auferido por pessoa física está prevista no art. 3º, §§ 2º e 3º, da Lei nº 7.713/98, que o define para fins de incidência do IRPF como o resultado da soma dos ganhos auferidos no mês, decorrentes de alienação, a qualquer título, de bens ou direitos de qualquer natureza, sendo considerado como ganho a diferença positiva entre o valor de transmissão do bem ou direito e o respectivo custo de aquisição.

Em relação às pessoas jurídicas, sejam as optantes pelo regime do lucro presumido ou pelo lucro real, a legislação prevê que o ganho de capital tributável pelo IRPJ e pela CSLL é apurado na alienação bens ou direitos classificados no ativo não circulante (imobilizados, intangíveis ou investimentos), sendo equivalente à diferença positiva verificada entre o valor de alienação e o respectivo valor contábil, nos termos do art. 25, § 1º, da Lei nº 9.430/96 e do art. 32, § 2º, da Lei nº 8.981/95.

Entretanto, algumas operações que importam na apuração de ganho de capital são regidas por legislações específicas, não sendo abarcadas na integralidade pelas regras gerais, como é o caso das alienações de imóveis rurais, objeto do presente estudo, o que será a seguir analisado.

4. Especificidades na apuração do ganho de capital na alienação de imóvel rural

O principal fundamento legal relacionado à apuração do ganho de capital na alienação de imóvel rural está na Lei nº 9.393/96, que dispõe sobre o Imposto sobre a Propriedade Territorial Rural (ITR), mas que, em seu art. 19 abaixo transcrito, prevê regra relativa ao imposto de renda:

> Valores para Apuração de Ganho de Capital
>
> Art. 19. A partir do dia 1º de janeiro de 1997, para fins de apuração de ganho de capital, nos termos da legislação do imposto

> de renda, considera-se custo de aquisição e valor da venda do imóvel rural o VTN declarado, na forma do art. 8º, observado o disposto no art. 14, respectivamente, nos anos da ocorrência de sua aquisição e de sua alienação.
>
> Parágrafo único. Na apuração de ganho de capital correspondente a imóvel rural adquirido anteriormente à data a que se refere este artigo, será considerado custo de aquisição o valor constante da escritura pública, observado o disposto no art. 17 da Lei nº 9.249, de 26 de dezembro de 1995."

Portanto, da redação do *caput* desse artigo, é possível extrair algumas conclusões iniciais, quais sejam:[23]

(i) a apuração do ganho de capital na alienação de imóvel rural realizada a partir de 1º de janeiro de 1997 deve seguir o disposto no art. 19 da Lei nº 9.393/96;

(ii) a lei não veda a aplicação da regra por pessoas físicas ou por pessoas jurídicas, neste caso, inexistindo, também, restrições vinculadas ao regime tributário a que estiverem submetidas ou às atividades que desenvolvam; e

(iii) o custo de aquisição e o valor de venda para fins de apuração do ganho de capital na alienação de imóvel rural serão equivalentes ao Valor da Terra Nua (VTN) declarados no Documento de Informação e Apuração do Imposto Territorial Rural (DIAT), respectivamente, nos anos de sua aquisição e alienação, segundo o disposto no art. 8º da Lei nº 9.393/96 e em observância ao art. 14 da mesma lei.

Por sua vez, o art. 8º da Lei nº 9.393/96[24] mencionado no *caput* do dispositivo analisado, dispõe sobre a obrigatorie-

---

23. CALCINI, *op. cit.*, p. 127.

24. (Lei 9.393/96) - Art. 8º O contribuinte do ITR entregará, obrigatoriamente, em cada ano, o Documento de Informação e Apuração do ITR - DIAT, correspondente a

dade de entrega anual do DIAT,[25] documento em que deve ser informado pelo contribuinte o VTN correspondente ao imóvel, refletindo o preço de mercado da terra apurado em 1º de janeiro do ano a que referir a declaração, sendo o VTN considerado autoavaliação.

Já o art. 14 da Lei nº 9.393/96, também mencionado no dispositivo, trata dos procedimentos de ofício relacionados à apuração do ITR que devem ser adotados pelas autoridades fazendárias em caso de falta de entrega do DIAT, bem como em caso de constatação de subavaliação ou prestação de informações inexatas, incorretas ou fraudulentas no documento.

Nessas hipóteses, a Secretaria da Receita Federal deve proceder à determinação e ao lançamento de ofício do ITR, considerando, para tanto, as informações sobre preços de terras constantes de sistema por ela instituído,[26] além de outros dados apurados no procedimento fiscalizatório relativos às áreas e graus de utilização do imóvel.

Assim, verifica-se que o art. 19 da Lei nº 9.393/96 subordinou a apuração do ganho de capital na alienação do

---

cada imóvel, observadas data e condições fixadas pela Secretaria da Receita Federal. § 1º O contribuinte declarará, no DIAT, o Valor da Terra Nua - VTN correspondente ao imóvel. § 2º O VTN refletirá o preço de mercado de terras, apurado em 1º de janeiro do ano a que se referir o DIAT, e será considerado autoavaliação da terra nua a preço de mercado. § 3º O contribuinte cujo imóvel se enquadre nas hipóteses estabelecidas nos arts. 2º e 3º fica dispensado da apresentação do DIAT.

25. A data e demais condições de entrega do DIAT são definidas pela Secretaria da Receita Federal do Brasil. Usualmente, o prazo de entrega é aberto em de meados do mês de agosto e finalizado no final de setembro de cada ano.

26. Tendo em vista o disposto no artigo 14 da Lei nº 9.393/96, como forma de viabilizar o registro dos valores de mercado de terras em sistema próprio para o arbitramento da base de cálculo do ITR, desde 2002, a Receita Federal conta com Sistema de Preços de Terras ("SIPT"), instituído por meio da Portaria SRF nº 447/02. Atualmente, a Instrução Normativa RFB nº 1.877/19 disciplina a prestação de informações sobre o VTN à Secretaria Especial da Receita Federal do Brasil pelos municípios e Distrito Federal.

imóvel rural realizada a partir de 1º de janeiro de 1997 aos valores adotados para apuração do ITR, sendo que, os valores da terra nua declarados em DIAT pelo contribuinte nos anos de aquisição e alienação e não questionados pelas autoridades fazendárias em procedimento fiscalizatório, são considerados custo de aquisição e alienação para fins de determinação das bases de cálculo tributáveis pelo imposto de renda (IRPF e IRPJ) e pela CSLL.[27]

Já na hipótese de restar comprovada a subavaliação ou prestação de informações inexatas, incorretas ou fraudulentas pelo contribuinte em DIAT, o VTN utilizado para apuração do ITR pode ser arbitrado pelas autoridades fiscais, sendo que, para o arbitramento, devem ser levadas em consideração os valores de VTN constantes do sistema da Receita Federal, que contém os preços de mercado das terras de cada município brasileiro, bem como do Distrito Federal.

Por fim, observa-se que o parágrafo único do dispositivo em análise – art. 19 da Lei nº 9.393/96 - determina que, caso o imóvel rural objeto de alienação tenha sido adquirido pelo alienante em data anterior à 1º de janeiro de 1997, o custo de aquisição a ser considerado na apuração do ganho de capital será o valor constante da escritura pública, observado o disposto no art. 17 da Lei nº 9.249/95,[28] que, por sua vez, trata das regras para correção monetária do custo de aquisição de imóveis adquiridos até 1995 por pessoas físicas e pessoas jurídicas, exceto as tributadas com base no lucro real.[29]

---

27. CALCINI, *op. cit.*, p. 128.

28. (Lei 9.249/95) - Art. 17. Para os fins de apuração do ganho de capital, as pessoas físicas e as pessoas jurídicas não tributadas com base no lucro real observarão os seguintes procedimentos: I - tratando-se de bens e direitos cuja aquisição tenha ocorrido até o final de 1995, o custo de aquisição poderá ser corrigido monetariamente até 31 de dezembro desse ano, tomando-se por base o valor da UFIR vigente em 1º de janeiro de 1996, não se lhe aplicando qualquer correção monetária a partir dessa data; II - tratando-se de bens e direitos adquiridos após 31 de dezembro de 1995, ao custo de aquisição dos bens e direitos não será atribuída qualquer correção monetária.

29. HARET, Florence. *Tributação no agronegócio.* 2. ed. São Paulo: IDEA, 2015. p. 64.

Nesse sentido, se a compra do imóvel ocorreu antes de 1º de janeiro de 1997, a lei prevê uma forma híbrida de apuração do ganho de capital, com a adoção do valor registrado na escritura pública como custo de aquisição (com possibilidade de corrigi-lo monetariamente observando os limites legais), ao passo que o valor de alienação será o VTN informado no DIAT do ano de venda.[30]

5. Controvérsias relacionadas à aplicação do art. 19 da Lei nº 9.393/96

A maior parcela das discussões identificadas em doutrina e jurisprudência em torno do imposto devido nas alienações de imóveis rurais, seja quando realizadas por pessoas físicas ou jurídicas, são decorrentes da regulamentação sobre o tema estabelecida pela Receita Federal do Brasil na Instrução Normativa nº 84/2001 e das manifestações identificadas em Soluções de Consulta expedidas pelo mesmo órgão administrativo.

Isso porque, a referida Instrução Normativa afasta a aplicabilidade da regra especial de apuração do ganho de capital com base no VTN declarado em DIAT nas hipóteses em que (i) o imóvel rural é alienado antes da entrega do DIAT do ano (o que ocorre entre agosto e setembro de cada ano); (ii) inexista a entrega do DIAT no ano de aquisição e/ou do ano de alienação do imóvel rural; e (iii) o imóvel tenha sido adquirido anteriormente a 1º de janeiro de 1997.[31]

---

30. LINS, Robson Maia. O Ganho de Capital na Tributação do Imóvel Rural. In: *XV Congresso Nacional de Estudos Tributários*: 30 Anos da Constituição Federal e o Sistema Tributário Brasileiro. São Paulo: Editora Noeses, 2018. p.1068.

31."Art. 9º. Na apuração do ganho de capital de imóvel rural é considerado custo de aquisição o valor relativo à terra nua. § 1º. Considera-se valor da terra nua (VTN) o valor do imóvel rural, nele incluído o da respectiva mata nativa, não computados os custos das benfeitorias (construções, instalações e melhoramentos), das culturas permanentes e temporárias, das árvores e florestas plantadas e das pastagens cultivadas ou melhoradas. § 2º. Os custos a que se refere o § 1º, quando não tiverem sido

Nas situações supramencionadas, a orientação da Receita Federal é no sentido de que o ganho de capital deve ser mensurado seguindo a regra geral, sendo equivalente à diferença entre valor de alienação e o custo de aquisição, ou seja, com base nos valores efetivos das operações de alienação e aquisição.

É relevante mencionar que, conforme as disposições do artigo 10, § 1º, da Instrução Normativa nº 84/2001, se um imóvel rural for adquirido antes da entrega do DIAT e alienado, no mesmo ano, após a entrega do DIAT, não haverá apuração de ganho de capital tributável em decorrência da aplicação do artigo 19 da Lei nº 9.393/96. De outro modo, se o imóvel for adquirido antes da entrega do DIAT e alienado no mesmo ano, porém, igualmente antes da entrega do DIAT, o ganho de capital deverá ser apurado com base nos valores reais da operação (diferença entre o preço de venda e custo de aquisição).

Destaca-se que na Solução de Consulta nº 118, de 26 de março de 2019, a Receita Federal afirma que as regras da Instrução Normativa nº 84/2001 relativas à apuração do ganho de capital na alienação de imóvel rural, embora estejam em ato direcionado às pessoas físicas, podem ter sua aplicação estendida às pessoas jurídicas, uma

---

deduzidos como despesa de custeio, na apuração do resultado da atividade rural, podem ser computados para efeito de apuração de ganho de capital."
"Art. 10. Tratando-se de imóvel rural adquirido a partir de 1997, considera-se custo de aquisição o valor da terra nua declarado pelo alienante, no Documento de Informação e Apuração do Imposto sobre a Propriedade Territorial Rural (Diat) do ano da aquisição, observado o disposto nos arts. 8º e 14 da Lei Nº 9.393, de 1996. § 1º No caso de o contribuinte adquirir: I - e vender o imóvel rural antes da entrega do Diat, o ganho de capital é igual à diferença entre o valor de alienação e o custo de aquisição; II - o imóvel rural antes da entrega do Diat e aliená-lo, no mesmo ano, após sua entrega, não ocorre ganho de capital, por se tratar de VTN de aquisição e de alienação de mesmo valor. § 2º Caso não tenha sido apresentado o Diat relativamente ao ano de aquisição ou de alienação, ou a ambos, considera-se como custo e como valor de alienação o valor constante nos respectivos documentos de aquisição e de alienação. § 3º O disposto no § 2º aplica-se também no caso de contribuinte sujeito à apresentação apenas do Documento de Informação e Atualização Cadastral (Diac)."

vez que a base legal que fundamenta o entendimento é a mesma para ambos os contribuintes.

Já na Solução de Consulta Disit nº 31, de 2011, da Superintendência Regional da Receita Federal do Brasil (SRRF) da 6ª Região Fiscal (RF), entendeu que regra do art. 19 da Lei nº 9.393/96 não é aplicável às pessoas jurídicas submetidas ao lucro real em qualquer hipótese.

A argumentação para proibir a aplicação da regra pelas pessoas jurídicas do lucro real consiste no fato de o Regulamento do Imposto de Renda (Decreto nº 9.580/2018) apenas regular explicitamente a apuração do ganho de capital com base no art. 19 da Lei nº 9.393/96 em seções que tratam da tributação das pessoas físicas e pessoas jurídicas optantes pelo lucro presumido, o que faz nos art. 146, 596 e 609, § 15, sendo omissa, portanto, em relação às pessoas jurídicas submetidas ao lucro real.

Sumarizando o exposto, as principais controvérsias entre os contribuintes e as autoridades fazendárias relacionadas ao tema são decorrentes de atos administrativos em que há determinações sobre a não aplicabilidade do art. 19 da Lei nº 9.393/96 quando:

a) a alienação do imóvel rural ocorre antes da entrega do DIAT do ano;

b) por qualquer razão, inexista a entrega do DIAT no ano de aquisição e/ou do ano de alienação do imóvel rural;

c) o imóvel rural objeto da alienação foi adquirido pelo alienante anteriormente à 1º de janeiro de 1997; e

d) o alienante é pessoa jurídica submetida ao lucro real.

Verifica-se que os itens "a", "b" e "c" acima se sustentam em um só elemento, qual seja, o fato de não haver DIAT declarado pelo contribuinte no ano de aquisição ou de alienação do imóvel, seja pela venda ter ocorrido antes da entrega da declaração do ano, pelo fato de o imóvel ter sido adquirido anteriormente à 1997 (quando inexistia a obrigação acessória), ou por qualquer outra razão, tal como pelo descumprimento da entrega da obrigação acessória ou pela não obrigatoriedade de entregá-la.

Distintamente, com relação ao item "d", o fundamento para afastar a aplicação do art. 19 da Lei 9.393/96 seria a ausência de regulamentação da matéria no Regulamento do Imposto de Renda para as pessoas jurídicas que apuram o imposto de renda conforme o lucro real.

Ademais, ressalta-se que a RFB, ao afastar a aplicação da regra especial nas situações acima relacionadas, entende que o ganho de capital deve ser apurado e tributado com base no critério geral (diferença entre o custo de aquisição e alienação).

É nesse contexto que a doutrina, de uma maneira geral, entende que tais restrições impostas à aplicação do art. 19 da Lei nº 9393/96, baseadas em atos administrativos, majoram a base de cálculo do imposto sobre a renda definida em lei para as operações de venda de imóveis rurais, de forma que violam o princípio da legalidade postulado pelo art. 150, I, da CF/88.

Especificamente nas situações em que a possibilidade de cálculo do ganho de capital na forma prevista pelo art. 19 da Lei nº 9.393/96 é afastada por não existir DIAT no ano de aquisição ou de alienação, flagrante é a violação ao princípio da legalidade tributária, uma vez que tal condição não foi imposta pela lei. Nesse sentido, se posicionam Fábio Calcini, Robson Maia Lins e Leonardo Loubet, respectivamente:

> (...) essa restrição imposta pela instrução normativa para impedir a aplicação do artigo 19, a Lei 9.393/96 viola o princípio da legalidade, em especial na hipótese de a alienação ocorrer antes da entrega da Diat. Isso porque a essência da referida sistemática não é a obrigação acessória, cujo prazo de entrega ocorre, na atualidade, em setembro, mas a existência do VTN, cujo fato gerador se dá todo dia 1º de janeiro de cada ano.[32]
>
> Por qualquer ângulo que se examine a questão fica evidente a completa inconstitucionalidade e ilegalidade da norma construída a partir do art. 10 da IN RFB nº 84/2001, que deve ser afastada integralmente. A observância ao entendimento da Secretaria da Receita Federal formalizado na Instrução Normativa significaria admitir a competência do órgão para definir a base de cálculo do tributo, função atribuída exclusivamente à lei editada pelo órgão competente (art. 150, I da Constituição da República), figurando verdadeira transgressão ao princípio da estrita legalidade.[33]
>
> Ora, parece evidente que essa sistemática não tem validade jurídica. Afinal de contas, a Lei nº 9.393/96 não faz qualquer restrição temporal que pudesse dar respaldo a um expediente como esse. (...) Instrução Normativa não tem o condão de modificar o regramento dado à matéria pela lei, a qual representa a manifestação da vontade popular no contexto democrático.[34]

Nesta visão, a afronta ao princípio da legalidade é evidenciada quando se coloca em perspectiva que a ausência do DIAT do ano de aquisição ou alienação não inviabiliza a aplicação do art. 19 da Lei nº 9.393/96, como expõe Robson Maia Lins:

> (...) cumpre observar que na hipótese de aquisição e venda do imóvel rural no mesmo ano, não há ganho de capital, independentemente da data em que a DIAT for entregue. Isso porque o VTN refletirá o preço de mercado de terras, apurado em 1º de janeiro do ano a que se referir a DIAT, por expressa previsão legal (art. 8º, § 2º da Lei nº 9.393/96). Assim, a exigência imposta

---

32. CALCINI. *op. cit.*, p. 129

33. LINS, *op. cit.*, p. 1074.

34. LOUBET, Leonardo Furtado. O IR (IRPF e IRPJ) e o ganho de capital sobre imóveis rurais. In: *Tributação federal no agronegócio*. 2. ed. São Paulo: Noeses, 2022. p. 363.

> pela IN 84/2001 não se sustenta. Afinal, entregue ou não a DIAT, o VTN será igual tanto para a compra quanto para a alienação, não havendo que se falar em ganho de capital.
>
> Do mesmo modo, a venda do imóvel antes da entrega do DIAT não justifica a mudança do critério de apuração do ganho de capital como prevê a mencionada IN em seu art. 10, § 1º, seja porque o VTN pode ser auferido, seja porque a data da entrega da DIAT é definida pela própria Receita Federal do Brasil, não possuindo o contribuinte ingerência sobre tal fato.[35]

Em adição aos argumentos acima, soma-se o fato de que o próprio art. 19 da Lei nº 9.393/96, ao se referir ao art. 14 da mesma lei, define o procedimento que deve ser adotado pelas autoridades fazendárias em caso de ausência da entrega do DIAT pelo contribuinte, bem como em caso de subavaliação do VTN. Nesses casos, a lei determina que deve ser realizado o arbitramento do VTN com base nos dados existentes em sistema da própria Receita Federal, sem haver qualquer menção quanto à possibilidade de adoção da regra geral de apuração de ganhos de capital.

Com relação à inaplicabilidade do art. 19 da Lei nº 9.393/96 às pessoas jurídicas submetidas ao lucro real face à omissão da regulamentação da matéria no Regulamento do Imposto de Renda, o entendimento da doutrina também é no sentido de que a posição fere o princípio da legalidade tributária, além de contrária à regra da especialidade. Nas palavras de Leonardo Loubet e Fábio Calcini, respectivamente:

> (...) A Lei nº 9.393/96 não restringe seu modelo a determinadas operações apenas, o que significa dizer que, também em relação às pessoas jurídicas do lucro real, à luz da lei deve ser seguida essa sistemática envolvendo a fórmula do VTN. Noutras palavras, para as empresas que apuram seu imposto pelo lucro real o Regulamento não contém regra explícita determinando a aplicação do VTN, mas também não traz restrição alguma, motivo

35. LINS, *op. cit.*, p. 1071.

> pelo qual – até pelo sobranceiro princípio da legalidade – há que prevalecer, também para elas, o modelo definido no art. 19 da Lei nº 9.393/96.[36]
>
> Portanto, o artigo 19 da Lei 9.393/96 não revoga as disposições a título de ganho de capital em geral, anteriores e posteriores (salvo previsão expressa em contrário), tanto é verdade que as alíquotas aplicáveis seguirão a regra geral da legislação. No entanto, este dispositivo, dada a sua especialidade, é que regula a forma de apurar eventual ganho (resultado positivo) a ser tributado pelo IR quando ocorrer a alienação de um imóvel rural.
>
> Há clara aplicação da especialidade, com isso, as regras gerais sobre ganho de capital de imóvel somente serão aplicáveis naquilo que a lei específica não disciplinar ou expressamente excepcionar, enquanto for vigente. Este seria o primeiro argumento para justificar juridicamente a possibilidade de aplicação do artigo 19 da Lei 9.393/96 ao imóvel rural para pessoa jurídica no lucro real.
>
> A segunda observação vem da máxima de que o que não está proibido está permitido, nos termos da regra da legalidade (artigo 5º, II, CF). Isto porque inexiste expressa vedação em lei, ou mesmo no Regulamento do Imposto de Renda (RIR).[37]

Nota-se, portanto, que a ausência de regulamentação da matéria pelo Decreto nº 9.580/2018 para pessoas jurídicas submetidas ao lucro real não tem o condão de proibir a utilização da regra especial de apuração de ganho de capital para estes contribuintes, visto que tal interpretação extrapola o texto legal, violando o princípio da legalidade.

6. Posicionamento da jurisprudência

No âmbito do Poder Judiciário, a matéria foi enfrentada, substancialmente, pelos Tribunais Regionais Federais, sendo uníssona no sentido de que as previsões da Instrução

---

36. LOUBET, *op. cit.*, p. 348.

37. CALCINI, Fábio Pallaretti. *Aplicação da Lei 9.393/96 quanto ao ganho de capital de imóvel rural no lucro real.* Conjur, 12 jul. 2019. Disponível em: https://www.conjur.com.br/2019-jul-12/direito-agronegocio-aplicacao-lei-939396-quanto-ganho-capital-imovel-rural/. Acesso em: 28 dez. 2023.

Normativa SRF nº 84/2001, que limitam a aplicação do art. 19 da Lei nº 9.393/96 na hipótese de não haver DIAT do ano de aquisição ou alienação do imóvel, não encontram correspondência na lei vigente.

Nesse sentido, exemplifica-se:[38]

> TRIBUTÁRIO. GANHO DE CAPITAL. IMÓVEL RURAL. LEI N.º 9.393/96.CUSTO DE AQUISIÇÃO E ALIENAÇÃO. SISTEMÁTICA DE APURAÇÃO.ART. 10, § 2.º, DA IN SRF N.º 84/2001. ILEGALIDADE. HONORÁRIOS ADVOCATÍCIOS. MINORAÇÃO.
>
> 1. O parágrafo segundo, do art. 10 da Instrução Normativa n.º 84/2001, segundo a qual, na falta do DIAT, os custos de aquisição e alienação do imóvel rural devem ser equiparados ao valor constante dos respectivos instrumentos negociais, está em nítido descompasso com a legislação que lhe serve de sustentáculo. 2. Os custos de aquisição e de alienação de imóvel rural, estimados para fins de apuração de ganho de capital, deverão se pautar por aqueles valores da terra nua declarados pelo contribuinte, no DIAT apresentado nos respectivos anos. 3. No caso de não terem sido entregues tais documentos informativos, o art. 14 da Lei n.º 9.393/96 especifica os critérios que deverão ser levados em conta pela Receita Federal para apurar o imposto, entre eles o sistema de preço de terras. No caso dos autos, o antigo proprietário que efetivou a entrega da Declaração, não obstando a apuração do ganho de capital. 4. O valor da escritura pública considerado como custo de aquisição, conforme previsto na lei anterior, somente persiste quanto aos imóveis adquiridos antes de 1997, o que não é a hipótese dos autos. (...)[39]

38. No mesmo sentido: TRF-4, *Apelação/Reexame Necessário nº 5012189-94.2015.4.04.7001/PR*, Relator: Des. Federal Otávio Roberto Pamplona, 13 abr. 2016; TRF4, *Agravo de Instrumento nº 5048098-49.2018.4.04.0000/SC*, Relator: Juiz Federal Alexandre Rossato da Silva Ávila, 24 abr. 2019; TRF-4, *Apelação/Reexame Necessário nº 5000448-15.2010.4.04.7104/RS*, Relator: Juiz Federal Marcelo Malucelli, 21 ago. 2015; TRF4, *Apelação/Reexame Necessário nº 5002098-90.2012.404.7116/RS*, Des. Federal JOEL ILAN PACIORNIK, 15 abr. 2015; TRF4, Apelação Cível nº 5010485-05.2018.4.04.7110/RS, Relator: Juiz Federal Alexandre Rossato da Silva Ávila, 16 ago. 2021.

39. BRASIL. TRF-4, *Apelação/Reexame Necessário nº 2007.71.16.000514-0/RS*, Relatora: Juíza Federal Vânia Hack de Almeida, 02 dez. 2009.

Destaca-se que o principal fundamento que suporta a decisão acima, constante do voto da relatora, é que a aplicação da Instrução Normativa SRF nº 84/2001 ofende o princípio da legalidade:

> Vale ressaltar que a Administração Pública está incontestavelmente sujeita ao princípio da legalidade (CF, art. 37, caput), de modo que sua atuação normativa é totalmente vinculada aos limites da lei (CF, art. 84, IV), afora as exceções constitucionalmente previstas (CF, art. 84, VI).
>
> A Instrução Normativa é ato de competência ministerial que atende a uma necessidade sistemática exigida pela estrutura político-administrativa adotada pela Constituição, restringindo seus efeitos à coordenação dos instrumentos do Poder Executivo com vistas a dar exequibilidade às leis, decretos e regulamentos, nos termos do disposto no art. 87 da CF.
>
> Desse modo, não há como a instrução normativa ser figura autônoma, criando, modificando ou extinguindo direitos e obrigações, pena de invadir seara alheia e mal ferir a ordem constitucional no que atine às competências e atribuições de cada Poder, não havendo como a Secretaria da Receita Federal baixar instrução normativa inovando no ordenamento jurídico, ou seja, implicando criação, modificação ou extinção de direitos ou deveres não estabelecidos em lei prévia.

No Supremo Tribunal de Justiça (STJ), os recursos interpostos não passaram por julgamento da matéria, visto que não foram admitidos pelo órgão, sobretudo em decorrência da aplicação da Súmula nº 126, segundo a qual "é inadmissível recurso especial, quando o acórdão recorrido assenta em fundamentos constitucional e infraconstitucional, qualquer deles suficiente, por si só, para mantê-lo, e a parte vencida não manifesta recurso extraordinário".[40]

Já no Superior Tribunal Federal (STF) não são identificados julgamentos a respeito do tema.

---

40. Nesse sentido, exemplifica-se: STJ, *Recurso Especial nº 1.126.828 – RS*, Relatora: Min. Regina Helena Costa, 04 maio 2018; STJ, *Recurso Especial nº 1.222.773-RS*, Relatora: Min. Regina Helena Costa, , 12 jun. 2018.

Quanto à controvérsia relacionada à aplicabilidade do art. 19 da Lei nº 9.393/96 às pessoas jurídicas submetidas ao lucro real, verifica-se posicionamentos do TRF da 3ª Região alinhados à posição doutrinária anteriormente exposta, no sentido de que não há fundamento legal para sustentar a exclusão do regime especial de apuração do ganho de capital nessa hipótese:[41]

> DIREITO PROCESSUAL CIVIL. TRIBUTÁRIO. IMPOSTO DE RENDA DA PESSOA JURÍDICA. GANHOS DE CAPITAL. ALIENAÇÃO DE PROPRIEDADE RURAL. ARTIGO 19 DA LEI 9.393/1996. PREVALÊNCIA. DECRETO 3000/1999. RECURSO DESPROVIDO.
>
> 1. Caso em que a controvérsia revela que a pretensão da impetrante invoca base legal (artigo 19, Lei 9.393/1996), ao passo que a resistência fazendária tem assento em norma regulamentar (artigo 418, § 1°, do Decreto 3000/1999); e, ainda mais importante, o contribuinte pede a aplicação de norma legal específica, enquanto a PFN pleiteia excepcionar a norma legal específica através de norma regulamentar genérica, em colisão com a jurisprudência firmada a partir do princípio da hierarquia e especialidade das normas, a gerar a prevalência da lei específica sobre o regulamento genérico.
>
> 2. Com efeito, para tratar de ganho de capital de imóvel rural, que foi alienado, a impetrante alegou ser aplicável a Lei 9.393/1996, que dispõe que: 'Art. 19. A partir do dia 1° de janeiro de 1997, para fins de apuração de ganho de capital, nos termos da legislação do imposto de renda, considera-se custo de aquisição e valor da venda do imóvel rural o VTN declarado, na forma do art. 8°, observado o disposto no art. 14, respectivamente, nos anos da ocorrência de sua aquisição e de sua alienação. Parágrafo único. Na apuração de ganho de capital correspondente a imóvel rural adquirido anteriormente à data a que se refere este artigo, será considerado custo de aquisição o valor constante da escritura pública, observado o disposto no art. 17 da Lei n° 9.249, de 26 de dezembro de 1995.'
>
> 3. Todavia, a PFN extraiu da expressão 'nos termos da legislação do imposto de renda' o entendimento de que não seria aplicável

41. No mesmo sentido: *ApelRemNec nº SP 5002780-34.2017.4.03.6102*, 6ª Turma, Relatora: Des. Federal Diva Prestes Marcondes Malerbi, 21 jun. 2021.

o preceito legal no caso de contribuinte sujeito à tributação pelo lucro real, no qual o ganho de capital deve ser apurado, não conforme previsto pela lei, mas conforme o valor contábil do bem excluída eventual depreciação, amortização ou exaustão acumulada, em conformidade com norma regulamentar: artigo 148, § 1°, do Decreto 3000/1999 - RIR.

4. Manifestamente infundada a pretensão fiscal, pois a exclusão do regime especial de apuração de ganho de capital, aplicável na alienação de imóvel rural, objeto de norma legal, não foi excepcionada em razão do regime de tributação da pessoa jurídica, considerado o lucro presumido ou lucro real. Assim, não seria possível avistar exceção implícita na referência genérica à legislação do imposto de renda, de modo a permitir que a essência substancial da regra legal fosse inutilizada por norma regulamentar de apuração de ganho de capital na alienação de bens em geral para a apuração do lucro real.

5. A propósito, assim igualmente concluiu a Procuradoria Regional da República, ao apontar que 'a tributação na forma do § 1° do art. 418 do Decreto n. 3000/99 não encontra amparo legal, já que extrapola o dispositivo contido no artigo 19 da Lei n° 9.393/96, o qual não diferencia a apuração do imposto de renda com base no lucro real ou no lucro presumido.'.

6. Agravo inominado desprovido.[42]

Vale ressaltar que após a referida decisão, foi interposto Recurso Especial pela União, que, por sua vez, não foi acatado pelo STJ, por entender que houve deficiência na fundamentação apresentada. Nesse sentido, em que pese a matéria não tenha sido diretamente apreciada pelo Tribunal Superior, nas razões de decidir, há indicativo de que a posição seria análoga à do TRF de origem:

Nas razões do Recurso Especial, porém, a FAZENDA NACIONAL limitou-se a reiterar os argumentos contidos nas informações prestadas pela autoridade coatora, sem impugnar os fundamentos acima. Também não esclarece por que a expressão "nos termos da legislação do imposto de renda", constante do caput do art. 19 da Lei 9.393/96, justificaria a exclusão tão somente das pessoas

42. BRASIL. TRF-3, *ApReeNec n. 347401 / SP*. Processo n. 0019488-32.2012.4.03.6100. 3ª Turma. Relator: Des. Federal Carlos Muta, 14 abr. 2015.

> jurídicas sujeitas ao lucro real do regramento especial. Afinal, a expressão legislação do imposto de renda compreende, naturalmente, as normas relativas ao lucro real, ao presumido e ao arbitrado. Incide, pois, no ponto, o óbice das Súmulas 283 e 284/STF.[43]

No âmbito administrativo, por sua vez, o cenário da jurisprudência é distinto do judicial.

O Conselho Administrativo de Recursos Fiscais (CARF), inclusive a Câmara Superior de Recursos Fiscais (CSRF), possui manifestações no sentido de que a falta do DIAT dá causa à apuração do ganho de capital do imóvel rural com base nos valores efetivos da operação de venda.

Como exemplo, citamos o seguinte acórdão da CSRF:[44]

> GANHO DE CAPITAL. IMÓVEL RURAL. CUSTO DE AQUISIÇÃO. VALOR DE ALIENAÇÃO. ENTREGA DO DIAT. APURAÇÃO.
>
> A apuração do ganho de capital de imóvel rural deve ser feita com base nos valores constantes dos respectivos documentos de aquisição e alienação, nos casos de falta de entrega do Diac ou do Diat, subavaliação ou prestação de informações inexatas, incorretas ou fraudulentas.[45]

Nessa oportunidade, o principal argumento adotado no voto vencedor é que a Instrução Normativa SRF nº 84/2001 supriria lacuna deixada pela Lei nº 9.393/96 em relação à forma de apuração do ganho de capital nas hipóteses em

---

43. BRASIL. STJ, *Recurso Especial nº 1.751.992 – SP*. Relatora: Min. Assusete Magalhães, 01 abr. 2020..

44. No mesmo sentido: CARF, Acórdão nº 2201-003.912 – 2ª Câmara, 1ª Turma Ordinária, 14/09/2017; CARF, Acórdão nº 2202-006.078 – 2ª Câmara, 2ª Turma Ordinária, 03/03/2020; CARF, Acórdão nº 2402-006.206 – 4ª Câmara, 2ª Turma Ordinária, 05/06/2018; CARF, Acórdão nº 2402-008.842 – 4ª Câmara, 2ª Turma Ordinária, 07/08/2020; CARF, Acórdão nº 2401-005.214 - 4ª Câmara, 1ª Turma Ordinária, 17/01/2018.

45. BRASIL. CARF. *Acórdão nº 9202-007.714*. 2ª Turma. Câmara Superior de Recursos Fiscais. 2ª Seção. Relatora: Ana Cecilia Lustosa da Cruz, 27 mar. 2019.

que o contribuinte não apresentou o DIAT dos anos de aquisição e/ou alienação:

> Entretanto, mesmo para os eventos ocorridos a partir de 1º/01/1997, há casos em que o DIAT, embora obrigatório, não foi apresentado pelo Contribuinte. Há situações, ainda, em que o Contribuinte está dispensado da entrega do DIAT, apresentando apenas o DIAC. Estas são hipóteses que se equiparam aos eventos ocorridos à época em que inexistia tal obrigação, ou seja, não há um DIAT do qual se possa extrair um VTN declarado pelo Contribuinte. E para esses casos a Instrução Normativa SRF nº 84, de 2001, suprindo a lacuna da lei e utilizando o mesmo critério, esclareceu que o custo e o valor de alienação seriam também aqueles constantes dos respectivos documentos de aquisição e de alienação, tal como a lei fixara para os eventos a ela anteriores.[46]

Adicionalmente, o relator frisa que o fato de o art. 19 da Lei nº 9.393/96 fazer referência ao art. 14 da mesma lei, que trata da forma de arbitramento do VTN pelas autoridades fazendárias em relação à apuração do ITR, não significa que o arbitramento da base de cálculo do imposto de renda deve seguir o mesmo critério:

> (...) Com estas considerações, com todas as vênias, não procede a interpretação de que o art. 19 que trata da alienação de imóvel rural, para fins de apuração de Imposto de Renda ao fazer referência ao art. 14 que trata do arbitramento do VTN pela Fiscalização, para fins de apuração do ITR estaria a determinar que, na falta de entrega do DIAT, seria adotado VTN arbitrado, e não a regra estipulada pela própria lei, na ausência de DIAT.
>
> (...) a referência ao art. 14, feita no art. 19, visa apenas esclarecer que o VTN porventura extraído do DIAT para fins de apuração de ganho de capital também estará sujeito a eventual arbitramento pela Fiscalização, no caso de subavaliação, informações inexatas, incorretas ou fraudulentas.
>
> Com efeito, a norma específica de ganho de capital para fins de Imposto de Renda (art. 19) não pode ser associada com a norma que fixa a base de cálculo do ITR (art. 14), senão para deixar

46. Ibidem.

> expresso que o VTN a ser aplicado no ganho de capital também pode ser revisto pela Fiscalização.[47]

Há, ainda, situações em que o CARF se manifestou no sentido de que a regra especial de apuração de ganhos de capital na venda de imóveis rurais não seria aplicável às pessoas jurídicas do lucro real:

> Assim, parece-me induvidoso que os preceitos do artigo 19, da Lei nº 9.393/1996 digam respeito às empresas que apurem ganho de capital e que estejam sob a linha do Lucro Presumido, não do Lucro Real, que é o caso da recorrente.[48]

Nessa oportunidade, afirma o relator que a inaplicabilidade da regra às empresas do lucro real decorre da referência contida no parágrafo único do ar. 19 da Lei nº 9.393/96 ao ar. 17 da Lei nº 9.249/95, que, por sua vez, permite a correção monetária do custo de aquisição dos imóveis adquiridos até 1995 apenas para pessoas físicas e pessoas jurídicas do lucro presumido:

> Em resumo, entendo inaplicável o artigo 19, da Lei nº 9.393/1996 (art. 523, do RIR/1999), às empresas que se submetam ao regime do Lucro Real, caso da recorrente, pelo que divirjo da decisão recorrida. Ademais, ao reportar-se e fazer referência ao artigo 17, da Lei nº 9.249, de 1995, o parágrafo único da Lei nº 9.393/1996 acabou por confirmar o raciocínio antes esposado neste voto de que sua aplicação limita-se a pessoas físicas e pessoas jurídicas NÃO TRIBUTADAS PELO LUCRO REAL.[49]

Verifica-se, portanto, jurisprudência administrativa favorável à limitação da aplicabilidade da regra especial de apuração do ganho de capital aos contribuintes pessoas

---

47. Ibidem.

48. BRASIL. CARF. *Acórdão nº 1402-002.615*. Processo nº 10480.726903/2014-26. 4ª Câmara. 2ª Turma Ordinária. Relator: Paulo Mateus Ciccone, 21 jun. 2017.

49. Ibidem.

físicas e pessoas jurídicas submetidas ao lucro presumido, bem como às hipóteses em que entregues os DIATs dos anos de aquisição e alienação do imóvel rural. Destaca-se que, em que pese ambas as controvérsias não sejam pacificadas no CARF, as decisões favoráveis aos contribuintes são minorias no órgão.[50]

7. Considerações finais

O art. 19 da Lei nº 9.393/96 determinou forma específica de mensuração do ganho de capital decorrente de alienações de imóveis rurais realizadas a partir de 1º de janeiro de 1997: devem ser considerados como valores de aquisição e alienação os VTN informados nos DIAT entregues, respectivamente, nos anos de aquisição e alienação do imóvel para fins de apuração do ganho de capital.

A lei especial não restringiu sua aplicação a qualquer contribuinte, além de definir os procedimentos que devem ser adotados pelos órgãos fiscalizadores para arbitramento do ganho de capital se constatada a subavaliação do VTN declarado em DIAT ou em caso de ausência de entrega da obrigação acessória pelo contribuinte. Nessas hipóteses, o ganho de capital deve ser arbitrado com base nos valores da terra nua constantes do sistema de preços de terras instituídos pela Receita Federal do Brasil.

Assim, desde 1997, a determinação do ganho de capital na alienação de imóvel rural na forma do art. 19 da Lei nº 9.393/96 substitui a regra geral de apuração de ganhos de capital (confronto entre o valor de venda e o custo de aquisição do bem, no caso das pessoas físicas, ou seu valor contábil, para pessoas jurídicas).

50. Exemplifica-se a seguinte decisão favorável: CARF, Acórdão nº 2402-005.934 – 4ª Câmara / 2ª Turma Ordinária, 08/08/17.

Na visão da doutrina, em consonância com o posicionamento da jurisprudência judicial, as restrições à aplicação do art. 19 da Lei nº 9.393/96 impostas pela Instrução Normativa SRF nº 84/2001 e demais atos administrativos correlacionados, na medida em que extrapolam o texto da lei ordinária e proporcionam o alargamento da base de cálculo dos tributos sobre a renda/lucros, violam o princípio constitucional da legalidade tributária (art. 150, I, da CF/88), o qual impõe que a fixação de todos os critérios da incidência tributária cabe exclusivamente à lei, sem margem para a criação ou modificação de obrigação tributária pelo Poder Executivo, sendo fundamental à concretização da segurança jurídica inerente ao Estado de Direito.

Nesse panorama, em que pese sejam robustos os fundamentos para afastar as disposições dos atos administrativos que impõem a aplicação da regra geral de apuração dos ganhos de capital quando da venda de imóvel rural por pessoa jurídica submetida ao lucro real, bem como na hipótese de inexistir DIAT entregue pelo contribuinte nos anos de aquisição e/ou alienação do imóvel, a quantidade de litígios tributários sobre o tema, atrelada à ausência de pacificação do tema no CARF e de enfrentamento da matéria sob a ótica constitucional pelos Tribunais Superiores, indicam pela continuidade das discussões.

Referências

BRASIL. Conselho Administrativo de Recursos Fiscais (CARF). *Acórdão nº 9202-007.714*. 2ª Turma. Câmara Superior de Recursos Fiscais. 2ª Seção. Relatora: Ana Cecilia Lustosa da Cruz, 27 mar. 2019.

_____. Conselho Administrativo de Recursos Fiscais (CARF). *Acórdão nº 1402-002.615*. Processo nº 10480.726903/2014-26. 4ª Câmara. 2ª Turma Ordinária. Relator: Paulo Mateus Ciccone, 21 jun. 2017.

______. Superior Tribunal de Justiça. *Recurso Especial nº 1.751.992 – SP*. Relatora: Min. Assusete Magalhães, 01 abr. 2020.

______. Tribunal Regional Federal da 3ª Região (TRF-3). *ApReeNec n. 347401 / SP*. Processo n. 0019488-32.2012.4.03.6100. 3ª Turma. Relator: Des. Federal Carlos Muta, 14 abr. 2015.

______. Tribunal Regional Federal da 4ª Região (TRF-4). *Apelação/Reexame Necessário nº 2007.71.16.000514-0/RS*. Relatora: Juíza Federal Vânia Hack de Almeida, 02 dez. 2009.

CALCINI, Fábio Pallaretti. Aplicação da Lei 9.393/96 quanto ao ganho de capital de imóvel rural no lucro real. *Conjur*, 12 jul. 2019. Disponível em: https://www.conjur.com.br/2019-jul-12/direito-agronegocio-aplicacao-lei--939396-quanto-ganho-capital-imovel-rural/. Acesso em: 28 dez. 2023.

______. Peculiaridades em relação ao ganho de capital de imóvel rural. In: *Tributação no agronegócio*: algumas reflexões. Londrina: Thoth, 2023.

CARVALHO, Paulo de Barros. *Curso de Direito Tributário*. 24. ed. São Paulo: Saraiva, 2012.

COSTA, Regina Helena. *Curso de direito tributário:* Constituição e Código Tributário Nacional. 4. ed. São Paulo: Saravaiva, 2014.

HARET, Florence. *Tributação no agronegócio*. 2. ed. São Paulo: IDEA, 2015.

FEITOSA, Maurine Morgan Pimentel. O Princípio da Legalidade no Direito Tributário: Considerações à Luz da Jurisprudência do STF. *Revista de Direito da Procuradoria Geral*, Rio de Janeiro, v. 74, p. 162-187, 2018. Disponível em: https://pge.rj.gov.br/revista-de-direito/2018-volume-74. Acesso em: 28 dez. 2023.

FILHO, Edmar Oliveira Andrade. *Imposto de Renda das Empresas*. 13. ed. São Paulo: Atlas, 2018.

LINS, Robson Maia. O Ganho de Capital na Tributação do Imóvel Rural. In: *XV Congresso Nacional de Estudos Tributários*: 30 Anos da Constituição Federal e o Sistema Tributário Brasileiro. São Paulo: Editora Noeses, 2018. Disponível em: https://www.ibet.com.br/o-ganho-de-capital-na-tributacao-do-imovel-rural-por-robson-maia-lins/. Acesso em: 28 dez. 2023.

LOUBET, Leonardo Furtado. O IR (IRPF e IRPJ) e o ganho de capital sobre imóveis rurais. In: *Tributação federal no agronegócio*. 2. ed. São Paulo: Noeses, 2022.

OLIVEIRA, Ricardo Mariz. *Fundamentos do Imposto de Renda (2020)*. São Paulo: IBDT, 2020, v. 1.

PAULSEN, Leandro. *Curso de direito tributário completo*. 8. ed. São Paulo: Saraiva, 2017.

SCHOUERI, Luís Eduardo. *Direito Tributário*. 8. ed. São Paulo: Saraiva Educação, 2018.

SCHOUERI, Luís Eduardo; MOSQUERA, Roberto Quiroga. *Manual da tributação direta da Renda*. São Paulo: IBDT, 2020.

O ITR E SUA EXTRAFISCALIDADE: REFLEXÕES E JURISPRUDÊNCIA DO CARF

Maurício Cazati Jr.[1]

Helena Lamante Scotton[2]

1. Aspectos regulatórios do ITR

O campo do Direito Tributário, além de complexo é extremamente amplo, e não raro se interconecta com outros. Um exemplo é o Imposto sobre a Propriedade Territorial Rural (ITR) que perfaz exatamente este caminho entre o direito tributário, o agrário e o ambiental.

A própria Constituição Federal,[3] ao instituir este imposto (ITR) no Brasil, conferiu-lhe a missão de transcender

---

1. Advogado, líder da área tributária na Indústria Brasileira de Árvores – Ibá, membro do Conselho de Assuntos Tributário da CNI, do Grupo de Estudos Tributários da FIESP, do Instituto Pensar Agro - IPA e do Comitê da Cadeia Produtiva do Papel, Gráfica e Embalagem – COPAGREM.

2. Advogada e consultora tributária na PwC Brasil.

3. BRASIL. [Constituição (1988)]. *Constituição da República Federativa do Brasil de 1988*. Brasília, DF: Presidência da República, [2016]. Disponível em: https://www.planalto.gov.br/ccivil_03/constituicao/constituicao.htm. Acesso em: 10 jun. 2024.

à arrecadação de tributos. Por meio do § 4º, do art. 153, determinou a progressividade do ITR, de maneira a estimular a produtividade agrária (inciso I), e afastou sua incidência nas pequenas propriedades rurais, desde que o proprietário não possua outro imóvel (inciso II).[4]

O art. 186 da Constituição também estabelece que a propriedade rural deve cumprir sua "função social", visando ao "aproveitamento racional e adequado" da área rural, combinado com a "utilização adequada dos recursos naturais" e a devida "preservação do meio ambiente"; e tudo isto, sem descuidar do "bem-estar" de quem ali trabalha.[5]

Essas diretrizes constitucionais, por si, já impõem uma visão ampla sobre o papel das propriedades rurais na sociedade, e não por menos, transcendem a função arrecadatória do ITR para um contexto extrafiscal.

O Professor Hugo de Brito Machado já lecionava sobre esta característica do ITR:

> O imposto sobre a propriedade territorial rural é considerado um importante instrumento no combate aos latifúndios improdutivos. Por isto a Lei n. 9.393, de 19.12.1996, estabeleceu

---

4. Constituição Federal de 1988 (CF/88) - Art. 153. Compete à União instituir impostos sobre:
VI - propriedade territorial rural;
§ 4º O imposto previsto no inciso VI do caput:
I - será progressivo e terá suas alíquotas fixadas de forma a desestimular a manutenção de propriedades improdutivas;
II - não incidirá sobre pequenas glebas rurais, definidas em lei, quando as explore o proprietário que não possua outro imóvel;

5. (CF/88) - Art. 186. A função social é cumprida quando a propriedade rural atende, simultaneamente, segundo critérios e graus de exigência estabelecidos em lei, aos seguintes requisitos:
I - aproveitamento racional e adequado;
II - utilização adequada dos recursos naturais disponíveis e preservação do meio ambiente;
III - observância das disposições que regulam as relações de trabalho;
IV - exploração que favoreça o bem-estar dos proprietários e dos trabalhadores.

> alíquotas progressivas em função da área do imóvel e do grau de sua utilização.[6]

Desse modo, temos que a Lei nº 9.393/96[7] não descuidou destas diretrizes Constitucionais, ao disciplinar sobre o ITR, endereçando individualmente todas estas questões, inclusive a imunidade das "pequenas glebas rurais" (art. 2º) e as isenções para os imóveis que façam parte de programas de reforma agrária (art. 3º).[8]O mesmo ocorre na determinação dos elementos que devem ser considerados para a mensuração da base de cálculo deste imposto, de modo que a lei também os define com a finalidade de dar o devido cumprimento às diretrizes constitucionais.

Em consonância com a exigência constitucional de preservação do meio ambiente,[9] quando da definição da área tributável do imóvel por meio do art. 10 da Lei nº 9.393/96, houve a exclusão das áreas "de preservação permanente e

---

6. MACHADO, Hugo de Brito. *Curso de Direito Tributário*. 24. ed. São Paulo: Malheiros, 2004. p. 326

7. BRASIL. *Lei nº 9.393, de 19 de dezembro de 1996*. Dispõe sobre o Imposto sobre a Propriedade Territorial Rural - ITR, sobre pagamento da dívida representada por Títulos da Dívida Agrária e dá outras providências. Disponível em: https://www.planalto.gov.br/ccivil_03/leis/l9393.htm. Acesso em: 10 jun. de 2024.

8. (Lei nº 9.393/96) - Art. 2º. Nos termos do art. 153, § 4º, in fine, da Constituição, o imposto não incide sobre pequenas glebas rurais, quando as explore, só ou com sua família, o proprietário que não possua outro imóvel.
Art. 3º São isentos do imposto:
I - o imóvel rural compreendido em programa oficial de reforma agrária, caracterizado pelas autoridades competentes como assentamento, que, cumulativamente, atenda aos seguintes requisitos:
a) seja explorado por associação ou cooperativa de produção;
b) a fração ideal por família assentada não ultrapasse os limites estabelecidos no artigo anterior;
c) o assentado não possua outro imóvel.
II - o conjunto de imóveis rurais de um mesmo proprietário, cuja área total observe os limites fixados no parágrafo único do artigo anterior, desde que, cumulativamente, o proprietário:
a) o explore só ou com sua família, admitida ajuda eventual de terceiros;
b) não possua imóvel urbano.

9. Vide também art. 145, § 3º, combinado com art. 225, ambos da CF/88.

de reserva legal", bem como das áreas de "interesse ecológico" e/ou "sob regime de servidão ambiental", as "cobertas por florestas nativas", ainda que em "estágio médio de regeneração"; e as áreas "alagadas para fins de constituição de reservatório de usinas hidrelétricas".[10]

No mesmo sentido, a forma de estabelecimento da alíquota aplicável sobre o valor da terra nua tributável (base de cálculo do ITR, apurado pela multiplicação do valor do imóvel pelo quociente entre a área tributável e a área total), também demonstra a finalidade do aproveitamento racional e adequado da propriedade rural.

A definição da alíquota depende do Grau de Utilização – "GU" da terra, que é determinado pela divisão entre a área efetivamente utilizada (área que, no ano anterior, tenha sido utilizada para a plantação, pastagem, exploração extrativa ou atividade granjeira e aquícola), pela área aproveitável do imóvel (área passível de utilização para as atividades econômicas mencionadas, excluídas as áreas de benfeitorias, preservação permanente, reserva legal, interesse

---

10. (Lei nº 9.393/96) - Art. 10. A apuração e o pagamento do ITR serão efetuados pelo contribuinte, independentemente de prévio procedimento da administração tributária, nos prazos e condições estabelecidos pela Secretaria da Receita Federal, sujeitando-se a homologação posterior.
§ 1º Para os efeitos de apuração do ITR, considerar-se-á:
II - área tributável, a área total do imóvel, menos as áreas:
a) de preservação permanente e de reserva legal, previstas na Lei nº 12.651, de 25 de maio de 2012;
b) de interesse ecológico para a proteção dos ecossistemas, assim declaradas mediante ato do órgão competente, federal ou estadual, e que ampliem as restrições de uso previstas na alínea anterior;
c) comprovadamente imprestáveis para qualquer exploração agrícola, pecuária, granjeira, aqüícola ou florestal, declaradas de interesse ecológico mediante ato do órgão competente, federal ou estadual;
d) sob regime de servidão ambiental;
e) cobertas por florestas nativas, primárias ou secundárias em estágio médio ou avançado de regeneração;
f) alagadas para fins de constituição de reservatório de usinas hidrelétricas autorizada pelo poder público.

ecológico, imprestáveis, floresta nativa, servidão ambiental e alagadas).

Uma vez calculado o grau de utilização, a alíquota aplicável observará a tabela contida no Anexo à Lei nº 9.393/96,[11] de modo que a carga tributária será progressiva, considerando conjuntamente a área total do imóvel e seu grau de utilização e preservação, conforme disciplina o art. 11 do mesmo diploma legal:

> Art. 11. O valor do imposto será apurado aplicando-se sobre o Valor da Terra Nua Tributável - VTNt *a alíquota correspondente, prevista no* Anexo desta Lei, considerados a área total do imóvel e o Grau de Utilização - GU.

Tabela 1 – Tabela de Alíquotas da Lei nº 9.393/96[12]

ÁREA TOTAL DO IMÓVEL (em hectares)	GRAU DE UTILIZAÇÃO - GU (EM %)				
	Maior que 80	**Maior que 65 até 80**	**Maior que 50 até 65**	**Maior que 30 até 50**	**Até 30**
Até 50	0,03	0,20	0,40	0,70	1,00
Maior que 50 até 200	0,07	0,40	0,80	1,40	2,00
Maior que 200 até 500	0,10	0,60	1,30	2,30	3,30
Maior que 500 até 1.000	0,15	0,85	1,90	3,30	4,70
Maior que 1.000 até 5.000	0,30	1,60	3,40	6,00	8,60
Acima de 5.000	0,45	3,00	6,40	12,00	20,00

Constata-se, portanto, que, quanto maior o grau de utilização da propriedade rural, menor a alíquota aplicável

11. BRASIL. *Lei nº 9.393, de 19 de dezembro de 1996.* Dispõe sobre o Imposto sobre a Propriedade Territorial Rural - ITR, sobre pagamento da dívida representada por Títulos da Dívida Agrária e dá outras providências. Tabela de Alíquotas (Art. 11). Disponível em: https://www.planalto.gov.br/ccivil_03/leis/l9393.htm. Acesso em: 10 jun. 2024.

12. Ibidem.

sobre a base de cálculo, reforçando a intenção da legislação em estimular a propriedade produtiva e preservada. Da mesma maneira, quanto maior a área total do imóvel, maior a alíquota, de forma a, mais uma vez, beneficiar o pequeno produtor rural.

Assim sendo, é possível identificar que as normas tributárias do ITR se alinham às diretrizes Constitucionais, fomentando o uso da terra em equilíbrio com o meio ambiente e em alinhamento com as finalidades sociais, indo muito além de um tributo sobre a propriedade.

Contudo, no decorrer das regulamentações do ITR, diversos requisitos formais e burocráticos foram estabelecidos para o reconhecimento dos direitos decorrentes do cumprimento da função social da propriedade rural.

A título de exemplo, temos o Decreto nº 4.382/2002 que, ao regulamentar a Legislação supra, em seu art. 10, § 3º,[13] condicionou todas as exclusões das áreas de interesse ambiental da área tributável à comprovação de que estas áreas se encontram "obrigatoriamente informadas em Ato Declaratório Ambiental - ADA, protocolado pelo sujeito passivo no Instituto Brasileiro do Meio Ambiente e dos Recursos Naturais Renováveis - IBAMA, nos prazos e condições fixados em ato normativo".

---

13. (Decreto 4.382/2002) - Art. 10. Área tributável é a área total do imóvel, excluídas as áreas (Lei nº 9.393, de 1996, art. 10, § 1º, inciso II):
§ 3º Para fins de exclusão da área tributável, as áreas do imóvel rural a que se refere o caput deverão:
I - ser obrigatoriamente informadas em Ato Declaratório Ambiental - ADA, protocolado pelo sujeito passivo no Instituto Brasileiro do Meio Ambiente e dos Recursos Naturais Renováveis - IBAMA, nos prazos e condições fixados em ato normativo.

2. Submetido o tema ao CARF – Conselho Administrativo de Recursos Fiscais, observou-se, a princípio, a reafirmação jurisprudencial da exigência feita pelo Decreto

Perceba, a partir do trecho transcrito a seguir, que a área preservada é desconsiderada para efeito de exclusão da área tributável pelo ITR, tão somente pela ausência do protocolo do Ato Declaratório Ambiental – ADA, no prazo de seis meses após a entrega da DITR (Declaração do Imposto sobre a Propriedade Territorial Rural):

> Assunto: Imposto sobre a Propriedade Territorial Rural - ITR Exercício: 2007 ITR. ÁREA DE PRESERVAÇÃO PERMANENTE. ATO DECLARATÓRIO AMBIENTAL. OBRIGATORIEDADE. APRESENTAÇÃO INTEMPESTIVA. NÃO EXCLUSÃO. Para efeito de exclusão da área de preservação permanente na apuração da base de cálculo do ITR, além de preencher os requisitos legais estabelecidos pelo Código Florestal, o contribuinte, obrigatoriamente, deveria protocolar o Ato Declaratório Ambiental - ADA junto ao IBAMA no prazo de seis meses após a entrega da DITR/2007. ITR. ÁREA DE PRESERVAÇÃO PERMANENTE. ATO DECLARATÓRIO AMBIENTAL. INTEMPESTIVO LAUDO ´TÉCNICO. NÃO SUBSTITUI O ADA. O laudo técnico não supre a falta da entrega tempestiva do Ato Declaratório Ambiental (ADA) para excluir as áreas de preservação permanente da incidência da tributação do ITR. VTN. LAUDO. REQUISITOS. Somente se admite a utilização de laudo para determinação do Valor da Terra Nua (VTN) se este atender aos requisitos determinados na legislação para sua validade. VTN. SEM COMPROVAÇÃO. APURAR. FISCALIZAÇÃO. A base de cálculo do imposto será o valor da terra nua apurado pela fiscalização, como previsto em lei, se não existir comprovação que justifique reconhecer valor menor.[14]

14. BRASIL. CARF. *Acórdão n. 2202004.951*. Processo n. 11080.7230 84/200973. Recurso Especial. 2ª Câmara. 2ª Turma. Relator: Rorildo Barbosa Correia, 12 fev. 2019. Disponível em: https://acordaos.economia.gov.br/acordaos2/pdfs/processados/11080723084200973_5966518.pdf.

Logo, mesmo se existente a área de preservação, mas não preenchido referido requisito infralegal, não haveria, segundo a jurisprudência administrativa ora apresentada, motivo para se excluir a área preservada da área tributável do imóvel para fins de cálculo do ITR.

Nesta esteira, o Professor e Dr. Fernando Facury Scaff, em obra conjunta com os Drs. Alexandre Coutinho da Silveira e Gabriel Hercos da Cunha,[15] nos alertam para a ilegalidade do Dec. Nº 4.382/2002, seguido das Instruções Normativas, IN SRF nº 256/2002 (art. 9º, §3º) e IN RFB nº 1.715/2017 (art. 6º), bem como nos trazem o contraponto da jurisprudência do Superior Tribunal de Justiça que, reiteradamente, tem afastado esta exigência do Ato Declaratório do IBAMA, nestas circunstâncias:

> Ocorre que o Decreto nº 4.382/2002, no artigo 10, §3º, I, restringe, de forma ilegal, o direito à exclusão das áreas acima mencionadas para fins de apuração do ITR, pois exige que tais aspectos estejam inseridos no ADA para poderem ser considerados para fins isencionais. A ilegalidade decorre da criação de uma etapa burocrática para o gozo da isenção. (....)
>
> A jurisprudência do STJ vai no sentido da não obrigatoriedade de inserir no ADA para fins de gozo da isenção do ITR, relativamente às áreas de Preservação Permanente – APP, conforme acórdãos abaixo ementados: (....)
>
> TRIBUTÁRIO - IMPOSTO TERRITORIAL RURAL - BASE DE CÁLCULO - EXCLUSÃO DA ÁREA DE PRESERVAÇÃO PERMANENTE - DESNECESSIDADE DE ATO DECLARATÓRIO AMBIENTAL DO IBAMA. 1. O Imposto Territorial Rural - ITR é tributo sujeito a lançamento por homologação que, nos termos da Lei 9.393/96, permite da exclusão da sua base de cálculo a área de preservação permanente, sem necessidade de Ato Declaratório Ambiental do IBAMA. 2. Recurso especial provido. (REsp nº 665123, Data do Julgamento: 12/12/2016) (....)

15. SCAFF, Fernando Facury; SILVEIRA, Alexandre Coutinho; CUNHA Gabriel Hercos. O ITR e alguns problemas relativos à sua base de cálculo. *A Tributação no Agronegócio*. Belo Horizonte: Casa do Direito, 2020. p. 619-620.

TRIBUTÁRIO. ITR. ISENÇÃO. ATO DECLARATÓRIO AMBIENTAL (ADA). PRESCINDIBILIDADE. PRECEDENTES. ÁREA DE RESERVA LEGAL. AVERBAÇÃO NA MATRÍCULA DO IMÓVEL. NECESSIDADE. SÚMULA 7 DO STJ. RECURSO ESPECIAL NÃO PROVIDO.

1. A jurisprudência do STJ firmou-se no sentido de que "é desnecessário apresentar o Ato Declaratório Ambiental - ADA para que se reconheça o direito à isenção do ITR, mormente quando essa exigência estava prevista apenas em instrução normativa da Receita Federal (IN SRF 67/97)" (AgRg no REsp 1.310.972/RS, Rel. Min. Herman Benjamin, Segunda Turma, julgado em 5/6/2012, DJe 15/6/2012).

(REsp 1668718/SE, Rel. Ministro HERMAN BENJAMIN, SEGUNDA TURMA, julgado em 17/08/2017, Dje 13/09/2017)

Dessa forma, em posição diametralmente oposta, temos a jurisprudência do Tribunal Superior, reiterando que não haveria imprescindibilidade do Ato Declaratório Ambiental – ADA, como condição à exclusão da área de preservação permanente.

Recentemente, o próprio CARF, em Câmara Superior, por meio do empate em favor do Contribuinte, aquiesceu-se à Jurisprudência do Superior Tribunal de Justiça para, finalmente reconhecer que o Ato Declaratório Ambiental – ADA não é condição imprescindível para a exclusão das áreas preservação permanente:

ASSUNTO: IMPOSTO SOBRE A PROPRIEDADE TERRITORIAL RURAL (ITR) Exercício: 2003 ITR. ÁREA DE PRESERVAÇÃO PERMANENTE. ATO DECLARATÓRIO AMBIENTAL. DESNECESSIDADE. PARECER PGFN/CRJ 1329/2016.

É desnecessária a apresentação de Ato Declaratório Ambiental - ADA para o reconhecimento do direito à não incidência do ITR em relação às áreas de preservação permanente. (...)

Vistos, relatados e discutidos os presentes autos. Acordam os membros do colegiado, por unanimidade de votos, em conhecer do Recurso Especial e, no mérito, por determinação do art. 19-E, da Lei n° 10.522, de 2002, acrescido pelo art. 28, da Lei n° 13.988, de 2020, **em face do empate no julgamento,**

> **dar-lhe provimento**, vencidos os conselheiros Maurício Nogueira Righetti (relator), Mário Pereira de Pinho Filho, Pedro Paulo Pereira Barbosa e Maria Helena Cotta Cardozo, que lhe negaram provimento. Designado para redigir o voto vencedor o conselheiro João Victor Ribeiro Aldinucci.[16]

Cumpre destacar que esta decisão do CARF inaugurou uma nova jurisprudência administrativa, ao interpretar o Parecer da PGFN/CRJ 1329/2016,[17] bem como elucidar a discussão em torno da não obrigatoriedade do ADA, reafirmando a jurisprudência do Superior Tribunal de Justiça.

Note-se, contudo, que outras formalidades foram mantidas pelo Parecer da PGFN/CRJ nº 1.329/2016 em relação às áreas isentas, pois, apesar ter afastado a exigência do ADA e da averbação no registro de imóveis para a comprovação das **áreas de preservação permanente (APPs)**, reafirmou a indispensabilidade da preexistência de referida averbação para fins de reconhecimento da **reserva legal**, em consonância com o EREsp nº 1.027.051/SC, que determinou que a averbação, em relação ao direto à exclusão das áreas de reserva legal da base tributável, tem eficácia constitutiva:

> 4. Diversamente do que ocorre com as Áreas de Preservação Permanente, cuja localização se dá mediante referências topográficas e a olho nu (margens de rios, terrenos com inclinação acima de quarenta e cinco graus ou com altitude superior a 1.800 metros), a fixação do perímetro da Reserva Legal carece de prévia delimitação pelo proprietário, pois, em tese, pode ser situada em qualquer ponto do imóvel. O ato de especificação faz-se tanto à margem da inscrição da matrícula do imóvel, como

16. BRASIL. CARF. *Acórdão n. 9202-009.560*. Processo n. 11070.720030/2007-11. Recurso Especial. CSRF/2ª Turma. Relator: Mauricio Nogueira Righetti, 26 maio 2021. Disponível em: https://acordaos.economia.gov.br/acordaos2/pdfs/processados/11070720030200711_6398747.pdf.

17. BRASIL. PGFN. *Parecer nº 1329/2016*. Coordenação-Geral da Representação Judicial da Fazenda Nacional – CRJ, 5 set. 2016. Disponível em: https://www.gov.br/pgfn/pt-br/assuntos/representacao-judicial/documentos-portaria-502/Parecer%20CRJ%201329%202016.pdf Acesso em: 10 de jun 2024.

administrativamente, nos termos da sistemática instituída pelo novo Código Florestal (Lei 12.651/2012, art. 18).

5. Inexistindo o registro, que tem por escopo a identificação do perímetro da Reserva Legal, não se pode cogitar de regularidade da área protegida e, por conseguinte, de direito à isenção tributária correspondente. Precedentes: REsp 1027051/SC, Rel. Min. Mauro Campbell Marques, Segunda Turma, DJe 17.5.2011; REsp 1125632/PR, Rel. Min. Benedito Gonçalves, Primeira Turma, DJe 31.8.2009; AgRg no REsp 1.310.871/PR, Rel. Ministro Humberto Martins, Segunda Turma, DJe 14/09/2012.[18]

No mesmo sentido, aponta a jurisprudência recente do CARF, conforme exemplo abaixo:

ÁREA DE RESERVA LEGAL (ARL). AVERBAÇÃO INTEMPESTIVA. ATO CONSTITUTIVO. A averbação da Área de Reserva Legal à margem da matrícula do imóvel, após a ocorrência do fato gerador, não autoriza a sua exclusão da tributação do ITR.[19]

Cumpre destacar, contudo, que a exigência da averbação da reserva legal no cartório de imóveis é aplicável apenas para os fatos geradores anteriores à vigência da Lei nº 12.651/2012,[20] que implementou a obrigatoriedade do preenchimento do CAR (Certificado Ambiental Rural), *in verbis*:

---

18. BRASIL. Superior Tribunal de Justiça (STJ). *Embargos de Divergência REsp n 1.027.051/SC*. Primeira Seção. Relator: Min. Benedito Gonçalves, 28 ago. 2013. Disponível em: https://scon.stj.jus.br/SCON/GetInteiroTeorDoAcordao?num_registro=201102312800&dt_publicacao=21/10/2013.

19. BRASIL. CARF. *Acórdão n. 2401-011.468*. Recurso Voluntário do Processo n. 10540.720124/2010-31. 2ª Seção de Julgamento. 4ª Câmara. 1ª Turma Ordinária. Relator: Wilsom de Moraes Filho, 06 nov. 2023. Disponível em: https://acordaos.economia.gov.br/acordaos2/pdfs/processados/10540720124201031_6975667.pdf.

20. BRASIL. *Lei nº 12.651, de 25 de maio de 2012*. Dispõe sobre a proteção da vegetação nativa; altera as Leis nºs 6.938, de 31 de agosto de 1981, 9.393, de 19 de dezembro de 1996, e 11.428, de 22 de dezembro de 2006; revoga as Leis nºs 4.771, de 15 de setembro de 1965, e 7.754, de 14 de abril de 1989, e a Medida Provisória nº 2.166-67, de 24 de agosto de 2001; e dá outras providências. Disponível em: https://www.planalto.gov.br/ccivil_03/_ato2011-2014/2012/lei/l12651.htm. Acesso em: 10 jun. 2024.

> Art. 18. A área de Reserva Legal deverá ser registrada no órgão ambiental competente por meio de inscrição no CAR de que trata o art. 29, sendo vedada a alteração de sua destinação, nos casos de transmissão, a qualquer título, ou de desmembramento, com as exceções previstas nesta Lei. (...)
>
> § 4º O registro da Reserva Legal no CAR desobriga a averbação no Cartório de Registro de Imóveis, sendo que, no período entre a data da publicação desta Lei e o registro no CAR, o proprietário ou possuidor rural que desejar fazer a averbação terá direito à gratuidade deste ato. (Redação dada pela Lei nº 12.727, de 2012).

Isto posto, vemos que dificilmente o contribuinte consegue se desvencilhar das exigências burocráticas para o aproveitamento dos benefícios concedidos em decorrência do uso consciente da terra, mesmo com todas as determinações da Constituição Federal e legislação consonante.

A título de mais um exemplo, o IBAMA também determina que poderão ser exigidos diversos outros documentos para a comprovação de áreas de interesse ambiental[21], assim como "Laudo técnico emitido por engenheiro agrônomo ou florestal, acompanhado da Anotação de Responsabilidade Técnica – ART", "Laudo de vistoria técnica do órgão ambiental estadual ou do IBAMA", "Certidão de registro ou cópia da matrícula do imóvel rural com averbação da Área de Reserva Legal, Termo de Responsabilidade de Averbação da Área de Reserva Legal (TRARL) ou Termo de Ajustamento de Conduta (TAC)", entre outros.

Note-se que, na orientação trazida pelo IBAMA, item 24,[22] existe ainda a determinação de que a Secretaria da Receita Federal deve exigir toda a documentação

---

21. BRASIL. Instituto Brasileiro do Meio Ambiente e dos Recursos Naturais Renováveis (IBAMA). *Cartilha:* Esclarecimentos Diversos sobre ADA, CTF, ITR, APP, Reserva Legal, outros. Disponível em: https://www.ibama.gov.br/phocadownload/ada/cartilha_ada_ctf_itr_app_reserva_legal_outros_2015_v1.pdf. Acesso em: 10 jun. 2024.

22. Ibidem.

comprobatória das áreas de preservação permanente ou de utilização limitada para excluir referidas áreas da incidência do ITR.

Inclusive, é possível identificar essas exigências em decisões recentes do CARF, em relação ao reconhecimento das áreas não tributáveis, conforme exemplifica a decisão abaixo:

> ASSUNTO: IMPOSTO SOBRE A PROPRIEDADE TERRITORIAL RURAL (ITR) Exercício: 2008 ÁREA COBERTA POR FLORESTAS NATIVAS. ÁREA DE PRODUTOS VEGETAIS. ÁREA DE RESERVA LEGAL. ÁREA DE PRESERVAÇÃO PERMANENTE. ÁREA COM BENFEITORIAS. NÃO COMPROVAÇÃO. EXCLUSÃO DA BASE DE CÁLCULO DO ITR. IMPOSSIBILIDADE. As áreas cobertas por florestas nativas, para fins de exclusão do ITR, devem ser comprovadas em laudo técnico que ateste não só a sua presença, mas também a qualidade de floresta nativa primária ou secundária em estágio médio ou avançado de regeneração. O reconhecimento da área de produtos vegetais depende da efetiva comprovação por parte do Contribuinte, mediante a apresentação, dentre outros, de notas fiscais de insumos e sementes e/ou notas fiscais de produtor, o que não aconteceu no caso concreto. A comprovação de áreas de preservação permanente poderá ser efetuada por meio de laudo técnico que identifique claramente as áreas e as vincule às hipóteses previstas na legislação ambiental, não sendo admissível para tal laudo que não seja contemporâneo aos fatos geradores em discussão. Ausente a averbação da reserva legal no registro de imóveis competente em data anterior ao fato gerador, e ausente o Ato declaratório Ambiental (ADA), há que se manter o lançamento por falta de comprovação. A inexistência de comprovação das áreas de benfeitorias não permite o seu acatamento.[23]

Estas são apenas algumas das exigências que trazem maior burocracia para o reconhecimento dos incentivos

23. BRASIL. CARF. *Acórdão n. 2202-010.246*. Recurso Voluntário do Processo n. 10467.720388/2012-87. 2ª Seção de Julgamento. 2ª Câmara. 2ª Turma Ordinária. Relatora: Sonia de Queiroz Accioly, 09 ago. 2023. Disponível em: https://acordaos.economia.gov.br/acordaos2/pdfs/processados/10467720388201287_6952596.pdf.

constitucionalmente assegurados ao adequado uso da propriedade rural.

Apesar de compreensível a necessidade da União em formalizar alguns aspectos das áreas beneficiadas pela redução ou isenção tributária do ITR, considerando a dificuldade de fiscalização das áreas rurais, muitas vezes em áreas remotas, com documentação escassa, não se justificam tantas burocracias, onerando os contribuintes que realizam o uso racional, funcional e ambiental da propriedade rural.

Isto posto, é preciso evoluir, de maneira a simplificar as obrigações, priorizando os preceitos que fomentam o uso adequado e equilibrado da terra, de maneira a harmonizar as atividades produtivas com a preservação, valorizando estas inciativas, tão necessárias para a reversão da catástrofe climática já iniciada.

Uma abordagem adotada para otimizar a validação das informações sobre as propriedades rurais é a colaboração entre os órgãos públicos, dentre eles o Instituto Brasileiro do Meio Ambiente e dos Recursos Naturais Renováveis (IBAMA) e a Receita Federal.

Essa colaboração já está em curso, atualmente conta com a Instrução Normativa Conjunta RFB/INCRA nº 1.968/ 2020,[24] como forma de buscar a vinculação de imóveis entre os sistemas da Receita Federal e do INCRA.

Contudo, ainda carece de maior unicidade, a fim de promover a avaliação única das áreas, proporcionando um conjunto probatório que reforce a conformidade com os requisitos ambientais e tributários das áreas destinadas,

24. BRASIL. Ministério da Fazenda. *Instrução Normativa Conjunta RFB/INCRA nº 1968, de 22 de julho de 2020.* Dispõe sobre a obrigatoriedade de vinculação de imóveis inscritos no Sistema Nacional de Cadastro Rural (SNCR) e no Cadastro de Imóveis Rurais (Cafir) para fins de estruturação do Cadastro Nacional de Imóveis Rurais (CNIR). Disponível em http://normas.receita.fazenda.gov.br/sijut2consulta/link.action?idAto=111170. Acesso em: 10 jun 2024.

tanto à reserva legal, quanto à preservação, incluindo nestas as áreas que são voluntariamente plantadas na qualidade de Florestas nativas.

3. Considerações finais

Em síntese, como o ITR transcende sua natureza fiscal, e, além de importante instrumento para o combate aos latifúndios improdutivos, ainda assume um papel importante na promoção do uso responsável da terra e na preservação dos recursos naturais, sua tributação não pode proporcionar um ambiente complexo e inseguro.

Dessa forma, precisamos observar o direito positivo na avaliação das normas tributárias, não nos limitando a regras meramente formais para se negar um direito de exclusão assegurado por normas legais, nem impedir a realização das diretrizes constitucionais.

As decisões do CARF também destacam a necessidade de equilibrar e aclarar os objetivos do ITR. A colaboração entre órgãos públicos pode ser uma solução eficaz para garantir o cumprimento das metas sociais e ambientais, ao mesmo tempo em que se mantém a eficácia da arrecadação tributária.

Em última análise, a constante adaptação das regras do ITR, com um olhar para a simplificação das normas e processos são essenciais para se alcançar um bem maior, que é o equilíbrio sustentável entre as diversas dimensões envolvidas no contexto deste imposto extrafiscal.

Referências

BRASIL. CARF. *Acórdão n. 2202004.951*. Processo n. 11080.723084/200973. Recurso Especial. 2ª Câmara. 2ª Turma. Relator: Rorildo Barbosa Correia, 12 fev. 2019.

Disponível em: https://acordaos.economia.gov.br/acordaos2/pdfs/processados/11080723084200973_5966518.pdf.

_____. Conselho Administrativo de Recursos Fiscais (CARF). *Acórdão n. 2202-010.246*. Recurso Voluntário do Processo n. 10467.720388/2012-87. 2ª Seção de Julgamento. 2ª Câmara. 2ª Turma Ordinária. Relatora: Sonia de Queiroz Accioly, 09 ago. 2023. Disponível em: https://acordaos.economia.gov.br/acordaos2/pdfs/processados/10467720388201287_6952596.pdf.

_____. Conselho Administrativo de Recursos Fiscais (CARF). *Acórdão n. 2401-011.468*. Recurso Voluntário do Processo n. 10540.720124/2010-31. 2ª Seção de Julgamento. 4ª Câmara. 1ª Turma Ordinária. Relator: Wilsom de Moraes Filho, 06 nov. 2023. Disponível em: https://acordaos.economia.gov.br/acordaos2/pdfs/processados/10540720124201031_6975667.pdf

_____. Conselho Administrativo de Recursos Fiscais (CARF). *Acórdão n. 9202-009.560*. Processo n. 11070.720030/2007-11. Recurso Especial. CSRF/2ª Turma. Relator: Mauricio Nogueira Righetti, 26 maio 2021. Disponível em: https://acordaos.economia.gov.br/acordaos2/pdfs/processados/11070720030200711_6398747.pdf.

_____. [Constituição (1988)]. *Constituição da República Federativa do Brasil de 1988*. Brasília, DF: Presidência da República, [2016]. Disponível em: https://www.planalto.gov.br/ccivil_03/constituicao/constituicao.htm.

_____. *Decreto no 4.382, de 19 de setembro de 2002*. Regulamenta a tributação, fiscalização, arrecadação e administração do Imposto sobre a Propriedade Territorial Rural - ITR. Disponível em: https://www.planalto.gov.br/ccivil_03/decreto/2002/d4382.htm#:~:text=DECRETO%20N%C2%BA%204.382%2C%20DE%2019,que%20lhe%20confere%20o%20art.

______. Instituto Brasileiro do Meio Ambiente e dos Recursos Naturais Renováveis (IBAMA). *Cartilha:* Esclarecimentos Diversos sobre ADA, CTF, ITR, APP, Reserva Legal, outros. Disponível em: https://www.ibama.gov.br/phocadownload/ada/cartilha_ada_ctf_itr_app_reserva_legal_outros_2015_v1.pdf.

______. *Lei no 9.393, de 19 de dezembro de 1996.* Dispõe sobre o Imposto sobre a Propriedade Territorial Rural - ITR, sobre pagamento da dívida representada por Títulos da Dívida Agrária e dá outras providências. Disponível em: https://www.planalto.gov.br/ccivil_03/leis/l9393.htm.

______. *Lei no 12.651, de 25 de maio de 2012.* Dispõe sobre a proteção da vegetação nativa; altera as Leis nºs 6.938, de 31 de agosto de 1981, 9.393, de 19 de dezembro de 1996, e 11.428, de 22 de dezembro de 2006; revoga as Leis nºs 4.771, de 15 de setembro de 1965, e 7.754, de 14 de abril de 1989, e a Medida Provisória nº 2.166-67, de 24 de agosto de 2001; e dá outras providências. Disponível em: https://www.planalto.gov.br/ccivil_03/_ato2011-2014/2012/lei/l12651.htm.

______. *Ministério da Fazenda. Instrução Normativa Conjunta RFB/INCRA nº 1968, de 22 de julho de 2020.* Dispõe sobre a obrigatoriedade de vinculação de imóveis inscritos no Sistema Nacional de Cadastro Rural (SNCR) e no Cadastro de Imóveis Rurais (Cafir) para fins de estruturação do Cadastro Nacional de Imóveis Rurais (CNIR). Disponível em http://normas.receita.fazenda.gov.br/sijut2consulta/link.action?idAto=111170.

______. Procuradoria-Geral da Fazenda Nacional (PGFN). *Parecer no 1329/2016.* Coordenação-Geral da Representação Judicial da Fazenda Nacional – CRJ, 5 set. 2016. Disponível em: http://www.ccen.ufpb.br/bsccen/contents/noticias/saiba-como-referenciar-atos-administrativos-em-meio-eletronico.

______. Superior Tribunal de Justiça (STJ). *Embargos de Divergência REsp nº 1.027.051/SC*. Primeira Seção. Relator: Min. Benedito Gonçalves, 28 ago. 2013. Disponível em: https://scon.stj.jus.br/SCON/GetInteiroTeorDoAcordao?num_registro=201102312800&dt_publicacao=21/10/2013.

MACHADO, Hugo de Brito. *Curso de direito tributário*. 24. ed. São Paulo: Malheiros, 2004.

SCAFF, Fernando Facury; SILVEIRA, Alexandre Coutinho; CUNHA Gabriel Hercos. O ITR e alguns problemas relativos à sua base de cálculo. *A tributação no agronegócio*. Belo Horizonte: Casa do Direito, 2020.